Christa Wolf - Konturen

Dich mit Erinnerung
an – wie ich [illegible] –
interessante Stunden

[illegible]

[illegible] 12.11.90

WERNER KROGMANN

# CHRISTA WOLF

## KONTUREN

Verlag Peter Lang
Frankfurt am Main · Bern · New York · Paris

CIP-Titelaufnahme der Deutschen Bibliothek

Krogmann, Werner:

Christa Wolf: Konturen / Werner Krogmann. - Frankfurt am Main ; Bern ; New York ; Paris : Lang, 1989
ISBN 3-631-41621-0

ISBN 3-631-41621-0



Printed in Germany

"Mit meiner verbrannten Hand

schreibe ich von der Natur des Feuers"

Ingeborg Bachmann

INHALT

**ABKÜRZUNGEN:**

| | |
|---|---|
| Sinn und Form | (SF) |
| Weimarer Beiträge | (WB) |
| Neues Deutschland | (ND) |
| neue deutsche literatur | (NDL) |
| Deutschunterricht | (DU) |
| Der geteilte Himmel | (GH) |
| Nachdenken über Christa T. | (NT) |
| Kindheitsmuster | (KM) |
| Fortgesetzter Versuch | (FV) |
| Kein Ort. Nirgends | (KON) |
| Voraussetzungen einer Erzählung: Kassandra. Frankfurter Poetik-Vorlesungen | (V) |

Die Konturen, die hier sichtbar werden, beschreiben das Werk einer Schriftstellerin aus der DDR, - ein Werk, eine Person und ein Kapitel Zeitgeschichte; Elemente, die miteinander eine Verbindung eingegangen sind, die hier analysiert werden soll. Ein Zeitraum von 25 Jahren mit seinen Bewegungselementen und Konfliktmöglichkeiten wird erfaßbar in einem literarischen Werk, dessen besondere Bedeutung nach Meinung Christa Wolfs darin liegen solle, s i e sichtbar zu machen, erkennbar; ihre Züge, ihre Moralität, ihre Glücksvorstellungen und ihr Leiden. "Denn höher als alles schätzen wir die Lust, gekannt zu sein." ("Unter den Linden", 1969)

Sichtbar wird das Bild einer empfindsamen, auf die Bedingungen ihrer Zeit leidenschaftlich reagierenden Frau, sichtbar wird das sich stets erweiternde Feld ihrer Wahrnehmungen, ihr Verantwortungsbewußtsein, ihre moralische Rigorosität, aber auch ihre Suche nach Vermittlungsmöglichkeiten, nach begehbaren Wegen, für sie und ihre Zeitgenossen. Zeitgenossenschaft spiegelt ihr Werk wider, subjektive Authentizität.

Aber auch das: Die Vielfalt sich widersprechender Tendenzen und Beziehungen, die in diesem Zeitraum sich entfalten mit den welt- und innenpolitischen Spannungen dieser Zeit vor Tschernobyl. Die Existenz am Rande einer atomaren Katastrophe, in dem Spannungsgeflecht zwischen Ost und West. Markiert Tschernobyl eine Wende? In "Störfall" mündet das Werk dieser 25 Jahre: Vom "Geteilten Himmel" bis zu "Störfall", Hoffnungen und Gefährdungen eines Vierteljahrhunderts.

Berlin, Schnittpunkt zwischen diesen Spannungspolen, ist der Erfahrungsraum dieses Werkes, wahrgenommen durch das Sensorium einer moralischen Sozialistin: hier prallen die Gegensätze deutlicher aufeinander, treten die Widersprüche gravierender hervor. Ein ganzes Geflecht von divergierenden Wirkungen nimmt ihr Werk auf, in deren Schnittpunkt sie sich sieht, deren Konturen ihr Werk widerspiegelt. Zeitgenossenschaft auch hier.

Eingespannt in den Forderungsraum des 'Sozialistischen Realismus' sucht sie nach Möglichkeiten, ihrem Werk ihren persönlichen Ausdruck zu geben, nach Ausdrucksformen, die den vorgegebenen Rahmen annehmen und zugleich sprengen: ihr Kampf um den Realismus, der am Anfang lediglich ihre Behauptungsform ist, löst die vorgegebenen Raster auf, das Feld der künstlerischen Möglichkeiten erweiternd, Wegbereiter für eine ganze Schriftstellergeneration. Ihr Werk wird Weltliteratur, aufgenommen in die Diskussionsfelder in Ost und in West. Mit ihr verläßt die DDR-Literatur den enggespannten Rahmen ihres eigentlichen Bezugsfeldes, die Gefahr des Provinzialismus löst sich auf: Weite und Vielfalt scheinen möglich zu werden.

Die Spuren der Kämpfe, die diesen Weg begleiten und möglich machen, sind Teil des Werks. Sie zeigen sich in Widersprüchen und Brüchen, die freilich integriert werden und selbst wieder Teil gestalteter Form. Formbemühungen und Formbeherrschung kennzeichnen dieses Werk, Sehnsucht und Geschlossenheit trotz aller Aufbrüche, die täglich widerfahren können.

Ein Werk, das sich auch versteht als Zeitgeschichte, als Antwort, Einspruch, Widerspruch: die Abstände werden kürzer zwischen den Ereignissen und der literarischen Gestaltung. Die Antworten gewinnen an Aktualität: Tschernobyl, Friedensbewegung, Frauenbewegung - Gegenwart und literarische Gestaltung treten nebeneinander: Gefahren, denen Christa Wolf zu begegnen trachtet, lassen Abstand, Reifung, das epische Imperfekt nicht mehr zu. Das scheint ein Gesetz zu sein, ein Gesetz, das für sie gilt. Subjektive Authentizität auch hier.

Sie stünde nicht in diesem Beziehungsgeflecht, würden nicht die 'Stimmen der Kritik' sich an ihr reiben, wiederum in Ost und in West. Literarische Kritik - versteht sich -, aber auch Kritik an ihrer politischen Haltung, die - für manche - nicht entschieden genug Partei nimmt, für Ost oder für West. Das ist ihr nie gleichgültig gewesen, das hat sie treffen sollen und hat sie auch getroffen. Das hat sie einbeziehen müssen in ihren Versuch, Schreiben als eine Form des Zu-sich-selbst-Kommens zu verstehen, als die ihr gemäße. Wenn das so ist, hat sie keine Wahl: sie wird genau diesen Weg weitergehen müssen, diese tastende Suche nach Lebens-, Schreibens- und Überlebensmöglichkeiten, die sie begonnen. Auch mit den Skrupeln, den Bedenken, den Rückfragen, denen sie sich unterwirft. Das war und ist kein einfacher Weg: sie hat ihren Preis zahlen müssen, einen hohen Preis, existenzgefährdend, wie sie sagt. Sie biete das Bild einer Gefährdeten, um die man Angst haben müßte, schreibt Günter de Bruyn: "Seine Konturen könnte man darstellen aus Zitaten, zu denen auch der Satz gehören müßte: 'Welch Trost, daß man nicht leben muß.'"

Auch das gehört zu der Beschreibung dieser Schrift- stellerexistenz: ihre Erfahrung, mit dem Rücken an der Wand zu stehen und keinen richtigen Schritt tun zu können; als Sozialistin in ihrem sozialistischen Staat keine Luft zum Atmen zu haben: Depressionen, Selbstmordgefährdungen. Aber auch die Erfahrung gehört dazu, daß, wenn man weiterlebt, wenn man sich weiter um Produktivität bemüht, daß sich dann neue Möglichkeiten ergeben: Trotzdem und immer wieder. Es ist ein Leben auf Kampf abgestellt.

Die Beschreibung eines solchen Lebensentwurfes ist ein weites Feld. Auch wenn es letztlich darum gehen mußte, die Bewegungselemente herauszuheben, die für sie wichtigen Schritte und Etappen: es bleibt eine Auswahl und damit die Möglichkeit des Irrtums. Auch mußte das Untersuchungsfeld enger gezogen werden als geplant, die Darstellung der Wirkungsfaktoren, die ihr Werk beeinflußt haben könnten, in Umfang und Auswahl beschränkt werden, zugunsten der Überschaubarkeit und der Rezipierbarkeit des Ganzen. Bleibt zu wünschen, daß die Konturen sichtbar geworden sind, die Konturen einer Schriftstellerin, die ein Maß setzen konnte für Schreiben in dieser Zeit.

1960 bedenkt Christa Wolf in ihrem Tagebuch, daß Glück, Lebensglück, darin bestehen könnte, die einzelnen Lebenspunkte zu einer Linie zusammenzuführen, durch fortdauernde unbeirrte Anstrengung. Diese Aufgabe hat sie gelöst, schon jetzt. Beeindruckend bleibt für den Betrachter, mit welcher Energie und Klarheit sich hier ein Lebensbild gerundet hat: Punkte, eine Linie - und schon vielleicht eine Schleife. Christa Wolf auf der Suche nach Form, nach der ihr gemäßen, ihrer eigenen.

## I. "DER GETEILTE HIMMEL" : FELD UND UMFELD

Am Dienstag, den 27.9.1960, 1974 als eine der zahlreichen weniger beachteten 'Skizzen' unter dem Datums-Titel veröffentlicht, notiert Christa Wolf in ihrem Tagebuch:

> Ich sehe die Manuskriptanfänge durch, die auf meinem Schreibtisch übereinanderliegen. Die Langwierigkeit des Vorgangs, den man schreiben nennt, erbittert mich. Aus der reinen Brigadegeschichte haben sich schon ein paar Gesichter herausgehoben... Ein Mädchen vom Lande, das zum erstenmal in ihrem Leben in die größere Stadt kommt, um hier zu studieren. Vorher macht sie ein Praktikum in einem Betrieb, bei einer schwierigen Brigade. Ihr Freund ist Chemiker, er bekommt sie am Ende nicht. Der dritte ist ein junger Meister, der, weil er einen Fehler gemacht hat, in diese Brigade zur Bewährung geschickt wurde... Es ist merkwürdig, daß diese banalen Vorgänge, "dem Leben abgelauscht", auf den Seiten eines Manuskripts ihre Banalität bis zur Unerträglichkeit steigern. Ich weiß, daß die wirkliche Arbeit erst beginnen wird, wenn die Überidee gefunden ist, die den banalen Stoff erzählbar und erzählenswert macht.

Und:

> Vor dem Einschlafen denke ich, daß aus Tagen wie diesem das Leben besteht. Punkte, die am Ende, wenn man Glück gehabt hat, eine Linie verbindet. Daß sie auch auseinanderfallen können zu einer sinnlosen Häufung vergangener Zeit, daß nur eine fortdauernde unbeirrte Anstrengung den kleinen Zeiteinheiten, in denen wir leben, einen Sinn gibt.[1]

Deutlich, wir befinden uns in der Sprach- und Denkwelt des "Geteilten Himmel", also 1960, deutlich aber auch die Betonung der Verantwortung des Subjekts bei der Lebensformung, eine der Grundpositionen, der Konstanten, im Leben Christa Wolfs bis hin zur "Kassandra".

Die Tagebuchskizze, für die Veröffentlichung "leicht überarbeitet und gekürzt"[2], deren eigentliche Bedeutung in ganz andere Bereiche weist[3], sei hier für drei Grundaussagen herangezogen: Christa Wolf arbeitet bereits 1960

1 neue deutsche Literatur (NDL) 7/74, S. 22

2 a.a.O., S. 11

3 Krogmann, Moralischer Realismus. In: Amsterdamer Beiträge zur neueren Germanistik 7/78, S. 243 ff.

(Veröffentlichung 1963) am "Geteilten Himmel", sie hat bereits zu diesem Zeitpunkt (mit der Suche nach der "Überidee") den Bitterfelder Weg verlassen, sie ringt schon hier mit der Problematik der Trivialität dieser Dreiecksgeschichte. Ein "banaler Stoff" - die "Langwierigkeit des Vorgangs, den man schreiben nennt".[4]

Die Arbeitsfassung des kleinen Romans, die sich hier andeutet, kennt wesentliche Problembereiche der endgültigen Geschichte nicht: den Ost-West-Konflikt, die Fluchtbewegung mit ihrer dramatischen Zuspitzung 1960/61, die Meternagel-Geschichte, die Erzählform: Aus der Erinnerung, aus der Rekonvaleszenz heraus wird eine Krankheit zum Tode geschildert. Historische Umrisse und bedeutende Tiefe erhält die Arbeitsfassung erst mit dem gesellschaftlichen Umfeld des Jahres 1961. Christa Wolf 1974:

> Ich selbst hab', das wird Sie vielleicht wundern, während der Arbeit eine Variante erwogen, ... daß dieses Paar sich zwar trennt, aber ohne daß einer der beiden... die DDR verlassen hätte. Weil nämlich mein Grundthema, mein erstes Thema für dieses Buch nicht die Teilung Deutschlands war, sondern die Frage: wie kommt es, daß Menschen auseinandergehen müssen.[5]

Der historische Hintergrund ist längst Geschichte, kaum vorstellbar in einer Zeit geschlossener Grenzen. Wir erinnern uns: 1960 kommt es in der DDR zum "vollgenossenschaftlichen Zusammenschluß" in der Landwirtschaft; im Gefolge einer riesigen Kampagne zur Propagierung von Produktionsgenossenschaften werden Bauern enteignet, zur Anpassung, zu Flucht oder Selbstmord getrieben. Die allgemeine Fluchtbewegung der Bevölkerung erreicht mit 2000 Flüchtlingen pro Tag neue Höchstgrenzen: die Organe der Partei, der Polizei und Staatssicherheit reagieren immer nervöser. Versuche zur Abriegelung West-Berlins und zur Einschüchterung von Arbeitern, die im westlichen Sektor der Stadt ihr 'West-Geld' verdienen, verschärfen die Lage. Teile der Intelligenz (Lehrer, Ärzte, Wissenschaftler, technische Intelligenz), schon vorher durch besondere Rentenansprüche ausgezeichnet (und festgehalten), fliehen: in der allgemeinen Hysterie bricht die Versorgung teilweise zusammen; Schulen, Krankenhäuser, Fabriken arbeiten am Rande ihrer Möglichkeiten - die Lage ist verzweifelt. Mit Genugtuung werden in westlichen Medien die Schwierigkeiten verbucht, die DDR befindet sich offenbar am Rande des Kollapses.

---

4 NDL 7/74, S. 22

5 Interview Chr. W., Carl Corino, Hess. Rundfunk 27.11.74; vgl. A. Stephan, Christa Wolf, Amsterdam 1980, S. 35

Dem Rückblickenden erscheint diese Zeit in eigenartigem Zwielicht. Niemand wußte, was der nächste Tag bringen konnte; es gab kaum Freundschaften, keine Sicherheiten mehr. Die Genossen, die am Abend Entscheidungen und Maßnahmen der Partei noch lebhaft verteidigt, die Lehrer, die ihren Schülern die Notwendigkeit historischer Prozesse als Gesetze dargetan hatten, konnten am nächsten Morgen fort sein, geflohen; nach ein paar Tagen wurde die Wohnung versiegelt oder der mit Staub und ersten Blättern bedeckte Wagen abgeschleppt. Es ist - wie gesagt - kaum noch nachvollziehbar. Aber das genau ist die historische Dimension, die der Geschichte von Rita, Manfred und Wendland hinzugegeben worden ist: die Dimension des Zwielichts, der sich überlagernden Schatten, der Unsicherheit, des Mißtrauens, auch der wachsenden Einsamkeit und Verzweiflung; Verzweiflung derer, die bleiben, aber auch derer, die fliehen wollen.

Ins Zentrum der Handlung des "Geteilten Himmel" rückt Christa Wolf die Geschichte einer Flucht und die einer zerbrechenden Liebe, von Manfred und Rita, einem jungen Chemiker und dem "braunen Mädchen". Der "dritte im Bunde" bleibt zwar in der Erzählung, wird aber aus der Liebeshandlung (fast ganz) ausgeklammert: Christa Wolf zielt auf die Frage, warum die beiden nicht zusammenkommen können, jetzt 1960/61.

Manfred ist ein sympathischer, kritischer junger Intellektueller, der in den Erscheinungsformen des Sozialismus das Erbe der Älteren, Alten und Eltern weiterwuchern sieht: Der Hingabe, dem Fleiß, der Aufopferung einiger Überzeugter stehen der Egoismus, die Feigheit und der Verrat der anderen, vielen, gegenüber: uralte Lebensgesetze, die jetzt nur ihre besondere historische Ausprägung erfahren:

> "Und jetzt", fragte Manfred spöttisch, "wird alles anders bei euch, stimmt's?"
>
> "Ich hoffe", sagte Rita unsicher.
>
> "Und du denkst wirklich. . ., nach der Versammlung geht alles besser als vor der Versammlung? Auf einmal habt ihr genug Material? Auf einmal sind unfähige Funktionäre fähig? Auf einmal denken die Arbeiter an die großen Zusammenhänge anstatt an ihren eigenen Geldbeutel?"[6]

Sein Vater, Altnazi, ist kaufmännischer Direktor in einem sozialistischen Waggonwerk (Halle), seine Mutter Bewahrerin (Hüterin) des bürgerlichen Haushalts, fremd und einsam in einem Umfeld, deren Werte sie nicht akzep-

6 'Der geteilte Himmel' (GH), Leipzig, Reclam 1964, S. 71

tieren kann. Hier passiert nie etwas Lebendiges, urteilt Manfred, Leben in Särgen. Die Bodenkammer wird dem jungen Paar zwar zur Liebesgondel, "irgendwo in der blauschwarzen Himmelskuppel festgemacht"[7], aber das Lächeln der Liebenden bleibt nicht. Als sich Schwierigkeiten häufen, als Manfred seinen Forschungsauftrag nicht weiterführen kann, als sich seine Vermutungen und Verdachtsmomente über die Struktur des Menschen wieder einmal zu bestätigen scheinen, als er auf einem Empfang der Waggonbauer seinem 'Widersacher', dem dritten im Bunde, gegenübersteht und er in der 'Professorenrunde' nur das Zerrbild üblicher Gesellschaftskonstellationen erblicken kann, bricht die Handlung um: er flieht.

Christa Wolf motiviert sehr genau: Manfred flieht, weil er keinen Boden mehr unter den Füßen hat und die Familie versagt. Wissenschaftlich glaubt er nicht mehr arbeiten zu können, der Professorenbetrieb ist nicht auszuhalten. Überall - vor allem im politischen Alltag - sieht er den unüberwindbaren Widerspruch zwischen Ideal und Wirklichkeit, die hohlen Phrasen, das Getue und die Verlogenheit: einen sensiblen jungen Mann muß das krank machen. Ritas Liebe wird zum Rettungsanker, für eine kurze Zeit Geborgenheit. Als aber die Nachricht vom geglückten Raumflug Gagarins kommt, brechen seine Zweifel erneut auf:

> Was jetzt kommt..., das weiß ich schon. Eine Propagandaschlacht größten Stils um den ersten Kosmonauten. Sirrende, glühende Telegrafendrähte. Eine Sturmflut von bedrucktem Papier, unter der die Menschheit weiterleben wird wie eh und je. Der Bauer da..., der wird auch morgen seine Pferdchen anspannen... Welch ein Haufen von unnötiger Alltagsmühlsal! Die wird kein bißchen leichter durch die glanzvollen Extravaganzen in der Stratosphäre...[8]

Wir wissen, wie falsch Rita reagiert: "Das bist du doch nicht! Was suchst du in dieser Krämermaske?" Wenig später heißt es: "Heute versteht sie ihn besser: 'Der Bodensatz der Geschichte ist das Unglück des einzelnen.'"[9]

Für das Gestaltungsprinzip Christa Wolfs ist diese Stelle bezeichnend: Situationen, herausgehobene, werden von unterschiedlichen Personen- oder Zeitebenen aus betrachtet, beurteilt, wobei Urteile sich aufheben mögen oder ergänzen. Die Positionen der Personen und die der Autorin werden relativiert; schon hier im "Geteilten Himmel" öffnet sich das durch die Fabel angebotene

7 a.a.O., S. 28
8 a.a.O., S. 172
9 a.a.O.

Erzählfeld: gefordert wird das Urteil oder die Entscheidung des Lesers. Christa Wolf entwickelt eine dialektische Erzählstruktur.

Der kleine Roman ist darüber hinaus auch die Geschichte nicht bewältigter Vergangenheit. Denk- und Verhaltensmodelle der wesentlichen Handlungsträger wurzeln in der Nazi-Vergangenheit, die damit alle Bereiche des gesellschaftlichen Lebens einholt. Zum ersten Mal wird in der jungen sozialistischen Literatur die Problematik des Erbes aufgenommen, das eben auch belastet ist durch die allen gemeinsame Geschichte. Für lange Zeit bleibt die Faschismus-Problematik im sozialistischen Alltag für Christa Wolf fast zentrales Thema: in "Nachdenken über Christa T.", im Kaufmann-Interview von 1974, im "Kindheitsmuster". "Der Bodensatz der Geschichte ist das Unglück des einzelnen."

Historizität und Offenheit in der Aussagestruktur sind kennzeichnende Merkmale dieser frühen Prosa. Die Folgen dieses Denk- und Schreibmodells strukturieren das Werk in den verschiedensten Bereichen: in der Handlungsführung, in der Anlage und Entwicklung der Konflikte, in der Darbietung der Lösungen, im Aufbau der Charaktere wie in der Schnittfolge von Handlungs-Details.

Zur Verdeutlichung einige Beispiele: Die Handlung im "Geteilten Himmel" setzt ein mit den letzten Augusttagen 1961. Rita im Krankenhaus. Auf das "Sie sind gesund" der Krankenschwester ". . .dreht Rita das Gesicht zur Wand und beginnt zu weinen, hört auch die Nacht über nicht mehr auf, und als morgens der Arzt nach ihr sieht, ist sie nicht fähig, zu antworten".[10]

Genesungsprozeß und Zeit des Leidens werden miteinander verknüpft, darin eingebunden ist die Vorgeschichte Ritas: Flüchtling, Arbeit im Büro eines Bürgermeisters in Mecklenburg, Lehrerstudium. Manfred, ein junger Chemiker, den sie beim Tanzen kennengelernt hat, sagt es ihr voraus: "Du wirst nicht durchhalten." Die Zeit ihrer Liebe verbringen sie in ihrer 'Liebesgondel', einer Bodenkammer, hoch über der Stadt Halle.

Widersprüche, deutlich markiert und in rascher Folge, konstituieren die Handlung. Mit der Blumenwiese des Sanatoriums assoziiert Rita das Bild der großen grauen Stadt: "Über allem diese Dunstglocke, Industrieabgase, die sich schwer atmen." In einem Waggonwerk, in dem sie ein Praktikum absolviert, erlebt sie die Welt der sozialistischen Arbeit: Brigaden und Planerfüllung, die Losungen und die ihnen hohnsprechende Wirklichkeit, die Leiter, die wirklichen Sozialisten, aber auch die Versager und die Betrüger.

10 a.a.O., S. 9

In Manfreds Elternhaus endlich gerät sie in das Zerrbild einer kleinbürgerlichen Idylle, trifft sie auf ewig Gestrige und Nazis. Hier wurzelt Manfreds Zynismus; Mutlosigkeit und Ausweglosigkeit sind die Folgen solcher Wirklichkeits-Erfahrung.

Im achten Kapitel fügt Christa Wolf die tragische Geschichte Rolf Meternagels ein, mit der Auflösung des schönen Bildes einer sozialistischen Musterbrigade wird das Lebensschicksal eines 'Helden der ersten Stunde' verknüpft: sein Zusammenbruch und seine Verelendung. Die vorgeführte Welt ist nicht nur ein Bild äußerer Gefahren, die Brüche liegen innen und liegen tiefer. Manfred: "Übrigens hatte ich mich fast gewöhnt. Aber nun bist du (Rita - W.K.) mir da hineingeraten, und auf einmal ist alles wieder genauso zum Kotzen, wie es immer war." - "Sie denkt: Habe ich denn genug anzufangen gewußt mit seiner Wahrheit?"[11]

In dieser Erzählform entwickelt Christa Wolf ihre Handlung weiter: deutlich gesetzte Widersprüche, deutliches Abrücken, um Urteile zu ermöglichen. Parallel gesetzt werden die Lebensläufe der gestrigen und der heutigen Sieger, der Kaderleichen (Meternagel), der Angeschossenen (Wendland) und der Abgeschossenen (Schwarzenbach). Das Erzählfeld, das wiederholt auch in der Sprachform wie eine Idylle anmutet, ist in Wirklichkeit ein Schlachtfeld, vor dessen Hintergrund der Zusammenbruch mit der so langwierigen Genesung Ritas zu erklären ist. Ein kleiner Entwicklungsroman, bei dem die Stationen eines Lebensentwurfs ein relativ breites Bild der Gesellschaft geben, in einer Zeit außerordentlicher Konflikte in der Phase ihrer höchsten Zuspitzung. In der Terminologie der DDR müßte es heißen: Der Kampf des Alten gegen das Neue, wobei es freilich schwierig wäre, das, was als Neues zu gelten hätte, im Text aufzuspüren. Denn selbst wenn man Rita als Gegenspielerin Manfreds auffaßte, blieben viele Ungereimtheiten unaufgelöst.

Die Kritik - vor allem in der DDR - erkannte diese Problematik durchaus, vor allem in Halle, wo der Waggonbau-Betrieb und die Partei sich entschieden gegen eine falsche und verfälschende Darstellung der Wirklichkeit wandten. In der Wochenendbeilage der Parteizeitung "Freiheit" resümierten die Kritiker Allert und Wetzelt:

> Manfred war im Mai 1961 von einem Kongreß in Westberlin nicht zurückgekehrt, Anfang August hat Rita ihn besucht und festgestellt, daß er nicht glücklich ist, aber bleiben wird. Gewiß kann eine Liebesenttäuschung einen Menschen krank machen. Aber warum bricht dieses Mädchen zusammen, das lange vor-

11 a.a.O., S. 47

her selbst den Schlußstrich gezogen, sich gegen den Geliebten und für die sozialistische Gesellschaft, also für seine Zukunft entschieden hat?...

Der Prozeß der Entfremdung hatte lange gedauert, und Rita weiß am Ende kaum zu sagen, wann er eigentlich begonnen hatte. Ihn darzustellen, sich seiner bewußt zu werden, das ist ihre Genesung, das ist der Inhalt der Erzählung: wie sie sich gewandelt hat, von unserem Lebensgefühl erfaßt wurde, während Manfred zurückblieb, von seiner Skepsis nie geheilt... Psychologisch stimmen die Entscheidungen der beiden Figuren genau..., (aber)... das Buch deutet keine Möglichkeit an, einen Menschen wie ihn (Manfred - W.K.) für den Sozialismus zu gewinnen. Da Manfred von niemandem überzeugt wird, im Gegenteil seine Zweifel - und die anderer - im Raum stehenbleiben, erhebt sich die Frage nach dem Standpunkt der Autorin.[12]

Hier wurde schweres Geschütz aufgefahren, gegen eine Autorin, die für die Erzählung eben mit dem Heinrich-Mann-Preis ausgezeichnet worden war, und gegen die Jury, an deren Spitze Alfred Kurella, von 1958 bis 1963 Kandidat des Politbüros und Sekretär des ZK der SED, zugleich Sekretär der Kulturkommission beim Politbüro der SED[13], gestanden hatte.
Weiter in der Kritik:

Die fortschrittlichen, positiven Gestalten des Buches hinterlassen beim Leser einen negativen Eindruck; die schwankenden, kleinbürgerlichen Gestalten erscheinen durch die Darstellung der Christa Wolf als positiv und in ihrer Auffassung dem Sozialismus gegenüber unwandelbar rückschrittlich... Wo bestimmen Irrende und Fehlende die "Gesamtheit unseres Lebens"...?

Männer wie Meternagel oder Ermisch können doch nicht - in der von Christa Wolf gewählten Darstellung - allein und einzig den Genossen unserer Tage verkörpern. Damit wird die Wirklichkeit verzerrt. Auch hier kommt die dekadente Lebensauffassung bei Christa Wolf zum Ausdruck.[14]

---

12 Die Freiheit, Halle, Nr. 204, 31.8.1969. In: Martin Reso, 'Der geteilte Himmel' und seine Kritiker, Halle: Mitteldeutscher Verlag 1965, S. 78 ff., vgl. Günther Dahlke, 'Geteilter Himmel' und geteilte Kritik. In: Sinn und Form (SF) 2/64, S. 307 ff.

13 Schriftsteller der DDR, Bibliographisches Institut, Leipzig 1974, S. 327

14 Reso, a.a.O., S. 82, 83

Am 30.11.1963, in einer Schlußbemerkung zur Diskussion um den Roman, bezog die Redaktion der "Freiheit" noch einmal Stellung zur Behandlung der 'nationalen Frage' in diesem Buch. "Wir möchten darauf hinweisen, daß Walter Ulbricht bereits im April 1961 in einer Rede. . . nachdrücklich gegen die Auffassung polemisiert hat, daß das Unglück der Nation in der Spaltung besteht. Und wir möchten weiter darauf hinweisen, daß in den Dokumenten des Nationalkongresses (Juni 1962) direkt von dem Gedanken ausgegangen wird, daß die Existenz der DDR ein Glück für die g a n z e deutsche Nation ist."[15]

Rita weiß nichts von diesem Glück, als sie sich vor den Zug fallen läßt. "Mit jedem seiner Worte (beim letzten Zusammensein in West-Berlin - W.K.) wich Lebenskraft aus ihr. Sie war schwach wie nie zuvor und voller Bitterkeit. . ., die Sehnsucht nach dem ganzen, vollen, gemeinsamen Leben brach in sie ein und vernichtete sie fast. Wer auf der Welt hatte das Recht, einen Menschen - und sei es einen einzigen! - vor solche Wahl zu stellen, die, wie immer er sich entschied, ein Stück von ihm forderte?"[16]

Diese geradezu klassische Formulierung tragischer Konflikte weist auf den eigentlichen Kern der Erzählung: daß sie Scheitern vorführen will in einer ausweglosen Situation, daß die klassischen Grundkonflikte auch in der Gegenwart möglich sind, daß Gegenwart so - auf diese Weise - Literatur werden kann.

Natürlich bot und bietet der Charakter Ritas eine ganze Reihe von Reibungsflächen, die freilich auch bei späteren Frauengestalten Christa Wolfs (übrigens auch bei Männergestalten) zu finden sind, die sozusagen ein Kernproblem Wolfscher Menschenauffassung und -gestaltung darstellen. Bei Rita wird das am Ende der Erzählung ganz deutlich: Woher nimmt sie die Kraft, was befähigt sie, alles zu überstehen, so daß sie vor Schwarzenbach und Meternagel eine Leitbildfunktion übernehmen kann? "Manchmal hatte sie selbst gedacht: Der Meternagel macht sich umsonst kaputt. Er hat sich mehr vorgenommen, als er schaffen kann. Aber gerade deshalb hätte sie nie fertiggebracht, ihn im Stich zu lassen. Auch mit Worten nicht. Auch nicht mit Zweifeln. . ."[17]. Dagegen Manfred: ". . .denkst du denn, . . . ich hätte nicht auch mal gedacht, mit der Wurzel des Übels würde man auch das Übel aus der Welt ausreißen? Aber es hat tausend Wurzeln. . . Edel vielleicht, sich weiter daran zu versuchen. Aber ohne Überzeugung wird Edelmut zur Grimasse."[18]

---

15 a.a.O., S. 158
16 GH, S. 212
17 a.a.O., S. 207
18 a.a.O., S. 213

Rita sei, hatte es in der "Freiheit"-Kritik geheißen, ein Mädchen "ohne jeden Arg, ohne eine Verklemmung aus der Vergangenheit, die sie hindern (könnten), sich ihren Eindrücken hinzugeben und rückhaltlos zum sozialistischen Menschen zu werden".[19] Was ist im Verständnis Christa Wolfs dann Sozialismus, - oder wie hier: woraus, aus welchen Charakterzügen, bestimmt sich eigentlich das sozialistische Menschenbild?

Mit Bezug auf Rita müßte man wohl formulieren: Es sind die Eigenschaften der Liebe, Treue, Hingebung, Hilfsbereitschaft, des Mutes, der Offenheit, der Leidensbereitschaft usw., die sie auszeichnen, nicht: Solidarität, Parteilichkeit, Opferbereitschaft für Staat und Partei usw. Es sind die sog. allgemein-menschlichen Eigenschaften (die natürlich längst nicht allgemein sind, nicht in der bürgerlichen, aber auch nicht in der sozialistischen Gesellschaft), die, gleichsam angeboren, sich im Konflikt in besonderer Weise entfalten können (Allert/Wetzelt: "Die Kraft eines Wendland, eines Schwarzenbach, eines Martin kommt, scheint's, ganz aus ihnen selbst - tatsächlich kommt sie aus der Sache ihrer Klasse. Von Meternagel sagte seine Frau sogar: 'Er muß so sein, wie er ist'"[20]).
Dazu gehören die alten Grundbilder der Freundschaft, der Liebe, des Abschieds, die Flucht in die Kindheit/Vergangenheit, ins Dorf bei Gefahr: Topoi, die die verallgemeinernde Gestaltungsweise (vielleicht manchmal hin bis zur Gefahr des Klischees) Christa Wolfs ausmachen. Es scheint, daß sie dieses Gestaltungsprinzip bis in die Gegenwart durchgehalten hat, auch wenn die Diktion nüchterner, die Sprache härter geworden, die Verwendung poetischer Bilder deutlich reduziert worden ist.

Schwarzenbach ist der letzte Besucher im Sanatorium, die Erzählung geht zu Ende. Seine Frage an das Mädchen, das er vor langer Zeit für das Lehrerstudium geworben hat, führt ins Zentrum: "Hat es Sinn, die Wahrheit, die man kennt, immer und unter allen Umständen zu sagen?"[21] Diese Frage gehört zu den Grundfragen, die Christa Wolf sich (und dem Leser) immer wieder stellen wird. Wie immer hatte die Partei argumentiert, daß das, was Schwarzenbach in einer pädagogischen Zeitschrift über den Dogmatismus im Unterricht geschrieben hatte, nicht jetzt und nicht so hätte formuliert werden dürfen. Seine Antwort ist die Antwort Christa Wolfs: "Zum erstenmal sind wir reif, der Wahrheit ins Gesicht zu sehen."[22] In Ritas Haltung, in ihrer Offenheit über den Besuch bei Manfred in West-Berlin und in ihrem Verhalten am

19 Reso, a.a.O., S. 80
20 a.a.O., S. 84
21 GH, S. 218 f.
22 a.a.O., S. 219

13. August, dem Tag des Mauer-Baus, an dem sie spontan ins Werk geeilt war, erkennt er ihre Antwort: "Die reine nackte Wahrheit, und nur sie, ist auf die Dauer der Schlüssel zum Menschen."[23]

Die Kritiker der "Freiheit", Halle, zogen am 31. August 1963 freilich ein anderes Fazit: "Die Erzählung von Christa Wolf ist ein Fortschritt, mit dem wir nicht lange zufrieden bleiben wollen."[24]

Entsprechend der antithetischen Grundstruktur der Erzählung, die noch im letzten Schwarzenbach-Kapitel sich darin zeigt, daß dem Sanatoriumsbesuch mit seinen moralischen Grundfragen wiederholt Szenen von Ritas Besuch bei Manfred in West-Berlin kontrapunktisch beigesellt werden, wobei sie sich in ständig wechselndem Licht gegenseitig erhellen und interpretieren, folgt dem relativ optimistisch angelegten Schwarzenbach-Rita-Disput der Besuch bei Meternagel, Kap. 30: Ende des Ganzen.

Meternagel, der sein Leben, seine Gesundheit, seinen Besitz, auch seine Familie für die Partei geopfert hat, hereingelegt von der berühmten Vorzeige-Brigade Ermisch, ist todkrank. "Er sieht ihr an, daß sie nicht darauf vorbereitet ist, einen schwerkranken Mann zu finden. . . Er kann immer nur eines auf einmal tun: den Kopf anheben oder lächeln oder sprechen. Er macht das alles der Reihe nach. Sein Lächeln ist das einzige, was sich in seinem Gesicht nicht verändert hat." Es hat keinen Sinn, daß sie sich etwas vormachen, Meister wird er nicht mehr werden. "Der Ermisch ist sein Nachfolger."[25] Der Kaffee ist dünn, das Sofa abgewetzt, ein Teppich fehlt. Seine Frau: "Er spart es. . . Er will die dreitausend Mark zurückgeben. . . Er ist verrückt. . ."[26]

Rita hat viel lernen müssen in den anderthalb Jahren, die sie Meternagel kennt. Christa Wolf entläßt den Leser mit einem letzten Blick auf dieses Schlußbild: "Sie scheute sich, in sein erschöpftes Gesicht zu sehen. Sie zieht die Tür hinter sich zu." Die Sinnfrage bleibt: "Was hat es für einen Sinn, daß wir auf der Welt sind?"[27]

Das ist deutlich: Der in diesen Figuren zutage tretende Konflikt wird nicht gelöst, nicht überzeugend gelöst: Schmerz, Trauer, Tränen; allenfalls ein Trotz-Dem. In der Laudatio zur Preisverleihung der Akademie der Künste, die einen gewagten Rettungsversuch für das vom Verbot bedrohte Buch[28] unternahm, formulierte Kurella es dann so: "Die Anerkennung, die in der

23 a.a.O., S. 220

24 Reso, a.a.O., S. 85

25 GH, S. 233

26 a.a.O., S. 233 f.

27 a.a.O., S. 205

28 Fritz J. Raddatz, Traditionen und Tendenzen, Bd. 1, Suhrkamp 1976, S. 382 f.

Preisverteilung liegt, gilt in erster Linie dem Kunstwerk - wobei die Kunst als ein mächtiger Faktor der Selbstverständigung der Gesellschaft verstanden wird (. . .) Es würde nicht schwerfallen zu zeigen, daß praktisch gesehen in diesem Buch von einer Totalität des Lebens unserer Republik keine Rede, daß sie ein Schein (! - W.K.) ist. Die Darstellung 'der Republik' und ihrer Menschen weist große Lücken auf, und die tatsächlichen einzelnen Erlebnisse aller Personen lassen vieles von dem Erfreulichen vermissen, das wir in unserem heutigen Leben finden."[29]

Kurellas Argumentation ist schon merkwürdig: Die Heraushebung des Kunstwerk-Charakters; die Beschreibung der Kunstwirkung, daß sie zur Selbstverständigung der Gesellschaft dienen könne. Auch das ist deutlich: Da das Werk die Grundpositionen des sozialistischen Realismus über Widerspiegelung typischer Charaktere in typischen Umständen bei Herausarbeitung des gesellschaftlich Fortschrittlichen als wesentlichem Prozeß der gesellschaftlichen Bewegung nicht aufweisen konnte, ihnen nicht entsprach, wurden Formulierungen nötig, die - wenn das Werk trotzdem Geltung haben sollte - neue Weite und Vielfalt in die realistische Schreibweise bringen müßten. So formuliert, konnte und mußte eigentlich jedes Werk gesellschaftlicher Selbstverständigung dienen, gleichgültig, ob die Proportionen (vgl. Johannes R. Becher, "Tübingen oder die Harmonie") stimmten oder nicht.

Schon hier also, 1962/63, erhielt die öffentliche Auseinandersetzung mit den Positionen der Christa Wolf gleichsam paradigmatische Bedeutung. Wir werden den Vorgang sich wiederholen sehen nach der Auseinandersetzung mit "Christa T.": Die Autorenpoetik der Christa Wolf, die eigentlich immer schon den offiziellen Verlautbarungen über sozialistischen Realismus widersprochen hatte, wurde zum Anlaß - freilich erst nach heftigen Auseinandersetzungen mit der Autorin -, Grundpositionen des sozialistischen Realismus zu überdenken und zu korrigieren. Eine andere Möglichkeit hat es für die Kulturpolitiker und die Partei zu dieser Zeit offensichtlich nicht gegeben: Die außerordentliche Wirkung schon dieses ersten Werkes und die moralische Integrität der Autorin ließen ihr einen Sonderstatus innerhalb der DDR-Literatur zuwachsen, von dem sie auch heute noch zehrt. Damals setzte die Partei auf diese Frau: In einer Vielzahl von Lesungen, Diskussionen und Vorträgen stand sie vor Studenten, Angehörigen der Betriebskampfgruppen, vor Soldaten der NVA; Ehrungen, Preise, der Nationalpreis machten deutlich, daß der "Geteilte Himmel" auch neue kulturpolitische Positionen demonstrieren sollte, jetzt, da die Grenze geschlossen, da eine neue Öffnung nach innen (vgl. Lyrik-Bewegung) wieder einmal einen 'neuen Kurs' versuchte, natürlich

29 Reso, a.a.O., S. 26, 28

auf der Grundlage der bekannten politischen Positionen, aber in bezug auf den einzelnen vielleicht auch gelöster, freier, optimistischer.

So oder ähnlich wie in Strittmatters "Ole Bienkopp" werden neue Helden gesucht: Persönlichkeiten, Kämpfer, die den Kampf gegen Erstarrungen auch in der Partei wagen, Wendlands, die eigene Schatten der Vergangenheit überwinden. Bewußtheit wird verlangt im Kampf der Gegensätze; Stehvermögen, Durchsetzungskraft und Parteilichkeit. Es gab zwar die Ermischs und die Meternagels - vor allem aber gibt es die Wendlands -, und es gibt die Sputniks und die Gagarins, die ein neues Zeitalter des Menschen im sozialistischen Humanismus repräsentieren: Wendland und das Raumflug-Kapitel werden zum Zeugen sozialistischer oder kommunistischer Zukunft. In den Rezensionen und Rezeptionen verschieben sich in kürzester Zeit die Gewichte: Ermisch-Meternagel, Rudi und vor allem Manfred Herrfurth werden an den Rand gerückt, der "Geteilte Himmel" wird mehr und mehr zu einer Erzählung vom Sieg des Sozialismus; Abschied von der Nachkriegs-Literatur. Gewonnen ist endlich ein neuer Blickpunkt: die Ankunft im sozialistischen Alltag.

Schrittweise lösen sich diese Interpretationsversionen vom Roman, entsprechend jenem Denk- und Verhaltensmodell, das Christa Wolf unter dem Gelächter der Beteiligten und Betroffenen auf der zweiten Bitterfelder Konferenz (April 1964) zum besten gegeben hatte (hier zitiert nach Manfred Jägers beachtenswerter Studie zur "Kultur und Politik in der DDR")[30]:

> Ich will Euch hier ein Beispiel erzählen, das mir kürzlich ein Kollege von seiner Zusammenarbeit mit einer Zeitung berichtete. Man hatte ihn als Reporter zu einem besonders gut beleumundeten Brigadier einer Baubrigade geschickt, der kürzlich in die Partei eingetreten und dessen Bild schon überall erschienen war. Man hatte ihm gesagt: Und nun zu dem Bild die wahrheitsgetreue, lebensechte Reportage! Er ging zu dem Brigadier und fand einen sehr aufgeschlossenen Menschen, der ihn sofort einlud mitzukommen und ihm alles erzählte. Schon auf der Autofahrt in seine Wohnung ging es los, der Kollege sagte: "Es ist nett, daß du mich mit nach Hause nimmst zu deiner Familie!"
>
> "Ach Gott, Familie, mit der Frau stehe ich in Scheidung." "Aber du hast doch Kinder?" "Na ja", sagte der Brigadier, "Kinder. . . Mein Sohn sitzt gerade im Kittchen wegen versuchter Republikflucht." Dann sagte mein Kollege: "Aber du bist doch in die

30 Manfred Jäger, Kultur und Politik in der DDR. Ein historischer Abriß. Edition Deutschland Archiv (Köln: Wissenschaft und Politik 1982), S. 90 f.

Partei eingetreten aus Überzeugung?" Sagte der andere ehrlich: "Klar, ehrlich. Das war so: Unsere Brigade hatte furchtbar viel gegen schlechte Arbeitsorganisation und alle möglichen Mängel und Fehler zu kämpfen. Und wir sind nicht durchgekommen, obwohl ich ein ganz gut ausgebildetes Mundwerk habe. Da haben meine Kumpel gesagt: Hier nützt bloß eins, einer von uns tritt in die Partei ein, dann kann er besser auf den Tisch hauen. Da ich der Brigadier bin, fiel die Wahl auf mich, und so bin ich in die Partei eingetreten."

Christa Wolfs Geschichte, die an dieser Stelle Heiterkeit hervorruft, nimmt den typischen Verlauf:

> Der Schriftsteller findet das prima und schreibt das. Nun fängt der Kuhhandel an. . . "Muß der denn mit seiner Frau in Scheidung stehen?" "Ja", sagt der Schriftsteller, "ich weiß nicht, ob er muß, aber er steht." (Heiterkeit) "Kannst du das nicht streichen?" "Gut, aber dann haben wir gar kein Familienleben, und kein Familienleben, das ist für den sozialistischen Menschen auch nicht typisch." "Dann laß wenigstens das mit dem Sohn weg!" "Aber die Leute, die den Brigadier kennen, kennen auch den Sohn!" Darauf hat der Schriftsteller gesagt: "Hört zu, ihr habt mich zu dem geschickt, ich habe mir das nicht ausgesucht."
>
> Da stellte sich heraus, sie hatten einen anderen Brigadier im Kopf, sie wollten einen anderen auf der Zeitungsseite haben. Der Auftrag wurde zurückgezogen.

Und Christa Wolf erzählt eine weitere Geschichte, die sie von einem Besuch in einer achten Klasse mitbringt, in der sie zur Jugendweihe sprechen sollte.

> Ich habe über Literatur gesprochen. Da meldete sich ein kleiner Junge von 14 Jahren und sagte: "Frau Wolf, ich habe in letzter Zeit vier Jugendbücher gelesen. In allen vieren gab es einen durch und durch überzeugten FDJler, der alle positiven Eigenschaften hatte, die es auf der Welt gibt, und seine viel schlechteren, ihn umgebenden Kameraden überzeugte. Finden Sie das richtig?"
>
> Ich war diplomatisch und frage ihn: "Wie ist es denn in Wirklichkeit?"
>
> Da antworte er ganz lakonisch: "Abweichend." (Heiterkeit) Nun habe ich tatsächlich nicht den Mut aufgebracht, diesem Jungen die Gesetze des Typischen in der Literatur zu erklären, sondern ich habe gesagt: "Es sollte ruhig mal einer über das Abweichende schreiben."

Hat Christa Wolf im "Geteilten Himmel" Abweichendes geschrieben? Wie immer man Erzählung oder Einzelaussagen hier bewerten oder gewichten mag: Es kann keine Rede davon sein, daß im "Geteilten Himmel" die Parole von der Erhöhung der industriellen Produktion "durch die affirmative Abspiegelung von Vorbildern" gestaltet worden sei.[31] Natürlich wird jedes literarische Werk zu verschiedenen Zeiten unterschiedlich gelesen, ebenso gewiß gibt es aber literaturwissenschaftliche Methoden zur Analyse von Texten, die die Autorenintention relativ sicher erfassen und nachweisen können. Mit Bezug auf das Gesamtwerk der Christa Wolf darf hier auf einige Prinzipien der Gestaltung verwiesen werden, die in der Folge die Autorenpoetik immer stärker bestimmt haben, und zwar hin bis zur "Kassandra":

1. Bereits im "Geteilten Himmel" wird die Handlung, eingebunden in eine Fabel, weitgehend aufgelöst. Zwar lassen sich noch Elemente einer Entwicklungshandlung erkennen, aber die Entwicklung selbst wird, z.B. durch die Darstellung aus der zeitlichen und räumlichen Ferne (Krankenhaus/Sanatorium), kommentiert und damit zugleich relativiert.
2. Bereits im "Geteilten Himmel" wird die Autorität des Erzählers durch eben diese Relativierung der Handlungs- bzw. Entwicklungsführung eingeschränkt. Der Leser sieht sich wiederholt nicht oder kaum in der Lage, den Erzählschritten mit den ihnen zugewiesenen (symbolischen) Bedeutungsräumen zu folgen, deutlich u.a. im Abschnitt "Die Nachricht" (23. Kap.) mit seiner überdrehten, zum Teil grotesken Metaphorik. (Natürlich treten hier die Ernüchterungen hinzu, die wir Heutige zu diesem Vorgang empfinden, der ja aber nicht erst in "Christa T.", sondern bereits in Manfreds Kommentar seine Korrektur erfährt.)
3. Es mag sein, daß die Parteilichkeit des Lesers bei der Beurteilung der Hauptpersonen, vor allem bei der Manfreds, eine besondere Rolle spielt (s. die Verdikte durch die DDR-Kritik); deutlich ist aber, daß einer möglichen Steuerung des Urteils durch die Autorin entgegenstand, daß er als Geliebter Ritas natürlich Sympathie beanspruchen mußte, die nicht einmal dadurch eingeschränkt werden konnte, daß er die DDR verläßt. In diesem Sinne ist Manfred Herrfurth ein zwiespältiger Charakter, seine Urteile sind auch Urteile einer (kalten) Vernunft, sein Zynismus wird aber durch die vorgeführten Lebensläufe (der alte Herrfurth, Mangold, Schwarzenbach, Meternagel usw.) gerechtfertigt - noch im letzten Kapitel, das ja den Zusammenbruch Meternagels bringt.
4. Die mittlere Handlung (die Liebesgeschichte) wird gleichsam mit Schalen umgeben, die sie und ihr tragisches Ende erklären/begründen,

---

31 Alexander Stephan, Die 'subjektive Authentizität' des Autors. In: Text und Kritik 46, 1975, S. 37

wobei die einzelnen Bauelemente zunehmend zueinander in Widerspruch geraten: Neben der verzweifelten Einsamkeit Manfreds steht die (relativ) optimistische Gebärde Ritas ("so viel Helligkeit bei so viel Dunkel")[32], neben ihrer patriotischen Haltung am 13.8. Schwarzenbachs Zweifel oder Nachfrage, ob man immer und überall die Wahrheit sagen müsse, neben ihrer durch ihre Haltung gegebenen positiven Antwort das Schicksal des Mannes, der genau diesem Rat gefolgt ist und sein Leben danach eingerichtet hat: Meternagel - seine Familie, sein Haus sind zerstört für immer, wohl für immer.

Und diesem Schluß folgt ein letzter, neuer Schluß, der mit dem Anfang der Erzählung korrespondiert: "Sie (Rita - W.K.) sieht, wie jeden Abend eine unendliche Menge an Freundlichkeit, die tagsüber verbraucht wurde, immer neu hervorgebracht wird. Sie hat keine Angst, daß sie leer ausgehen könnte beim Verteilen der Freundlichkeit. . . sie hat keine Angst." Weshalb eigentlich nicht?

5. Das Prinzip Fragen/Antworten/Fragen wird durchgehalten, vorläufige Fragen erhalten vorläufige Antworten, ein Prinzip, das über Charaktere, Konfliktentwicklung, Handlungsführung bis in die Handlungsstruktur zu verfolgen ist.

6. Dieser kleine Roman hat damit deutlich eine offene Form, trotz der Identifikationsangebote, die durch Charaktere und Handlungsführung gegeben zu sein scheinen. Christa Wolf strebt wohl beides an: daß der Leser sich in den Figuren findet, daß er sie zugleich übersteigt. Daß er mit ihnen leidet und sie doch zugleich auch immer wieder verfremdet betrachtet. Daß er in den Sog der Erzählung gerät (wie die Figuren in den Sog der Geschichte)[33] und sich von ihm befreit.

Der "Geteilte Himmel" ist kein Roman des sog. Bitterfelder Weges[34], allenfalls gibt es Äußerlichkeiten, die sich darauf beziehen ließen, z.B. daß die Autorin selbst im VEB Waggonbau Ammendorf gearbeitet hat und somit dem Aufruf Ulbrichts gefolgt war, das Neue des gesellschaftlichen Lebens an der Basis kennenzulernen, oder daß Probleme der Praxis im Roman selbst eine beträchtliche Rolle spielen. Was der Bitterfelder Weg eigentlich sein sollte, hat Walter Ulbricht im Schlußwort der ersten Bitterfelder Konferenz (April 1959) so umrissen:

> Der Auftrag besteht darin, daß sie (die Schriftsteller - W.K.) das Neue im Leben, in den gesellschaftlichen Beziehungen der Menschen, in ihrem Kampf um den sozialistischen Aufbau, um

---

32 GH, S. 222

33 a.a.O., S. 215; vgl. Karl Robert Mandelkow, Rezeptionsästhetik und marx. Literaturtheorie. In: Orpheus und Maschine, Heidelberg: Stiehm 1976, S. 119 f.

34 Karl Robert Mandelkow, DDR-Literatur und ihre bürgerliche Rezeption. In: a.a.O., S. 147, 153

die sozialistische Umgestaltung des gesamten Lebens künstlerisch gestalten. . ., daß sie. . . mithelfen, das Tempo der Entwicklung zu beschleunigen. . . Das arbeitende Volk erwartet von den Schriftstellern, daß sie ihren großen Beitrag zur sozialistischen Umgestaltung in der DDR leisten. . .

. . . besteht die Aufgabe darin, den Kampf gegen die imperialistische und faschistische Ideologie und die bürgerliche Dekadenz zu führen, die vom Westen her einwirken.[35]

Von dieser Position aus hatte die "Freiheit", Halle, ihren Kampf gegen Christa Wolf geführt. "Christa Wolf spinnt an einigen Stellen und Figuren den Faden dekadenter Lebensauffassung in unsere sozialistische Entwicklung, und das hinterläßt beim Leser das Gefühl, daß hier eine noch zwiespältige Autorin versucht, unvereinbare Ideologien miteinander zu verbinden."[36]

Genau das Gegenteil ist der Fall. Nach Maßgabe des hier Dargestellten zeigt der "Geteilte Himmel" Gestaltungsprinzipien, die sowohl neu als auch vorwärtsweisend sind: den Versuch einer offenen Form mit der Funktion, Auseinandersetzungen im Leser zu provozieren, die eine höhere Qualität von Bewußtheit und Engagement zur Folge haben könnten. Noch einmal sei aus der Laudatio der Akademie der Künste zitiert: ". . . in einem werden sich alle einig sein, daß die Erzählung als Ganzes einen Eindruck hinterläßt, der sich schwer in Worte fassen läßt, vor dem jeder zu wissen und bestimmt zu fühlen meint, was er für ihn bedeutet: eine Lebensbejahung neuer Art. . .", und: ". . . als Gesamtleistung kann die Erzählung. . . fast als Paradigma für die Erfüllung und Erwartung betrachtet werden, die das vom VI. Parteitag der SED angenommene Programm in bezug auf die Literatur in der Periode des entfalteten Aufbaus (des Sozialismus - W.K.). . . formuliert: 'Die im Kunstwerk gestalteten Erkenntnisse und Gefühle dienen der moralischen Veränderung der Menschen im Geiste des Sozialismus.'"[37]

Und in einer Besprechung des Films "Der geteilte Himmel" heißt es im "Neuen Deutschland" vom 5.9.1964: Die sozialistisch-realistische Qualität der Gestaltung unseres Lebens in der DDR durch Christa Wolf und Konrad Wolf (Regisseur und Sohn des Schriftstellers Friedrich Wolf) überzeugte.[38]

Die Schöpfer folgten einem Gestaltungsprinzip, das ich zunächst episch nennen will, wenn sie nicht nach dem Einwir-

---

35 Neues Deutschland (ND) 24.4.59

36 Reso, a.a.O., S. 83

37 VI. Parteitag der SED, 15.-21.1.63; vgl. Elimar Schubbe, Dokumente zur Kunst-, Literatur- und Kulturpolitik der SED. Stuttgart: Seewald (1972), S. 810 ff.

38 ND 5.9.64; Schubbe, a.a.O., S. 1002

ken der zentralen Gestalt auf die Verhältnisse und Menschen oder nach ihrer 'Enthüllung' in den Verhältnissen fragten, sondern nach der Wirkung der Verhältnisse und Menschen auf die zentrale Gestalt.[39]

Indem Christa Wolf Identifikationsstrukturen auflöst, findet sie Möglichkeiten, den Leser aus der Haltung des "Befehlsempfängers des Werkes"[40] herauszulösen. Bereits im "Geteilten Himmel" sucht sie nach Wegen, im Leser den mündigen Bürger zu erziehen, so wie sie später mit dem Prinzip der 'subjektiven Authentizität' den mündigen Autor fordern wird. Beides freilich hat mit der Zielstellung von Bitterfeld nichts zu tun; hier bereits, in ihrem ersten - von ihr auch anerkannten - Werk bewegt sie sich in Bereichen, die vor allem der Literatur offenstehen und in denen Literatur besonders wirken kann. In ihrem Verständnis schreibt und argumentiert sie als sozialistische Autorin; es gehört zu den ihr Gesamtwerk und ihr Leben bedrückenden Grunderfahrungen, daß das von der Partei und ihrem Staat so nicht gesehen und verstanden worden ist.

Von Anfang an sieht Christa Wolf Sozialismus, die sozialistische Menschengemeinschaft, als Ordnung, die allen bisherigen Gesellschaftsformationen überlegen ist. Schwarzenbach im 29. Kapitel des "Geteilten Himmel", dort, wo Anspruch und Wirklichkeit aneinander gemessen werden: "Sozialismus - das ist doch keine magische Zauberformel. Manchmal glauben wir, etwas zu verändern, indem wir es neu benennen. Sie (Rita - W.K.) haben mir heute bestätigt: Die reine nackte Wahrheit, und nur sie, ist auf die Dauer der Schlüssel zum Menschen."[41]

Das Wahrheitsproblem als eigentliches Zentrum des Romans, das in seinen verschiedenen Spielebenen gespiegelt wird, versteht Christa Wolf als Grundforderung, mit der allein sich der hohe Anspruch auf den neuen Menschen in einer neuen Zeit abdecken läßt. In den Grenzsituationen, die sie vorführt, sollten und können Schwierigkeiten, Konflikte und Kampf den neuen Keim hervortreiben. Sie treiben auch die Schatten hervor, das Nicht-Erreichte, das Noch-lange-nicht-Erreichbare. So gesehen enthalten die schwere Krankheit Ritas und selbst das Scheitern Meternagels Elemente von Zukunft, Utopisches: "'Sie können sich nicht vorstellen, was Ihr Mann leistet', sagt Rita (zu Meternagels Frau - W.K.), 'ohne ihn kommt man überhaupt nicht aus.' 'Ich weiß schon', sagt sie still. 'Er muß so sein, wie er ist.'"[42]

---

39 a.a.O., S. 1003

40 Mandelkow, a.a.O., S. 154

41 GH, S. 220

42 a.a.O., S. 234

Und Christa Wolf auf der zweiten Bitterfelder Konferenz: "Die Wahrheit über sie (die sozialistische Gesellschaft - W.K.) zu verbreiten schadet ihr nicht, sondern nützt ihr. Zum erstenmal in der menschlischen Geschichte stellt sie keinen unüberbrückbaren Widerspruch mehr dar zum humanistischen Wesen der Kunst. Soweit, glaube ich, sind wir uns alle einig."[43]

Die rhetorische Feststellung des Schlußsatzes enthält natürlich ein Programm, wie auch die Forderung nach Wahrheit einer ihrer Hauptpunkte ist und bleiben wird, wissend, daß das gerade nicht dem sozialistischen Alltag entspricht. Freilich gab es und gibt es für sie als Autorin und Genossin und 'moralischen Menschen' keine Alternative: Es war vorauszusehen, daß sich ihre Widersprüche zu den offiziellen Positionen und Verlautbarungen verstärken, daß die Themen Anpassung, Widerstand, Flucht sie persönlich und ebenso ihr Werk weitgehend prägen würden. Für einen Schriftsteller eine hervorragende Ausgangslage: Hier wird das Herz noch gewogen.

Wobei freilich bedacht werden muß, wie damals 'die öffentliche Meinung' gesprochen und zu ihr gesprochen hat. Nur in der Berücksichtigung solcher Hintergründe kann Bedeutung und Brisanz eines Werkes erkannt werden, hier natürlich sehr divergierender Hintergründe, da das Echo aus dem Ausland (vor allem der Bundesrepublik) eine ganz wesentliche Rolle bei der Beurteilung des Werkes und der Behandlung der Autorin gespielt hat und eigentlich auch heute noch spielt.

Der Zeitraum um die Entstehung des "Geteilten Himmel" ist in der DDR kulturpolitisch bestimmt durch den Bitterfelder Weg und durch den Streit um 'ideologische Koexistenz'. Der Ton, der in die Öffentlichkeit dringt, und die Umgangsformen waren rüde. Einige Beispiele:

Am 10.3.1959 berichtet das "Neue Deutschland" über eine Beratung der Kulturkommission beim SED-Politbüro mit Theaterschaffenden:

> Die mehrstündige Auseinandersetzung beschäftigte sich u.a. mit den Auffassungen des Genossen Dr. Heinar Kipphardt, die ihren praktischen Niederschlag in seiner Tätigkeit als Chefdramaturg des Deutschen Theaters und auch in seinem künstlerischen Schaffen gefunden haben. Die Diskussion ergab, daß die ernsten Mißgriffe der ersten Inszenierung von Remarques "Letzte Station", die Bevorzugung von Stücken wie Orffs "Astutuli" oder Giraudoux' "Amphitryon 38" vor Werken unserer sozialistischen Dramatiker am Deutschen Theater darauf zurückzuführen sind, daß Genosse Kipphardt revisionistische Überzeugungen vertrat. Er hob die Anerkennung des sozialistischen

43 zit. Jäger, a.a.O., S. 89 f.

> Realismus in Worten dadurch wieder auf, daß er ihn durch den Begriff eines "dialektischen Theaters" zu ergänzen vorschlug: er bekannte sich zur führenden Rolle der Partei in den Fragen der Kultur, negierte diese aber in seiner Praxis.[44]

Vorher schon, am 17.2.1959, brachte das "Neue Deutschland", das Zentralorgan der Partei, einen Brief der Betriebsorganisation Autoren Berlin des Schriftstellerverbandes an den Intendanten des Deutschen Theaters, Wolfgang Langhoff:

> Besinnen Sie sich auf Ihre Pflicht, Genosse Langhoff! Unsere sozialistische Gesellschaft, in erster Linie die Arbeiterklasse, erwartet von Ihrem Theater einmal Bereicherung durch die ganze Fülle des humanistischen Erbes von Shakespeare bis zu Goethe, von Lessing bis zu Friedrich Wolf. Dieser Aufgabe wird es nur ungenügend gerecht. Vor allem aber erwartet sie von Ihnen, Genosse Langhoff, Verantwortungsfreudigkeit, unsere Gegenwart auf der Bühne widerzuspiegeln. Warum verschließen Sie theatererfahrenen sozialistischen Autoren Ihre Bühnen? Warum engen Sie die künstlerische Gestaltung der Vielfalt unseres Lebens durch eine Spielplanauswahl nach ästhetisierenden Prinzipien ein?... Wir meinen, daß es für Sie und Ihre verantwortlichen Mitarbeiter Zeit ist, sich auf die Pflichten gegenüber unserem Arbeiter- und Bauern-Staat zu besinnen. Das müssen wir Ihnen als Schriftsteller und Genossen sagen.[45]

Elimar Schubbes "Dokumente zur Kunst-, Literatur- und Kulturpolitik der DDR" (1949-1970) und die Fortführungen[46] bieten zu dieser Problematik eine makabre Sammlung von Hintergrundinformationen, obwohl es sich durchweg um 'Stimmen der Öffentlichkeit' handelt: Zeitungs- und Zeitschriftenausschnitte, Protokolle. Hierher gehören die offiziellen Verlautbarungen und Reden dieses Zeitraums (Hans Koch, Walter Ulbricht, Alfred Kurella, Erhard John, Horst Redeker usw.), aus denen sich schon ein ungefähres Bild der kulturpolitischen Landschaft der 60er Jahre gewinnen läßt, mit der Zuspitzung der Auseinandersetzungen im Jahre 1962 gegen Sartre, Ernst Fischer, Huchel und mit dem Rundumschlag der Partei gegen Bredel, Hacks, Hermlin, Kunert und Langhoff auf dem IV. Parteitag. Im Rückblick stellt sich dieser Zeitraum dar als eine haarsträubende Periode der Verdüsterung. Das "Neue Deutschland" bringt am 28.11.1961 die Grundposition der Partei, vorgetragen von Ulbricht auf der 14. ZK-Tagung der SED:

44 a.a.O., S. 87

45 a.a.O.

46 Hg. Gisela Rüß (1971-74), Peter Lübbe (1975-80)

> Die Auseinandersetzung lehrt: mit formalen, dekadenten oder sogenannten modernistischen Gestaltungsmitteln, die aus der spätbürgerlichen Kunst entnommen werden, kann man keine Werke schaffen, die das sozialistische Denken und Fühlen der Werktätigen bereichern, d.h. keine im eigentlichen Sinne sozialistische Kunst.
>
> Der Dogmatismus der Moderne ist für eine Reihe junger Künstler ein ernstes Hemmnis bei der Entfaltung ihrer künstlerischen Fähigkeiten. Unter Berufung auf die Rolle der Intuition in der Kunst wird einer nur spontanen Schaffensweise im künstlerischen Bereich das Wort geredet. Das ist falsch. . .
>
> Die Entwicklung auf dem Gebiete der Kunst und Literatur in der Deutschen Demokratischen Republik beweist eindeutig, daß die richtige künstlerische Gestaltung unserer neuen Wirklichkeit, wo sie ernsthaft versucht wird, den Künstler stets zu der Methode des sozialistischen Realismus führt, deren Grundprinzip in der wahrhaften Widerspiegelung dessen besteht, was das Wesentliche und Entscheidende in der Wirklichkeit ist.[47]

Heft 5/6, 1962, das letzte von Peter Huchel redigierte Heft von "Sinn und Form", bringt u.a. Brechts Rede "Über die Widerstandskraft der Vernunft" und Gedichte Huchels, mit dem seinem Sohn gewidmeten "Der Garten des Theophrast":

> Wenn mittags das weiße Feuer
> Der Verse über den Urnen tanzt,
> Gedenke mein Sohn, gedenke derer,
> Die einst Gespräche wie Bäume gepflanzt
> Tot ist der Garten, mein Atem wird schwerer. . .
>
> Sie gaben Befehl, die Wurzel zu roden.
> Es sinkt dein Licht, schutzloses Laub.

Im Mai 1963 äußert sich Kurt Hager zum Fall "Sinn und Form" auf einer Delegiertenkonferenz des Schriftsteller-Verbandes: "Diese Zeitschrift bezog keine eindeutige Stellung zur DDR. Sie bezog keine Stellung für den sozialistisch-realistischen Weg unserer Literatur und Kunst, den Weg von Bitterfeld. Sie bezog keine Stellung für unsere junge, nachrückende Schriftsteller-

47 zit. Jäger, a.a.O., S. 103

generation, sondern sie distanzierte sich von unserer Entwicklung unter Berufung auf die 'gesamtdeutsche Aufgabe'".[48]

Soweit bekannt ist, schweigt Christa Wolf zu diesen Vorgängen. Und doch sind auch sie Hintergrund zum "Geteilten Himmel". Am 15.12.1962 wendet sich Ulbricht in der "Leipziger Volkszeitung" gegen Formalismus, Dekadenz, abstrakte Kunst; im Februar 1963 polemisiert die theoretische Zeitschrift der SED "Einheit" gegen Hermlin: Er sei offenbar der Meinung, zur sozialistischen Kunst gehöre alles, was nicht den Faschismus verteidige, nicht zum Krieg hetze und nicht dem Rassismus huldige. "Damit wurde abstrakten oder anderen dekadenten Kunstwerken der Boden bereitet, die in unserer sozialistischen Wirklichkeit keine Grundlage haben und dem Volk nicht dienen."[49] Hermlin dazu in einer 'Selbstkritik' im "Neuen Deutschland" vom 6.4.1963, unbußfertig: "Ich war nicht der richtige Mann am richtigen Platz. Ich bemühte mich in dieser Zeit um eine lebendige Tätigkeit in der Sektion (Dichtkunst und Sprachpflege der Akademie der Künste, Berlin Ost - W.K.). . ., ich versuchte, uns, die Sektion, in besseren Kontakt mit jungen Schriftstellern zu bringen (. . .). Ich erkenne das als einen Fehler an; aber ich weiß auch, daß ich vor der Wiederholung dieses Fehlers nicht gefeit bin."[50]

Eine Auseinandersetzung mit Christa Wolfs "Der geteilte Himmel" kann an diesen Rahmenbedingungen nicht vorbeigehen. Das hier nur andeutbare literaturtheoretische und kulturpolitische Spannungsfeld, in das diese Erzählung oder dieser kleine Roman hineingehört, wäre in allen Bereichen zu erweitern; was hier versucht wurde, ist nur ein Ansatz.

Bedrückender freilich noch als die rüde Tonart der Argumentation der SED oder kulturpolitischer Instanzen der DDR sind Niveaulosigkeit und Gleichgültigkeit, sind Ignoranz und Überheblichkeit der bundesdeutschen Kritik diesem Roman gegenüber, von der hier noch einige Beispiele zitiert seien.

Raddatz in der Süddeutschen Zeitung, München, vom 8.1.64: "Literarisch ist das kaum bewältigt, es beginnt wie sowjetische Romane vor 12 Jahren begannen, fast wie eine Parodie darauf. . . Frau Wolfs stilistische Unfähigkeit und ihr offenbares Unvermögen zu verkürzen, zu sparen, mit dem Wort zu schweigen, wird an jeder Seite deutlich. . ., natürlich endet solche Idylle immer bei niedlicher Heimatdichtung. . ."

Und Peter Hamm in der "Zeit" (27.3.64): "Und doch handelt es sich bei den Büchern 'Geteilter Himmel' und 'Die Geschwister' (von Brigitte Reimann -

48 Schubbe, a.a.O., S. 901

49 vgl. Jäger, a.a.O., S. 107 f.

50 a.a.O., S. 108; ND 6.4.63

W.K.) um durch und durch kommunistische Bücher - und zwar kommunistisch im Sinne der SED. Das besagt nicht, daß diese Bücher schlicht erlogen seien, nein, sie sind bloß auf eine gefährlich heroische Weise naiv, sie sind in der Tendenz - und allein auf sie kommt es der Partei an - genau vom Schlage jener Märchenbücher, die in der DDR immer noch unter dem Begriff 'sozialistischer Realismus' laufen, obwohl in ihnen eben nicht die kollektive soziale Realität, sondern nur das private Wunschdenken beschrieben wird."

Und als letztes Beispiel Christa Reinig im "Spiegel" (13.1.65):

> Orpheus ist in diesem Roman aus der DDR ein guter Junge aus gutem Hause. Er heißt Manfred Herrfurth und ist Doktor der Chemie. Sein Vater ist Werktätiger, seine Mutter unwerktätig-westlich. Beide versündigen sich ideologisch an ihrem Sohn. Das trägt traurige Früchte: Eines Tages zieht Orpheus - Manfred in die Welt hinaus und bleibt "drüben", d.h. hüben. Seine Mutter findet das vernünftig. Allein Eurydike - hier: die Lehrerin Rita Seidel - kann es nicht verschmerzen. Sie verläßt das Land der Schatten und folgt ihrem Orpheus in die Oberwelt - nach West-Berlin. Doch das fast unmerklich eingesogene Agitprop-Geseiere eines "blassen und begeisterten" DDR-Lehrers tut seine Fernwirkung und "gab ihr die Kraft, einen bösen blinden Zufall zu korrigieren". Eurydike - Rita kehrt um und bleibt in der DDR.

Und als Episode berichtet Christa Reinig von einem 'Westler', der, in Potsdam auf einen Bus vergeblich wartend, zu der Einsicht kommt: "In diesem Augenblick. . . wußte ich, daß ich nicht mehr in Europa war, sondern in Asien."

Man könnte seitenlang zitieren: betroffen macht nicht nur die Sprache des Kalten Krieges, sondern vor allem die unendliche Fremdheit und Gleichgültigkeit, mit denen der "Brüder (und Schwestern), die das Schicksal unserer Trennung tragen" (Gedenkspruch am Bremer Markt) gedacht wird. Nach welchen Kriterien wird hier geurteilt, nach welchen Maßstäben, ob ein Text literarisch gelungen ist oder nicht? Noch einmal Christa Reinig über ihre Kollegin Christa Wolf:

> Betroffen stellt man fest, daß die Autorin aus ihrem Unvermögen, ihren Figuren Leben einzuhauchen, uns eine gespenstische jenseitige Welt präzise vorführt: die verminderte Vitalität einer politisch gelähmten Gesellschaft, die erst entmündigt wurde, dann sich selbst überlassen blieb und nun auf der Messerschneide zwischen Tyrannis und Anarchie entlangkrebst.

Wie denn? Doch literarische Meisterschaft? Meisterschaft wider Willen?

Ein Internationales Schriftstellerkolloquium, vom 1.-5.12.1964 in Berlin abgehalten, bringt eine - zumindest für die Kulturfunktionäre der DDR - überraschende Zuspitzung der Konflikte; wir berühren jetzt einen Bereich, der für die weltanschauliche Entwicklung Christa Wolfs entscheidend sein wird. Informationen über diese Tagung sind nur bruchstückhaft an die Öffentlichkeit gelangt; gerade deshalb bedürfen die wenigen Texte besonderer Aufmerksamkeit.

Daß in diesem Zeitraum einer der entscheidenden Wendepunkte für die Ausgestaltung des Verhältnisses Schriftsteller - Partei zu sehen ist, ist wiederholt belegt worden, vor allem in bezug auf das Dezemberplenum des Jahres 1965, das eigentlich nur den Außenstehenden unvorbereitet treffen konnte, wenn auch Schärfe und Heftigkeit der sich hier zeigenden Konflikte nicht erwartet wurden. Wie gesagt, vorbereitende Auseinandersetzungen hat es seit 1964 gegeben: Es wird zu untersuchen sein, wo sich eigentlich die Qualität der Konflikte so verändert hat, daß Berührungs- und Ausgleichspunkte zwischen Partei und den namhaftesten Schriftstellern sich auf ein Minimum reduzierten. Hinterher möchte es fast symptomatisch erscheinen, daß das Schriftstellerkolloquium vom 1.-5.12.64 und die 7.Plenartagung des ZK der SED vom 2.-5.12.64 zeitparallel gelegen haben.

Der Rechenschaftsbericht des Politbüros auf der Plenartagung - vorgetragen von Kurt Hager - bringt als Grundsatzerklärung die bekannten Positionen zu Bitterfeld II, zur Dekadenz und zur Beschreibung sozialistisch-realistischer Kunst:

> Weite und Vielfalt unserer Kunst entwickeln sich in dem Maße, wie diese den Reichtum des Lebens, den objektiv in unserem Lande vor sich gehenden Prozeß der Herausbildung einer neuen Menschengemeinschaft künstlerisch gestaltet. . . Für uns erwächst die künstlerische Freiheit aus der schöpferischen Begabung des Künstlers und aus seinem Vermögen, den gesellschaftlichen Veränderungen, die in unserem Lande vor sich gehen, in Werken von hoher künstlerischer Meisterschaft gerecht zu werden. . . Die führende Rolle der Partei in diesen Prozessen ist kein reglementierendes Eingreifen in die Details des individuellen Schaffensprozesses. . . Sie verwirklicht sich durch eine geduldige und zugleich prinzipienfeste ideologische Arbeit, mit der die Partei versucht, allen Kunstschaffenden neue Horizonte

zu erschließen, die sich aus dem tiefen Verständnis der Gesamtentwicklung unserer Gesellschaft ergeben.[1]

Dieser Positionsbeschreibung war nichts hinzuzufügen, die Aufnahme des Brechtschen 'Weite und Vielfalt' und der natürlich immer wieder vorgebrachte Freiheitsbegriff im Bereich künstlerischen Schaffens wurden eingebunden in die Prinzipien des sozialistischen Realismus und der Bitterfelder Konferenzen.

Dem standen freilich nun die Formulierungen der Schriftsteller auf dem Kolloquium entgegen, die sich wie eine Kontrafaktur lesen: "Wir dürfen die Schmerzen nicht fürchten, die es kostet, sich zur Wahrheit hindurchzufinden: Die Wahrheit ist immer revolutionär; wo ihr untrüglicher Zeiger scheinbar gegen die Revolution ausschlägt, deutet er an, daß etwas fehlerhaft ist, nicht an der Idee der Revolution, wohl aber an der Art ihrer Durchführung."[2]

Die 'Korrektur' des Hager-Berichts ließ an Deutlichkeit nichts zu wünschen übrig: Stefan Hermlin konkretisierte die Vorwürfe der Schriftsteller, indem er öffentlich bekanntmachte, daß Gedichte Huchels, Kunerts, Wiens' nicht erscheinen durften. "Als vor zwanzig Jahren Picasso, bereits damals ein alter Mann, der ein Riesenwerk hinter sich hatte, in die Kommunistische Partei eintrat, sagte er, er komme zum Kommunismus wie zu einer Quelle. Palmiro Togliatti, ehe er starb, richtete das Wort an alle Kommunisten der Welt. Sie hätten die Pflicht, ... allen vorwärtsstrebenden, allen wegsuchenden Künstlern und Schriftstellern eine wahre Heimstatt zu bieten." Demgegenüber beschrieb Hermlin nun mit deutlichem Bezug auf die DDR die Positionen des Dogmatismus, der an die Stelle wirklicher Analysen "zauberkräftige" Begriffe setze: Expressionismus, Surrealismus, Dadaismus, Formalismus, Modernismus, Abstraktionismus. "Die Nennung eines solchen Begriffes ermöglicht, auf einen Schlag gleich mit einer ganzen Reihe unbequemer Erscheinungen fertig zu werden. Wir haben es hier mit einem wirklichen magischen Vorgang zu tun."[3]

So wenig oder eigentlich noch weniger ist über das Kolloquium berichtet worden, denn einmal veröffentlichte Heym seinen Beitrag nur in der "Zeit" (5.2.65), zum anderen kamen in der DDR nur wenige Stimmen gekürzt (und erst im März-Heft '65 der NDL) an die Öffentlichkeit. Wolfgang Joho, Herausgeber der NDL, brachte dazu eine Einführung, deren unfreiwillige Komik erst sichtbar wird, wenn man den Tenor der obigen Beiträge Heyms und Hermlins kennt und um die hier geübte Veröffentlichungspraxis weiß. Joho

1 zit. Schubbe, a.a.O., S. 1012

2 Stefan Heym, zit. Schubbe, a.a.O., S. 1010

3 Stephan Hermlin, zit. Schubbe, a.a.O., S. 1011

beginnt nämlich seinen Artikel unter der Überschrift "Notwendiges Streitgespräch":

> Die Literaturdiskussionen bei uns haben sich seit einiger Zeit gewandelt; das öffentliche Interesse an ihnen ist gewachsen, der Teilnehmerkreis hat sich erweitert... Angesichts der lebhaften, vielstimmigen und gründlichen Auseinandersetzungen mit einer Reihe von Büchern kann man von einer V o l k s d i s k u s s i o n (gesperrt von mir -. W.K.) um Literatur sprechen... Diese Entwicklung zu einem echten und fruchtbaren Streitgespräch ist zu begrüßen. Es ist besser, Meinungsverschiedenheiten offen zu diskutieren, als sich über sie auszuschweigen, indem man so tut, als existierten sie nicht.[4]

Das Verfahren, das hier von Joho verwandt wird, ist kennzeichnend und wird uns noch oft begegnen: In der Argumentation werden Positionen als bereits erreicht/längst notwendig/eigentlich überholt beschrieben, die vom Sprecher zwar gewünscht werden, von denen er aber genau weiß, daß sie eigentlich nicht zu erreichen sind. Auch das ist deutlich, daß der jeweilige Opponent bei diesem Verfahren ins Lager der Gestrigen (bei Hermlin der "Dogmatiker") gerückt wird, was man natürlich am besten dadurch absichert, daß man die eigene Position als eine im Bereich der sozialistischen Bruderländer längst erreichte charakterisiert. Joho, nachdem er dem nichtinformierten Leser die breite Skala der Teilnehmer benannt hat: "Freundschaft und Übereinstimmung in prinzipiellen Fragen nicht gleichsetzend mit Einmütigkeit in allem, praktizierte man die eigentlich selbstverständliche Wahrheit, daß sich zur Diskussion nur zusammensetzen soll, wer bereit und imstande ist, sich auseinanderzusetzen (...) Wer sich darüber wunderte, gar unsicher, verwirrt und bestürzt war, der sollte dies nicht dem Kolloquium oder einzelnen seiner Teilnehmer anlasten, sondern seinen eigenen, allzu bequemen und überalterten Vorstellungen von einer Diskussion unter Freunden aus Ländern mit unterschiedlichen Bedingungen, Verhältnissen und kulturellen Traditionen."[5]

Christa Wolf hat an diesem Kolloquium teilgenommen: ihr Beitrag ist einer der wenigen, der veröffentlicht wurde, postiert nach der Einleitung Johos und vor dem sehr kritischen Beitrag Hermlins. Ganz deutlich: Zu dieser Zeit zählt sie zu den Progressiven im Lande; im "Deutschen Schriftstellerlexikon" (Leipzig 1964) heißt es: "Ihr erzählerisches Talent bewies sie mit ihrem ersten Prosatext, der 'Moskauer Novelle' (1961), einer zarten, mit Kriegs- und Nachkriegsereignissen verknüpften Liebesgeschichte. Die vieldiskutierte...

4 NDL 3/65, S. 88

5 a.a.O., S. 89

Erzählung 'Der geteilte Himmel' ist ein bedeutsamer Beitrag zur sozialistischen deutschen Nationalliteratur. . ."[6]

1964 erhält Christa Wolf den Nationalpreis, zwar nur den dritter Klasse, aber sie steht ja auch erst am Beginn einer vielversprechenden Laufbahn. Der Staat, die Partei schätzen sie: Seit 1963 ist sie Kandidatin des ZK der SED. Sie ist auf dem Wege in die höchsten Führungspositionen.

Argumentationslinien und Sprachführung Christa Wolfs unterscheiden sich in ihrem Beitrag erheblich von denen Hermlins und Heyms, beide - schon damals - große alte Herren der Literatur, deren Verdienste ganz andere Wurzeln hatten, die immer etwas außerhalb der aktuellen kulturpolitischen Diskussion blieben. Christa Wolf wurde verstanden und vereinnahmt als DDR-Schriftstellerin einer Generation, die sich in diesem Staat entwickelt hatte, mit all den Folgeleistungen, die man auch dementsprechend erwarten konnte.

Wollte man ihrer Rede auf dem Schriftsteller-Kolloquium eine Überschrift geben, so müßte sie vielleicht heißen: "Wo stehe ich eigentlich?" oder "Autor und Parteilichkeit". Betrachtet man sie freilich genauer, sind die Unterschiede zu den anderen Beiträgen erheblich. Auch sie wendet sich gegen Gängelei und Banausentum der Kulturfunktionäre, ärgert sich über falsche Anforderungen, die an Literatur gestellt würden, über falsches Lob, falschen Tadel, über mangelnde Weltoffenheit: daß Bücher nicht herauskämen, deren Veröffentlichung "ich für unerläßlich halte"[7], aber das alles geschieht noch im Rahmen der "richtigen Proportionen", bei den Alternativen von Krieg - Frieden, Sozialismus - Kapitalismus, bei denen man eben nicht zweifeln könne, wo man stehe, wohin man gehöre.

> Warum aber soll ich auf all das verzichten, was uns befähigen könnte, der Realisierung jener düsteren Voraussicht über das Schicksal der Welt entgegenzuwirken? Auf die Fähigkeit, historisch zu denken; den Mechanismus der Gesellschaft zu "durchschauen" ist ein großes Wort, aber: der Durchschaubarkeit näherzukommen; mich produktiv zu den Widersprüchen zu verhalten. . ., die gesellschaftlichen Wurzeln geistiger. . . Erscheinungen zu sehen; und nicht zuletzt: immer wieder neu zu versuchen, eine Haltung zu finden. . ., deren Fehlen sich in der Vergangenheit Deutschlands so oft verhängnisvoll ausgewirkt hat. . .[8]

---

6 Deutsches Schriftstellerlexikon, Leipzig 1964, S. 713 f.

7 NDL 3/65, S. 98

8 a.a.O., S. 99 f.

Dann aber erinnert sie sich an ein Nachtgespräch mit dem tschechischen Autor Mňačko, in dem sie beide Möglichkeiten befragten, "aus diesem Deutschland. . . ein neues, ein anderes Deutschland zu machen. . ." Und auch mit Bezug auf Hochhuths "Stellvertreter" fragt sie sich: "Erheben wir uns eigentlich schon auf die Höhe der Fragestellungen, die literarisch in dem Stück von Hochhuth verarbeitet sind, das auf einer genauen, unbestechlichen Analyse und Dokumentation beruht, aber zugleich diese Leidenschaftlichkeit hat."[9]

Das deutet sich an: Die Fragestellungen, auch die ästhetischen, verändern sich, werden radikaler. Christa Wolf arbeitet an "Nachdenken über Christa T.", Erstfassung 1965?[10]

Hier also, Dezember 1964, werden bereits jene Fragen formuliert, die am Ende der sechziger Jahre und dann bis heute zum Kernpunkt ihrer Argumentation werden: Wo liegen Möglichkeiten, wo grundsätzliche Irrwege des Sozialismus; welche Ziele kann Literatur erreichen, und welche hat sie - unter den Bedingungen eines gespaltenen Deutschland - sich zu stellen. Damit antwortet sie auf die heftige Kritik der Kollegen aus dem sozialistischen Lager, "wie und warum wir zu unserer heutigen Haltung als Schriftsteller der DDR gekommen sind".[11] Und dann - ganz überraschend - entwickelt sie hier, bereits hier, Grundsätze eines poetischen Programms, die sie nicht mehr aufgeben wird:

1. Literatur habe sich zu fragen, wohin der Weg gehe. "Und die Frage ist jetzt akut: Wofür arbeiten wir? Wofür machen wir überhaupt diesen Sozialismus? Denn es kann passieren, daß über den Mitteln - Politik, Ökonomie - das Ziel vergessen wird: der Mensch."
2. Das genau sei der Bereich, der der Literatur zugehöre und den sie zu verteidigen habe: daß sie das Bild vom Menschen hinterfrage, das eine Gesellschaft formen soll. "Mich interessiert, was für Menschen werden diese automatischen Anlagen bedienen? Was für einen Menschentyp bringt unsere Gesellschaft hervor?"
3. Noch immer lebten wir in einer Zeit, in der Überreste des Personenkultes Menschen zerstören könnten, aber darüber hinaus mehrten sich auch die Anzeichen für günstigere Bedingungen: "Die Fruchtbarkeit

9 a.a.O., S. 100

10 Heinrich Mohr, Produktive Sehnsucht. Struktur, Thematik und politische Relevanz von Christa Wolfs 'Nachdenken über Christa T.'. In: Basis 2, Frankfurt: Athenäum, 1971, S. 217. Dazu Entstehungsdaten (?) zum 'Selbstinterview' 1966 (!); s. Chr. W., 'Fortgesetzter Versuch'. Aufsätze Gespräche, Essays, Leipzig: Reclam 1979, S. 345; Chr. W., 'Die Dimension des Autors', Berlin: Aufbau (1986), Bd. 1, S. 35

11 NDL 3/65, S. 104

unserer Gesellschaft für die Literatur scheint mir nicht darin zu bestehen, daß sie es ihr leichter macht. . .; sondern darin, daß sie neuartige Konflikte produziert, produktive Konflikte. . ., menschlichere Konflikte. . ." (vgl. "Eine Rede", Okt. 1964).

4. "Und diesen Prozeß möchte ich gern mit dem, was ich schreibe, unterstützen und beschleunigen helfen." Das Ziel der Literatur sei, dieser ihrer Gesellschaft zum Bewußtsein ihrer selbst zu verhelfen. Dabei würden die schärfsten Konflikte für einen Schriftsteller, der heute lebt, "immer im Bereich der Wahrheitsfindung" zu erwarten sein und in dem Versuch liegen. . ., "diese Wahrheit literarisch auszudrücken. Das ist ein Prozeß, in dem wir Jüngeren, wie ich glaube, erst ganz am Anfang stehen, der einer weitreichenden Überlegung noch wert ist und einer starken Hilfe nicht nur unserer deutschen Genossen bedarf". Eine Literatur, die sich diesen Fragen stellt, ist "n o t w e n d i g e s O r g a n . . . unserer Gesellschaft". (gesperrt von mir - W.K.)

5. Aus diesen Prämissen ergeben sich die Folgerungen: Die Genauigkeit der Beschreibung dessen, was ist, ist die Voraussetzung für die Veränderungen, "die bewirkt werden müssen". Verzicht auf Erkenntnis, provinzielle Selbstzufriedenheit und Enge scheiden dabei genau so aus wie Apologetik des Bestehenden, "jede Art von Simplifikation und Rechthaberei, und natürlich jede Art von Vergewaltigung des wirklichen Lebens, sowohl in der Realität als auch in der Literatur".

6. "Die objektiven Voraussetzungen (für solche Gestaltungsformen - W.K.). . . sind bei uns da. Es gehörte dazu auch eine größere innere Sicherheit, ein größeres Selbstbewußtsein als Bürger dieser Republik. . . Einer der Versuche, diesen Weg weiter abzustecken. . ., ist, wie mir scheint, diese Tagung, auf der wir auch Standpunkte hören wollten und gehört haben."[12]

Dann kommt sie zum Wesentlichen. Sicher auch in Erinnerung an die bedrückenden Diskussionen um den "Geteilten Himmel" beschreibt Christa Wolf - abgestützt durch einen Seitenhieb auf Stefan Heym - die kulturpolitische Situation um die "Bienkopp"-Diskussion:

> Es handelt sich um ein Buch, in dem der Weg und das Schicksal eines Menschen, eines wirklichen Kommunisten dargestellt wird, der an dogmatischen Entstellungen und Rückständigkeiten, also Überresten der Personenkultzeit zerbricht und physisch zugrunde geht. Und es war kein Zufall, daß sich an diesem Buch eine ernste und scharfe Diskussion entzündet hat, deren Ausgang nicht von Anfang an klar war: es gab durchaus auch die Möglichkeit, daß Dogmatiker da die Oberhand hätten gewinnen können. Aber eben das ist nicht eingetreten: wegen aller dieser offenen Diskussionen und weil dieses Buch von einer

12 a.a.O., S. 100, 101, 103, 104

> breiten Leserzustimmung getragen war, gegen die einige Dogmatiker nichts hätten machen können, selbst wenn sie es gewollt hätten.
>
> Hinzu kommt etwas anderes. Besonders in der Jugend besteht ein wachsendes Bedürfnis, mit Schriftstellern und anderen, die sich darum kümmern wollen, gemeinsam über den Sinn der Anstrengungen und Kämpfe nachzudenken, denen sie sich tagtäglich aussetzen.[13]

Ein ungeheuerlicher Satz, wenn man berücksichtigt, welche Erwartungen an Christa Wolf gestellt worden waren. Neben Staatsführung und Partei (und Parteien) spricht sie öffentlich von einer dritten Kraft, die der Schreibenden und der schweigenden Mehrheit, von jenen, wie Christa T., die nicht "Vorbild" sind, die aber in gemeinsamen Interessen sich verstehen und die den Wunsch und den Mut haben, sich zu äußern.

Und die - wie Christa Wolf es ausspricht (und das vor einem internationalen Publikum) - die "wirklichen Kommunisten" (wie Ole Bienkopp) sind und nach Zielen, Mitteln, Möglichkeiten und Grenzen im Sozialismus zu fragen beginnen. Ist der Begriff einer 'positiven Opposition' hier zu hoch gegriffen? Noch einmal Christa Wolf:

> Vielmehr glaube ich, daß aus der Genauigkeit der Beschreibung dessen, was heute ist, die Veränderungen bewirkt werden müssen, die uns unserem Ziel näherbringen. .. Einige (Mittel - W.K.) scheiden für mich aus. Zum Beispiel: Resignation, Mystizismus, Verzicht auf Erkenntnis. Als ebenso untauglich erscheinen mir: Apologetik des Bestehenden, . . .provinzielle Selbstzufriedenheit und Enge; Isolation anstelle lebendiger Auseinandersetzung mit allen geistigen Erscheinungen, welche die Welt (! - W.K.) heute hervorbringt. ..[14]

Elimar Schubbes "Dokumente zur Kunst-, Literatur- und Kulturpolitik der SED", Stuttgart 1972, bringen diesen grundsätzlichen Beitrag Christa Wolfs nicht; wohl aber die Reden Heyms und Hermlins (Dokumente Nr. 292 und 293): eine groteske Fehleinschätzung, wenn es sich bei den hier gesammelten Dokumenten um maßgebende, richtungsweisende Verlautbarungen usw. handeln sollte. Christa Wolfs Rede, so wenig Beachtung sie bisher gefunden hat[15], aber ist sowohl für das eigene schriftstellerische Selbstverständnis als auch für die allgemeinen kulturpolitischen Entwicklungslinien in der DDR

13 a.a.O., S. 102

14 a.a.O., S. 103

15 Vgl. Jäger, a.a.O., S. 112

von höchster Bedeutung. Darüber hinaus ist sie ein Dokument ihres persönlichen Mutes, ihrer Integrität und ihres moralischen Anspruchs, freilich auch eines Selbstverständnisses, das sie sehr bald in Kollision mit (wie sie es nennt: den "Dogmatikern") der Partei bringen mußte.

Wie sehr die Partei sich getroffen fühlte, beweist ein Zusatz des Herausgebers der "neuen deutschen literatur" im Juli 1965. Joho: "Daß dabei (bei freimütigen Literaturdiskussionen in Leningrad, Berlin, Belgrad und Weimar) unterschiedliche Auffassungen zu weltanschaulichen und künstlerischen... Fragen zutage treten, beunruhigt vielleicht manche, die noch nicht eingesehen haben, daß die Literatur und Literaturpolitik keine Angelegenheit der Verordnung sind, die Anleitung mit Befehl, Ratschläge mit Administration verwechseln, einen Gegensatz zwischen Parteilichkeit und Kunst postulieren und den Sinn und das lebendige Wesen einer sozialistischen Demokratie noch nicht begriffen haben. Sie erreichen mit ihrer Allergie gegen eine offene Aussprache (! - W.K.) gerade das, was sie, meist subjektiv durchaus ehrlich, verhindern wollen: daß dem Gegner, der unsere Auseinandersetzung zu seinen Zwecken mißbraucht, Argumente geliefert werden."[16]

Dieser Satz war zugleich an mehrere Adressaten gerichtet, die in sehr unterschiedlichen Lagern saßen. Da er aber an verschiedenen Stellen die Argumente Christa Wolfs aufnimmt und 'widerlegt', scheint der Text insgesamt auch eine Antwort der Partei auf ihre Thesen zu sein. Es geht um das Prinzip Parteilichkeit:

1. Des Schriftstellers Stimme erhält nur dadurch Wert, daß er über Aufgaben und Ziele spricht, die die Zeit stellt. "Darin besteht ihre Macht, das legt ihnen (den Schriftstellern - W.K.) Verantwortung auf."
2. Wenn das "spezifische Gewicht" der Schriftsteller gewachsen ist, "kann dies als eine Folge und als ein Erfolg der beharrlichen Kulturpolitik von Partei und Staat (und natürlich des literarischen Schaffens selbst - W.K.) gebucht werden."
3. Die Stärke "unserer Position in dem welthistorischen Kampf" (auf dem Gebiet der Literatur ebenso wie auf dem von Politik und Wirtschaft) wächst in dem Maße, "wie wir uns offen auseinandersetzen". Voraussetzungen dafür sind ein fester Standpunkt und eine überzeugende Darlegung. "Besitzt man sie nicht, gerät man in die Gefahr, anarchisch und subjektivistisch zu werden."
4. Der Standort der Schriftsteller der DDR bestimme sich dadurch, daß sie Angehörige eines Volkes sind, von dem der Faschismus ausgegan-

16 Wolfgang Joho, Belgrad, Berlin und Weimar. In: NDL 7/65, S. 7 f.

gen ist, Angehörige einer geteilten Nation und "Bürger des ersten deutschen sozialistischen Staates".

5. "Wir müssen unser Schiff steuern zwischen der Scylla dogmatischer Verengung und Abkapselung von der lebendigen Weiterentwicklung der Weltliteratur und der Charybdis kritikloser Kapitulation und Bewunderung gegenüber allem, was sich neu gebärdet und in Wirklichkeit oft getarnte Konterbande einer überwundenen Vergangenheit ist."[17]

Mit jeder der Antworten Johos werden die Positionen Christa Wolfs konterkariert und - wie immer, wenn die Partei spricht, - die Teufel an die Wand gemalt. Es sind die bekannten Teufel des Subjektivismus, der Moderne und des Verrates sozialistischer Positionen. Neu und scharf ist der Vorwurf der Anarchie oder anarchischer Positionen als Antwort auf den Versuch Christa Wolfs, eine dritte Kraft zu beschreiben. Die 'öffentliche Stimme' hat zum ersten Mal mit Christa Wolf gesprochen, der Kandidatin des ZK der SED: In "Sinn und Form" schließt Christa Wolf 1980 ihren Brief über die Bettine (von Arnim): "Der Günderrode führt die Erfahrung, weder in der Liebe noch in der Kunst ihre Eigenart ausleben zu können, zum Tod. Sie hat der Bettine ihre größere innere Freiheit geneidet... Die allgemeine Stimme, die ihr ein Maß setzte, das nicht das ihre war, hat die Günderrode getötet."

Und Christa Wolf endet ihren "Brief": "Sie wissen, wie und worüber die allgemeine Stimme h e u t e m i t u n s (gesperrt von mir- W.K.) spricht."[18]

Zwanzig Jahre Kulturpolitik der SED. Wir kennen die Folgen.

Übrigens hat Anna Seghers in einem Gespräch mit Christa Wolf[19] damals deren Positionen bestätigt, so bei der Frage des 'Erbes' (für die Seghers Proust, Kafka, Balzac, Stendhal, Dos Passos, Dreiser, Jack London, Fontane), bei der beziehungsreichen Frage deutscher Schriftstellerschicksale (Hölderlin, Büchner, Günderode, Kleist, Lenz, Bürger). Seghers: "...weil es mir als kein Zufall erschienen ist und auch heute noch nicht als ein Zufall erscheint, daß so viele begabte deutsche Schriftsteller in der Vergangenheit jung und verzweifelt umgekommen sind."[20] Auch bei der Frage der Parteilichkeit findet sie deren Unterstützung:

> Viele unserer Schriftsteller,... aus falsch aufgefaßter Parteilichkeit machen sie sich jedes Teilchen der Wirklichkeit

17 a.a.O., S. 8

18 Krogmann, Das dritte Leben. Bemerkungen zu einem Brief Christa Wolfs über Bettina von Arnim. In: Deutschland Archiv 4/81, S. 425

19 NDL 6/65, S. 10 f.

20 a.a.O., S. 12

> zunächst einmal bewußt. Man hat nie den Eindruck, daß noch irgend etwas frisch und unmittelbar auf sie wirken darf. . . Ihre schriftstellerischen Arbeiten muten einem an, als ob sie sich mühevoll andauernd beim Schreiben selbst jedes Detail mit all seinen sozialen Beziehungen bewußt machen müssen. Das sollte aber, wenn sie wirklich Künstler sein wollen. . ., bereits hinter ihnen liegen.

Vor allem aber findet Christa Wolf Bestätigung und Unterstützung bei der hier überraschend angeschnittenen 'nationalen Frage':

> Meine Freunde und auch ich selbst, wir haben diese Erzählung "Ausflug der toten Mädchen" gern. Ich muß sogar offen sagen, obwohl ich sonst kein sehr direktes Verhältnis habe zu dem, was ich schreibe, ich kann diese Geschichte gut leiden. Und wenn ich sage, meine Freunde haben diese Geschichte auch gern, dann meine ich Menschen aus beiden Deutschland und auch aus anderen Ländern. Menschen also aus dem Rheinland, meiner Heimat. . . und auch Menschen aus der Sowjetunion. . .[21]

Über ihre neueste Arbeit "Die Kraft der Schwachen" erzählt Anna Seghers: "Es handelt sich um lauter unbekannte, einfache Menschen, sagen wir, ohne die geringste Spur von dem, was man Personenkult nennt, Menschen, die völlig lautlos etwas Wichtiges tun. Wenn ich nicht über sie schreiben würde, dann würde man nie das Geringste über sie erfahren."[22]

Die Nähe zu Christa Wolfs "Nachdenken über Christa T." ist deutlich: "Auch wenn ich zu ahnen beginne, worauf alles das hinausläuft und was sie mit mir vorgehabt hat. . . Als von allen Beispielen. . . gerade sie sich aufdrängte. Sie, Christa T., auf die doch keines der rührenden Worte paßt, die unsere Zeit, die wir mit gutem Recht hervorgebracht haben. Denn sie ist, als Beispiel, nicht beispielhaft, als Gestalt kein Vor-Bild."[23]

Die Bedeutung, die Anna Seghers für Schreiben und Denken Christa Wolfs gehabt hat, ist bekannt, wenn auch noch nicht hinreichend untersucht worden. Immer wieder hat sie das Gespräch mit ihrer älteren Schriftstellerkollegin und Freundin gesucht, verstand sie sich doch als Lernende, obwohl sie eigentlich längst zum gleichwertigen Partner geworden war. Aber was bedeutet schon Gleichwertigkeit bei einem solchen Verhältnis, das durch besondere Nähe, Verwandtschaft gekennzeichnet ist.

---

21 a.a.O., S. 7, 13

22 a.a.O., S. 18

23 'Nachdenken über Christa T.', 5. Kap.

Die methodischen Schwierigkeiten beim Nachweis von Einflüssen auf eine Dichtung oder einen Dichter sind kaum aufzulösen, Breite, Tiefe und Wert kann man benennen, aber letztlich bleiben das Behauptungen ohne Beweiskraft. Die Bedeutung der Beziehungen Seghers - Wolf liegt wohl auch eher im Bereich weltanschaulicher Nähe oder gar Übereinstimmung als im ästhetischen; Achtung und Bewunderung, Anerkennung hat es sicher von beiden Seiten gegeben, aber Einfluß im Bereich des Ästhetischen oder Theoretischen? Auch wenn sich eben noch Verwandtschaft andeutete: die großen Altersromane der Seghers verfolgen ganz andere Wege und folgen anderen Zielvorstellungen ("Die Entscheidung" 1959, "Das Vertrauen" 1978), der geographische und der historische Raum ist mit ganz anderen Dimensionen angelegt, die Konflikte und deren Lösung erwachsen aus ganz anderen Ansprüchen. Insofern ist "Die Kraft der Schwachen" eher ein Nebenprodukt, freilich dann auch ein Werk größerer Nähe zur Wolfschen Gestaltung oder Intention.

Dezember 1964 entwickelt Christa Wolf dieses außerordentliche Programm über die Bedeutung von Dichtung oder Dichtern (ein Begriff, den sie immer für sich in Anspruch genommen hat) für die Gegenwart, im Dezemberplenum des nächsten Jahres - vor einem Parteigremium - wird sie wiederum Abweichendes vortragen: war sie wirklich die einzige, die Widerspruch wagte oder alternative Denkmodelle vortrug?

Auch das ist ein Untersuchungsfeld, das kaum zu bearbeiten ist, da allein von Veröffentlichtem ausgegangen werden kann und somit das Bild bestimmt falsch ist. Aber natürlich kann auch nur Veröffentlichtes in die Breite wirken, und insofern sollten die etwas gewagteren Beiträge, die nicht der Zensur verfielen, schon beachtet werden.

Meines Erachtens liegt im Umkreis dieser Ereignisse oder Nicht-Ereignisse jene Zäsur, von der ab die Entwicklungslinie Christa Wolfs anders verläuft, nicht mehr in den Linien der Partei oder ihrer Kulturpolitik, sondern eher nebenher. Die kritischen Einwürfe haben sich verstärkt, Mißtrauen und Widersprüche sind gewachsen. Jetzt, vielleicht Sommer 1965, könnte das nicht mehr geschrieben werden, was sie unter der Überschrift "Eine Rede" mit dem Datum Oktober 1964 versieht:

> In diesem Teil Deutschlands... ist der Grund gelegt zu einem vernünftigen Zusammenleben der Menschen. Die Vernunft - wir nennen es Sozialismus - ist in den Alltag eingedrungen. Sie ist das Maß, nach dem hier gemessen, das Ideal, in dessen Namen hier gelobt oder getadelt wird. Ich glaube nicht, daß wir uns später korrigieren müssen, wenn wir das heute schon als

Tatsache und als d e n entscheidenden Fortschritt in unsere Geschichtsbücher schreiben.[24]

Übrigens gibt es eine ganze Reihe von Schriftstellern, die mit eigenartigen Programmen und Literaturvorstellungen in dieser Zeit die Partei und die Kulturbürokratie beunruhigten. Zum Beispiel Günter Wünsche, der 1964 in der "neuen deutschen literatur" einen Aufsatz mit dem Titel "Lyrisches Subjekt und poetische Verallgemeinerung" veröffentlicht, einen Theorieaufsatz also, der im Bereich der Lyrik das Subjekt-Objekt-Verhältnis untersucht, das Zentralfeld sozusagen der marxistischen Poetik. Auch wenn es sich hier um Fragen lyrischer Gestaltung handelt, die Prosa-Autorin Christa Wolf konnte sich angesprochen und bestätigt fühlen: ging es hier doch um unkontrollierbare Strömungen und Einflüsse beim Schreiben.

Wünsches Text ist voller Ironie und Hintersinn:

> ...die vierte Wurzel (von Wünsches lyrischem Subjekt - W.K.) sind die überlieferten Dichtungen, deren Überfülle an verschiedenartigen Haltungen die Ansicht provozierte, der Dichter müsse gleichsam alle menschlichen Möglichkeiten in sich vereinen, ein Lenin sein und ein Al Capone, eine Frieda Hockauf (eine Aktivistin der ersten Aufbauphase - W.K.) und eine Mieze Piesecke.[25]

Wünsche, Jahrgang 1931, Autor vor allem von Gedichten und Hörspielen, hinterfragt mit seinen "provokatorischen Bemerkungen", wie die Redaktion von NDL im Untertitel angibt, Grundprinzipien marxistischer Ästhetik. Vielleicht lassen sich die wesentlichen Aussagen so zusammenfassen: Die Definition Engels' aus dem Jahre 1888, wonach Realismus die Darstellung typischer Charaktere sei, handelnd unter typischen Umständen, lasse offen, "ob alle wesentlichen Züge einer Gesellschaft in einem Werk (Roman) oder in mehreren dargestellt werden". Außerdem beschränke sich die Forderung nach "Totalität des Volksgeistes" nach Hegel auf das Epos: Das Lyrische z.B. bleibe davon ausgeschlossen. Nützlichkeit und Wahrheit des Kunstwerkes seien verschiedenartige Kriterien; brächte man sie zusammen, bedeutete das "Verzicht auf Perspektive", es sei "Pragmatismus", subjektiver Idealismus unter Mißbrauch marxistischer Termini.

Ferner:

> Marx und Engels untersuchten nicht alle Lebensäußerungen der Gesellschaft, sondern die, die als praktische (Ausarbeitung von Strategie und Taktik der proletarischen Revolution) und

24 In: 'Lesen und Schreiben' (LS), Luchterhand (1972), S. 22

25 NDL 3/64, S. 83

> wissenschaftsmethodische (Ausarbeitung der marxistischen Philosophie) zunächst die wichtigsten waren. . . Jeder erlernt das marxistische Denken an diesen Disziplinen. Für viele (die meisten der jüngeren Generation?) erschöpft sich quasi das Leben in den von diesen Disziplinen erfaßten Lebensäußerungen.[26]

Poesie - das ist die Folgerung - erweitere Lebenswahrnehmung und Lebensfähigkeit. Überhaupt sei Wissenschaft "offenbar nicht in der Lage, Handeln zu lehren", sie lehre nicht zu leben. Der Mensch sei hilflos und zum Untergehen verurteilt ohne die Fähigkeit, synthetisch zu denken. "Wer wundert sich, daß die zum analytisch-interpretierenden Denken Erzogenen im Umgang mit Kunstwerken aus den Schwulitäten nicht herauskommen?"[27]

Und: Mit der Entwicklung der Gesellschaft müsse sich der persönliche Freiraum erweitern: "Je mehr die Gesellschaft ein Ensemble befreiter Persönlichkeiten wird, um so mehr Spielraum und Bedeutung wird der Persönlichkeit zukommen. Die Entwicklung der sozialistischen Demokratie bringt uns Schritt für Schritt diesem Ziel näher."[28] Das Kunstprogramm, das sich aus dieser Verurteilung der Praxis marxistischen Kulturbetriebes ergeben muß, ist ableitbar: Preis des Subjekts, Preis des Erlebens, der Empfindung, Lob des synthetischen Denkens, als andere Art, "in der Welt zu sein". Und: "Wer auf poetische Entdeckungen ausgeht, muß experimentieren, muß Möglichkeiten des Ausdrucks und der Darstellung erproben, um dem unerschöpflichen Thema Mensch neue Aspekte abringen zu können."[29] Und: "Mein Anliegen ist, den Menschen und seine Verhältnisse mit Kunstmitteln zu untersuchen. Hierzu muß ich experimentieren, muß ich mich manchmal auf unsicheren Pfaden bewegen."[30]

> Eine Gesamtschau ist zu schaffen, die Leben und Gebären lehrt, die Größe und Schönheit nicht nur zu sehen, sondern im Erzeugen zu erleben lehrt, die ihr Ziel nicht im Schaffen des Abbildes, sondern in der Produktion der Realität sieht. Die Kunst ist hierin der Wissenschaft um Jahrtausende voraus.[31]

Diese Versuche, die vorgegebenen Rahmen zu sprengen, müssen beachtet werden. Nicht die direkte Beziehung zum Untersuchungsgegenstand ist hier wichtig, sondern daß grenzüberschreitende Fragen sozialistischer Kunst in

---

26 a.a.O., S. 89

27 a.a.O., S. 90

28 a.a.O., S. 91

29 a.a.O., S. 87

30 a.a.O., S. 93

31 a.a.O., S. 91

diesem Jahr diskutiert werden. Natürlich kann das, was hier steht, nur ein Punkt sein, der ergänzt werden müßte durch die Vielzahl der Stimmen, die eine ähnliche oder aber auch die offizielle Meinung vertreten; erkennbar wird, wie breit das (auch publizierte) Meinungsspektrum damals war. Hierzu noch ein Beleg aus einer Untersuchung über Louis Fürnbergs "Das Fest des Lebens". Henri Poschmann schreibt in NDL 5/64 unter dem Titel "Phantasie, Parteilichkeit, Realismus":

> Dies alles bedeutet, daß in formaler Hinsicht über den Rahmen der traditionellen Möglichkeiten, die aus der realistischen Erzählkunst des 19. Jahrhunderts erwuchsen, weit hinausgegriffen werden mußte. Moderne Formelemente, wie sie beispielsweise durch die Technik des inneren Monologs ausgebildet wurden, komplizierte psychologische Vorgänge aufschlüsselnde Traumbilder, aus dem Musikalischen ins Literarische übertragene Gestaltungsmittel, aber auch zahlreiche, schon seit langer Zeit vorgeprägte Symbole, zum Teil aus der religiösen Vorstellungswelt, vielfach aus der Bibel, oder direkt aus der Geschichte des Befreiungskampfes der Menschheit, verleihen, in den Dienst der revolutionären, sozialistischen Aussage gestellt, der Dichtung ihr Profil.[32]

Immer wieder: Es geht um den Realismus, den gegenwärtigen, heutigen. Wobei im Vergleich der oben aufgeführten Positionen Fürnberg eine Vielfalt künstlerischer Mittel anstrebt, Wünsche eher die Grundpositionen, das Menschenbild, die Zielstellung sozialistischer Kunst allgemein hinterfragt, entschärft nur dadurch, daß hier eben ein Lyriker seine Position beschreibt. In Wirklichkeit greift er tiefer, der Untertitel kündigte es an: er provoziert. Dazu einige Daten aus Wünsches Biographie:

> 1931 in Löbau geboren, Sohn eines Arbeiters, Lehrling und Maschinenschlosser im volkseigenen Braunkohlenwerk Berzdorf, 1949 Studium an der Arbeiter- und Bauernfakultät in Freiberg. 1952 - 1957 an der Bergakademie, 1958 - 1965 Tätigkeit in der Industrieforschung und als Prüfingenieur, 1965 - 1967 Studium am Literaturinstitut Johannes R. Becher in Leipzig. Seit 1968 freischaffender Schriftsteller in Berlin-Treptow.[33]

Konrad Franke zitiert das 'Ulbricht-Wort des Jahres 1964': "Die Grundfragen des sozialistischen Realismus sind bei uns geklärt." Christa Wolf antwortet

---

32 NDL 5/64, S. 139 f.

33 Schriftsteller der DDR, 1974, a.a.O., S. 627

1974: "Es geht immer noch und immer mal wieder um den Realismus, und immer noch muß um ihn gekämpft werden."[34]

Zwei Beiträge sind an dieser Stelle nachzureichen: einmal das Referat, das Christa Wolf zur zweiten Bitterfelder Konferenz, die im April 1964 stattgefunden hatte, hielt, und zweitens ein eigenartiges Selbstporträt, das sie unter dem Titel "Einiges über meine Arbeit als Schriftsteller" 1965 veröffentlichte.

24./25. April 1964: Zweite Bitterfelder Konferenz.

Walter Ulbrichts Hauptreferat "Über die Entwicklung einer volksverbundenen sozialistischen Nationalkultur" gibt die neuen Richtlinien: "Ein Künstler, der die Wahrheit und das Ganze im Auge hat, kann nicht vom Blickpunkt eines empirischen Beobachters all diese Erscheinungen schaffen, auch nicht vom Blickpunkt eines einfachen Mitarbeiters. Er braucht unbedingt auch den Blickwinkel des Planers und Leiters. Das fordern wir von ihm."[35] Als neues Beispiel eines Schriftstellers, dessen "Leben und Arbeit fest mit dem schweren und schönen Kampf unseres Volkes und unserer Partei um die Vollendung des sozialistischen Aufbaus verbunden (ist)"[36], wird Erich Neutsch mit seinem Roman "Die Spur der Steine" genannt.

Christa Wolfs Diskussionsbeitrag liest sich wieder einmal wie ein Gegenbild. Deutschland, das gesamte Deutschland ist ihr Thema: "Ich habe früher schon gewußt, daß wir verantwortlich für Westdeutschland sind, jetzt aber fühle ich mich verantwortlich gegenüber ganz bestimmten Menschen." Sie meint jene Jugendlichen, die hier in den 60er Jahren, in der BRD, umrahmt von einer"imponierenden Warenkulisse", sich und andere fragen: "Was nun?" "Wißt ihr was Besseres", und die von den Schriftstellern aus der DDR Lebensalternativen erhoffen: "Man erwartet von uns wohlüberlegte, praktische, brauchbare Antworten. Daraufhin liest man auch unsere Bücher. Man erwartet keine platten Antworten, keine Ausflüchte. Man kann durchaus auch Probleme ertragen."[37]

Da sie in der eigenen Literatur keine Antworten fänden, auch in der etablierten Gesellschaft nicht, suchten sie in Randerscheinungen, z.B. in der Ostermarschbewegung, ihre Antwort: für sie ein Feld für Aktivität, Kühnheit, Ideenreichtum, "für die Entwicklung einer Persönlichkeit".

---

34 ND 28.4.64 - Auskünfte. Werkstattgespräche mit DDR-Autoren, Berlin: Aufbau 1974, S. 495

35 Schubbe, a.a.O., S. 961

36 a.a.O., S. 959

37 2. Bitterfelder Konferenz, April 1964, Protokolle S. 224 ff.

Christa Wolf, die an einer Ostermarschrevue teilgenommen hat, berichtet bewegt von diesen Jugendlichen mit ihren frechen und spritzigen Songs, die auch der Polizei zu Leibe rückten und die da erklärten: "Von euch müßte mal einer herkommen. . . sie haben uns zugetraut, daß wir uns auf alle Fälle um die Bereiche des Lebens kümmern würden, die sie interessieren. . . Sie sehen, daß man mit uns nicht nur über Ästhetik, sondern auch über Ökonomie, Politik, Soziologie und Psychologie z.B. reden kann."[38]

Sicherlich nicht beabsichtigt: Was hier vorgestellt wird, ist wiederum ein neues Konzept über Bedeutung und Wirkung der Literatur der DDR. Dem Provinzialismus des Bitterfelder Weges werden Ansätze für eine 'Nationalliteratur' gegenübergestellt, mit neuen Arbeitsbereichen und -zielen, Ansprüchen und Forderungen. Nicht - wie Ulbricht gefordert hatte - die Perspektive des Planers und Leiters innerhalb des Neuen Ökonomischen Systems (NÖS), sondern die des Patrioten, der sich und seine Gesellschaft verantwortlich sieht in bezug auf Gesamtdeutschland.

> Es geht mir jetzt so, daß alles, was ich nicht gut genug mache oder was wir zusammen nicht klug genug machen, nicht offensiv genug - mir scheint, wir sollten viel offensiver sein, immer mehr positive Tatsachen schaffen und viel weniger in die Defensive gehen gegenüber falschen Ansichten, sondern unsere positiven Tatsachen ihnen entgegensetzen - daß alles, wo wir nicht schnell genug vorwärtskommen, wo wir nicht konsequent genug Hemmnisse überwinden, sogar dann, wenn sie schon erkannt sind, daß mich das alles jetzt nicht nur in unserem Namen ärgert, sondern auch in ihrem Namen, im Namen dieser jungen Leute. D e n n s i e s i n d, w e n n s i e e s a u c h n i c h t w i s s e n, a u f u n s a n g e w i e s e n u n d w i r a u c h a u f s i e.[39]

Das liegt, so scheint es, ganz auf der Linie der Partei: Überlegenheit der DDR, Wettstreit der Systeme, keine ideologische Koexistenz. Und: Anziehungskraft des sozialistischen Systems und seiner Literatur. Dort, in der DDR, ". . .wird diese Literatur, die sich mit den gesellschaftlichen Verhältnissen im Staat auseinandersetzt, sie begleitet, aktiv an ihnen mitarbeitet, nicht nur freiwillig von den . . .Bürgern gelesen, und zwar in Massen, sondern sie wird auch heiß diskutiert. Da gibt es Meinungsverschiedenheiten, heftige Gegensätze, aber weiterhin Literatur." Nur: das bezieht sich offensichtlich nur auf einen schmalen Sektor der DDR-Literatur, nicht auf Bitterfeld, nicht auf die staatlich anerkannten Werke. Und sie sagt: Diese Werke, gerade die um-

38 a.a.O., S. 225

39 a.a.O., S. 226 (gesperrt von mir, W.K.)

strittenen, machten den eigentlichen Reiz der DDR-Literatur aus und hätten Anziehungskraft auch für die BRD. Christa Wolf dreht die offiziellen Maßstäbe um, freilich deutlich innerhalb der sozialistischen Positionen. "Für die Kunst bestehen die Vorzüge unserer Gesellschaft darin, daß ihr Wesen mit den objektiven Gesetzen der Entwicklung und mit den objektiven Interessen des Menschen übereinstimmt. . . Die Wahrheit über sie zu verbreiten, schadet ihr nicht, sondern nützt ihr. . ."[40]

Christa Wolf arbeitet an "Nachdenken über Christa T."

Auch der zweite Text, nämlich der Aufsatz "Einiges über meine Arbeit als Schriftsteller", 1965, fordert aufmerksames Lesen; auf den ersten Blick ein eigenartiges Dokument, das neben den problematischen und problematisierenden Diskussionsbeiträgen von Bitterfeld II und dem Dezember-Treffen des Jahres '64 das Bild einer parteilichen, Widersprüche erkennenden, auch auflösenden Genossin zeigt. Und: wieder wird man bedenken müssen, daß der Text zeitparallel mit einer Arbeitsfassung von "Nachdenken über Christa T." entsteht.

Die Stationen ihres Lebens, die sie in dem Aufsatz, der gleichsam einen Lebensabriß bringt, benennt, sind aus der Biographie bekannt oder aus "Kindheitsmuster", auch aus "Nachdenken über Christa T.". Sie erzählt von ihrer Arbeit als Schreibkraft eines Bürgermeisters, vom Studium in Halle, vom "Geteilten Himmel". Deutlich: Die bekannten literarischen Figuren sind Christa Wolf und auch wieder nicht. Eingehend berichtet sie vom Grund-Anlaß ihres Schreibens, der Sehnsucht, sich zu verdoppeln: "Der Schmerz über die Einmaligkeit und Unwiederholbarkeit des Lebens ließ sich mildern."[41]

Wenn sie ihren 'Weg ins Leben' zeichnet, dann sieht sie sich eingebettet in besondere Schwierigkeiten und Glücksumstände: "Für unsere Generation war es schwer, frühzeitig eine gültige literarische Aussage über ihr Grunderlebnis zu formulieren. Zuerst mußte dem Grunderlebnis unserer Jugend ("Nicht vergessen kann ich, wie man uns, die wir bei Kriegsbeginn zehn Jahre alt waren, falsche Trauer, falsche Liebe, falschen Haß einimpfen wollte") . . .ein neues. . . hinzugefügt werden - eines, das uns nicht zufiel oder aufgedrängt wurde. . ., das wir selber uns schaffen mußten: Unser Weg ins Leben. . . fiel - eine einmalige Lage! - mit dem Aufstieg der neuen Gesellschaft zusammen,

40 vgl. NDL 1/64

41 'Einiges über meine Arbeit als Schriftsteller'. In: Junge Schriftsteller der DDR in Selbstdarstellungen, Leipzig 1965, S. 12

mit ihrer Suche nach Existenzformen, mit ihrem Wachstum, ihren Irrtümern, ihrer Konsolidierung."[42]

Bitterfeld und der hier entspringende literarische Weg sind für sie eine Notwendigkeit; Mängel, Fehler sind aus der historischen Situation erklärbar, Rest des Alten und zu Überwindenden. Sie weiß, "daß man nur mit exaktem Wissen in das Innere der interessanten Vorgänge eindringen kann", daß der Sozialismus "in unserem Land. . . für Millionen eine Realität geworden (ist), Wirklichkeit des täglichen Lebens, Ziel ihrer Arbeit. Er wurde in einem Teil Deutschlands zur menschenbildenden Kraft. . ."[43] Auch die Position des sozialistischen Schriftstellers wird mustergültig umschrieben, der verpflichtet sei, "sein Subjekt möglichst auszuweiten, möglichst vieles möglichst richtig zu erfassen, immer wieder neu zu versuchen, Lebenstatsachen zu verarbeiten, zu deuten".[44]

An zwei Stellen dieses Textes taucht der Begriff der Freiheit auf, im Textzusammenhang ganz unverfänglich. Aber, was sich hier andeutet und was eigentlich mehr ein Verdachtsmoment ist, wird sich später bestätigen. Es hat so seine Schwierigkeiten mit der Lesart, dem richtigen Verständnis, der Zuordnung und der Betonung der Teile von Texten Christa Wolfs. Max-Walter Schulz hatte schon recht bei der Christa-Wolf-Schelte auf dem VI. Deutschen Schriftstellerkongreß vom Mai 1969: ". . . so wie die Geschichte nun einmal erzählt ist, ist sie angetan, unsere Lebensbewußtheit zu bezweifeln, bewältigte Vergangenheit zu erschüttern, ein gebrochenes Verhältnis zum Hier und Heute und Morgen zu erzeugen - Wem nützt das?"[45]

Der Wahrheit, würde sie antworten, der sozialistischen Gesellschaft, letztlich der Menschheit. Das Problem der sagbaren Wahrheit oder der Notwendigkeit, Wahrheiten zu sagen. Auch unbequeme, vor allem das. Zweimal hieß es oben, gehe sie in diesem Textzusammenhang auf die Freiheit im Sozialismus ein, Formulierungen, die im Kontext des "Geteilten Himmel" und der Diskussionsbeiträge von 1964/1965 eigenartig zu schillern beginnen. "Seit wir gelernt haben, uns frei und sicher in dieser Gesellschaft zu bewegen, völlig eins mit ihr und zugleich kritisch, seitdem sind die Bücher (und sie meint eine ganze Schriftsteller-Generation) lebendiger, wahrhaftiger, wirklichkeitsvoller geworden", und: "Diese Tatsache (die Annahme des Sozialismus bei Millionen von DDR-Bürgern) gibt uns die Sicherheit, uns frei in unserem Stoff zu bewegen, die Vorteile immer besser zu nutzen, die unsere Gesellschaft den

42 a.a.O., S. 13
43 a.a.O., S. 15
44 a.a.O., S. 16
45 VI. Deutscher Schriftstellerkongreß, Protokoll, Berlin 1969, S. 55

Schriftstellern bietet. . ." Wie gesagt, das dürfte zeitparallel entstanden sein zur Arbeit an "Christa T.", zur Kurzgeschichte "Juninachmittag", die auch 1965 entsteht.

Das Denk- und Argumentationsmodell, das sich hier entwickelt, wird sie ständig begleiten: Es ist der Tenor ihres Beitrags im Dezember 1965 auf dem 11. Plenum des ZK der SED, es ist die Grundlage ihres Essays "Lesen und Schreiben" (1968), es ist der entscheidende Diskussionspunkt im "Kindheitsmuster". In der Spezifik ihres Argumentationsstranges hier formuliert sie es so: "Ein wissenschaftliches Weltbild sollte seiner Arbeit (der des Schriftstellers - W.K.) zugrundeliegen - dann kann er übrigens die subtilsten und subjektivsten Ausdrucksmittel verwenden, ohne dabei willkürlich, manieriert zu werden. Ich bewundere Romanciers, die in unserer Zeit verstanden haben, ein Gesamtbild ihrer Gesellschaft zu geben - wie Aragon, Anna Seghers, Thomas Wolfe. Das große Thema unserer Zeit ist: Wie aus der alten eine neue Welt aufsteigt."[46] Und: "Nicht vergessen kann ich, wie man uns. . . falsche Trauer, falsche Liebe, falschen Haß einimpfen wollte; wie das fast gelang; welche Anstrengungen wir brauchten, uns aus dieser Verstrickung wieder herauszureißen."[47]

Der Eindruck, der leicht entstehen könnte, daß Christa Wolfs Position in dieser Zeit schwankend sei, nicht gefestigt, ist sicher falsch. Nur treten eben - wie wohl bei jedem Schriftsteller - Forderungen unterschiedlichster Art nebeneinander auf, die z.B. nach einer wissenschaftlichen Weltanschauung und daneben die nach völliger Freiheit bei der Handhabung künstlerischer Mittel. Im Unterschied zu anderen Autoren versucht sie, Kompromisse zu vermeiden; die von der Partei gewünschte Anpassung an deren Prinzipien sozialistisch-realistischer Schreibweise lehnt sie ab, eigentlich ohne Diskussion. Wir werden noch sehen, zu welch verstiegenen Vorwürfen Funktionäre, Kritiker und Wissenschaftler kommen werden: Sie bleibt völlig unbeirrt. Insofern erscheinen die in den zuletzt besprochenen Beiträgen zutage tretenden Widersprüche nur als unvereinbar; in Wirklichkeit sind sie einander ergänzende Teile eines komplexen Vorstellungsfeldes, für das Christa Wolf vielleicht die Begriffe 'Geflecht', 'Gewebe' eingesetzt hätte, wohl wissend, daß sie sich damit dem Vorwurf mangelnder Parteilichkeit aussetzen mußte.

Hinzu kommt, daß bei dem Wunsch und bei dem Versuch zu zeigen, wie "aus der alten eine neue Welt aufsteigt", auch im künstlerischen Bild, in der Er-

---

46 'Einiges über meine Arbeit. . .', a.a.O., S. 16

47 a.a.O., S. 12

zählung oder im Roman, dieses Geflecht oder Gewebe notwendig werden mußte, wenn erkennbar war - das hatte "Der geteilte Himmel" gezeigt -, daß sich das Alte im Neuen und immer auch zugleich das Neue im Alten zeigen kann, gleichzeitig, nebeneinander, miteinander verwoben und verflochten. Ihren berühmten Essay "Lesen und Schreiben" beginnt sie mit den Worten: "Das Bedürfnis, auf eine neue Art zu schreiben, folgt, wenn auch mit Abstand, einer neuen Art, in der Welt zu sein."[48] Und außerdem wird man berücksichtigen müssen, daß die Texte jeweils nach Maßgabe des Adressaten geschrieben und zu lesen sind: Das für den Schulbetrieb berechnete Selbstporträt und daneben eben die Texte zu internationalen Schriftstellerkolloquien, vor allem im eigenen, im sozialistischen Lager.

48 'Lesen und Schreiben', a.a.O., S. 181

## III. "Juninachmittag" und das 11. Plenum

1965 entsteht "Juninachmittag", das erste Werk, das Christa Wolf nach dem "Geteilten Himmel" veröffentlicht. Dazwischen: Arbeit an Drehbüchern, Suche nach neuen theoretischen Positionen, Zeit der Besinnung, auch der inneren Wandlung, die nicht zu übersehen ist. Mit "Juninachmittag" bietet sie ein neues literarisches Modell, nach eigenem Bekunden sei diese kleine Erzählung der Anfang einer neuen Art des Schreibens, wohl auch zeitparallel entstanden mit der ersten Fassung von "Christa T." Auch die neuere DDR-Forschung markiert diesen Zeitraum und diese Erzählung "... als den Beginn des modernen, 'gleichzeitigen' Erzählens in der DDR, wie es dann in den 70er Jahren nahezu selbstverständlich wird"[1]. Was ist neu, welche Ursachen für eine neue Schreibweise werden erkennbar, welche Folgen treten notwendigerweise auf: Das seien die Kernfragen, mit denen dieser Text angegangen wird.

Ein Tag im Juni des Jahres 1965:

Ein Garten gehört dazu, Bäume, die wie wild blühen und Früchte tragen, Kinder, Mutter und Vater; Geräusche der Arbeit, von Flugzeugen, Nachbarn; von Kindergespräch ist die Rede. Und über allem steht das meditierende Ich der Erzählerin. Auch einen Zuhörer gibt es, einen Partner: "Sie können mir glauben. . ." Die Dinge, die diese Welt ausmachen, sind locker gefügt, andere Ordnungen wären denkbar, auch eine andere Auswahl. Keine Zentralfigur, auf die sich Handlung bezieht oder von der sie ausgeht, keine organisierte Handlung, nicht Steigerung, nicht Fallpunkt; die alten Regeln gelten nicht mehr: "Eine Geschichte? Etwas Festes, Greifbares, wie ein Topf mit zwei Henkeln, zum Anfassen und zum Daraus-Trinken?"[2] Eine Bildwelt freier Assoziation vielleicht.

Die Idylle ist brüchig. Die Flugzeuge, die am Himmel entlangziehen, fliegen zwischen Ost und West; sie gehören einer anderen Welt an: ". . .ich gehe jede Wette ein, daß mehr als ein Staatssekretär und Bankier und Wirtschaftskapitän heute nachmittag über uns dahinzieht."[3] Plötzliche Gefahren blinken auf: "Übrigens: ungünstiges Gelände. Von der Luft aus allein ist da nicht viel zu machen." Die Sprache des Krieges. Alles ist möglich, und alles ist zugleich

---

1 Wolfgang Emmerich, Der verlorene Faden. In: Literatur der DDR in den siebziger Jahren, Hg. Hohendahl/Herminghouse, Frankfurt 1983, S. 163

2 Fünfzig Erzähler der DDR, Berlin 1976, S. 473

3 a.a.O., S. 476

da: der Garten, das Kindergespräch, die übertrieben langsame Schnecke und die Bedrohung: "...Sie können mir glauben, daß es beunruhigend ist, wenn unsere stille Gegend wirklich still wird. Man weiß ja nie, wozu alles den Atem anhält."[4]

Das ist schon Normalität, daß eine Vielzahl von Flugzeugen auf einen engen Luftkorridor gepreßt ist, daß es zwischen oben und unten keine Beziehungen, nur den Lärm gibt, daß die Menschen fremd, die Flugzeugtypen unbekannt bleiben: "Ich weiß nicht mal: Blinzeln sie rechts rot und links grün, wenn sie nachts über unser Haus fliegen und hinter den Bäumen in der Dunkelheit verschwinden..."[5] Erst wenn diese Normalität aufhört, wird es wirklich beunruhigend. Selbst der Knall des Düsenjägers ist längst Alltag. Das Kind sagt: "Mir ist langweilig". Sofort ist alles Gegenwart, gegenwärtig: "Was sollten wir mehr fürchten müssen als die tödliche Langeweile ganzer Völker."[6]

Immer ist die Angst da: tagsüber, in den Träumen. Historische und gedachte, erfundene Wirklichkeiten durchdringen und überkreuzen sich. Und vor diesem der Alltag: Der Nachbar mit seinem Streben nach Zucht und Ordnung ("Wir waren ganz und gar auf seiten der Pusteblume"), die Tochter mit ihren Schulsorgen, Frau B. und die Witwe Horn. Und der Ingenieur mit seinem lindgrünen Auto, mit der schicken Sonnenbrille, von der die Tochter schwärmt. Auch dies eine brüchige Idylle. Nur liegen die Bruchstellen innerhalb der sich hier im kleinen abspiegelnden Gesellschaft.

Sozialistischer Alltag, der sich kein bißchen von anderen unterscheidet: das Besser-Wissen, die Engstirnigkeit, die Freude an Klatsch und Tratsch. Und Freude und Leid: "Ich schloß die Augen. Ich wollte nichts sehen und nichts hören. Jene Frau, von der man nur noch die Handtasche (nach einem Eisenbahnunglück - W.K.) gefunden hatte, sah und hörte auch nichts mehr. In welchem Spiel sie ihre Hände auch gehabt haben mochte, man hatte sie ihr weggeschlagen, und das Spiel ging ohne sie weiter."

> Der ganze federleichte Nachmittag hing an dem Gewicht dieser Minute... der sinkende Tag... man kriegt Angst... man wirft Ballast ab, dieses und jenes, um nur wieder aufzusteigen. Wer sagt denn, daß der Arm schon unaufhaltsam ausgeholt hat zu dem Schlag, der einem die Hände aus allem herausreißt? Wer sagt denn, daß diesmal wir gemeint sind? Daß das Spiel ohne uns weiterginge?[7]

---

4 a.a.O., S. 475

5 a.a.O., S. 476

6 a.a.O., S. 479

7 a.a.O., S. 493

An einer Stelle ist die brüchige Idylle also schon wirklich zerbrochen. Ohne Schuld, unvermeidbar, nur Schicksal. Die junge Frau des Schauspielers, die nicht mehr zurückkommt. "Ich schloß die Augen. Ich wollte nichts sehen und nichts hören."

Am Ende freilich durchbricht Christa Wolf oder die Erzählerin die Stimmung von Wehmut, Angst, Verzweiflung. "Als wir gingen, war die Luft voller Junikäfer. An der Gartentür drehten wir uns um und sahen zurück."[8]

"Juninachmittag", schreibt Alexander Stephan in seinem "Forschungsbericht Christa Wolf", müsse "wie ein Vordruck aus dem Christa T.-Buch erscheinen", wenn man die dort verwendeten Motive betrachte[9]. In der DDR blieb es um diese 'Kurzgeschichte'[10] lange Zeit still: man hatte offenbar Schwierigkeiten, einen solchen Text in die offiziell geltenden Literaturmaximen einzuordnen, vor allem bei einer Autorin, die eben erst mit dem Nationalpreis höchste Anerkennung gefunden hatte. Erst 1977 bringt ein Aufsatz Almut Gieseckes in den "Weimarer Beiträgen" die parteilichen Wertungen: Im Zentrum stehe das bedrohte Glück einer Familie, herumgesetzt seien die äußeren Bedrohungen, auch die beiden Frauen als "Opfer der kapitalistischen Gesellschaft", auch der Ingenieur, der sich für eine "Kopie des bürgerlichen Up-to-date-Fetischismus entschieden (habe) und im risikolosen Fahrwasser des Opportunismus (schwimme)".[11] Dagegen setze Christa Wolf die Erzählerin, die Erzählfigur, als "reife Persönlichkeit", deren Persönlichkeitsbewußtsein charakterisiert werde "durch die Bezugnahme auf den menschlichen Lebensanspruch als Maßstab des eigenen Verhaltens. Indem die Erzählfigur dabei von der Möglichkeit der vollen Realisierung auf der Grundlage der sich entwickelnden sozialistischen Gesellschaftsbedingungen ausgeht, wird der Maßstab ihres Verhaltens, letztendlich ihr Verhalten selbst, Ausdruck der Beziehungen zwischen Individuellem und Gesellschaftlichem"[12]. So wird tatsächlich in der Argumentation dieser Untersuchung "Juninachmittag" zu einem Werk, das letztlich "auf die Gestaltung und Gestaltbarkeit sozialistischer menschlicher Beziehungen"[13] abziele.

---

8 a.a.O., S. 494

9 Manfred Jäger, Auf dem langen Weg zur Wahrheit. In: Sozialliteraten. Düsseldorf: Bertelsmann Univ-Verlag 1973, S. 32 ff.; Alexander Stephan, Christa Wolf. Forschungsberichte zur DDR-Literatur. Amsterdam 1980, S. 60

10 Stephan, a.a.O.

11 Weimarer Beiträge (WB) 8/77, S. 126

12 a.a.O., S. 128 f.

13 a.a.O., S. 135

Wolfgang Emmerichs interessante Studie über die Aufnahme moderner Stilelemente in der DDR-Literatur der 70er Jahre markiert sozusagen den Gegenpol: "Im unauffälligen Gewand der short story hat Christa Wolf (mit "Juninachmittag" - W.K.) eine Revision des bis dahin gültigen Erzählens in der DDR vollzogen. . ."[14] Ansätze dafür sieht er in den 'großen' Romanen der 60er Jahre: In Christa Wolfs "Geteiltem Himmel", Strittmatters "Ole Bienkopp", Neutschs "Spur der Steine" und Kants "Aula":

> Diesen gravierenden Veränderungen in Fabelkonstruktion und Heldenwahl korrespondieren bemerkenswerte Neuerungen in der Erzählweise. Rückblenden, Zeitenschichtung, innerer Monolog und Bewußtseinsstrom, ironische Brechung und Wechsel der Erzählperspektive - solche und andere bislang verpönte, im Westen seit Jahrzehnten geläufige Darstellungsmittel der Moderne sind zwar noch nicht gang und gäbe, verlieren aber dadurch, daß sie die offiziell akzeptierten erheblichen Werke der Jahre 1963-1965 prägen. . ., ihr bisheriges Stigma der Dekadenz.[15]

Ursachen sieht Emmerich in einem "grundlegenden Zweifel an den Ordnungsbegriffen des Lebens und Arbeitens in der DDR", in den immer deutlicher zutage tretenden Widersprüchen "zwischen dem auf seine Selbstverwirklichung pochenden Subjekt und den Normen und Zwängen einer straff durchorganisierten industriellen Leistungsgesellschaft, in der durch den Mauerbau und endgültige Absicherung der Grenze für den einzelnen kaum noch erträglichen Lage, "auf Gedeih und Verderb" dieser Gesellschaftsordnung ausgeliefert zu sein. "Gemeinsam ist allen, daß sie ihre Gegenwart nicht als sinnhafte Totalität und sich selbst nicht als tätig eingreifende, produktive Teilnehmer an den gesellschaftlichen Vorgängen begreifen können."[16]

Dieses Urteil, das Emmerich nun auch auf die Literatur der 70er Jahre erstreckt, macht verständlich, weshalb er die Erscheinungsformen der neueren DDR-Literatur an die bürgerliche Moderne anknüpft. Hier, in einer Situation "universaler Entfremdung und Selbstentfremdung" reiche das Individuum mit seinen Regungen und Gefühlen ans Verhängnis nicht mehr heran, nicht mehr lasse sich vom Konflikt zwischen den lebendigen Menschen und den versteinerten Verhältnissen als Vorwurf des Erzählens sprechen, vielmehr seien die Menschen den gleichen entlebendigenden Versteinerungen unterworfen, denen die Verhältnisse bereits gehorchten. "Zerschlagen sind von der historischen Erfahrung auch die überlieferten Vorstellungen gelingender

14 Emmerich, a.a.O., S. 165
15 a.a.O., S. 161
16 a.a.O., S. 176

menschlicher Individuation."[17] Und in bezug auf die Erzähltechnik folgert Emmerich: "...so wie der 'Lebensfaden' unterbrochen, verwirrt oder schlicht abhanden gekommen ist, so auch der 'Faden der Erzählung', die überlieferte 'erzählerische Ordnung'. Erzählen heißt somit: Preisgabe des durchlaufenden (chronologischen, kausalen, sinnstiftenden) roten Fadens zugunsten des Ausbreitens einer 'unendlich verwobenen Fläche'."[18] Ein Erzählen, nun wieder bezogen auf die jüngere Literatur der DDR, "das das vermutliche Scheitern eines gesellschaftlichen Aufbruchs (nämlich das Einmünden der demokratisch-sozialistischen Umwälzung seit 1945/49 in den statischen 'realen Sozialismus') signalisiert".[19]

Nicht bestritten wird, daß Schriftsteller der DDR solche oder ähnliche Erfahrungen gemacht hätten, bestritten wird aber diese hier vollzogene Parallelsetzung moderner Tendenzen der DDR-Literatur mit denen der bürgerlichen Moderne; bestritten wird auch, daß die bei Christa Wolf in "Juninachmittag" zutage tretende Schreibweise "Unwissenheit und Zweifel" als Lebensgefühl meine: "Es gibt kein Fazit, keine Lösung, nichts Greifbares. Das Gewicht, die Bedeutung, der Ertrag dieses 'federleichten Nachmittags', einer Ballonfahrt ins Blaue, bleibt im Ungewissen."[20]

Zuerst das: Die neue Form, die Christa Wolf versucht, ist das Erzählen von Gleichzeitigem. Alles ist zugleich da am 24.6.1965: Garten, Grenze, Familie, Nachbarn und das schwere Eisenbahnunglück, von dem das "Neue Deutschland" am nächsten Tag berichtet: Neun Tote und dreizehn Schwerverletzte in den Mittagsstunden in der Nähe von Waßmannsdorf. Aber auch das ist Gegenwart: Der Kampf gegen die Notstandsgesetze (ND 2.6.), Sprengkammern an der DDR-Grenze (ND 1.6. u.a.), Amerikas Intervention in Vietnam und - wie das "Neue Deutschland" am 12.6. berichtet: "Bonn plant aktive Teilnahme an der Aggression in Vietnam". Am 18.6. liest man im Zentralorgan der SED von Grenzprovokationen im Auftrag Bonner und Westberliner Scharfmacher, am 19.6. vom Schießbefehl für den Bundesgrenzschutz. Am 24.6. kann man von "Gewitter, Wolkenbruch und Windhose im Bezirk Schwerin" lesen und - wie gesagt - am 25.6. vom Eisenbahnunglück des Vortags, zu dem es - ND vom 30.6.65 - durch eine "Gleisverwerfung infolge hoher Hitzeeinwirkung" gekommen sei. Alle diese Elemente (und man könnte weitere zitieren) sind direkt oder indirekt in "Juninachmittag" eingegangen: Ein Punkt in einem

17 a.a.O., S. 157

18 a.a.O., S. 156

19 a.a.O., S. 155

20 a.a.O., S. 164

Ablauf, ein gleichzeitiges Aufeinander- und Miteinanderwirken unterschiedlichster Faktoren.

Zentrum, Kernpunkt und auch Wertungspunkt aber ist die Erzählfigur, die erstaunt, belustigt, nachdenklich und beunruhigt diese Wirklichkeitsfülle (Totalität eines Punktes) wahrnimmt, erlebt und erleidet, die Brüchigkeit der Idylle, auch innerhalb der Familie mit ihrem Rollenspiel. Richtig bewertet Almut Giesecke "die reife Persönlichkeit"[21] der Erzählfigur als notwendiges Bauelement einer um sie herumgruppierten Gleichzeitigkeitsabfolge: diese ordnend, bewertend, ganz deutlich bei den Nachbarn, aber auch ohne Zweifel bei den Flugzeugpassagieren mit ihrer Sprache des 'heißen' Krieges. Christa Wolf oder die Ich-Erzählerin verstehen sich eben nicht als "selbst unberaten", hier handelt es sich nicht um "stummes Vorsichhinsprechen"; "dialogisches, kommunikatives Erzählen"[22] wird nicht aufgekündigt.

Natürlich handelt es sich um eine Subjektivierung des Erzählvorganges, wenn die Erzählfigur wertend in die Mitte des Ganzen gerückt wird; aber eben nicht, weil Wirklichkeit undurchschaubar, sondern weil sie interpretationsbedürftig ist. Christa Wolf wird später in den Umkreis dieses Denkens den Begriff der "subjektiven Authentizität" einfügen, sie wird immer - in den Kommentaren zur "Kassandra" es beklagend - ihre Person, Persönlichkeit einbringen als werkkonstituierende Notwendigkeit ihres Schreibens. Nicht Unerkennbarkeit, sondern moralischer Imperativ, der (wie im "Geteilten Himmel") - bei aller Freigabe des wertenden Lesers - diesen immer zugleich bindet. 1974 im Interview mit Hans Kaufmann wird dieses Problem unter dem Aspekt Brecht von ihm kritisch angegangen werden, 1977 rechtfertigt Almut Giesecke gerade am Beispiel des "Juninachmittag" dieses Verfahren. Gleichzeitigkeit in der Darstellungsweise schließt Parteilichkeit nicht aus; im Gegenteil: Das Bild wird realistischer, weil es eine Vielzahl von Widersprüchen in sich aufnehmen kann, auch die der Erzählfigur oder der Autorin. Hinzu tritt eine neue Dimension der Tiefe, die der Wahrheit, der subjektiven Wahrhaftigkeit, des sich selbst darbietenden Autors.

Und so schließt auch diese Geschichte eines Einbruchs schicksalhaften Geschehens, das nun wirklich Chaos, Unerkennbares verkörpert, mit der Gegen-Frage: "Wer sagt denn, daß der Arm schon unaufhaltsam ausgeholt hat zu dem Schlag, der einem die Hände aus allem herausreißt", und mit dem Bild des blühenden Gartens, auf den Anfang zurückgreifend: "Wir. . . verstehen im stillen, daß er seine Üppigkeit übertreibt; daß er jetzt nicht anders kann. . ., denn wie sollte er die seltene Gelegenheit nicht gierig ausnützen,

---

21 WB 8/77, S. 128

22 Emmerich, a.a.O., S. 157

aus den Abfällen, aus den immer noch reichlichen Regenabfällen der fern und nah niedergehenden Unwetter Gewinn zu ziehen?"[23] Ist auch das eine Metapher?

Die Unwetter, die im Dezember 1965 auf die Kulturschaffenden der DDR auf dem 11. Plenum des ZK der SED niedergingen, haben den wohl entscheidenden Bruch im Verhältnis Partei/Künstler zur Folge gehabt. 1979 berichtet Wolfgang Kohlhaase über diese Erlebnisse:

> Zum ersten Mal saß ich damals. . . in Diskussionen, aus denen ich voller Widerspruch und mit leerem Gefühl ging. Heute meine ich, daß eine aus komplexen Gründen erfolgte politische Standortbestimmung im Kostüm einer Kunstdiskussion auftrat. Es wurde etwas an Beispielen zu beweisen versucht, auf die nicht zutraf, was gesagt werden sollte, jedenfalls nicht in so schlichter Rigorosität. So konnten Frage und Antwort sich kaum begegnen. Es ist, für eine sensible Sache, mehr Maßstab verloren als gewonnen worden. Vor allem eine bestimmte Generation. . . geriet in Konflikte, die, wie mir scheint, nicht mehr in ein gemeinsames Verständnis gebracht worden sind. . . Ich mußte die Möglichkeiten meines Schreibens, meiner poetischen Beziehung zur Realität, neu überlegen.[24]

Es ist sicherlich schwierig, im einzelnen auszumachen, welche Taktik die Partei bei der Vorbereitung und Durchführung des 11. Plenums verfolgt hat, es dürften Reaktionen auf die Dezember-Diskussion von 1964 gewesen sein, auch Antworten auf einen Artikel Stefans Heyms, der am 29.10.65 in der "Zeit" erschienen war, zur Rolle und Bedeutung von Literatur und Schriftstellern:

> Jedes Zeitalter hat seine Sprecher, die die Ängste und Hoffnungen der Menschen zum Ausdruck bringen. Im grauen Altertum waren das die Propheten. Heute. . . scheinen Schriftsteller und Naturwissenschaftler diese Funktion zu übernehmen. Die Gesellschaft hat diesen Tatbestand anerkannt: in den technisch fortgeschrittenen Ländern gehören die Schriftsteller und die Naturwissenschaftler zu der am meisten geehrten - und am meisten verfolgten Kategorie von Menschen. Rechnet man den Infarkt als gleichwertig mit der Gewehrkugel und der Schlinge des Henkers, so sind mehr Schriftsteller und Naturwissen-

---

23 Fünfzig Erzähler. . ., S. 473; vgl. Anne Tauer, Wendepunkt: Christa Wolfs 'Juninachmittag'. In: Manfred Jurgensen (Hg.), Wolf. Darstellung - Deutung - Diskussion, Bern/München: Francke (1984), S. 56 ff.

24 SF 5/79, S. 984

schaftler im Verfolg ihrer Pflicht gefallen als Generäle oder Bankiers oder Politiker.[25]

Heym läßt dieser geradezu ungeheuerlichen Bemerkung andere folgen, manchmal nur notdürftig kaschiert, so über die schwierige Operation der Beseitigung sozialistischer Tabuzonen: "Das ist eine komplizierte und viel Feingefühl erfordernde Operation. Sie muß durchgeführt werden in dem Bewußtsein, daß die Finger (der Zensur - W.K.) zu den Händen unserer Freunde und Genossen gehören und daß die Tabus die Deckung sind für unsere eigenen Empfindlichkeiten. Sie muß durchgeführt werden in dem Wissen, daß Brutalität, Unterdrückung, Selbstsucht, Machthunger kein organischer Bestandteil des Systems des Sozialismus sind wie etwa bei dem System, welches jetzt vom Sozialismus verdrängt wird."[26]

Vor allem aber waren es wohl Erinnerungen an leicht errungene Siege bei den früheren Auseinandersetzungen mit Künstlern, die eine groteske Fehleinschätzung zur Folge hatten, welche Möglichkeiten der Beeinflussung und Reglementierung der Partei noch zur Verfügung ständen. Schließlich hatte es schon immer Ärger mit Abweichlern gegeben, aber irgendwo in dem Bcreich nach dem XX. Parteitag mit den Enthüllungen über den Personenkult und das Terrorregime Stalins, nach der Zwangskollektivierung der Landwirtschaft in der DDR und nach dem Mauerbau, der ja auch ein Eingeständnis von Fehlern und Versäumnissen war, muß eine Wandlung geschehen sein: im Selbstverständnis der Schriftsteller und der Genossen überhaupt. 'Fehlerdiskussionen' wurden in der DDR untersagt, die Auseinandersetzungen fanden nun außerhalb der Öffentlichkeit statt, mit z.T. verheerenden Folgen. Der Versuch eines roll-back jedenfalls scheiterte: viele Genossen waren nur schwer noch einzuschwören auf einen festgelegten Kurs mit dem Anspruch auf Unfehlbarkeit, wenn auch - wie gehabt - in den Medien nichts zu vernehmen war. Rolf Schneider im "Stern" vom 24.11.77: "Ich gehöre zu einer Generation, die durch Nikita Chruschtschows Geheimrede auf dem XX. Parteitag der KPdSU ihre politische Unschuld verlor. Die Erschütterung, die uns damals heimsuchte, war entsetzlich. Artikulieren konnten wir sie nicht. Wir hatten uns der Auflage zu beugen, daß keine Fehlerdiskussion stattfinden dürfe. Wir schluckten alle Bitternis fort; da saß sie nun in uns und würde uns vergiften wollen. Gegenstand der öffentlichen Reden aber blieb der Anbau von Futter-Mais auf mecklenburgischen Feldern.

---

25 Schubbe, a.a.O., S. 1058

26 a.a.O., S. 1059

Was für meine Generation die Wahrheit über den J.W. Stalin war, sind für andere Generationen meines Landes andere Ereignisse gewesen."

Anfang Dezember 1965 wird die Kampagne eröffnet mit einer Kampfansage gegen Wolf Biermann (ND 5.12), der Auseinandersetzungen mit der Filmkunst der DDR folgen (ND 14.12). Vom 16.-18.12.65 findet das 11. Plenum des ZK der SED statt: Gegen Heym, gegen Biermann, gegen eine Reihe von DEFA-Filmen, gegen "DT 64", einen DDR-Sender, der in seinem Musikprogramm - so der Bericht der Politbüros - "einseitig die Beat-Musik" propagiert. Honecker: "Unsere DDR ist ein sauberer Staat. In ihr gibt es unverrückbare Maßstäbe der Ethik und Moral, für Anstand und gute Sitte."[27] Ausgeteilt wird ein Rundumschlag, der den Vorteil hatte, daß er an Kraft einbüßte, weil er nahezu alle Bereiche des DDR-Kulturbetriebs sich vornahm, auch die Unterhaltungsliteratur, auch die sog. "Schöne Literatur":

> In einigen Zeitschriften und Zeitungen erschienen in den letzten Wochen Romane und Romanauszüge, die mit unserem sozialistischen Lebensgefühl nichts gemein haben. Dazu gehört z.B. . . .der Auszug "Rummelplatz" aus einem Entwicklungsroman über Menschen in der Wismut von Werner Bräunig in der "Neuen Deutschen Literatur". In diesem Abschnitt gibt es obszöne Details, gibt es eine falsche, verzerrte Darstellung des schweren Anfangs in der Wismut. Wir fragen die Redaktion der NDL, warum sie sich gerade für diesen Abschnitt aus dem Entwicklungsroman von Bräunig entschieden hat. . . Leider hat sich in den letzten Jahren eine neue Art Literatur entwickelt, die im wesentlichen aus einer Mischung von Sexualität und Brutalität besteht. Ist es ein Wunder, wenn nach dieser Welle in Literatur, Film, Fernsehen und Zeitschriften manche Jugendliche nicht mehr wissen, ob sie richtig oder falsch handeln, wenn sie dort ihre Vorbilder suchen?[28]

Honecker diagnostiziert für diese und andere Fehlentwicklungen drei Hauptquellen:

- ein unzureichend gefestigtes marxistisch-leninistisches Weltbild, eine oft subjektivistische Sicht und Wertung
- Unkenntnis von der Wissenschaftlichkeit und Kontinuität der Politik der Partei
- Positionen des philosophischen Skeptizismus, "der in Kreisen der Intelligenz besonders in Verkennung des schöpferischen Charakters der

27 a.a.O., S. 1076

28 a.a.O., S. 1079; ND 16.12.65

Beschlüsse des XX. Parteitages der KPdSU zu wirken begann".[29]

"Das Charakteristische all dieser Erscheinungen besteht darin, daß sie objektiv mit der Linie des Gegners übereinstimmen, durch die Verbreitung von Unmoral und Skeptizismus besonders die Intelligenz und die Jugend zu erreichen und im Zuge einer sog. Liberalisierung die DDR von innen her aufzuweichen."[30]

Es gibt eine Fülle von Materialien, die Verlauf und Ton der Auseinandersetzungen bei dem 11. Plenum dokumentieren, interessant auch, weil sich an manchen Stellen individuelle Positionen ablesen lassen, so bei Witt, Sindermann und Fröhlich. Aus ihren Empfindlichkeiten heraus reagierte die Partei insgesamt aggressiv, den Betroffenen, auch im Ministerrang, blieb nur der Gestus der Selbstkritik.

Bräunigs Antwort auf Honeckers Angriff wurde von Paul Fröhlich zurückgewiesen, der mit der eigenen Logik der Partei konstatierte:

> . . .weil er eine falsche Konzeption hat, sind die Ergebnisse dieser Arbeit antisozialistisch und haben darum mit dem wirklichen Leben nichts gemein. Mit solchen Werken aber wird weder das Ansehen unserer Republik gehoben noch unsere sozialistische Kultur demonstriert und auch nicht in Westdeutschland ideologisch eingedrungen,[31]

ein Urteil, das für den Dozenten am Literaturinstitut Johannes R. Becher, das mit der Ausbildung junger Schriftsteller befaßt ist, tödlich sein mußte.

Hier, in diesem Bereich, ist Christa Wolfs Diskussionsbeitrag anzusiedeln, auch am 19.12. im ND veröffentlicht, unter dem Titel "Gute Bücher - und was weiter?" Er ist einer der ganz sonderbaren Texte, wenn man ihn in eine Reihe bringt mit den anderen veröffentlichten, sonderbar auch im Vergleich zu dem, was wir bisher an Diskussionsbeiträgen oder Positionsbeschreibungen von Christa Wolf kennen. Das Ergebnis ist bekannt: Mit diesem Beitrag endet praktisch ihr politischer Höhenflug, die Partei streicht sie als Kandidatin des ZK der SED.

Der Text offenbart eine eigenartige Struktur, die vom Leser einen Informationsstand erfordert, den er eigentlich gar nicht haben kann. Wieder - so scheint es - stellt sich Christa Wolf fest auf die Seite der Partei, die aber diesmal, besonders hellhörig, vor allem die Schlußpassagen dieses Beitrags

29 a.a.O., S. 1080
30 a.a.O.
31 a.a.O., S. 1095; ND 19.12.65

wahrnimmt, kannte sie doch die von Joho kritisierten Positionen der Schriftstellerin vom Dezember 1964.

Christa Wolf bestreitet, daß Bräunigs "Rummelplatz" als Wismut-Roman konzipiert sei und so beurteilt werden dürfe. Sie bestreitet eine antisozialistische Tendenz des Romans und sieht in der heftigen Kritik "das freie Verhältnis zum Stoff, das wir uns in den letzten Jahren. . . erworben haben", gefährdet. Sie fordert, daß Literatur neue Fragen/Probleme, auch ohne Lösung, aufnehmen dürfe, z.B. die der Herausbildung eines neuen Menschentypus in der BRD und in der DDR unter der Jugend und in bestimmten Berufen. Sie beruft sich auf das Recht zum Irrtum, etwas verallgemeinert zu haben, was - vielleicht - nicht verallgemeinerungswürdig sei. Sie betont, daß Kunst "sowieso von Sonderfällen" ausgehe und daß sie nicht darauf verzichten könne, subjektiv zu sein. Und sie bezweifelt, daß der Begriff des Typischen überhaupt gesichert sei.

Mit allen Feststellungen und Forderungen widerspricht Christa Wolf - ohne auf Einzelheiten einzugehen - den Positionen, die im Plenum vorgetragen worden waren. Paul Verner antwortet in der typischen Weise: "Das freie Verhältnis des Künstlers zum Stoff gewinnt er nur dadurch, daß er fest mit unserer gesellschaftlichen Ordnung, der Umwelt und durch enge Beziehungen zu dieser Umwelt und ihren Menschen verbunden ist."[32] Kurt Hager zieht das Fazit des 11. Plenums:

> . . .die Durchführung des Parteiprogramms und unserer Beschlüsse setzt eine ernsthafte Veränderung und Verbesserung der Leitungstätigkeit im kulturellen Bereich voraus. Ich sehe eine Hauptschwäche in der Arbeit der Ideologischen Kommission, der Abteilung Kultur. . . darin, daß die Ursachen der unserer Kulturpolitik entgegengesetzten Bestrebungen nicht rechtzeitig entdeckt. . . wurden. Schon das vom Deutschen Schriftstellerverband im Dezember 1964 in Berlin durchgeführte internationale Kolloquium, von dem in der NDL in tendenziöser Weise nur bestimmte Diskussionsreden veröffentlicht wurden, hätte Anlaß zu dieser Auseinandersetzung sein müssen.[33]

Christa Wolfs Beitrag und ihre Argumente waren auf ein Werk bezogen, bei dem gerade die wesentlichen Problemfelder des sozialistischen Realismus (Typik, Parteilichkeit, historische Wahrheit) beim besten Willen nicht gelten konnten. In einer Welt der Glücksritter, ein Wilder Westen der DDR, in dem Gaukler und Gauner, Narren und Nutten den Talmiglanz dieses 'Glücks'

32 a.a.O., S. 1111
33 a.a.O., S. 1114

ausmachen und suchen, konnte eigentlich keine Phase des DDR-Aufbaus sich wiederfinden. Bräunig: "Die Wismut ist ein Staat im Staate, und der Wodka ist ihr Nationalgetränk. Hinter den Buden blüht der Schwarzhandel, geliebt wird auf umgestürzten Grabsteinen. . ."[34] Bei diesem Text gab es - in einer ernsthaften Diskussion um Prinzipien einer sozialistischen Nationalkultur - also eigentlich nichts zu verhandeln. Christa Wolf berief sich deshalb, so sagte sie wenigstens, auch mehr auf die 'erste Fassung' oder die Gesamtkonzeption, die sie kenne. Was sie wirklich meinte, was sie zutiefst getroffen hatte, waren Art und Weise und Sprache, in der hier - auf diesem Plenum - mit Menschen umgegangen wurde. Ihre Erregung ist deutlich:

> In diesem Punkt kann ich mich nicht einverstanden erklären. Das kann ich mit meinem Gewissen nicht vereinbaren. Ich glaube es nicht.

Und:

> Ich halte keine Verteidigungsrede. Ich bitte nur darum, daß versucht wird, die Errungenschaften, die wirklich da sind, auch zu sehen und zu erhalten. Ich finde, unsere Aufgabe in der nächsten Zeit ist, daß wir durch gute Bücher und Filme zeigen, daß unsere Gesellschaftsordnung, unsere Weltanschauung es ist, die den Schriftstellern die größten, die tiefsten Einblicke in die Gesellschaft gibt.[35]

Meint sie wirklich den "Rummelplatz"?

Das aber ist nur der Schluß. Der Text ihres Beitrages ist nämlich eigenartig zweigeteilt, wobei ein deutlicher Widerspruch zwischen den beiden Teilen nicht zu übersehen ist. Christa Wolf beginnt mit bei ihr noch nie gehörten Demutsformeln:

> . . .ich möchte sagen, da es mir heute angebracht erscheint zu sagen, daß ich sehr froh bin, daß ich hier lebe und schreibe und daß ich in dem Schriftstellerverband bin, in dem Becher und Brecht gewesen sind. . . Bei uns im Verband ist es so, daß der Kern der Genossen Schriftsteller. . . und auch der Kern der Genossen im Vorstand, wenn sie DDR sagen, "wir" sagen, wenn wir Partei sagen, sagen wir "wir", und davon lassen wir uns nicht durch irgendwelche Lobhudeleien von irgendeiner Seite abbringen. . . Davon gehen wir kein Jota ab, und der Stolz, hier zu

34 Bräunig, Rummelplatz. In: NDL 10/65, S. 8

35 Schubbe, a.a.O., S. 1098 f. Vgl. Brigitte Reimann, Die geliebte, die verfluchte Hoffnung, Luchterhand 1983, S. 246

> leben und in diesem Verband zu arbeiten, ist in diesem Jahr bei mir persönlich sehr stark gewachsen.

Und über ihre Leser und Gesprächspartner sagt sie:

> Ich muß sagen, daß ich mit dem Gefühl aus diesen Diskussionen gegangen bin: Diese Menschen, die hier bei uns gewachsen sind, sind reif dafür, wirklich zu verstehen, worum es geht, reif dafür, solche Literatur, wie sie in den letzten Jahre entstand, zu begreifen, richtig zu verstehen, und durch ihre Anregungen, durch ihre Kritik und dadurch, wie sie sich verhalten, weiterzuentwickeln. Das ist in den letzten Jahren ein Grundprozeß gewesen, der sehr stark gewirkt hat. . .[36]

Der zweite Teil ihres Beitrages, in dem sie sich für Bräunig einsetzt und in dem sie durch Zwischenrufe (auch durch Margot Honecker, Bildungsminister der DDR) unterbrochen, getadelt und gerügt wird, wirkt nun freilich wie eine Korrektur des eben Erklärten; oder eben umgekehrt. Der erste Teil wäre dann eine vorsichtige Vorbereitung des zweiten, um nicht in den Verdacht zu geraten, 'Knecht des Imperialismus' zu sein. Dann ist auch klar, worum es eigentlich in ihrer Verteidigungsrede gegangen ist: um Werke, deren Autoren den "größten", tiefsten Einblick in die Gesellschaft haben, als Ergebnis gleichsam einer sozialistischen Gesellschaft oder Weltanschauung. 1965 liegt wohl eine erste Fassung von "Christa T." vor, 1966 vielleicht auch schon das "Selbstinterview" zu diesem Roman. Darum also ging es.[37]

Zugegeben: Dieses Verfahren, einen Text zu "präparieren", mag gewagt erscheinen. Daß man einen Text durch Einordnung in Nachbartexte entschlüsseln kann, wird überall angewandt. Hier wäre nur festzustellen, daß sich bei diesem Beispiel eine zweite Textbedeutung ergibt, die den Vorteil hat, eine Reihe von Widersprüchen der ersten Bedeutungsebene aufzulösen. Hier handelt es sich - will man der Argumentation folgen - um eine Art 'verdeckten Sprechens', wobei freilich die zweite, eigentliche Bedeutungsebene relativ leicht zu entschlüsseln ist. Daß objektiv eine Notwendigkeit zur Verschlüsselung bestanden hat, dürfte indes kaum zu bezweifeln sein.

Hagers Schlußwort zum 11. Plenum bietet eine interessante Parallele zu einigen Äußerungen Christa Wolfs (der ersten Bedeutungsebene): "Die Partei ist Teil der Arbeiterklasse, Teil des Volkes, der Führer seiner Kämpfe, der Initiator seiner heroischen Leistungen beim Aufbau des Sozialismus. . . Unsere Partei geht ihrem zwanzigsten Jahrestag entgegen. Louis Fürnberg schrieb das schöne Lied 'Die Partei hat recht, sie hat immer recht'. Das gilt für die

---

36 ND 19.12.65

37 Krogmann, Moralischer Realismus, a.a.O., S. 258 f., vgl. Kap. II, Anmerkung 10

Vergangenheit, das gilt für die Gegenwart und die Zukunft. Wir tragen das Banner des Fortschritts und des Humanismus."[38]

Das "Selbstinterview" zu "Nachdenken über Christa T.", in der Reclam-Ausgabe ("Fortgesetzter Versuch") von 1979 mit dem Datum 1966 (!) versehen, paßt genau in den zeitlichen Rahmen des 11. Plenums[39]; die in bezug auf Bräunigs "Rummelplatz" eher blinden Stellen gewinnen hier Farbe, der Abstand zu den literarischen Maßstäben vom 11. Plenum wird deutlich markiert:

> . . . da ist kein "Stoff" gewesen, der mich zum Abschildern reizte, da ist kein "Gebiet unseres Lebens", das ich als Milieu nennen könnte, kein "Inhalt", keine "Fabel". . .

Ein Suchen will Christa Wolf vorführen, das Nachdenken über eine Tote. Erinnerungen, verbunden mit gesichertem Material. Sie formuliert ihre Intention als Provokation: "In dem Strom meiner Gedanken schwimmen wie Inselchen die konkreten Episoden - das ist die Struktur der Erzählung."

Das "Selbstinterview" wird erst 1968 veröffentlicht, zugleich mit einem Vorabdruck von "Nachdenken über Christa T." in "Kürbiskern"; wieder müssen Paralleltexte herangezogen werden, um zeigen zu können, wie sich ihre Autorenpoetik in diesem Zeitraum 1964/66 entwickelt: "Brecht und andere", "Die zumutbare Wahrheit - Ingeborg Bachmann", "Tagebuch - Arbeitsmittel und Gedächtnis". Paralleltexte zu "Christa T."?

"Ich kann nicht sagen, daß Romane meine erregendste Lektüre der letzten Jahre gewesen wären. Wir sind mißtrauisch geworden gegen Erfindungen über das Innenleben unserer Mitmenschen. . .", heißt es in ihrem Tagebuch-Aufsatz vom Dezember 1964. "Außerdem: die Wirklichkeit hat sich als unübertrefflich gezeigt. Wenn auch nicht als unübertrefflich schön."[40] Deshalb also der Hunger nach Authentizität, neben der die Kunst ihre eigenen Aufgaben zu lösen hat: Die Synthese zu finden "all jener oft schwer erklärbaren menschlichen Verhaltensweisen unserer Tage".[41]

---

38 Schubbe, a.a.O., S. 1117

39 Wie die Untersuchung gezeigt hat, sprechen eine Reihe von Indizien dafür, 'Christa T.' und das damit verbundene 'Selbstinterview' in den Erlebnisraum von 1965/66 zu setzen, auch wenn es erst 1967 gesendet, 1968 veröffentlicht wird. Daran, daß die Erlebnisse vom Dezember 65 'Nachdenken über Christa T.' tiefgreifend beeinflußt haben, ist nicht zu zweifeln. Vgl. Günter Zehm, Nachdenken über Christa W. In: "Die Welt" 27.3.69. Vgl. 'Die Dimension des Autors', Bd. 1, S. 35

40 'Lesen und Schreiben', a.a.O., S. 62: 'Tagebuch - Arbeitsmittel und Gedächtnis'. Entstehungsdatum Dez. 66, vgl. 'Die Dimension des Autors' (Bd. 1) S. 27: Entstehungsdatum Dez. 64!

41 a.a.O.

Dezember 1964! Nachdenken über die Funktion von Prosa in dieser Zeit, über die Möglichkeiten, Literatur in die Gegenwart einzubinden und die großen alten Themen gegenwärtig zu gestalten. Tagebücher als Reservoir, aus denen man schöpfen kann und sich seiner selbst vergewissern. "Die Leute, die in hundert Jahren leben, werden vielleicht neugierig sein auf ihre Vorfahren. . . Es wird ihnen nicht ganz leicht werden, sich uns vorzustellen. Sie werden nach den Büchern suchen, in denen wir uns selbst beschreiben. Ein bißchen ratlos werden sie sie wieder aus der Hand legen: Mehr haben die nicht über sich gewußt? Oder: Mehr haben sie nicht sagen wollen?"[42]

Diese kleinen Aufsätze sind natürlich Paraphrasen zu "Nachdenken über Christa T.", Versuche einer Rechtfertigung ihres entstehenden Romans und einer neuen Autorenpoetik, Versuche, Anregungen in der Welt der Literatur zu finden, auch um der Gefahr des Provinzialismus zu entgehen. Dabei hat sie längst erkannt, wie wenig sie auf Mitstreiter rechnen kann - jetzt noch nicht - und wie sehr sie ihr Weg in die Einsamkeit treiben wird.

Sie berichtet vom Tagebuch eines zwölfjährigen jüdischen Jungen, der in Treblinka sterben wird, David Rubinowicz:

> Alle Lebensmöglichkeiten, die sonst diesem Alter aufzugehen beginnen, verkehren sich ihm in Todesmöglichkeit: "Wenn sich schon einmal ein bißchen Hoffnung zeigt, wenn ein ganz kleiner Strahl leuchtet, dann kommt gleich ein Sturm, und alles ist aus. . . Ich kann es kaum glauben, aber alles ist möglich. Ein Mädchen wie eine Blume, wenn sie erschossen werden konnte, wird wohl bald das Ende der Welt dasein. . ."[43]

Das Schicksal dieses Jungen, folgert Christa Wolf, könnte kaum in einer anderen Form erzählt werden als in dieser subjektiven und doch zugleich streng dokumentarischen des Tagebuches, weil die Grausamkeit der Wirklichkeit jede 'Überhöhung' als Blasphemie erscheinen lassen würde. Die Frage, ob nach Auschwitz Gedichte noch möglich seien, beantwortet Christa Wolf eben mit dem Verweis auf dieses Tagebuch: eine menschliche Stimme in einer Zeit, "in der das Unmenschliche selbstverständlich geworden war".[44]

Hier, an dieser Stelle, zitiert sie Bechers Tagebuch: "Was ist das: dieses Zu-sich-selber-Kommen des Menschen?", das Motto für "Nachdenken über Christa T.". Aber sie gibt die Einbindung in den Textzusammenhang:

> . . .Auch der unscheinbarste Mensch hat seine Geschichte. . . Geben wir dem Menschen, was des Menschen ist: eine Ge-

42 a.a.O., S. 61

43 a.a.O., S. 63

44 a.a.O., S. 65

> schichte der Unscheinbaren und Namenlosen, und wir werden die alle unsere Erwartungen und unsere kühnste Phantasie übertreffende Entdeckung machen, welch eine abgründige und abenteuerliche, welch eine reichhaltige und widerspruchsvolle Geschichte jeder einzelne Mensch hat... Welch ein Unruheherd ist die menschliche Seele... diese tiefe Unruhe... ist nichts anderes als das Witterungsvermögen dafür und die Ahnung dessen, daß der Mensch noch nicht zu sich selber gekommen ist. Was ist das: dieses Zu-sich-selber-Kommen des Menschen?[45]

"Literatur", fährt Christa Wolf fort, "in der diese Frage nicht wenigstens mitschwingt - und sei es als Klage, als Verzweiflungsschrei-, verfällt dem Verdikt der Sterilität."

Die Zeit eines ungebrochenen Optimismus liegt weit hinter ihr, das war vielleicht Anfang der 50er Jahre, sie als Germanistik-Studentin in Jena ("Brecht und andere"). "Begeistert und überzeugt wiederholten wir seine Thesen vom 'Anbruch des wissenschaftlichen Zeitalters', fühlten uns selbst angesprochen, wenn er sagte: 'Die Menschen des wissenschaftlichen Zeitalters werden...', und wußten nicht, k o n n t e n nicht wissen, daß er durch uns hindurch sah auf jene, die wir nach unerhörter Anstrengung vielleicht einmal sein würden."[46]

Der Abstand, den sie in der Zwischenzeit gewonnen hat, ist erheblich; jetzt weiß sie um die Formen und die Ursachen ihrer Irrtümer bei der Brecht-Rezeption. Jetzt weiß sie: "Die Anwendbarkeit der Brechtschen Kunst und seiner Kunsttheorie lag nicht in der einfachen Nachahmung, sondern in der Ermunterung zu eigenen Entdeckungen."

Auf entscheidende Kunsterlebnisse befragt, würde Brecht die Antwort sein, auch Gorki, Anna Seghers, Thomas Mann, Thomas Wolfe, Aragon: "... gewiß Verschiedenartiges, was sie einem unentbehrlich macht. Gemeinsam ist ihnen, daß die Struktur ihrer Arbeiten auf eine sehr komplizierte, öfter durchaus indirekte Weise mit der Struktur ihrer Wirklichkeit übereinstimmt, mit der sie andererseits, Veränderung wünschend und verändernd, dauernd im Streit liegen."[47]

Und im Tagebuch heißt es:

45 a.a.O., S. 66

46 a.a.O., S. 55

47 a.a.O., S. 56

> Neu und dringlich steht vor uns die Frage nach Veränderung, nach ihren Formen, ihren Möglichkeiten; nach den Hindernissen, denen sie begegnet. Nach der Notwendigkeit, das revolutionäre Prinzip lebendig, wirksam zu erhalten: Dies wäre der Problemkreis... Dabei steht immer die Frage vor Augen: Wie aber soll man heute schreiben?[48]

Ihr Bachmann-Essay "Die zumutbare Wahrheit" beginnt mit dem nun für Christa Wolf schon erwartbaren Ansatz: "Man soll, im Begriff, diese Prosa zu lesen, nicht mit Geschichten rechnen, mit der Beschreibung von Handlungen. Informationen über Ereignisse sind nicht zu erwarten, Gestalten im landläufigen Sinn so wenig wie harthörige Behauptungen. Eine Stimme wird man hören: kühn und klagend. Eine Stimme, wahrheitsgemäß, das heißt: nach eigener Erfahrung sich äußernd, über Gewisses und Ungewisses. Und wahrheitsgemäß schweigend, wenn die Stimme versagt."[49]

Christa Wolf entwirft so das Bild einer Schwester; auch hier subjektive Authentizität. Wie immer das Bild der Ingeborg Bachmann wirklich aussehen mag: Christa Wolf entwirft es in jenen Zügen, in denen sie sich selbst findet, und sie findet sich in ihrer gemeinsamen Zeitgenossenschaft, in vergleichbaren Ansprüchen an Dichter und Dichtung. Denn nur Poesie - so Ingeborg Bachmann -, "scharf von Erkenntnis, bitter von Sehnsucht", sei in der Lage, die Abgestumpftheit des (bürgerlichen) Publikums - hervorgerufen durch die vielen spielerischen Schocks, die ihm seit Jahren zugefügt werden, - zu durchbrechen. "Denn wir schlafen ja, sind Schläfer, aus Furcht, uns und unsere Welt wahrnehmen zu müssen."[50]

Kein Zweifel, die Vorstellungen Christa Wolfs von Dichtung und Dichtungswirkung, auch vom Publikum, auch von der Wirklichkeit - auch ihrer eigenen - haben sich verändert, radikalisiert. Sie ist nicht mehr im Gleichschritt mit ihrer Zeit; vielleicht ist sie es nie gewesen - aber manche Passagen ihrer frühen Artikel und Rezensionen, noch im "Geteilten Himmel", waren auch Versuche von Anpassung und Billigung gewesen. Jetzt sieht sie klarer, erkennt und formuliert sie ihre Problematik wie in "Christa T.":

> ...auch die Fähigkeit, in einem Rausch zu leben, ist ihr (Christa T. - W.K.) abgegangen. Die heftigen, sich überschlagenden Worte, die geschwungenen Fahnen, die überlauten Lieder, die hoch über unseren Köpfen im Takt klatschenden Hände. Sie hat gefühlt, wie die Worte sich zu verwandeln beginnen, wenn nicht mehr guter Glaube und Ungeschick und

48 a.a.O., S. 69 f.

49 a.a.O., S. 121: 'Die zumutbare Wahrheit - Ingeborg Bachmann' (Dez. 1966)

50 a.a.O., S. 123 (Frankfurter Vorlesungen)

Übereifer sie hervorschleudern, sondern Berechnung, Schläue, Anpassungstrieb. Unsere Worte, nicht einmal falsch - wie leicht wäre es sonst! -, nur der sie ausspricht, ist ein anderer.

Und:

. . .meine Wirkungsmöglichkeiten sind, soviel ich sehe, schriftlicher, mittelbarer Natur. Ich muß mich mit den Dingen in Stille, betrachtend, auseinandersetzen können. . . Das alles ändert nichts, unlösbarer Widerspruch, an meiner tiefen Übereinstimmung mit dieser Zeit.[51]

Unlösbarer Widerspruch: Bekenntnisse der Christa T. als Christa Wolf. Im "Selbstinterview" entschlüsselt sie: "Später merkte ich, daß das Objekt meiner Erzählung gar nicht so eindeutig sie, Christa T., war oder blieb. Ich stand auf einmal mir selbst gegenüber. . ."[52]

Bei Ingeborg Bachmann findet Christa Wolf die Stichwörter ihres Schreibens: Höchste Subjektivität, spannungsreiche Authentizität. Ingeborg Bachmanns Erzählung oder Essay "Was ich in Rom sah und hörte" findet in keinem ihrer Werke, auch nicht in jenen, die zwischen Erzählung und Essay anzusiedeln wären, eine Entsprechung. Aber ihre Betroffenheit wird deutlich: "Mit dem ersten Satz ist die Tonhöhe angeschlagen. Heilige Nüchternheit. Pathos der innerlich angespannten Beschreibung. . . Sätze, die sich immer wieder auf Sachverhalte der Wirklichkeit beziehen, aber nie vorgeben, dieselbe Wirklichkeit zu wiederholen oder zu ersetzen. Doch lohnt es, die neue Realität, die sie herstellen, nicht zu mißachten."[53]

Worin liegt der Gewinn? In "Tagebuch", zwei Jahre vorher entstanden, zitiert Christa Wolf aus dem Tagebuch Max Frischs: "Eine ganze Welt aber, eine entscheidend andere, eine terra incognita, die unser Weltbild wesentlich verändern könnte, haben unsere Epiker nicht mehr abzugeben."[54] Und sie fährt fort, nun ganz auf sich bezogen: "Wir, verbunden mit einer neuen Gesellschaft, Angehörige einer Generation, die mit dieser Gesellschaft zusammen erwachsen wurde und die nun, genau wie sie, ihre erste Jugend hinter sich hat, den glücklichen Zustand früher Unbefangenheit verlor, blicken uns um: Wo liegt unsere Terra incognita, und wie sieht sie aus, bei nüchternem Tageslicht, von Wunschbildern befreit?"

Im Bachmann-Essay wagt sie verschiedene Antworten, wie immer auf Dichtung und Dichter zugleich bezogen. Das Ziel, die Aufgabe, die Funktion der

51 'Nachdenken über Christa T.' (NT), Halle: Mitteldeutscher Verlag, 1968, S. 71, 91
52 'Lesen und Schreiben', a.a.O., S. 76
53 a.a.O., S. 124
54 a.a.O., S. 66

Dichtung wäre die "Hervorbringung eines ununterdrückbaren und unstillbaren Verlangens nach Durchdringung der natürlichen und gesellschaftlichen Umgebung mit menschlichen Maßstäben".[55] Dies ist auch beziehbar auf "Christa T.", auf die Haltung des Lesers, die gewonnen werden könnte. Und über den Dichter - Ingeborg Bachmann - sagt Christa Wolf:

> Sie hat als Dichter der Summe von Erfahrung, die in der Welt ist, redlich ihre eigene hinzuzufügen. Ihre Sache ist es, den Mut zur eigenen Erfahrung immer neu in sich zu erzeugen und ihn gegen die wahrhaft überwältigende Masse und die entmutigende Herrschaft leerer, nichts sagender und nichts bewirkender Phrasen zu behaupten. Selbstbehauptung ist ein Grundantrieb ihrer Dichtungen - nicht schwächlich als Selbstverteidigung, sondern aktiv: Selbstausdehnung, auf ein Ziel gerichtete Bewegung. Auch: sich stellen, das Eigene, auch die eigene Schwäche, vorweisen, getroffen werden, wieder hochkommen, das Zentrum des Gegners erneut angreifen, andauernd selbst im Lebenskern gefährdet sein. . . Selbstbehauptung als Prozeß.[56]

Nirgendwo sonst hat Christa Wolf deutlicher, treffender ihr Selbstbild gezeichnet, nicht in der Günderrode, nicht in der Kassandra-Gestaltung, obwohl auch dort Eigenes breit einfließt. Hier schon - 1966! - sind alle jene Züge erkennbar, die gleichsam zu Konstanten ihres Werkes werden, auch in bezug auf ihre Autorenpoetik. In diesem Bereich hier ist "Lesen und Schreiben" anzusiedeln, dessen Entstehungszeit mit 1968 angegeben wird, das aber erst 1971 erscheint. Auch wenn sie Dichtung beschreibt, hier den Rom-Essay der Bachmann, werden eigene Grundvorstellungen sichtbar, so bemüht, vorsichtig, um das Wort ringend das geschieht:

> Das Preiswürdige wird gepriesen, ohne den Gestus maßvoller, konzentrierter Mitteilung zu durchbrechen. Kein selbstauferlegter Zwang zur Kargheit. An Stimmung gesättigt könnte man diese Prosa nennen, wenn nicht im Deutschen "stimmungsvoll" zu oft als Ersatzwort für "vage" gebraucht worden wäre. Hier aber wird Stimmung aus den realen Beziehungen gewonnen, wird vor unseren Augen erzeugt als Übereinstimmung zwischen der Sinnenhaftigkeit des Sprechers und der sinnlichen Glut der Stadt, als Nichtübereinstimmung mit den Wunden, die sie trägt, den Verbrechen, die sie begeht oder zuläßt. Als Zustimmung, im ganzen, zu ihrer wunderbaren Existenz.[57]

---

55 a.a.O., S. 124

56 a.a.O., S. 123 f.

57 a.a.O., S. 125, 126

Übereinstimmung/Nichtübereinstimmung/Zustimmung als literarische Struktur einer bestimmten Gestaltungsebene, aus der ein Sprachgestus erwächst, der das Dargestellte trägt, es ist. Konzentrierte Gestimmtheit/Abstimmung eines Textes auf seinen Aussagekern, eingebunden in die Widersprüche der Wirklichkeit und die Widersprüchlichkeiten bei dessen Aufnahme. Wie kann man/muß man heute schreiben: Christa Wolfs Grundfrage nach dem "Geteilten Himmel".

> Die Haltung dieses Menschen, des Autors, macht diese Prosa aus, macht sie konkret und sehnsuchtsvoll, hält sie im schwierigen Gleichgewicht zwischen Anspruch und Erfüllung, zwischen Realität und Vision.

An dieser Stelle gebraucht Christa Wolf den Begriff der 'Würde', der Würde des Menschen, ". . . der sich gegenüber der Stadt und Natur nicht lumpen läßt und auf die Herausforderung seiner Möglichkeiten mit dem Anspruch auf Würde antwortet". Nicht auch der Würde des Schriftstellers, der sich der Stadt, der Zeit in Zeitgenossenschaft und in Verantwortung stellt?

So, genau so beschreibt sie aber die Lyrikerin Ingeborg Bachmann: "Bloßlegung eines überliefernswerten Menschen auch hier. Überliefernswert, weil bereit und fähig, wichtige Konflikte der Zeit in sich auszutragen." Und: "Die geschichtliche Situation ist derart, daß im Zentrum aller Dichtung die Frage nach der Möglichkeit der moralischen Existenz des Menschen stehen muß."[58]

Natürlich ist nicht alles übertragbar von Ingeborg Bachmann auf Christa Wolf, zu unterschiedlich ist der gesellschaftliche Hintergrund, vor dem sie agieren. Für Ingeborg Bachmann ist ihre Dichtung Klopfzeichen, Ausbruchsversuch, obwohl sie verzweifelt ist, da "der einzige Ausweg - handelnde Verbindung mit wirklichen gesellschaftlichen Prozessen -" versperrt scheint durch Hoffnungslosigkeit.[59] "Der radikale Anspruch auf Freiheit wird, wenn keine gesellschaftliche Bewegung ihm entspricht, zur verzehrenden Sehnsucht nach der absoluten, der schrankenlosen und irrealen Freiheit." Alles ist da, Zivilisationsmüdigkeit und Fortschrittszweifel, auch die romantische Entgegensetzung in "Undine geht" zum Nützlichkeitsdenken der Gegenwart. Sehnsucht nach "'Geist, der zu keinem Gebrauch bestimmt ist', der dazu bestimmt wäre, menschenwürdigen Gebrauch von sich selbst zu machen. . ."[60]

---

58 a.a.O., S. 127

59 a.a.O., S. 128 f.

60 a.a.O., S. 131

Wer spricht, und wovon wird gesprochen? Denn die Übereinstimmungen dominieren: Die Verteidigung des Anspruchs des Menschen auf Selbstverwirklichung, der Schmerz aus dem Wissen, daß 'die Welt' nicht auf denselben Ton gestimmt ist wie man selbst.[61] Die unbedingte Suche nach Wahrheit und die Auflösung klarer, eindeutiger Beziehungen von Figur und Autor, das Hinüberspielen vom "Er" zum "Du", zum "Ich".[62] "Konkrete Situationen wird man oft vergebens suchen, ebenso die realistische Darstellung gesellschaftlicher Prozesse. Wir haben es mit Geschichten von Empfindungen zu tun."

Wir wissen, am Ende der 70er und am Anfang der 80er Jahre, in den Erörterungsbereichen um Bettina von Arnim und Kassandra, in der Büchner-Preis-Rede gibt es neue Themen, aber auch neue Entsprechungen. Die "Frankfurter Vorlesungen" bindet Christa Wolf im letzten Teil wieder an Ingeborg Bachmann, vergleichbar hier, wenn Undine zur Anklägerin der Männerwelt wird, "mit der kaum verhüllten Stimme der Autorin". Ein Thema, das hier nur anklingt, aber schon vorhanden ist: von einer ganz neuen Ordnung der Welt, neuen Werten und Normen, neuen Zielsetzungen, zu denen die Männerwelt offenbar nicht in der Lage ist.

Der letzte Abschnitt ihres Bachmann-Essays bringt - auch wieder vergleichbar mit ihren letzten Dichtungen - die Todesproblematik. Was bleibt von der Einsicht, daß Veränderungen nicht möglich sind und Anpassungsformen nicht akzeptabel? "So weit gegangen, muß sie sich fragen, inwieweit sie selbst, der Dichter, noch etwas anderes sein kann als eine Institution eben dieser veränderungswürdigen Gesellschaft. Ob sie nicht verdammt ist, mit zu erziehen, 'halb für die wölfische Praxis, halb auf die Idee der Sittlichkeit hin'. Das ist die schonungsloseste und schrecklichste Frage, der ein Schreibender sich aussetzen kann."[63]

Da Ingeborg Bachmann auf Gesellschaftsveränderungen nicht hoffen kann, bleibt ihr nur die Möglichkeit, "aus der Gesellschaft herauszutreten. . ."; "einige tranken den Schierlingsbecher unbedingt", zitiert Christa Wolf und fährt fort: "Einige waren nicht käuflich, nicht durch Verführung zu gewinnen noch durch Erpressung zu zwingen, sie zogen den Tod der Selbstaufgabe vor, um in ihrer Zeit lebendig bleiben und in der Zukunft wirken zu können." Schriftstellerschicksale wie im Bettina-Brief. Günter de Bruyn hat auf diese Problematik in Werk und Leben der Christa Wolf aufmerksam gemacht.[64] Hinter den Bildern von Kleist und der Günderrode werde das der Autorin sichtbar:

---

61 a.a.O., S. 129

62 a.a.O., S. 128

63 a.a.O., S. 133

64 Christa Wolf, Materialienbuch, Hg. Klaus Sauer, $^3$1983, S. 23

"Seine Konturen könnte man darstellen aus Zitaten, zu denen auch der Satz gehören müßte: 'Welch ein Trost, daß man nicht leben muß.'"[65]

Hier, 1966, markiert Christa Wolf noch deutlich die Unterschiede; Literatur als moralische Institution sei unter den Bedingungen bürgerlicher Literatur eine Utopie ohne reale Grundlage. "Tapferer, tief anrührender Entwurf eines neuen Menschen. Aber ein einsamer Entwurf, und nicht die Andeutung realer Schritte von der Misere ihrer Gegenwart weg zu dieser Zukunftsvision hin."

Christa Wolf beschreibt ihre Gegenposition am Beispiel der Ingeborg Bachmann:

> Nach unserer Erfahrung kann der Dichter diese Einkreisung nicht allein und nicht nur im Bereich der Dichtung durchbrechen; die höchst fragwürdige bürgerliche Gesellschaft tatsächlich, d.h. durch Tatsachen, in Frage zu stellen, setzt voraus, den "Rahmen des Gegebenen" zu sprengen. Dann erst, auf neuer gesellschaftlicher Grundlage, beginnt wirklich die "Verteidigung der Poesie". Durch den Filter dieser Erfahrungen lesen wir die Prosa der Ingeborg Bachmann.[66]

Im Wintersemester 1959/60 hält Ingeborg Bachmann an der Universität Frankfurt eine Vorlesungsreihe über Fragen zeitgenössischer Dichtung, deren 5. Teil "Literatur als Utopie" überschrieben ist. Sie endigt mit einem Preis des utopischen Charakters der Literatur, ihrer utopischen Voraussetzungen, und mit dem der utopischen Existenz des Schriftstellers. Deren utopischer Charakter genau das Grenzüberschreitende, Grenzensprengende der Literatur sei, auch und gerade vor dem "ungeistigen Raum unserer traurigen Länder". Sie sieht keine Hoffnung auf Veränderung mehr "im Rahmen des Gegebenen. . ." Und trotzdem antwortet sie (mit Bezug auf Beckett):
". . . wird von der Dichtung nicht, trotz seiner unbestimmbaren Größe, seiner unbestimmbaren Lage immer wieder das Ich hervorgebracht werden, einer neuen Lage entsprechend. . .? Es ist das Wunder des Ich, daß es, wo immer es spricht, lebt (. . .) Und es wird seinen Triumph haben, heute wie eh und je - als Platzhalter der menschlichen Stimme."[67] Das ist ihr Fazit: "Es gilt weiterzuschreiben."[68]

---

65 Krogmann, Das dritte Leben. In: Deutschland Archiv 4/81, S. 425

66 'Lesen und Schreiben', a.a.O., S. 134

67 Ingeborg Bachmann, Werke, München: Piper 1982, Bd. 4, S. 237: Frankfurter Vorlesungen III: Das schreibende Ich

68 a.a.O., S. 271

Literarische und literaturtheoretische Arbeiten Christa Wolfs gehen in dieser Zeit gegen die von Kulturfunktionären und der Hochschulgermanistik vertretenen Positionen zum Sozialistischen Realismus und zur DDR-Literatur an; immer wieder und von den verschiedensten Seiten her versucht sie, neue Möglichkeiten des Schreibens zu propagieren und zu begründen. Der Zeitraum um das 11.Plenum vom Dezember 1965 mit seinen von der Partei durchgesetzten restriktiven Maßnahmen ist - das zeigt sich im Rückblick - für die Entwicklung der DDR-Literatur zu einem entscheidenden Punkt geworden: so auf die Spitze getrieben, gab es keine Ausweichmöglichkeiten mehr. Denn das war sicher die Absicht der Parteiführung, jetzt ein für allemal die Spreu vom Weizen zu trennen, in allen Bereichen der Kultur, auch in denen der Kulturwissenschaften.

Zu untersuchen wären die Publikationen dieser Problemfelder des ganzen Jahres 1965, denn solche Aktionen wie das 11.Plenum stellen natürlich nur den Endpunkt dar. Vorausgegangen war eine Fülle von Diskussionen, Reden, Erklärungen von offizieller Seite zum Verhältnis von Partei und Künstler, zu Bitterfeld oder zu Humanismus und Realismus; die Fronten waren erkennbar, auch die Ziele, gegen die die Angriffe sich richteten. Für den aufmerksamen Zeitbetrachter waren die Zeichen unübersehbar, um so höher ist der Mut jener einzuschätzen, die es trotzdem wagten, ihre Positionen in einer solchen Eiszeit vorzutragen und zu veröffentlichen, also auch der Mut von Redaktionen bei Verlagen und Zeitschriften. 1964/65 war ein Roman von Hermann Kant erschienen: "Die Aula", ein Werk, das auf den ersten Blick ein Musterstück des Sozialistischen Realismus sein konnte: so wurde es auch im allgemeinen rezipiert. Die Zeitschrift "neue deutsche literatur" aber bringt in ihrer Dezembernummer 1965 - also zeitparallel zum 11.Plenum - eine eingehende Untersuchung des Romans unter dem Titel "Modern erzählt" der Hochschulgermanisten Dieter und Sylvia Schlenstedt.

Die Ausgangsfrage trifft den Kern des Buches: "Gut, das sind die Geschichten, aber wo ist der Roman?"[69] Und: gingen so frei und munter erzählte Geschichten nicht an dieser Gattung vorbei, deren Modernität ja gerade darin liege, nicht mehr erzählen zu können/zu wollen, da Wirklichkeitsverhältnisse im Erzählbaren kaum ihr Wesen offenbarten (Benjamin), auch der Erzähler nicht mehr recht Rat wisse. Und: "Das Erzählen als Weltvermittlung ändert sich mit den Weltverhältnissen; das Reflektorische verstärkt sich, essayistisch philosphierende Züge treten auf, die 'Verinnerlichung des Romans' (Thomas

69 NDL 12/65, S. 5

Mann) gegenüber einer Erzählung, die extensiv äußeres Leben darstellt, nimmt zu." Die Schlenstedts bieten die Erklärung:

> Die moderne kapitalistische Gesellschaft ist auf eine gesteigerte Weise unanschaulich und kompliziert geworden; das Wesen, die bestimmenden Gesetze ihrer Bewegung erscheinen verkehrt, die Fetischisierung der menschlichen Beziehungen zu Dingbeziehungen verstärkt sich, selten offenbaren die Begebenheiten bereits die Struktur des Ganzen.[70]

Dabei gebe es nun eine Reihe von Modifikationen, auch die, daß der Spielcharakter des künstlerischen Abbilds "ostentativ betont wird", "die fiktiven Figuren haben unterschiedliche Rollen zu spielen, die Montage der Kunstwelt soll sichtbar werden".[71] Insgesamt wird die Welt als nicht mehr erkennbar und gestaltbar gezeichnet, gestaltbar höchstens in der Form des Zerbrechens, des Zusammenhangverlustes. Hier seien die Entsprechungen bei Johnson und Grass, bei Frisch und beim 'nouveau roman' zu sehen. Bei dem Versuch, diesen Befund nicht nur zu reproduzieren, sondern Systemzusammenhänge darzulegen, hätten sich verschiedene methodische Wege in der modernen Epik entwickelt: Ironie und Verfremdung, Aufbau von Parabelsymbolen, die merkbar ein Modell der Welt geben sollten, und das kommentierend-philosophierende Eintreten des Erzählers.

> Die Modernität in Kants Erzählhaltung, so will uns scheinen, beruht darin, daß er solche Verfahren verarbeitet hat und sich zu eigen machte. . . Kant erreicht nun eine Distanz, die die verstärkte Rationalität des modernen Menschen, seine vergrößerte Kenntnis über den Gesellschaftsprozeß und damit die Kenntnis von der - zumindest partiellen - Inadäquatheit von Erscheinung und Wesen, Anschaulichkeit und Gesetzmäßigkeit fassen kann. Es ist dies nicht nur ein Gewinn für ihn, es ist ein Gewinn für unsere Literatur.[72]

In dem nicht gerade belebenden Bild, das die Universitätsgermanistik in der DDR lange Zeit geboten hat, die oft genug von Schriftstellern, auch von Christa Wolf, deshalb angegriffen wurde, sind dies bemerkenswerte Feststellungen. Beides wird in diesem Zusammenhang zu beachten sein: Welche Rolle die Germanistik bei der Beurteilung und Weiterentwicklung des Wolf'schen Werkes gespielt hat, und welche Positionen einzelne Germanisten dabei eingenommen haben, wobei zu berücksichtigen ist, daß es sich bei den

---

70 a.a.O., S. 7

71 a.a.O., S. 8

72 a.a.O.

Autoren in der Regel um Genossen handelt, die natürlich den Prinzipien von Parteidisziplin und Parteilichkeit unterworfen sind.

Bedeutsam ist auch, daß die Schlenstedts diesen beiden Prinzipien in ihrer Argumentation Rechnung tragen, daß sie - gerade weil sie Gegenwärtigkeit in den künstlerischen Bildern suchen - die von Kant angewandten Mittel moderner Prosa als die eigentlich notwendige Form einer modernen sozialistischen Prosa ansehen: "Das Bewußtsein, auf einer 'defekten Zeitmaschine' zu reiten, durch Gegenden, die Vergangenheit sind und auch nicht, durch Geschichten, die zueinander passen und auch nicht, versehen mit Aufträgen und Absichten."

> Hierin aber liegt eine der wertvollen Entdeckungen des Buches, die Entdeckung des Simultaneitätsbewußtseins der Übergangszeit (...) Das Bewußtsein der Gleichzeitigkeit von Uraltem und Neuem und das Empfinden für das Unangemessene dieses Zustandes in der Gegenwart seines Landes bringt diese Art von Simultaneität hervor - und hier zeigt sich, wie ein modernes ästhetisches Mittel, ausgebildet vor allem im Expressionismus als Versuch, die Vielfalt der Erscheinungen, die nicht im Zusammenhang gefaßt werden können, in ihrer bedrohlich und grotesk erscheinenden Gleichzeitigkeit darzustellen, in viel tieferem Sinne aktuell wird, da eine geteilte Welt bewältigt werden muß.[73]

So oder ähnlich müßte argumentiert werden, um moderne ästhetische Mittel auch im Sinne der Partei als akzeptabel erscheinen zu lassen. In jüngeren Besprechungen wird denn auch Kants "Aula" als Markierungspunkt einer Wende in der Geschichte der DDR-Literatur verstanden,[74] die - von hier aus gesehen - Anschluß gefunden habe an modernes Schreiben, das zugleich sozialistisch ist, nun freilich gemeinsam genannt mit anderen Werken, deren Aufnahme längst nicht so glatt vonstatten ging wie bei Kant. Hans Kaufmann resümiert: "Man muß sich daran erinnern, daß eine große Zahl solcher Unternehmungen bei ihrem Erscheinen in den sechziger Jahren von der Kritik, in der öffentlichen Rezeption und an den Theatern keineswegs ungeteilte Zustimmung erhielten, darunter auch Werke, die heute allgemein zum Grundbestand unserer Literatur gerechnet werden. Der Aufschwung, den das Gegenwartssujet damals nahm, und die öffentlich artikulierten Erwartungen

73 a.a.O., S. 11

74 vgl. Mandelkow, DDR-Literatur. . ., a.a.O., S. 158; Kurt Batt, Widerspruch und Übereinkunft, Leipzig: Reclam 1978, S. 355; Manfred Diersch/Walfried Hartinger, Literatur und Geschichtsbewußtsein, Berlin 1976, S. 28

stießen zum Teil heftig zusammen. . ."[75]

Hier ist Kaufmann zitiert, der in diesem Kampf der Tendenzen und Beispiele gerade in bezug auf Christa Wolf und ihr "Nachdenken" eine durchaus unrühmliche Rolle gespielt hat.[76] Jetzt, 1981, in der Weisheit des Alters und des Abstandes, vor allem natürlich im Rahmen einer allgemein freieren Betrachtung 'historischer Werke', wird auch Christa Wolfs 'Fehltritt' in den Kanon der sozialistischen Literatur aufgenommen. Wieder Kaufmann, jetzt über "Nachdenken über Christa T.":

> Das umstrittene Buch ging darauf aus, den Sinn zu erwecken für die Substanz eines Menschen, der, ohne durch glänzende Leistungen aufzufallen, die rechte Art zu leben sucht, und beschrieb den Versuch der Heldin, ihre in der Praxis unangewandte subjektive Potenz im Schreiben zu entäußern.[77]

Auch das ist freilich eine eigengartige Interpretation. Wie schwer doch solche 'Rettungen' sein können.

---

75 Tendenzen und Beispiele. Zur DDR-Literatur in den siebziger Jahren, Leipzig: Reclam 1981, S. 30; vgl. Emmerich, Der verlorene Faden, a.a.O., S. 161

76 vgl. Krogmann, Amsterdamer Beiträge 7/78, S. 248; Heinz Plavius, NDL 10/74, S. 155

77 Tendenzen und Beispiele, a.a.O., S. 19

## IV. "Nachdenken über Christa T." und "Kleiner Ausflug nach H."

"Wenn der Mensch von den Umständen gebildet wird, so muß man die Umstände menschlich bilden", zitiert Hans Koch, zu dieser Zeit 1. Sekretär des Schriftstellerverbandes und einer der profiliertesten Literaturtheoretiker in der DDR, 1965 (!) Karl Marx. Und er fährt in seiner Aufsatzsammlung "Unsere Literaturgesellschaft" fort: "Das ist das humanistische Programm der sozialistischen Revolution, durch dessen Wirklichkeit im gesellschaftlichen Leben der reale, sozialistische Humanismus unserer Kunst und Literatur geprägt wird. Es komme, schrieben Marx und Engels, darauf an, die Welt so einzurichten, daß der Mensch in ihr das wahrhaft Menschliche erfährt und sich angewöhnt, daß er sich in und durch seine Umgebung als Mensch erfährt."[1]

Das "umstrittene Buch", könnte man fortfahren, ging darauf aus, genau dieses an einem Beispiel zu prüfen; Reich-Ranicki formuliert den Befund in seiner zupackenden Art: "Sagen wir klar: Christa T. stirbt an der Leukämie, aber sie leidet an der DDR."[2] Andere, ihre Genossen, haben das Buch offensichtlich auch so verstanden; Max Walter Schulz auf dem VI. Schriftstellerkongreß: "...so wie die Geschichte nun einmal erzählt ist, ist sie angetan, unsere Lebensbewußtheit zu bezweifeln, bewältigte Vergangenheit zu erschüttern, ein gebrochenes Verhältnis zum Hier und Heute und Morgen zu erzeugen. - Wem nützt das?"[3] Auch das sind Sätze, und auch sie sind immer wieder zitiert worden. Und es könnte sein, daß auch sie - ebenso flott formuliert - mehr geschadet als genützt haben. Zweierlei zumindest haben die heftigen Debatten um dieses Buch bewiesen: Einmal, daß Literatur - auch heute noch - eine eminente Bedeutung gewinnen kann, und zweitens, daß man wohl Zeit braucht (und sie sich lassen sollte), ein Buch richtig zu lesen. "Nachdenken über Christa T.", das wußte die Autorin frühzeitig, mußte zu einer Herausforderung werden, für die Partei, für die Kritik, für jeden Leser. Deshalb - bei Christa Wolf ein einmaliger Vorgang - gleich mehrere Texte als Interpretationshilfen: das "Selbstinterview" (Kürbiskern 4/68) und ein weiterer Text über Literatur, ihre Ziele, Bedeutung und Wirkung und das Verhältnis zur Wissenschaft, der 1969 bei Luchterhand, in der Hauszeitschrift "ad lectores" Nr. 9, erscheint:

> Zu schreiben kann erst beginnen, wem die Realität nicht mehr selbstverständlich ist. Realität? Die Romanschriftsteller, das ist

1 Hans Koch, Unsere Literaturgesellschaft, Berlin 1965, S. 26

2 Reich-Ranicki, Christa Wolfs unruhige Elegie. In: Die Zeit, 23.5.69

3 VI. Deutscher Schriftstellerkongreß, Protokoll, Berlin 1969, S. 55

> ein gutes Zeichen, sind sich nicht einig über ihren Gegenstand, der ja wirklich nicht so leicht zu benennen ist wie der Forschungsgegenstand der Physiker. Immerhin kann man daraus, daß Wirkungen zu sehen sind, auf einen Wirkungsfaktor schließen: Immer noch sind Menschen vorzuweisen, die sich bewegt, berührt, beeinflußt von Literatur zeigen. Was in ihnen wirkt, ist weder 'das Leben selbst' noch eine Information über Fakten, und doch hat es mit Wahrheit zu tun.
>
> Es gibt eine Wahrheit jenseits der wichtigen Welt der Fakten. Hier endet die Affinität zu den Naturwissenschaften: Der Erzähler kann ihre Ergebnisse kennen und nutzen, aber was er selbst auf der Suche nach der Natur des gesellschaftlich lebenden Menschen entdeckt, darf wohl als 'wahr' gelten, ohne daß der Nachweis der 'Richtigkeit' erforderlich wäre, den jeder naturwissenschaftliche Schluß verlangt. So wäre es richtig, daß wir, schreibend, die Welt neu erfinden müssen?... Lassen wir Spiegel das ihre tun: spiegeln. Sie können nichts anderes. Erzähler und Wirklichkeit stehen sich nicht gegenüber wie Spiegel und das, was gespiegelt wird. Sie sind ineinander verschmolzen im Bewußtsein des Autors. Der Autor nämlich ist ein wichtiger Mensch.[4]

In ihrem Essay "Glauben an Irdisches" vom Februar '68, Anna Seghers gewidmet, der natürlich auch Fragen der literarischen Methode in der Seghers-Lukács-Debatte behandelt, bekennt Christa Wolf: "In einer Verteidigung der Kunst durch einen Künstler liegt immer auch etwas von Selbstverteidigung, ... die Essaywerke Thomas und Heinrich Manns, Bechers und Brechts sind, ebenso wie die bis in die jüngste Zeit hinein fortgesetzten ästhetischen Überlegungen der Anna Seghers, Zeugnis dafür, daß die Zeit selbst immer neu die Auseinandersetzung des ehrlichen Künstlers mit seinem Beruf herausfordert."[5] Und ganz deutlich: "Allerdings spürt man bei ihr eine mehr als historische Beziehung zu Zweifeln und Verzweiflung, die über hundert Jahre zurückliegen." Gemeint sind Lenz, Bürger, Hölderlin, Büchner und die Günderode. Aber zur gleichen Zeit veröffentlicht Christa Wolf in "Sinn und Form" einen Vorabdruck aus "Nachdenken über Christa T."[6]

Wer spricht? "Die Dringlichkeit dieser Frage (daß eine Entscheidung verlangt werden könnte zwischen Auflehnung, rückhaltloser Teilnahme an den Kämpfen der Zeit und dem abgerundeten, vollendeten Werk, dem die Zerrissenheit der Zeit und ihr Reflex im Künstler nicht mehr anzumerken sein

---

4 zit. Raddatz, Traditionen und Tendenzen..., a.a.O., S. 384 f.

5 'Lesen und Schreiben', S. 90

6 Raddatz, Traditionen und Tendenzen..., a.a.O., S. 385 f.

darf) ist nach dreißig Jahren (1968!) noch zu spüren: Man kann versuchen, der Wirklichkeit Stücke zu entreißen, so direkt und aufrichtig wie möglich, ohne hoffen zu dürfen, das Gültige, das Endgültige zu sagen."[7]

Daß diese Texte zueinander gehören, ein Argumentationsfeld oder -geflecht ausmachen, daß sie sich gegenseitig ergänzen, aufhellen, daß sie so ihren eigentlichen Bezugspunkt erkennen lassen, ist leicht nachweisbar. Der Text, der bei Luchterhand 1969 erscheint, hat seine Entsprechungen - bis ins Bild, bis in die Wortwahl - in "Glauben an Irdisches". Die Seghers-Problematik und die der literarischen Methode mit ihrem Eintreten für subjektive Dichtung werden gebunden an "Christa T.". "Gegenüber einer Theorie, die den Schriftsteller in die Rolle eines passiven Spiegels der objektiven Realität zu drängen suchte, hebt Anna Seghers die aktive Arbeit des Autors hervor, der ein Produkt seiner Zeit, aber auch ein schöpferisches Subjekt ist, das den Mut und die Verantwortung finden muß, rücksichtlos 'auf die Realität loszusteuern', keine 'Furcht vor Abweichung' vom unmittelbaren Erlebnis zu haben, da diese Furcht 'entrealisierend' wirkt, aber auch nicht auszuruhen auf dem 'Vollbesitz der Methode'."[8]

Ihren Seghers-Essay schließt Christa Wolf mit Worten, die an das Plenum des VI.Schriftstellerkongresses gerichtet sein könnten. Wieder tritt die Beziehung zum Luchterhand-Aufsatz deutlich hervor und wieder schließt sich der Kreis einander ergänzender und bedingender Formulierungen: "Das Werk eines Dichters ist eine kostbare und dauerhafte Erscheinung, in der die Zeit sich selbst erkennt und spätere Zeiten uns. Gerade das, was viele Mitlebende nicht wissen wollen oder nicht ertragen können, wird am Leben bleiben, weil die Zukunft es aufnimmt."[9] Der Himmel zwischen Christa Wolf und den Genossen 'Mitlebenden' hat sich ganz offenbar geteilt.

Christa T. ist nicht Christa Wolf oder die Ich-Erzählerin, das "Selbstinterview" spricht von den Verschiedenheiten und Berührungspunkten der beiden Charaktere. In den Mittelpunkt rücken Beziehungen - so formuliert sie es und so erscheint es im Roman -, die sich aus dem Nachdenken über ein Lebensschicksal ergeben, Spannungen und deren Auflösung oder Nichtauflösung. Gewißheit und Festlegungen gehen bei einer solchen Romanstruktur natürlich verloren: Der Leser wird in Unruhe versetzt, da er sich bei einer solchen Leseaufgabe selbst mit einbringen muß, sich finden oder zu sich selber kommen. Christa Wolf: "Die tiefe Wurzel der Übereinstimmung zwischen echter Literatur und der sozialistischen Gesellschaft sehe ich eben darin:

7 'Lesen und Schreiben', S. 92

8 a.a.O., S. 93

9 a.a.O., S. 111

Beide haben das Ziel, dem Menschen zu seiner Selbstverwirklichung zu verhelfen."[10] Kein Zweifel, von dieser Position aus versteht Christa Wolf ihren Roman als sozialistische Literatur.

Das "Selbstinterview" ist eine Eigeninterpretation, die ein Jahr, bevor der Roman veröffentlicht wird, in der Bundesrepublik erscheint. Es liegt schon eine gewisse Absurdität darin, wenn vom Boden und in den Medien des Klassenfeindes der Sozialismus gepriesen und an dessen 'Leistungen' erinnert werden muß. Christa Wolf:

> Die absurde Meinung, die sozialistische Literatur könne sich nicht mit den feinen Nuancen des Gefühlslebens, mit den individuellen Unterschieden der Charaktere befassen; sie sei darauf angewiesen, Typen zu schaffen, die sich in vorgegebenen soziologischen Bahnen bewegen: diese absurde Meinung wird niemand mehr vorbringen. Die Jahre, da wir die realen Grundlagen für die Selbstverwirklichung des Individuums legten, sozialistische Produktionsverhältnisse schafften, liegen hinter uns. Unsere Gesellschaft wird immer differenzierter. Differenzierter werden auch die Fragen, die ihre Mitglieder ihr stellen - auch in Form der Kunst. Entwickelter wird die Aufnahmebereitschaft vieler Menschen für differenzierte Antworten. Das Subjekt, der sozialistische Mensch, lebt immer souveräner in seiner Gesellschaft, die er als sein Werk empfindet: nicht nur denkt und weiß, sondern empfindet.[11]

Das erinnert in seiner Diktion doch sehr an das 11. Plenum (1965), auch an die Redeweisen, die in der NDL (Joho) vorgeführt wurden. Wir wissen, wie wenig dieser Versuch verbaler Anpassung (oder Herausforderung) gefruchtet hat, damals und jetzt wieder, wir wissen freilich auch, daß letzten Endes Christa Wolfs Werk akzeptiert worden ist, wenn auch erst nach langer Zeit und schwierigen Übergängen. Es scheint auch für sie zu gelten, was sie in bezug auf Christa T. zur Todesproblematik im "Selbstinterview" äußert:

> Ich habe gefunden, daß sie (Christa T. - W.K.) in der Zeit, die ihr gegeben war, voll gelebt hat.
>
> Frage: Also keine Trauer?
>
> Antwort: Doch: Trauer.
>
> Aber nicht Verzweiflung oder Resignation. Ich halte es für das äußerste an Anti-Resignation, wenn man sich mit dem Tod nicht abfindet, wenn man gegen ihn aufbegehrt.

---

10 a.a.O., S. 77 f.

11 a.a.O., S. 79 f.

Frage: Sie haben also, indem Sie schrieben, etwas erfahren wollen, was Sie vorher nicht wußten?

Antwort: Ja.[12]

Die Bedeutung, die grundlegende, die sie in dieser Haltung und Einstellung sieht, formuliert Christa Wolf in jenen Sätzen, mit denen dem Roman eine ganz neue Bedeutungsdimension zuerteilt wird, die nun auch den relativ engen Rahmen sozialistischer Kunst sprengt:

> ... unser wissenschaftliches Zeitalter wird nicht sein, was es sein könnte und sein muß - bei Strafe einer unerhörten Katastrophe - wenn nicht die Kunst sich dazu aufschwingt, dem Zeitgenossen, den vielen einzelnen, an die sie sich wendet, große Fragen zu stellen, nicht locker zu lassen in ihren Forderungen an ihn. Ihn zu ermutigen, er selbst zu werden - das heißt, sich dauernd, sein ganzes Leben lang, durch schöpferische Arbeit zu verwandeln.[13]

Noch vor der Veröffentlichung (!) erscheinen die ersten Rezensionen über "Nachdenken über Christa T.": Ein Buch wird rezensiert, das noch gar nicht 'da' ist, bei dem, wie Kant es in der Eröffnungsrede des VIII.Schriftstellerkonkresses (29.-31.5.78) - natürlich ironisierend - feststellt, wir "mächtig brauchten", "ehe wir begriffen, daß wir mit der Schmähschrift gar nicht gemeint sein konnten".[14]

Zum Buch gibt es inzwischen die Sammlung der Rezensionen und Analysen in der von Manfred Behn besorgten "Wirkungsgeschichte von Christa Wolfs 'Nachdenken. . .'", 1978; hier kann man sich rasch einen Überblick über die Vielfalt der Meinungen und Positionen verschaffen, wobei als Grundtenor festzustellen ist, daß es sich hier um ein ganz außerordentliches Werk handele. Auf einige wenige Aussagen sei hier kurz eingegangen, um Positionen und Positionsveränderungen zu beschreiben, mit denen - wie immer - zugleich die Autoren sich selbst treffen; aber auch um die Mannigfaltigkeit von Interpretationen vorzuführen, die der Roman zumindest zugelassen hat. Denn in einem ganz anderen Maße als bei den bisherigen Arbeiten der Christa Wolf forderte dieses Buch Teilnahme, Auseinandersetzung und Widerspruch heraus, bei allen Leserschichten und in den verschiedensten Gesellschaftssystemen. "Christa T." ist ein Buch, das wirklich etwas bewegt hat: beim Leser, in der Gesellschaft, in der ästhetischen Theorie.

---

12 a.a.O., S. 78

13 a.a.O., S. 79

14 VIII. Schriftstellerkongreß der DDR, Referat und Diskussionen, Schriftstellerverband der DDR (1979),S. 34

Interessant und aufschlußreich ist die offizielle Rezeption des Romans in der DDR. Wie gesagt, noch vor dem Erscheinen des Romans gibt es zwei Rezensionen (Hermann Kähler in "Sinn und Form" 1/69, Horst Haase in NDL 4/69), dann folgen richtungsweisende Äußerungen auf dem 10. Plenum der SED, April 1969 (Adameck), dann die oben bereits zitierte Grundsatzrede von Max Walter Schulz auf dem VI. Schriftstellerkongreß mit dem Titel "Das Neue und das Bleibende in der Kultur" (Mai '69). Und dann wird es still; erinnert sei an Johos Beschreibung der Literaturszene:

> Angesichts der lebhaften, vielstimmigen und gründlichen Auseinandersetzungen mit einer Reihe von Büchern kann man von einer Volksdiskussion um Literatur sprechen... Häufiger als früher stößt man, ... sich um angebliche Tabus nicht kümmernd, zum Kern der Dinge vor, scheut sich nicht, gegensätzliche Meinungen miteinander zu konfrontieren und Illusionen über eine angebliche Harmonie in sämtlichen Fragen zu zerstören. Diese Entwicklung zu einem echten und fruchtbaren Streitgespräch ist zu begrüßen.[15]

Eine Stimme aus der Zeit vor dem 11. Plenum.

"Nachdenken über Christa T." wird totgeschwiegen. Bleiben einige Bemerkungen zur Verlaufsform der offiziellen Rezeption, auch hier eine eigentümliche Abfolge und eine sich immer deutlicher abzeichnende Akzentverschiebung.

Januar 1969 bringt "Sinn und Form", die literarische Zeitschrift der Akademie der Künste (Berlin Ost), einen Beitrag von Hermann Kähler, Redakteur der "Einheit", des theoretischen Organs der SED; in der April-Nummer von NDL erscheint eine Besprechung Horst Haases, Professor für Literaturgeschichte an der Universität Leipzig; zur gleichen Zeit kritisiert Heinz Adameck auf dem 10. Plenum des ZK der SED die in neuen Werken von Christa Wolf, Rudolf Bartsch, Günter Kunert zutagetretende politische Ästhetik oder ästhetische Politik; im Mai endlich erfolgt der deutliche Verriß vor den Schriftstellern der DDR (M.W. Schulz). Dazwischen (ND 4.5.69) liegt die 'Selbstkritik' des Leiters des Mitteldeutschen Verlages, Heinz Sachs, bei dem "Christa T." erscheinen wird, unter dem Titel "Verleger sein heißt ideologisch kämpfen". Das 11. Plenum wird offenbar fortgesetzt. Sachs verliert seine Stellung.

Eigenartig erscheint auch die Argumentationsführung der Rezensenten: Eine Mischung aus Offenlegung und Verdeckung, aus durchaus bemerkenswerten

15 NDL 3/65, S. 30

Ansätzen und raschen Abbiegungen, die nicht mehr danach fragen, was Christa Wolf geschrieben hat, sondern was sie hätte schreiben müssen. Kähler:

> Christa T. mit ihren dauerhaften Freundschaften, mit ihrer Fähigkeit zur Sammlung und Selbstbesinnung und auch, obwohl man sich das mehr dargestellt gewünscht hätte, als Mutter ihrer Kinder, wirkte in diesem Bereich als "ganzer Mensch". Das hätte noch etwas deutlicher gesehen werden können. . . , das "Privatleben" der Menschen im Sozialismus ist keineswegs eine Rückzugsebene. . .[16]

Christa T. sei also eine Frau, die befürchte, durch einen Beruf ihre Berufung zu verlieren, die sich nicht "dem bis zu einem gewissen Grade standardisierten Status eines Berufes beugen (will), um die Fülle ihrer Persönlichkeit zu erhalten", und die dabei fast "in die kleinste, ärmste Nebenrolle der 'Gattin', deren Himmel hinterm Gartenzaun seinen Horizont hat", gerät.[17] Ganz deutlich: ein allgemein-menschliches Problem, vom Leiden an der DDR keine Spur. "Die Wechselverhältnisse Individuum-Gesellschaft erlöschen. . . , die Geschichte der Christa T. zieht sich mit der Christa T. 'in eine poetische Enklave' des 'Selbst' zurück."[18]

Kähler erkennt Wesentliches: daß man das Buch eigentlich in zwei Ebenen trennen müßte: Beschreibung I, die die Biographie der Christa T. bringe, und Beschreibung II, die das Ganze als Erzählung ansehe mit Christa T. als erzählerischer Figur, wobei das "Hauptunternehmen" der Elegie die lyrische Ich-Erzählerin sei, ein Ich, das sich auf ein Du, auf die blutarme Freundin, erstrecke. Die Suche nach dem Ich bei der Suche nach dem Du sei das Zentrum. Hier gebe es den "unseligen Satz": "Aber was sind Tatsachen? Die Spuren, die die Ereignisse in unserem Innern hinterlassen."[19] Christa Wolf habe "das Nachdenken, das Sinnieren über Christa T. g e s t a l t e t . . . Sie spricht nicht als Dozentin über das Nachdenken und über Christa T., sie formt das Nachdenken selbst".

"Das Miteinander- und Füreinander-Verantwortlichsein erwärmt die Geschichte von der ersten bis zur letzten Zeile ( . . . ) Nachdenken über den Mitmenschen - eine sozialistische Pflicht."[20] "Sie will sagen, daß auch diese Menschen 'unsere' Menschen sind: Unser. Und das ist eine wichtige, richtige

16 Sinn und Form 1/69, S. 257

17 a.a.O., S. 255

18 a.a.O., S. 258

19 a.a.O., S. 256

20 a.a.O., S. 258 f.

Botschaft - nur, was folgt daraus? Beinhaltet Gegenseitiges-sich-verpflichtet-fühlen doch wohl mehr als freimütiges Bekenntnis eigenen Unvermögens!"[21]

Haases ausführliche Rezension vom April 1969 markiert genau den Übergang von der Position Kählers zu der Adamecks oder Schulz'. Auf der einen Seite Anerkennung und Lob für ein Buch, das modern und in weiten Bereichen sozialistisch ist, auf der anderen Klage darüber, daß die objektive Wirklichkeit falsch dargestellt sei und ihre Bewertung den Gesetzen gesellschaftlicher Entwicklung widerspreche. Wie immer in parteilich geführten Diskussionen steht am Anfang das Positive:

> Selten wohl ist in unserer jüngsten Literatur der Charakter und das Wesen einer literarischen Gestalt so eindringlich dargestellt worden, kaum bisher wurde in das Innere eines Menschen so tief hineingeleuchtet. . . Christa T. (. . . ) ist scheu und unbefangen zugleich, leidenschaftlich und nüchtern, souverän und gleich darauf unsicher bis zur Verzweiflung. Sie kann weltfremd, aber auch sehr realistisch reagieren. Auf ihre Mitmenschen wirkt sie anziehend und gleichzeitig unnahbar (. . . ) Kurz, sie hat. . . den seltensten Charakter.[22]

Der Wirkung dieses Buches könne man sich nicht entziehen, auch deshalb, weil "wichtige Probleme unserer Zeit" mit einbeschlossen seien. Reflexionen sprengten das Biografisch-Beschränkte, weiteten es aus über den Erfahrungsbereich des einzelnen hinaus. Das alles geschehe unter Ausnutzung moderner Erzählmittel:

> Die springende, gleitende Erzählperspektive, der Wechsel der Zeitebenen, die Nachbildung von Filmeffekten, Traum und Wachtraum, Leitmotive, die Einblendung von Dokumentarischem und der vielfach variierte Bezug darauf, die Fiktion des Berichts - dieses Handwerkzeug beherrscht die Autorin, diese Mittel setzt sie zweckmäßig und ohne Verspieltheit ein.[23]

Christa Wolf führe in diesem Buch "Modellsituationen menschlicher Existenz" vor: Kindheit, erste Liebe, Ehe, Mutterschaft, Tod - und binde das alles ein in die Möglichkeiten, die den Menschen von einer sozialistischen Gesellschaftsordnung geboten werde. Im Gegensatz zu Kähler sieht Haase im Schlußteil keinen Rückzug ins Private: Ihre Idee, sich hier (in der DDR) ein Haus zu bauen, die Energie, mit der ihr schon kranker Körper diese Idee verwirklichkt, seien Symbol für dieses Nach-Hause-Finden.[24]

---

21 a.a.O., S. 260

22 Haase, NDL 4/69, S. 175

23 a.a.O.

24 a.a.O., S. 176

"Eine solche Konzeption", beschließt Haase den ersten Teil, "... konnte nur in einer Welt verwirklicht werden, in der dieser humanistische Anspruch nicht mehr von vornherein zum Scheitern verurteilt ist... Felix Krull und Joseph K. stehen von Anfang an einer fremden und feindlichen Welt gegenüber. Sie betrügen sich oder zerbrechen daran... Christa T. hatte mit uns das Glück, in dem Alter, in dem man mit Leidenschaft rechnet, gezwungen zu werden, sich selbst hervorzubringen."[25] Und: "Dieses heitere und sichere Bekenntnis zu unserer Zeit nach all den Konflikten und Gefährdungen macht uns diese Gestalt, dieses Buch wertvoll. Deshalb brauchen wir diese Christa T. ..."[26]

Freilich - und damit setzt eine ganz andere Wertung ein - : Das Buch bringe eigentlich nur die subjektiven Brechungen dieser Figur, obwohl es doch zwei Hauptfiguren habe: Christa T. und die Erzählerin. Aber gerade diese stehe ihrer Bezugsperson lediglich mit Verehrung gegenüber; Abstand, Kritik gebe es kaum und sie blieben auch ohne Bedeutung. Die subjektiven Wertungen ihrer Welt aber seien in vielen Bereichen falsch; es frage sich, ob die Stimmigkeit des Buches "nicht mit einer Reduzierung sachlich-objektiven Denkens" einhergehe.

> Diese Fragen stellen sich mir auch deshalb so nachdrücklich, weil dieses Buch intensiv die Erfahrungen, Konflikte und Entscheidungen meiner Generation erfaßt und den Gewinn und Sinn unseres Handelns zu bilanzieren sucht (...) Zu recht wird hier vieles zu leicht befunden. Aber es ist darunter auch einiges, das in harten Lehrjahren und unter unerhörten Anstrengungen erworben wurde und mir nach wie vor und auch für die weitere Entwicklung unentbehrlich erscheint. Das nicht aufgegeben werden kann![27]

Haases Widerspruch wird an der richtigen Stelle unüberhörbar als Parteilichkeit verbalisiert, schließlich stellt Christa Wolfs Buch wesentliche Seiten der sozialistischen Leistungsgesellschaft infrage, indem deren Prinzipien zusammengebunden werden mit solchen humanistischer Moral. Wieder - welch ein Durchblick - tauchen Fragen des Bachmann-Essays auf, die die Bettinen- und Kassandra-Problematik der 80er Jahre vorwegnehmen:

> Da wird der Konflikt zwischen Wollen und Können zur abstrakten Tragödie qualifiziert (... ) Da ist die halb ironische, halb wehmütige Abwertung der Tüchtigen und Fleißigen, die im Alltäglichen bleiben. Da ist schließlich das aktuelle Problem der

---

25 a.a.O., S. 177

26 a.a.O., S. 179

27 a.a.O., S. 180

Macht und der Gewalt auf das Ideal einer Empfindsamkeit reduziert, das in prekärer Weise bestimmte Partien der Kritik von Marx und Engels an Daumers "Religion des neuen Weltalters" in Erinnerung ruft und in seiner Einseitigkeit vor solchen Tatsachen wie dem Vietnam-Krieg und der Aggressivität des deutschen Imperialismus etwas befremdlich erscheint (. . . ) Wird nicht der Friede gerade dadurch erhalten, daß den deutschen Imperialismus in Westdeutschland eine starke und auch ideologisch und moralisch gerüstete Gegenmacht zügelt?[28]

Mit einem Wort: Es ist ein falsche Buch - trotz allem -, weil die Ideale der Christa T. in eine zweifelhafte Schöngeisterei ausarten und ihre Wunschvorstellungen "nicht selten" Gefahr laufen, "sich von der Realität zu lösen und eine Welt des schönen Scheins abseits der weltweiten Kämpfe unserer Zeit auszubilden (. . . ) Unterderhand werden die objektiven Tatsachen ein böses Ding. Unterderhand wird die Erkenntnis Brechts, daß wir auch unsere Moral von den Bedürfnissen unseres Kampfes ableiten, zur Apologie des Opportunismus. . ."[29] Und als Summe:

> Sehr problematisch erscheint es mir allerdings, wenn. . . die objektive gesellschaftliche Situation des 19. Jahrhunderts (Vf. meint das Storm-Kapitel - W.K.) auf die Gegenwart übertragen wird. Die drohende Zerstörung der menschlichen Persönlichkeit! Die Vernichtung des menschlichen Selbstgefühls! Solche Kennzeichen einer antihumanistischen Gesellschaftsordnung in unsere sozialistische Welt zu projizieren, muß den Realismus der Darstellung in starkem Maß beeinträchtigen. . .[30]

Heinz Sachs, der Leiter des Mitteldeutschen Verlages, gesteht denn auch, daß bei der Vorbereitung des Buches Fehler und Versäumnisse eingetreten seien, auch hätten sich innerhalb des Verlages falsche ästhetische Auffassungen gezeigt. Das Buch, dessen ästhetische Grundstimmung Pessimismus sei, könne die Funktion sozialistischer Literatur nicht erfüllen, da es auf allgemein bewegende Fragen keine sozialistischen Antworten gebe. Zur Arbeitsverbesserung werde in Zukunft eine Gruppe von Schriftstellern berufen, die zu ideologischen Diskussionen des Lektorats herangezogen werden sollten, ferner werde ein "gesellschaftlicher Lektor" eingesetzt, der im Prinzip immer zu den "Schrittmachern" anderer gesellschaftlicher Bereiche gehören solle,

---

28 a.a.O., S. 181

29 a.a.O.

30 a.a.O., S. 184

"er soll dem Autor bei der Stoffindung helfen, aber auch der erste Begutachter des entsprechenden Werkes sein".[31]

Aber auch die Hinweise auf die anderen im Verlag herausgegebenen positiven Beispiele für sozialistischen Realismus halfen nichts: Sachs mußte den Verlag verlassen und wurde Leiter eines Kultur-Clubhauses, auch Christa Wolf wechselte den Verlag und veröffentlicht seitdem im Aufbau-Verlag Berlin.

Das weitere ist schnell erzählt: Adameck bezweifelt auf dem 10. Plenum der SED - ganz auf der Basis des Haase-Aufsatzes - die ideologische Position Christa Wolfs und anderer, auch die der verantwortlichen Lektoren und Verlagsleiter; Max Walter Schulz bindet als Hauptredner des VI.Deutschen Schriftstellerkongresses seinen leidenschaftlichen Appell an Christa Wolf, sich "ihres Herkommens und unseres Fortkommens" zu besinnen, an eine Grundsatzkritik der Gedichte "Sensible Wege" von Reiner Kunze, an ihm gleichsam beispielhaft vorführend, wohin solche Abweichungen den einzelnen bringen: "Es ist alles in allem. . . der nackte, vergnatzte, bei aller Sensibilität aktionslüsterne Individualismus, der aus dieser Innenwelt herausschaut und schon mit dem Antikommunismus, mit der böswilligen Verzerrung des DDR-Bildes kollaboriert. . . Innerlichkeit im sozialistischen Menschenbild ist ein Wesensteil des ganzen Menschen, Innerlichkeit befindet sich mit dem 'äußeren' Wesen, dem Denken, Fühlen und Handeln, das sich unter den Augen der Öffentlichkeit, der Gesellschaft vollzieht, im ständigen Stoffwechsel (. . . ) Wieweit aktiv 'innerlich' im gesellschaftlichen Sinn ist die Frage (. . . ):

> Was an Lebenserfahrung, Funktionserfahrung, Charakter, Wissen und erkenntnisfähiger Bildung bringt die Figur von 'außen' mit? Wie verhält sie sich in der 'Innerlichkeit' zu dem Mitgebrachten? Welche Widersprüche in der Selbstverständigung und in der Verständigung mit anderen treten auf?
>
> Welche Konflikte entstehen daraus? Welche Klärung findet statt? Welche Entscheidung wird getroffen? Und schließlich: Geht der Mensch in seinem ganzen Wesen, also auch in seinem Gesellschaftsbewußtsein, reicher oder ärmer aus der 'Innerlichkeit' hervor? (. . . ) Gibt es ein neues, mit dem Weg der gesellschaftlichen Entwicklung übereinstimmendes persönliches Perspektivbewußtsein oder führt Nachdenken zur Resignation?[32]

---

31 ND 14.5.69, vgl. ND 31.8.68 und: Eduard Zak im Gespräch mit Christa Wolf. In: Sonntag 18.2.68

32 VI. Deutscher Schriftstellerkongreß, Protokoll, a.a.O., S. 54 f., ( = NDL 9/69, S. 47 f.)

Das ist deutlich. Während Kunze verurteilt wird, wird um Christa Wolf gerungen: "Wir kennen Christa Wolf als eine talentierte Mitstreiterin unserer Sache (. . . ) Wie auch immer parteilich die subjektiv ehrliche Absicht des Buches. . . gemeint sein mag (. . . ) Wem nützt eine subjektiv ehrliche, parteilich gemeinte Absicht, wenn sie streckenweise im literarischen Text und im Gesamteindruck die Doppelbödigkeit der Aussage so eindeutig provoziert, daß sich die andere Seite nur zu wählen braucht, was ihr beliebt (. . . )"[33]

> Wer eindeutig parteilich schreibt (Schulz meint A. Seghers - W.K.), wird - je eindeutiger, je schlimmer - ohne Ansehen der literarischen Leistung literarisch disqualifiziert. Wer dagegen den Anschein erweckt, mit dem Arbeiter- und Bauernstaat und der Partei der Arbeiterklasse unzufrieden zu sein, rückt ohne weiteres Ansehen, wieviel Augen der literarischen Qualität er tatsächlich geworfen hat, gleich um zehn Felder vor.[34]

Wie das vom Vizepräsidenten des Schriftstellerkongresses nun einmal formuliert war, war das ein böser Vorwurf, der jeden diskreditierte, dessen Bücher auch im Westen ihr Echo fanden. Und er machte deutlich, wie weit das Prinzip der Abgrenzung zu dieser Zeit Denken und Reden der Partei beherrschte und wie weit die Kulturpolitik der DDR sich von der deutschen Frage oder von der (gesamt)-deutschen Kultur entfernt hatte. Hier jedenfalls konnte von e i n e r deutschen Literatur keine Rede sein.

Christa Wolf hat sich an der Diskussion nicht beteiligt, auch Anna Seghers, die Präsidentin des Verbandes, hat nicht gesprochen. "Eine Kälte in allen Dingen." Und: Der Roman, Christa Wolf und Reiner Kunze sind als Beispiel dargestellt worden, wohin Abweichungen führen können, als Beispiel für Individualismus, Innerlichkeit und Subjektivismus, als wären es Zitate aus "Christa T." Über Günter, den Studienkollegen, heißt es im Roman, als sein "Fall" behandelt wird: "Günter aber würde nicht als Günter abgeurteilt werden, sondern als Beispiel, wohin ein Mensch gerät, der dem Subjektivismus verfällt. So ist es auch gekommen, der Mensch Günter und der Fall des Subjektivismus wurden voneinander abgetrennt. . . "[35] Und alle, auch die Erzählerin, auch Christa T., verurteilen ihn. An diesem Abend, nach der Versammlung, beginnnt ihre Krankheit. Im Roman folgt das 8. Kapitel: "Wann - wenn nicht jetzt?" Die Peripetie.

---

33 a.a.O.

34 a.a.O., S. 56

35 'Nachdenken über Christa T.', a.a.O., S. 86 f.

Versuch über "Nachdenken über Christa T."

Zwei oder drei oder mehrere Erzählungen also in einer Geschichte der Rückerinnerung an eine Verstorbene. Trauerarbeit. Versuchen wir - wie Kähler es vorschlägt - eine Analyse:

Beschreibung I

Beschrieben wird das Leben einer jungen Frau bis zu ihrem frühen Tod Februar 1963. Kindheit, Jugend, Studium, Liebe, Ehe und der Tod. Das Leben vor dem Hintergrund des Faschismus, des Neubeginns, des Aufbaus des Sozialismus. Markante Punkte sind Juni 53 und der Ungarn-Aufstand, auch der XX. Parteitag mit der Abrechnung mit Stalin und dem Personenkult. Wie und in welchen Stufen vollzieht sich die Entwicklung, wodurch werden die Figuren motiviert? Gibt es Aufschwünge, Umbrüche, Innerlichkeit bei Christa T.? Zwanzig Kapitel: Sind Ordnungen erkennbar?

Entwurf einer Biographie

Herkunft Eichholz bei Friedeberg. In der Schule "uneifrig, eiferlos", "breite Backenknochen, bräunliche Haut". Die Erzählerin empfindet Widerstand gegen die Neue, gegen die Art, wie diese mit der Lehrerin umgeht. Hochmut: "Die Wahrheit war, sie brauchte uns nicht." Ihr Ruf: "Hooo-haaa-hooo."

"Nein, man konnte ihre Art nicht billigen, es drauf ankommen zu lassen, auf ein Unglück, auf einen Tod, auf eine Freundschaft."[36] Aber Freundschaft ist da, Anziehung, Affinität. Krischan, ein sprödes, sich zurückhaltendes Mädchen mit dem Wunsch, ganz frei zu sein.

Zeit wie im Zeitraffer, 1944/45, Rückblende, die ersten Gedichte. Der Vater, Dorfschullehrer, Sozialdemokrat, der Ölbilder malt und in alten Kirchenbüchern die Geschichte des Dorfes auskundschaftet. Und wieder Krischan, das einzige Mädchen beim Todessprung auf der Treibjagd. "Sternkind".

Januar 1945. Die Flucht. Ein Pächter tötet einen alten Kater: "Da faßt man ein Mißtrauen gegen den hellen Tag und die glatten Gesichter."[37] Vertreibung der Zigeuner, ein Kind, das in ihren Armen stirbt. Schuldgefühle und Angst: "Wer würde fragen, ob das Gepäck zu schwer wird mit der Zeit?"[38]

Zeit des Studiums, Leipzig. Es ist nicht einfach, die Daten der Biographie zusammenzubinden, die sich verflüchtigen, auflösen, weil es ja darum nicht geht. Nur für Augenblicke - wesentliche Szenen - verdichtet sich das Bild: Horst Binder, der Denunziant, Mecklenburg und der junge sowjetische Leut-

36 a.a.O., S. 15
37 a.a.O., S. 29
38 a.a.O., S. 31

nant, Figuren, denen man in der "Moskauer Novelle" und im "Kindheitsmuster" bereits begegnet ist oder begegnen wird. Sie liest Gorki, Makarenko: "Sie springt auf: Ja, so wird es sein. . . , sie begreift nicht, wieso danach, nach dieser vernünftigen Klarheit, das Äußerste an Unvernunft noch möglich gewesen sein soll." Das gilt als Beispiel: Der Sohn des Schäfers holt die Elsterneier aus dem Nest, fast ausgebrütet, und schlägt sie gegen einen Feldstein. "So dünn ist die Decke, auf der wir gehen, so dicht unter unseren Füßen die Gefahr, durchzubrechen in diesen Sumpf."[39] Dann Neulehrerin, Studium: "Sie gab sich ja Mühe, hineinzupassen. . . Sie hatte ja den guten Willen, sich einen der Namen zuzulegen, die auf andere so vorzüglich zutrafen, sie hat es sich als Mangel angekreidet, daß sie nicht fröhlich wie aus der Pistole geschossen erwidern konnte: Lehrerin, Aspirantin, Dozentin, Lektorin.

Ach, sie traute ja diesen Namen nicht (. . . ), sie zweifelte ja an der Wirklichkeit von Namen (. . . ) Was willst du werden, Krischan? Ein Mensch? Nun weißt du. . ."[40]

Auch Liebe, eine Sommerliebe vielleicht: Lücken bleiben, als Lücken gekennzeichnet. Gertrud Dölling, eine Dozentin jetzt, sucht sie zu charakterisieren: Ihren Hang, sich über Tatsachen hinwegzusetzen - und dann dieses Meer von Traurigkeit. Vielleicht. Gewisses, Sicheres wissen wir nicht darüber. "Sie hat an unseren Gesprächen teilgenommen, jenen herrlichen ausschweifenden nächtlichen Gesprächen über die Beschaffenheit des Paradieses, an dessen Schwelle wir. . . mit großer Gewißheit standen. Die Idee der Vollkommenheit hatte uns erfaßt (. . . )

Woran würden wir es, wenn es endlich einträte, erkennen? Wer aber, wer würde würdig sein, es zu bewohnen?"[41]

Sie hat nicht versucht, sich davonzumachen, sie hat nicht an die neuen Namen geglaubt und hatte nicht die Fähigkeit, in einem Rausch zu leben. Der Abstand zur gesellschaftlichen Wirklichkeit wird immer größer: In dieser Zeit beginnt ihre Dichtung: Skizzen über ihre Kindheit. Verdoppelung, zweite Geburt. "Und am Ende 'ich' sagen: Ich bin anders."[42]

Dazwischen liegt die Geschichte mit Kostja, sie war längst verstrickt. Das Grundmuster: "Hingabe, was immer daraus folgt. Mangel an Vorsicht und Zurückhaltung." Sie liebte, er hatte sie in der Hand.

---

39 a.a.O., S. 41

40 a.a.O., S. 45 f.

41 a.a.O., S. 67

42 a.a.O., S. 73

Günter endlich, der sommersprossige, der FdJ-Funktionär. Er bricht sich in seiner Liebe zur blonden Inge den Hals. Denn Kostja hatte sie ihm im Vorübergehen weggenommen. Bei der Lehrprobe, die Günter vor großem Auditorium halten muß: "Über den Vorrang der gesellschaftlichen vor den persönlichen Motiven im Verhalten Ferdinands in Schillers 'Kabale und Liebe'", zerbricht Günter seine Rolle, tritt er für die 'Tragödie' in der modernen Liebe ein. Ein Fehltritt, und er fällt. Und alle lassen ihn fallen, auch Kostja, auch die Erzählerin, auch Christa T.

Ist hier die Peripetie? Am Abend dieses Tages schreibt sie den Brief an die Schwester, am nächsten Morgen bricht die Krankheit aus, Juni 1953.

Die Handlung fällt.

Vielleicht ist der Begriff der Peripetie fragwürdig, aber im Verhältnis zu dem, was bisher erzählt worden ist, markiert das 8. Kapitel einen entscheidenden Wandel: Selbstmord ist möglich, als verzweifelte Antwort auf nicht lösbare Widersprüche. Dem "Wann - wenn nicht jetzt" steht die Unmöglichkeit entgegen, leben zu können, "wenn ganze Teile nicht mittun". Sie sieht sich: lebensuntüchtig, zu empfindsam, unfruchtbar grübelnd, ein skrupelvoller Kleinbürger. "Mir steht alles fremd wie eine Mauer entgegen. . . Keine Lücke für mich."[43] Und doch: "Das alles ändert nichts, unlösbarer Widerspruch, an meiner tiefen Übereinstimmung mit dieser Zeit." Und: "Ein Leben mit anderen Gestrandeten würde ich nicht führen, das ist das einzige, was ich sicher weiß." Und: "Hätte ich ein Kind, schrieb sie noch. Da bricht der Brief ab."[44]

Die Erzählerin kommentiert: "Da sie an der Welt nicht zweifeln konnte, blieb ihr nur der Zweifel an sich." Ein Brief, der sich "von selbst" an die Stelle gesetzt habe, die ihm zukomme. Der Arzt diagnostiziert: Todeswunsch als Krankheit. Neurose als mangelnde Anpassungsfähigkeit.

An dieser Stelle treten vier Betrachtungs- oder Bewertungspositionen zutage: die der Christa T. und die der kommentierenden Erzählerin, die des Arztes und der Autorin, die den Brief ja an einer bestimmten Stelle plaziert hat. Dabei sind es durchaus unterschiedliche Bewertungen, die dem Leser angeboten werden.

Wenn dieser Stelle für die Bewertung der Biographie oder der Figur Christa T. aber zentrale Bedeutung zukommen sollte, weil die Kernfrage beantwortet wird, wodurch es zur Krankheit kam und woher diese Anpassungsunfähigkeit stammt, warum dann wieder die Relativierung sämtlicher Aussagen, die Offenheit neben der sich eben noch anbietenden geschlossenen Form?

---

43 a.a.O., S. 90

44 a.a.O., S. 91

Beschreibung II

Kähler: "Nimmt man das Ganze als Erzählung und nicht als Biographie, Christa T. als erzählerische Figur und das 'Ich', das erzählt, nicht als Christa Wolf, sondern als Freundin der Christa T., ergibt sich eine andere Lesart der Fabel (. . . ): das Buch als Kunstwerk, nicht als Tatsachenbericht, die Tagebuchnotizen, Skizzen usw. als Collagen und nicht als Dokumente zu werten."[45]

Diesen wichtigen, grundsätzlichen Hinweisen, die natürlich damit auch die Bedeutung von Teilaussagen verändern und die bereits Januar 1969 veröffentlicht wurden, fügt Kähler weitere hinzu: Christa Wolf "hat das Nachdenken, das Sinnieren über Christa T. *gestaltet*. Sie hat die Suche mit von Gewissensbissen gepeinigtem nervösem Lyrismus dargestellt. . . Sie formt das Nachdenken selbst. Sie gibt ihre Wahrheit nicht im Begriff, sondern im Bild. Worüber man sich bei dieser Erzählung leicht täuschen kann!"[46] Und - müßte man hinzufügen -: es ist die Erzählung der Christa T., einer Kunstfigur, nicht die der Christa Wolf. So wie die Geschichte nun einmal erzählt ist, ist es sehr schwierig, Rückschlüsse auf die Positionen der Autorin zu ziehen (die überall gezogen wurden, in Ost und in West!).

Denn die Gechichte eines Suchens ist natürlich auch die Geschichte von Mutmaßungen, von Möglichkeiten, Denk-Entwürfen, die viel eher ein Bild von der Ich-Erzählerin anbieten als - möglicherweise - von dem dargestellten Objekt. Christa Thomassen hat diese Problematik in ihrer Untersuchung von 1977[47] überzeugend vorgeführt, obwohl die hier letztlich doch angenommene Identität von Christa Wolf und der Ich-Erzählerin zu bestreiten ist. Affinitäten, Annäherungen ja, Identität nicht. Um es zu verdeutlichen: Bei dem am Ende von Beschreibung I genannten Beispiel eines Urteils von möglicherweise vier Wertungsebenen aus wird von Christa T. behauptet, daß, da sie an der Welt nicht zweifeln konnte, nur der Zweifel an sich selbst blieb.[48] Das ist an dieser Stelle auch ein Urteil, die Mutmaßung der Ich-Erzählerin - das Urteil der Christa Wolf ist es nicht. Die Auswahl und die Funktion der ihre Biographie bestimmenden Wirklichkeitselemente widerlegen das zu diesem Urteil Gesagte: Vorgeführt werden die Ursachen der Zweifel: die Zweifel an der Wirklichkeit selbst und das in eindeutigen Bildern. Diese bestimmen den Lauf des Handelns und der Handlung.

---

45 Sinn und Form 1/69, S. 251

46 a.a.O., S. 251, 257

47 Christa Thomassen, Der lange Weg zu uns selbst, Kronberg/Ts: Scriptor 1977

48 'Nachdenken über Christa T.', S. 92

Die Ich-Erzählerin hat Möglichkeiten des Probierens, des Versuchens, ob eine Szene sich so oder anders entwickeln könnte, und sie nimmt diese Möglichkeiten wahr, hier und später:

> Es hat keinen Sinn, sich zu entrüsten, daß sie mit uns allen Versteck gespielt hat: Mit sich selber hielt sie es nicht anders. Wie ich alle ihre Ausflüchte jetzt durchschaue! Wie ich ihre Versuche, sich zu entziehen, jetzt durchkreuzen würde! Da hat sie sich endgültig entzogen. Das war die Krankheit, die Krankheit war es, Gertrud.[49]

Und nachdem das Gespräch mit Gertrud Dölling beschrieben worden ist:

> ... denkst du, daß sie an dieser Krankheit gestorben ist?
>
> Nein.
>
> Ich werde nicht zu ihr gehen, ich werde Gertrud Dölling nicht besuchen. Das Gespräch wird nicht stattfinden, diese Gemütsbewegungen werden wir uns ersparen. Und die Frage, woran Christa T. gestorben ist, werde ich selbst stellen, zu ihrer Zeit, ohne in Zweifel zu ziehen, daß es die Krankheit war, Leukämie, mit der sie nicht fertig werden konnte.[50]

Lauter Zweifel bleiben hier, wer was mit welcher Bedeutung sagt, denn das Druckbild z.B. läßt völlig offen, wohin das "Nein" gehört. Ist es die (fiktive) Antwort der Gertrud D., ist es der neue Ansatz, diesem gemütsbewegenden Gespräch auszuweichen? Das natürlich eine Fülle von wesentlichen Aussagen über den Charakter der Christa T. bringt, die dann auch - wer wundert sich - als Aussagen Christa Wolfs über ihre Heldin in den Rezensionen erschienen.

Was bleibt bei dieser Öffnung der Erzählung, die sich gibt, als wäre sie 'modernes Schreiben' (vgl. "Juninachmittag") mit dem ihm entsprechenden weltanschaulichen Hintergrund (einer Unerkennbarkeit der Welt)? Sind es wirklich nur Bewußtseinsspiegelungen, die - mit ihrem Ich-Horizont - auch falsche, fragwürdige Wirklichkeitsbilder entwerfen könnten? Gibt es wirklich keine Autorenposition, da das Spiel der Figuren mit sich und dem Leser alles auflöst? Christa Wolf bietet einen schwierigen Text.

Über die Autorenposition

Die Intentionen eines Autors erweisen sich allein in der Textkonstitution, auch wenn frühere oder spätere Äußerungen über das Werk erhellend sein könnten. So das "Selbstinterview" oder Paralleltexte, so vor allem diese Äußerung Christa Wolfs in der DDR-Zeitung "Der Morgen" vom 14.4.79:

---

49 a.a.O., S. 70

50 a.a.O., S. 64

> . . . die Günderrode (erinnert) an eine Figur wie Christa T. Es ist ihr nicht gegeben, sich Bedingungen anzupassen, die ihre Produktivität, ihre Lebenswerte in Frage stellen. Damit will ich nicht sagen, daß ihr Selbstmord beispielhaft wäre, aber unter den verkrüppelnden gesellschaftlichen Bedingungen gab es für sie keine lebbare Lösung. (gesperrt von mir - W.K.)

Der Roman als Ganzes entwirft ein Bild vom Leben, von der Entwicklung zweier Frauen in der Zeit des Aufbaus einer sozialistischen Gesellschaft in der DDR. Natürlich handelt es sich um eine Entwicklungsphase bis 1963, wenn man vom Tod der Heldin ausgeht; etwas weiter, wenn man den Prozeß des Nachdenkens - es ist ja der eigentliche Handlungsrahmen - einbezieht. Auch Rückblicke sind da, Vorgeschichte der DDR oder von Menschen, die in der DDR leben (vgl. "Kindheitsmuster").

Die diese Entwicklungen konstituierenden Bedingungen und Faktoren, die Christa T. in eine bestimmte Richtung treiben, machen Teilaussagen des Romans aus; sie könnten vielleicht unter den Titeln stehen: "Was braucht die Welt zu ihrer Vollkommenheit"? oder (wie im Silvesterspiel) "Was halten Sie für unerläßlich für den Fortbestand der Menschheit"?[51] Die Fragen sind allgemeiner Natur, allgemein menschlich; es wird deutlich, unter welchem Blickwinkel eine sozialistische Gesellschaft gesehen und beurteilt wird. Die im Roman gebotenen Entwicklungsschritte im Anfangsteil (". . . der heftige Streit der früheren Jahre war in Einstimmigkeit übergegangen, Monologe nach dem immer gleichen Textbuch wurden gehalten", ". . . die Menschen waren nicht leicht zu sehen hinter den überlebensgroßen Papptafeln (. . . ) So entstand um uns herum, oder auch in uns, . . . ein hermetischer Raum, der seine Gesetze aus sich selber zog, dessen Sterne und Sonnen scheinbar mühelos um eine Mitte kreisten, die keinen Gesetzen und keiner Veränderung und am wenigsten dem Zweifel unterworfen war. . . )"[52], beschreiben nicht Entwürfe, Mutmaßungen und Deutungsversuche, sondern konstituieren den Text gleichsam als Hintergrund vor dem sich im Vordergrund abspielenden Findungs- und Selbstfindungsprozeß. Hierhin gehört sicherlich auch, daß man sich dem verzweifelten Suchen der kranken Frau gefühlsmäßig anschließt, deren aussichtsloser Kampf natürlich Identifikation hervorruft und die oben angedeuteten Wahlmöglichkeiten erheblich einschränkt.

Auch der "plötzliche Lichtwechsel" (Ungarn 1956) ändert nichts an der Grundhaltung, auch nicht die Erkenntnis, "daß bloß die Bühnenscheinwerfer

---

51 a.a.O., S. 68, 219

52 a.a.O., S. 74, 72

gelöscht waren und wir uns daran gewöhnen mußten, in das nüchternere Licht wirklicher Tage und Nächte zu sehen". "Ein Wort kam auf, als sei es neu erfunden, wir glaubten ihm näher zu sein denn je: 'Die Wahrheit' sagten wir, konnten es nicht lassen, diesen Namen immer wieder auszusprechen: Wahrheit, Wahrheit, als sei sie ein kleinäugiges Tier, das im Dunkeln lebt. . ., das man aber überlisten und fangen kann (. . . ) Nichts ist so schwierig wie die Hinwendung zu den Dingen, wie sie wirklich sind, zu den Ereignissen, wie sie wirklich passieren, wenn man ihrer lange entwöhnt war und ihren Abglanz in Wünschen, Glaubenssätzen und Urteilen für sie selbst genommen hat."[53]

Diese Romanteile, die sich nicht mehr auf die eine oder andere Person beziehen oder beschränken lassen, machen deutlich, daß Entwicklung hier auch Desillusionierung ist, Abschied von den 'Ankünften im sozialistischen Alltag', Zurücknahme des optimistischen Zukunftsglaubens. "Sie hat geglaubt, daß man an seiner Vergangenheit arbeiten muß wie an seiner Zukunft. . . " "Die glückliche, allen Anfängen günstige Zeit früher Unbefangenheit war vertan, wir wußten es. Wir schütteten den letzten Wein in den Apfelbaum. Der neue Stern hatte sich nicht gezeigt. Wir froren. . . Ihr Kind schlief, sie trat an sein Bett und sah es lange an. Alles kann man nicht haben. . . "[54].

Christa Wolf hat wiederholt darauf hingewiesen, daß sie den Tod ihrer Heldin nicht als Scheitern verstehe. An Christa Thomassen schreibt sie: "Eines meiner Hauptprobleme, das Sie richtig erkannt haben, ist die Bewahrung - oder Erneuerung - des utopischen Elements in der Literatur. Es freut mich, daß Ihre Methode Sie dazu führt, eben diesem Element sorgfältig nachzugehen. 'Scheitern' nicht als 'Scheitern' zu interpretieren, wie die meisten platten Rezensenten, sondern die Hoffnung aufzugreifen, die in einem solchen Ende liegt."[55] Und: "Es liegt mir sehr nahe, ein Buch nicht als einen fertigen Gegenstand zu nehmen, es also zu verdinglichen, sondern es leben zu lassen, widersprüchlich, wie alles, was lebt, in dem Spannungsfeld von Geschichte, Autor, Rezipient."

Christa T. gewinnt Fülle, Lebensfülle, weil sie immer bis an den Rand ihrer Möglichkeiten geht, weil sie die Möglichkeiten wahrnimmt, die ihre Lebensumstände ihr anbieten, die aber das Leben unter moralische Maximen stellt - also nicht Anpassung an das Gegebene. Die sich den Lebensrahmen sucht, wo ihre Ansprüche Leben zulassen: und sei es am See, sei es als Mutter und Arztfrau. Und Christa Wolf entwickelt eine Romanstruktur, die den

53 a.a.O., S. 168

54 a.a.O., S. 181

55 Vgl. Krogmann, Moralischer Realismus, a.a.O., S. 244; Brief Christa Wolfs an Christa Thomassen v. 15.9.77

Leser fordert, sich einbringend, Widerstände wahrzunehmen und zu überwinden, die Entscheidungen verlangt, auch moralische, auch politische. Es ist ein Stück Literatur, in dem Zukunft, Lebenszukunft und -raum, entworfen wird, weil, nach Christa Wolfs Überzeugung, dazu der Mensch in der Lage ist. Hier bindet sich das Motto des Buches in seine Problematik ein:

Das "Zu-sich-selber-Kommen des Menschen" ist das Zu-sich-selber-Finden.

Während die DDR sich mit diesem Buch weiterhin schwertut - die zweite Auflage erscheint erst 1973 -, nach dem Abritt Ulbrichts und nach Honeckers Versuchen einer Neubelebung der DDR-Literatur, findet es weltweite Anerkennung, auch im sozialistischen Lager, und wird in dreizehn Sprachen übersetzt, auch ins Englische, Französische, Japanische[56]. Im Rahmen dieser Arbeit wird es verschiedentlich herangezogen werden: so bei der Untersuchung der Autoren-Poetik, so bei den Entwicklungen der Prosa der Christa Wolf in den 70er und 80er Jahren.

Auf westliche Rezensionen mit ihrer Meinungsvielfalt zum Roman soll hier nicht eingegangen werden, mit zwei Ausnahmen, da sie symptomatisch die Problemfelder beleuchten, die dieser Roman auch erfaßt. In "Christ und Welt" geht Gabriele Wohmann mit den westdeutschen Kritikern ins Gericht: "Was ist denn aber los mit dem freundlich-schadenfrohen, dem lesenden, rezensierenden, sich übereifrig einmischenden Westen? Wo holt er sich, einer literarischen Niederschrift gegenüber, sein politisches, außerliterarisches 'Aha' und 'Na bitte schön, du schlimmer Sozialismus' eigentlich her?"[57] Hier schreibt mit Engagement und Verve die Berufskollegin, die Christa Wolf vor falschem Lob in Schutz nimmt, freilich auch mit falschen Ansprüchen und fragwürdigen Folgerungen: "Normal ist. . . , da sie ein Mensch ist, daß sie (Christa T. - W.K.) leidet. Normal könnte sein, daß sie - ich beziehe mich auf westdeutsche Behauptungen - an der DDR gelitten hätte. Davon ist mir aber nichts aufgefallen. . . Sie leidet, wie ich es sehe, unpolitisch. Sie leidet normal. Sollte mir da etwas entgangen sein, so müßte Christa Wolf, die deutlich genug erklärt, mir dies jedenfalls verheimlicht haben."

Nun ja. Und im "Züricher Tagesanzeiger" schreibt Jürgen Beckelmann[58]:

> Die 'eigenen vier Wände', der 'eigene Herd' ist das Ziel vieler Ost-Bürger wie das vieler West-Bürger, und kaum ein Mensch in der DDR findet etwas daran auszusetzen, und kein Kritiker Christa Wolfs verfiel auf den Gedanken, daß gerade an diesem Punkt die falsche Innerlichkeit beginnt, die Sekundär-Bürger-

56 Stephan, Forschungsbericht, a.a.O., S. 83

57 Gabriele Wohmann in: Christ und Welt 49/69

58 Jürgen Beckelmann in: Züricher Tagesanzeiger 15.7.69

lichkeit. Denn diese Sekundär-Bürgerlichkeit ist weit verbreitet, sie sitzt in Christa Wolf ebenso wie ganz offenbar in ihren Kritikern... Der DDR-Sozialismus... hat bürgerliches Denken, Empfinden und Verhalten noch längst nicht überwunden...

Und penetrant und falsch endet das Leben der Christa T., über Hausbauproblemen, in der Abgrenzung von der Umwelt und Mitwelt im Eigenheim am See... Daß gerade hierin, in einer verbreiteten, sentimental überdeckten egoistischen Lebenshaltung und ihrer Beschreibung die falsche Innerlichkeit, das bourgeoise Element im Sozialismus steckt, hat kein Kritiker moniert! Das ist entlarvend.

Wir können uns die Widersprüche und Widerstände, die sich in dieser Zeit entwickelten, nicht groß genug vorstellen. Der "Prager Frühling" ist zerschlagen worden, die Hoffnungen, die in der Welt - auch in der sozialistischen - damit verbunden waren, sind zusammengebrochen. Die Führung der DDR hat dazu beigetragen, die sich hier andeutenden neuen Möglichkeiten einer offenen sozialistischen Gesellschaft im Keime zu ersticken. Die Materialien und Dokumente zu diesen Ereignissen, die ja zugänglich sind, beweisen, welch produktive Kraft Hoffnung hervorbringen kann und wie hochgespannt die Hoffnungen damals - diesseits und jenseits der Grenzen - waren. Die im Mai 1969 gegen Christa Wolf u.a. vorgetragenen Angriffe antworten natürlich auf diese Situation, die Staatsratssitzung vom Oktober 1968 hatte den Tenor längst festgelegt. Walter Ulbricht in seiner Eröffnungsrede:

Sprechen wir doch offen: Die Krise in der Tschechoslowakischen Sozialistischen Republik wurde vorbereitet durch die ideologische Koexistenz zahlreicher Künstler und Wissenschaftler, durch ihre Isolierung von der Arbeiterklasse und durch die Fehleinschätzung des westdeutschen Spätkapitalimus. Diese ideologische Position hat sich dann weiterentwickelt zu einer antisozialistischen - bis zu dem Versuch, die bürgerliche Demokratie im Sinne des Beneš-'Sozialismus' der Vorkriegszeit wieder aufzurichten.[59]

Klaus Gysi, als Minister für Kultur, trägt im Hauptreferat die bekannten stalinistischen Thesen vom 'verschärften Klassenkampf' vor, in dem man sich eben jetzt wieder befinde, und zitiert die "offiziöse" westdeutsche Zeitschrift "Außenpolitik", die bereits 1962 die jetzt zutage tretende Strategie beschrieben habe: "Aufweichung und Liberalisierung der sozialistischen Länder, vor allem mit geistig-kulturellen Mitteln, Schaffung von Kristallisationspunkten konterrevolutionärer Aktivitäten vor allem auch unter der Intelligenz dieser

59 Materialien zur 13. Sitzung des Staatsrates der DDR, 18.10.1968, S. 9, 22

Länder." Die Vertreter solcher Konzeptionen einer ideologischen Koexistenz werden benannt: Sartre und Goldstücker, Ernst Fischer und Garaudy, Havemann und Biermann. Dabei sei es völlig uninteressant, ob hinter solchen Ideen und Überlegungen subjektiv lautere Erwägungen stünden: "Die Abkehr von der revolutionären Dialektik des gesellschaftlichen Kampfes in unserer Epoche drängt auf die schiefe Bahn des Abgleitens zur Konterrevolution."

Vielleicht ist es eine Überlegung wert, wie "Christa T." aufgenommen worden wäre, hätte es diesen zeitlichen Zusammenfall mit den Prager Ereignissen nicht gegeben, nicht die Zuspitzung der kulturpolitischen Auseinandersetzungen durch diese politische Krise.

Auch könnte man sich fragen, warum der Verlag, die Redaktion oder Heinz Sachs das Manuskript zu diesem Zeitpunkt veröffentlichten oder besser: ausdrucken ließen, mit der Ankündigung, daß das Buch zur Herbstmesse 1968 (!) erscheinen werde, obwohl man doch wußte, welchen Sprengsatz man in den Händen hielt. Am 21. August besetzen die Truppen des Warschauer Paktes die CSSR, Vorabdrucke des Romans waren bereits im Februar und im April erschienen. Merkwürdiges Zusammentreffen in einer spannungsreichen Zeit. Wie auch immer: die Folgen hatten alle Seiten zu tragen.

1975 veröffentlicht Volker Braun in "Es genügt nicht die einfache Wahrheit" seine Antwort, versehen mit dem Entstehungsdatum 1969:

> Auf dem VI. Deutschen Schriftstellerkongreß wurde gefordert, nicht mehr von "Ansprüchen des Individuums an die Gesellschaft" zu reden, da es diese Ansprüche nicht zu geben habe.
>
> Das blieb unwidersprochen. Ein paar kleine Fragen als Antwort: Verlangen die Bürger nicht, was sie von der Gesellschaft verlangen, von sich? Von wem denn da? Ist die Gesellschaft eine Instanz außerhalb der Bürger, die irgendwo über ihnen thront? Muß man sich ihr nähern auf Knieen, seinen Zehnten, nein, seinen Ganzen abliefern (. . . ) Wird hier nicht einfach als Gesellschaft die Regierung gesehn und, zugleich, ein Interessenkonflikt zwischen Regierung und Bürgern behauptet (. . . ) Deutet also der Satz nicht auf eine überhebliche, feudale Haltung des Sprechers?. . . Ist sein Gestus etwa nicht die Arroganz? Ist das kein Obrigkeitsdenken? Und wird da nicht Untertanengeist verlangt? Ist das eine sozialistische Theorie oder Scholastik. . ., finsteres Mittelalter? Na also, ist das nicht dummes Geschwätz? - Und das wird gequasselt unterm stupiden Beifall des Auditoriums und sogleich mehrfach wiedergekaut. So schnell

geht die Eskalation des Blödsinns.[60]

Die im Beschluß des Staatsrates der DDR vom 30.1.1967 festgelegten "Aufgaben der Kultur bei der Entwicklung der sozialistischen Menschengemeinschaft" sind ins Leere gegangen, obwohl mit Normen nicht gespart worden war.

> Die humanistische Wirksamkeit des Künstlers in unserer Gesellschaft besteht darin, mit seinem Schaffen sein sozialistisches Vaterland, die Deutsche Demokratische Republik, allseitig zu stärken, Menschlichkeit, wahre Freiheit und Demokratie in ihrer Vorbildlichkeit gegenüber dem anderen Staat auf deutschem Boden künstlerisch überzeugend zu gestalten und damit das Ansehen seines Staates in der Welt zu mehren (. . . )
>
> Unser Leitbild vom sozialistischen Menschen ist in allen Künsten das Bild des ganzen Menschen im Sinne Johannes R. Bechers - verwirklicht in der Einheit von schöpferischer sozialistischer Arbeit, von bewußt getragener staatsbürgerlicher Verantwortung, von hoher allgemeiner und fachlicher Bildung, von vielfältigen kulturellen Interessen und Bedürfnissen.
>
> Die humanistische Wirksamkeit des Künstlers. . . besteht darin, seinen Platz im Leben und in den Kämpfen seines Volkes zu suchen und zu finden, seine Kunst bewußt in den Dienst des Volkes zu stellen. Die richtige Welterkenntnis als produktives Element künstlerischen Talents zu begreifen ist die Grundlage originärer, unverwechselbarer künstlerischer Leistung.[61]

Und noch ein Notat aus Brauns "Es genügt nicht die einfache Wahrheit": "Letzte Auskunft", wieder aus dem Jahr 1969:

> Es ist notwendig, daß wir uns gegenüber der Geschichte völlig aufrichtig verhalten, nichts verschweigen, jeden Irrtum zugeben, sobald er erkannt ist, uns dem vollem Umfang der Ereignisse stellen, wenn auch der Schutt unserer Eitelkeit sie zu bedecken droht (. . . )
>
> Wer nicht wagt, über alles die volle Wahrheit zu sagen, hat kein Recht, Genosse zu sein. Denn seine Feigheit zeigt nur sein

---

60 Volker Braun, Die Anspruchslosen. In: Es genügt nicht die einfache Wahrheit, Leipzig 1975, S. 67

61 Die Aufgaben der Kultur bei der Entwicklung der sozialistischen Menschengemeinschaft, 5. Sitzung des Staatsrates der DDR, Protokoll, 1967, S. 148, 149; vgl. Gysi, a.a.O., S. 16, 19, 33; Sakowski 103 ff.

Mißtrauen gegenüber der Geschichte, d.h. gegenüber dem Volk.[62]

Es ist gar nicht möglich, jene Breite in diese Darstellung zu bringen, die eigentlich erforderlich wäre. Denn das, was hier als auf "Christa T." bezogen erscheint, ist natürlich nur ein Teil der allgemeinen politischen und ästhetischen Auseinandersetzungen, die diese Zeit beherrschen. Wir erinnern uns: Es ist die Zeit des "Prager Frühlings", die Zeit der Reden des VI. Kongresses der tschechoslowakischen Schriftsteller (Juni 1967), die der Auseinandersetzungen mit Ernst Fischer (Wien) und Roger Garaudy (Paris) um Realismus und ideologische Koexistenz. 1968 brechen diese Aufschwünge zusammen. Natürlich sind die von Partei und Schriftstellerverband in der Folge geführten Grundsatzdebatten durch diese Vorgänge bestimmt: das 9. Plenum des ZK der SED und der VI. Schriftstellerkongreß. Über ihn schreibt Jäger: Er "... war der farbloseste in der Geschichte des Verbandes. Kaum ein Autor von Bedeutung ergriff das Wort, wirkliche Diskussion blieb aus. Keiner der in den letzten Jahren Angegriffenen wollte oder durfte reden, die meisten waren nicht als Delegierte zugelassen worden."[63]
1971 arbeitet Christa Wolf an einem Text, der erst Dezember 1981 bei Suhrkamp erscheint; in der DDR ist er bis jetzt nicht veröffentlicht worden:

## "Kleiner Ausflug nach H."

Eine Satire, ein für Christa Wolf ganz untypischer Text, basierend auf den erschreckenden Grunderlebnissen von "Christa T.", aber auch getragen von Hoffnung auf Wandel: Ulbricht erklärt auf der 16. Tagung des ZK der SED (3.5.1971) seinen Rücktritt ("aus Altersgründen"), mit Honecker als seinem Nachfolger werden - vorsichtig - Korrekturen versucht (begrenzte Reformen in der Wirtschaftsführung und bei der Machtausübung, realistische Bestandsaufnahme im Bereich der Kultur).[64] Die Fortführung und Erweiterung dieses Ansatzes erfolgt auf dem VIII. Parteitag (15.-19.6.1971); im Rechenschaftsbericht Honeckers geht es auch (was noch nicht viel besagen sollte) um den ganzen Reichtum literarischer Handschriften und Ausdrucksweisen, in der publizistischen Auswertung des Parteitages häufen sich Begriffe wie Weite und Vielfalt, Entdeckerdrang und Phantasie, Behutsamkeit, Geduld, schöpferisches Suchen, Gleichberechtigung aller Gattungen. Sehr gern wird wieder Lenin zitiert, der vor Gleichmacherei und Dogmatismus auf literarischem

62 Braun, a.a.O., S. 65
63 Manfred Jäger, Kultur und Politik..., a.a.O., S. 134
64 a.a.O.

Gebiet immer gewarnt habe: Jede Nivellierung und die Herrschaft der Mehrheit über die Minderheit könne hier nur Schaden anrichten.

In dieser spannungsreichen Situation - ein Neuansatz war ja immerhin möglich - schreibt Christa Wolf ihre Erzählung über einen Ausflug nach H., Heldenstadt, den der Erzähler unternimmt; ein ganz ungewöhnliches Stück Literatur, bei dem man sich immer wieder versichern muß, daß es von ihr stammt. An E.T.A. Hoffmann wird man erinnert oder an Kafka, auch an Versuchsreihen moderner Psychologie und Psychiatrie, manchmal an Büchner, der in der Lenz-Novelle, so Christa Wolf, "den vollen Einsatz gezahlt" habe: ein Dichter, "vor die Wahl gestellt, sich an unerträgliche Zustände anzupassen und sein Talent zu ruinieren oder physisch zugrunde zu gehen".[65]

Ihr Ansatz: "Ein Freund von der Art, wie sie sich auch in der fremdesten Fremde schnell findet, lud mich, kurz ehe ich sein Land wieder verlassen mußte, zu einem kleinen Ausflug ein. Durchaus wollte er mir aber das Ziel nicht verraten, nicht einmal die Himmelsrichtung, in die man uns fahren würde."[66] E.T.A. Hoffmann setzt so oder so ähnlich mit seinen Geschichten ein: "Die Jesuitenkirche in G.", "Das Majorat", "Das Gelübde", - "Nachtstücke", Nachtseiten des menschlichen Lebens mit den Mitteln der Phantastik gedeutet.[67]

Kein Zweifel, H. liegt in der DDR. Nicht die Beschreibung der Stadt - eine Neugründung vor 23 Jahren ("Grau, weiß, türmelos, nackt - ohne Gärten, Laubenkolonien, Baracken, Stadtrandsiedlungen" usw.) -, sondern die Benennungen der gesellschaftlichen Organe, "Staatsorgane", macht alles deutlich: Die "GESELLSCHAFT FÜR GRENZÜBERSCHREITENDEN REISEVERKEHR", der "Vorsitzende der Kulturkommission des Rates der Stadt", der "Erste Vorsitzende des Rates der Stadt" usw. Der Besucher wird mit mächtigem, rotem Transparent, "als eine Art von Triumphbogen über die Straße gespannt", willkommen geheißen, sein Aufenthalt, heißt es in der Begrüßungsansprache, falle in eine "komplizierte, aber vom Durchbruch des Neuen gekennzeichnete Etappe. . ."[68]

Unvermittelt wird Wirklichkeit zur Satire: Die Menschen hier sind in Gruppen aufgeteilt, abzeichenlose und andere, die sich durch große Abzeichen unterscheiden, schwarzes M auf orangefarbenem Grund, schwarzes M auf weißem Grund. M für Mensch.

---

65 'Lesen und Schreiben', S. 204

66 Gesammelte Erzählungen, Darmstadt 1980, S. 151

67 E.T.A. Hoffmann, Werke, Bd. 3, Berlin 1983, S. 478

68 'Kleiner Ausflug. . .', S. 153

> Die Menschen auf der Straße schienen streng nach der Mode der Zeit gekleidet, in der ihre Häuser gebaut waren. Vereinzelt aber liefen junge Damen und Herren zwischen ihnen herum, die durch pastellfarbene Silastikpullover und Nylonkutten aus dem grauen Einerlei herausstachen. Eben diese Bürger beiderlei Geschlechts trugen auch die orangefarbene Plakette mit dem schwarzen M.[69]

Geheimnistuerei vor Fremden, ein sie immerzu "begleitender Führer" (Kollege Bien) und ein unkenntlicher Chauffeur verstärken das Gefühl des Besuchers, "überflüssig zu sein, das ich in diesem Land so gründlich kennengelernt hatte"[70]; auch Sprachformen, die offenbar nur Eingeweihten zugänglich sind. Kein Zweifel, Christa Wolf spricht über die DDR. Erinnert sei hier an ihre Rede auf dem 11. Plenum:

> Ich entsinne mich noch, wie ich mit einer Gruppe von ausländischen Schriftstellern auf die Dornburger Schlösser gefahren bin, wir sahen uns an, und sie sagten: Ihr habt wirklich ein schönes Land. - Ich habe das in dem Moment auch sehr stark empfunden, daß wir das haben und daß das unser Land ist, und das ist unser Gefühl für dieses Land (. . .)
>
> Wenn man zurück kommt (aus Westdeutschland) sagt man: zu Hause![71]

Nachtstück: "Es erschien eine Kollegin. . . mit einem maliziösen Lächeln, das, wie ich später merkte, nicht uns, sondern dem Zustand der Welt im allgemeinen galt, und kündigte mir eine nochmalige Begrüßung an (. . .) Ich ging also, begriff aber nicht, warum unser lieber Kollege Bien, von der Nasenspitze zu den Ohren hin allmählich erbleichend, am Fuße der Treppe zurückblieb; warum diese zwei feuerroten Flecken auf seinen Wangen brannten und warum sein Adamsapfel so erbärmlich zuckte und kollerte. So, ein Bild des Jammers, doch tapfer mit der rechten Hand winkend, ist Bien in meiner Erinnerung geblieben, denn ich habe ihn nicht wiedergesehen."[72]

Angst und Zittern der unteren Funktionäre wird abgelöst von jenem ungeniert zur Schau getragenen Stolz auf seine guten Manieren, die der "Erste Vorsitzende" zeigt, und gar vom "leuchtenden Gesichtsausdruck" des Ober-M-Mannes Krause: Beide verkörpern Typen, eben das Durchschnittsexemplar 'Erster Vorsitzender' und das des Funktionärs, der immer unumstößlich den Eindruck vermitteln muß, daß ihm (falls man sich über etwas beschweren

69 a.a.O., S. 155 f.

70 a.a.O., S. 154

71 ND 19.12.65

72 Kleiner Ausflug. . ., S. 156 f.

würde) "genau dasselbe in der Seele zuwider (sei), was auch mich störte, und daß er Jahre seines Lebens dafür geben würde, mich restlos zufriedenzustellen: Im Rahmen des Möglichen", selbstverständlich.[73]

Die Geheimnisse werden entschlüsselt: Heldenstadt ist der Aufenthaltsort literarischer Figuren, die Funktionäre, die das M-Schild tragen, sind 'Menschen', nur sie sind berechtigt, Besucher zu führen. Rüdiger Milbe heißt der neue Führer des Ich-Erzählers, Germanist im 6. Semester, der sein Praktikum in H. ableistet, "eine besonders begehrte Bewährungsprobe für Literaturwissenschaftler. Wegen ihrer Lebensnähe".[74]

Besuch bei den Helden der ersten Stunde: "dolle Typen". "Ein ausgemergelter Mann... trat aus einer angekohlten Kate, die als Bürgermeisteramt gekennzeichnet war": "Rudis Glanznummer".[75] Der Besucher weiß Bescheid, weil er Heinz Schnabels "Samen ins Land" kennt, dort die Geschichte von Rudi und der Flüchtlingsfrau mit den vier Kindern. Das 4. Kap. wird hier dargestellt. Für das "ihr Hurensöhne" erntet Rudi Milbes Lob; Rudi verweist auf S. 87 des Romans, wo es im Manuskript auch gestanden habe, - nur der Verlag habe damals keine spontanen Ausdrücke durchgehen lassen. "Aber jetzt,... wo alles schon so lange her und überhaupt viel lockerer ist.. "[76]

Das ist mit leichter Hand geschrieben und hat seinen bedrohlichen Tiefgang. Da ist als Beispiel die Geschichte mit der Straße, die wolle Rudi - da auf seine Eingabe keine Antwort erfolgt sei - jetzt mit Gewalt durchsetzen. Er werde binnen dreier Tage mit ein paar handfesten Kerlen vors Rathaus ziehen. "Er gehe sogar weiter. Unterderhand habe er Kontakt aufgenommen mit der Baubrigade vom Dritten Bezirk... " "Kapitel neun, Absatz drei", ruft der Freund des Erzählers, der den Roman offenbar gut kennt. "Er darf. Sechsundvierzig durfte er! schrie Milbe stotternd. Heute wäre eine solche Zusammenrottung Aufruhr gegen die Staatsgewalt!"[77] Die Zeiten haben sich verändert, gerade das aber wollen die "dollen Typen" nicht anerkennen.

Die Bezugsebenen werden miteinander vermengt: Max Walter Schulz' Anklagen gegen Christa Wolf vom VI. Schriftstellerkongreß werden verbunden mit seinem Roman "Wir sind nicht Staub im Wind" und mit dem Juniaufstand von 1953. Anarchist Rudi freilich pfeift auf Parteibeschlüsse, in seinem Buch (1962) stehe über ihn: "Rudi Siebenzahl... war nicht der Mann, vor ver-

---

73 a.a.O., S. 158

74 a.a.O., S. 160

75 a.a.O., S. 161

76 a.a.O., S. 162

77 a.a.O.

staubten Papieren auf dem Bauch zu kriechen."[78] Der makabre Schluß an dieser Stelle: Milbe scheint nachzugeben, aber nur, weil er weiß, daß es leicht einen Ersatz durch andere Bürgermeister gibt, die - als Funktionärsschicht - in der Literatur dieser Zeit sowieso überrepräsentiert seien. Dieser hier "verschwände in der Versenkung".

Andere Stadtviertel besuchen sie, den Sektor "Neuer Mensch", über und über mit roten Fahnen und Transparenten geschmückt, den "Großer-Mann-Platz" lernen sie kennen, wo gerade eine Demonstration für den "GROSSEN MANN" stattfindet, als wäre es noch die Zeit des Personenkultes: "Helden", sagt Rüdiger, "Helden kann man eben nicht wie normalen Menschen ihr Idol einfach aus der Brust reißen. Sie sind unwandelbar treu. . . Zyniker sagen: endgültig programmiert."[79] "Am GROSSEN MANN erhob sich ein dünner, überzeugter Gesang, den der Wind schnell zerstreute. Mir war ungemütlich."

In einer Gaststätte treffen sie auf einen Soziologen, der mit der Durchführung der Aktion "Lebensfreude" beauftragt ist und der von Meinungsforschern berichtet (die gemeinsam mit Vertretern anderer "gefährlicher Wissenschaften" im Zentrum für Geheimwissenschaft zusammengefaßt seien), daß nach ihren Umfrageergebnissen sich der neue Gruß "LF" (Lebensfreude) außerhalb des Viertels NEUER MENSCH nicht durchsetze.

Man habe eine Kommission eingesetzt, "um die Fehlerquellen in der Befragungsmethode der Meinungsforscher zu untersuchen, die, zugegeben, aus einem Roman stammten, dessen zweite Auflage nicht erscheinen konnte. Durfte, verbesserte der schiefnasige Junge am Tisch. . ."[80]

Der schiefnasige Junge ist Edgar, nicht Edgar Wibeau aus Plenzdorfs "Leiden des jungen W.", obwohl die Parallelen verblüffen. Dieser hier ist natürlich kein NEUER MENSCH, sondern er ist nur hier, weil bestimmte Dienstleistungen von einfachen Helden erbracht werden müssen: man brauche halt auch Friseure, Verkäuferinnen, Taxifahrer und "Gott sei's geklagt, sogar Gewerkschaftsfunktionäre. . . " Dieser Edgar hier sei nun mal mit dem Ehrgeiz versehen, Kunstmaler zu werden. Es gebe ja diese Unbelehrbaren[81] . . . Jetzt soll er bei der Aktion Lebensfreude mithelfen: Plakate, Transparente, Handzettel, Einwickelpapier - alles im Pop-Stil. Alles ging gut, bis Edgar dem Komitee zur Vorbereitung des Todestages des "Großen Mannes" in die Hände fiel: "Edgar habe für die alle Ohren und Bärte malen müssen. . . , Ohren und Bärte des GROSSEN MANNES." Gemeint ist Stalin,

78 a.a.O., S. 163

79 a.a.O., S. 165

80 a.a.O., S. 166

81 a.a.O., S. 167

aber andere Assoziationen können nicht ausbleiben: Ulbricht - wie gesagt - ist zurückgetreten.[82]

Das Leben in H., aber auch im "quellklaren Tropfen", der Kneipe für die positiven Helden mit kleinen menschlichen Schwächen, wird ausgebreitet: Die Helden - aber auch Rüdiger, ihr Führer, - leiden darunter, daß literarische Gestalt und Wirklichkeit so wenig zusammenpassen, vor allem, daß die Autoren wesentliche Seiten des Mensch-Seins einfach unterschlagen hätten. "Wenn er wenigstens ein bißchen tiefer in meine Psychologie eingestiegen wäre", klagt der Genosse Zahlbaum aus der Zeit der Tonnenideologie, der beim Übergang zu Qualitätsarbeit und Automation auf der Strecke geblieben und ins Saufen geraten ist, "dann hätte er mir ein knuspriges junges Ding als persönliche Schwäche zugeteilt. In meiner Projektionsabteilung war da so eine. . . - nicht mal umbringen darf sich unsereiner!"[83] "Umbringen" rief ein M-Mann vom Nebentisch herüber; umbringen sei, egal, wie hoch die Selbstmordziffern DRAUSSEN gerade lägen, in jeder Etappe untypisch gewesen. Und Psychologie gebe es doch erst seit dem letzten Allgemeinen Leiterkongreß im Frühling des Vorjahres; Unmögliches könne Zahlbaum von seinem Autor auch nicht verlangen. Leck mich am Arsch, sagte Zahlbaum und trank."[84]

Christa Wolf nimmt eine Menge Themen und Tabus auf: Den Alkoholkonsum, die hohe Selbstmordrate in der DDR, den Provinzialismus in Denken und Meinen. Die geschlossene Gesellschaft in H. ist ja das Gegenbild der geschlossenen Gesellschaft DRAUSSEN, deren Konflikte nur literarisch auf die Spitze gebracht worden sind. Widerspiegelungsproblematik also auch hier: Der Text als Gesellschafts- und Literatursatire bietet ausreichend Raum für die zornige Autorin.

Auch gegen die etablierten Germanisten wendet sich die gelernte Germanistin Christa Wolf, gegen deren Kategorien (Rüdigers Typik-Problematik) und deren Methoden/Themen: Dr. Stumms Beispiel des Scheiterns, weil er sich einmal nicht an "schwachsinnigen Flohknackereien" wie "Unterschiede im Menschenbild der Prosa der verschiedenen Etappen des NEUEN ÖKONOMISCHEN SYSTEMS (NÖS)" festhalten, sondern die Beziehung zwischen literarischen Helden und deren Urbildern hatte untersuchen wollen.

Und während das so dahinerzählt wird, ist Christa Wolf bei einem weiteren zentralen Problem der DDR-Schriftsteller, das in dieser Zeit an Brisanz ge-

---

82 Mai 1971 tritt Ulbricht zurück, stirbt am 1.8.73

83 'Kleiner Ausflug. . .', S. 171

84 a.a.O., S. 171 f.

winnt: bei der Möglichkeit, in der DDR zu schreiben und 'im Ausland' zu veröffentlichen.

Nach Biermanns Ausbürgerung (1976), mit der Solidarisierung unbotmäßiger Schriftsteller wurde das wirklich zum Problem: Eine ganze Reihe von Protestierern der 'zweiten Generation' mußte das Land verlassen, mehr oder minder freiwillig. Das freilich geschah erst 1978; und dieser Text soll 1971 geschrieben worden sein? Stumm: "Ich gebe Ihnen meine Arbeit mit (hier seine Habil.-Schrift - W.K.) und lasse sie im Ausland drucken. Was hab ich davon? Ich habe die Wahrheit gesagt und meine Existenz zerstört. Und warum gerade ich? Als Parteiloser? Könnten die Parteimitglieder nicht ebenso wissen, was los ist? Und sie wissen es, sage ich Ihnen. Und schweigen. Weil sie ihre Privilegien hüten."[85] Das sagt Dr. Stumm, früher einer der hoffnungsvollsten Nachwuchskader der DDR-Literaturwissenschaft, der seine Karriere und Existenz verspielt hat und jetzt - wie andere - säuft; keine literarische Gestalt, sondern ein M-Kader, einer von DRAUSSEN, der in seiner Habil.-Arbeit festgestellt hatte, daß es ein DRINNEN gar nicht gebe.

Die Trennungslinien werden unscharf, die Grenzen aufgehoben: die Literatursatire verwandelt sich schrittweise in eine Gesellschaftssatire, an Schärfe kaum zu überbieten.[86] Sie hat keine, aber auch gar keine Ähnlichkeit mit den 'unwahrscheinlichen Geschichten' wie "Unter den Linden" oder den "Neuen Lebensansichten eines Katers", dieser Text kann nur als Reaktion auf die "Christa-T."-Rezeption in der DDR verstanden werden und auf die Anzeichen eines Neuen Kurses in der DDR-Kulturpolitik der Ära Honecker. Also auch als ein Zeichen von Hoffnung nach einer finsteren Zeit.

Auch einen Bezirk der "Armen Westler" gibt es in Heldenstadt (erkennbar am Benzingeruch und Luxus), bewohnt von Kriminellen und einigen Friedenskämpfern, deren gute Laune nur durch die "Teilhabe an den zwei großen K des verrotteten westlichen Systems - Konsum und Komfort -" gesichert werden kann; eine ständige Gefahr freilich für die umliegenden Viertel; und es hatte tatsächlich einen Schwarzmarktring gegeben, der westliche Konsumgüter gegen rote Fahnen, Parteiabzeichen usw. handelte.

Das Verbotenste, hinter einem Vergnügungspark-Karussel, Wiener Würstchen und Zuckerwatte, dem "Paradies", gelegen, ist die geschlossene Abteilung von Heldenstadt mit den Ärzten, Psychiatern und Heldenpatienten:

> Da wäre ich nun gerne wieder draußen gewesen. Nein - nicht DRAUSSEN in Sektor W., nur draußen in Heldenstadt, von wo

---

85 a.a.O., S. 173

86 vgl. Sonja Hilzinger, Christa Wolf, Stuttgart: Metzler (1986), S. 71

> ich mich doch Minuten vorher weit weg gewünscht hatte: So relativ sind Worte wie "drinnen" und "draußen": Jetzt erst, unter den hohen grünen Bäumen des "Paradieses", hatte ich das Gefühl, wirklich "drinnen" zu sein.[87]

Gescheiterte Existenzen in der psychiatrischen Abteilung, Opfer verschiedener kulturpolitischer Wendungen und Wandlungen: Schauspieler, deren Rolle nach dem Ende einer Aufweichungsperiode aus einem Stück herausgenommen wurde, da problematische Naturen jetzt durch positive zu ersetzen waren. Aus "Abfahrt im Regen" war denn auch in der letzten Fassung "Näher zum Ziel" geworden, mit einer neuen Heldin. An die Stelle der "hypersensiblen" Nora war eine junge Datenverarbeiterin getreten, Irene, die "nach dem Stück vor den Vorhang trete und dem Publikum zurufe":

> So überwinden wir, entschlossen bis aufs Messer, auch die Konflikte zwischen gut und besser.[88]

Nun ja, eine Satire. Und wie immer bei Satiren besteht die Gefahr, daß die Überspitzung der Darstellung die eigentliche Aussage beschneidet. Vielleicht ist hier ein solcher Punkt erreicht; aber wir befinden uns schließlich im innersten Kreis. Hier in der psychiatrischen Abteilung lösen sich die Normalitäten völlig auf: "Aus dem vierten Stockwerk eines der festen Häuser. . . ließ jemand eine Kette oder Leine herunter, die aus lauter Orden geknüpft war. Nehmt hin! rief eine Stimme. . . Jeder andere ist ihrer würdiger denn ich! - "

Der Erzähler: "Wird man mir glauben?"[89]

Das feste Haus: Im Parterre leben die Katalog-Paranoiker, unvermeidliche Opfer einer rasanten Zeit, wie die Führerin bemerkt: Sie widersetzen sich allen Einteilungsprinzipien und stecken in einer permanenten Identitätskrise. Im ersten Stock warten die Abgebrochenen, die als Trilogie-Helden angelegt waren, aber nicht über den ersten Band hinauskamen, vergebens auf ihr Hinüberwachsen in die neue Zeit, im dritten Stock endlich leben die Phasen-Neurotiker: auch Opfer rascher gesellschaftlicher Entwicklungen, wenn ihre Vorstellungen und Leitungsmethoden nicht dem rasanten Wechsel folgen konnten oder wollten. Ist das Stadium der Reue erreicht, wie es Heiner mit seiner Ordenskette beweist, erfolgen Desensibilisierungsversuche: das Prinzip Selbstkritik auf hoher Entwicklungsstufe.

---

87 'Kleiner Ausflug. . .', S. 178

88 a.a.O., S. 179

89 a.a.O., S. 180

Chefarzt Dr. Brommer, ein Mann mit beachtlicher Intelligenz, erklärt das Problem: Der Mensch habe eigentlich gar keine Persönlichkeit. "Er ist durch eine bestimmte Art von Signalen zu einem Reaktionsnetz verknüpft worden; alles, was wir tun können, ist, durch eine andere Art von Signalen neue Verknüpfungen herzustellen (. . . ) Die Phantasten, die davon ausgehen, daß Menschen reif und frei sein könnten, stiften mehr Schaden als wir Realisten. . . Und Sie, sagte ich? Halten sie sich nicht für reif und frei? Ich schon, sagte Brommer. Einer von zehntausend."[90]

Im letzten Teil besuchen sie mit einer Gruppe Autoren ihre in ihren Büchern und Filmen dargestellten Leiter-Helden, die alle gemeinsam in einem Hochhaus einquartiert sind. Zwei Herren vom Ministerium führen die Besucher zu den Helden der Königsebene; da zeigt es sich: Im privaten Bereich der Leiter und Planer leben deren Frauen ihr Schattendasein, "vernachlässigte Leiterfrauen, ungenutzte Reserven an Arbeitskräften noch und noch". Darum also geht es hier: am Beispiel alter Fehler die 'neuen Helden' zu erkennen und zu entwickeln; Kulturfunktionäre der höheren Ebene und junge Kader für strukturbestimmende Industriezweige. Einer der Herren vom Ministerium, Leiter der Zensur, faßt am Ende - nachdem noch schnell einem widerspenstigen Autor ein verhängnisvoller Hang zum Naturalismus vorgeworfen worden ist - die schönen Ergebnisse zusammen: Er "lobte die freie Entfaltung des schöpferischen Meinungsstreits, dessen Zeuge wir soeben geworden seien, und versprach, ein Leitungssystem aufzubauen, das die Betreuung einer jeden literarischen Idee von ihrem ersten Aufblitzen bis zu ihrer Materialisierung garantiere".[91] Heinz Sachs nennt es in seiner Selbstkritik zu "Christa T." "gesellschaftlicher Lektor".[92]

"Fahren wir? fragte mein Freund. - Nichts lieber als das." Schnell - noch ehe sich das Ganze als Traum entpuppt - die erste Hälfte des Witzes: Was der Unterschied zwischen der Wüste Gobi und einem Fernsehkrimi sei: beides eine Durststrecke. "Schlappes Ding, nicht?" Ganz anders sind freilich die 'Auflösungen' der Konflikte in der Wirklichkeit von H.: Während all das hier geschah, waren Köpfe gerollt: Ober-M-Mann-Krause hat sich nur halten können, indem er sie - das Fräulein Büschel, unsere Führerin und seine Geliebte, - fallen ließ. Der vormalige Erste Vorsitzende, der von der Empfangs-

90 a.a.O., S. 183

91 a.a.O., S. 188 f.

92 vgl. S. 82 dieser Arbeit; ND 4.5.69

rede, ist abgelöst worden: eine Wende, ein neuer Kurs: "Schluß mit den Phasenhelden! Vorwärts zum Produktionszweighelden!"[93]

Und der sympathische, feingliedrige Fahrer, dem alle Herzen entgegenfliegen? Er scheint der 'Firma', dem Staatssicherheitsdienst, anzugehören, im neuen Kleid, versteht sich, der GEWOSTA: "Gesellschaft zum Wohle der Staatsbürger, sagte mein Freund, und mehr sagte er nicht."[94]

Braucht er auch nicht. Der Tiefpunkt in den Beziehungen der Christa Wolf zu ihrem Staat scheint erreicht: Kein GULAG, aber doch eine Form Orwell'scher Prägung. Daß dieser Text in der DDR nicht erscheinen konnte/durfte, ist nicht verwunderlich; daß er in der 'freien Welt' eigentlich überhaupt nicht rezipiert wurde, sollte zu denken geben. Aber, wie gesagt, er erscheint erst 1980, ist also im Verhältnis zu seiner Entstehungszeit fast eine historische Aussage: "Jetzt, wo alles schon so lange her und überhaupt viel lockerer ist. . . "

"Blickwechsel" (1970):

> . . . ich höre wieder das feine Geräusch, mit dem der biedere Zug *Wirklichkeit* aus den Schienen springt und in wilder Fahrt mitten in die dichteste, unglaublichste Unwirklichkeit rast, so daß mich ein Lachen stößt, dessen Ungehörigkeit ich scharf empfinde (. . . ) Man sieht sich nicht, wenn man in sich drinsteckt, ich aber sah uns alle, wie ich uns heute sehe, als hätte irgendeiner mich aus meiner Hülle herausgehoben und danebengestellt mit dem Befehl: Sieh hin![95]

Eigenartig, wie wenig Interviews und Autorengespräche von der Brüchigkeit dieser Zeit wiedergeben, die in den sogenannten kleinen Texten ohne weiteres greifbar ist. Gerade in dieser Zeit, um 1970/71, gibt es eine ganze Reihe solcher Nebenprodukte, bei denen man leicht in Gefahr ist, sie zu übersehen: "Unter den Linden"(1969), "Ein Besuch" (1969), "Neue Lebensansichten eines Katers" (1970), "Zu einem Datum" (1971), "Selbstversuch" (1972), "Gedächtnis und Gedenken" (1972).

Zwei Krisen, die Christa Wolf zu bewältigen hat, werden in dieser Arbeit be sprochen: diese, die zusammenfällt mit dem 11. Plenum, mit der Verarbeitung dieser Ereignisse und deren Folgen in "Christa T." und mit den Ereignissen und Folgen des VI. Deutschen Schriftstellerkongresses vom Mai 1969. Und dann eine zweite, 1976, die durch die Biermann-Ausweisung und wiederum deren Folgen ihren Ausdruck findet. "Wie gehst du mit dir um in Kri-

---

93 'Kleiner Ausflug. . .', S. 190

94 a.a.O.

95 'Lesen und Schreiben', S. 32 f., 34

senzeiten", fragt Christa Wolf im Gespräch mit Elke Erb, Mai 1977[96]; und deren Antwort ist: "Da ist, vor Jahren, die Entscheidung gefallen. Ich habe mir gesagt: Ich kann mich in den Berufen, die es gibt, nicht bewegen. So kann ich diese Formen, die die Menschheit hat, nicht richtig mitvollziehen. Ich bin außerhalb der Form. Und das ist eine Chance und ein Risiko. Die Menschheit geht mit mir ein Risiko ein, ich diene als Risiko." So ungefähr beschreibt sich Christa T., und so ungefähr würde Christa Wolf ihre eigene Rolle in dieser Zeit auch beschrieben haben. "Irgendwann, in einem langen Zeitraum, habe ich gewisse Voraussetzungen abgebaut und in mir zerstört: diese bestimmte Art, gefangen zu sein, Folgenwollen, Verführtwerden, Glaubenwollen und -müssen. Das war sehr schlimm. Aus jener Zeit habe ich ein Herzweh. . ."[97]

Christa Wolf, sich in der Partnerin erkennend, antwortet: "Aber, worauf ich hinauswollte: Voraussetzungslos leben kann ja keiner. Unsere Voraussetzungen sind uns sogar besonders stark eingebrannt."

1985, in einem Interview mit Frauke Meyer-Gosau, geht Christa Wolf noch einmal - diesmal sehr direkt - auf jene "Voraussetzungen" ein, auch auf die der zweiten Krise, die in "Kein Ort. Nirgends" ihren ersten Niederschlag gefunden haben: "Meine Erfahrung ist, daß die Alternativen, in denen wir leben, eine nach der anderen zusammenbrechen und daß immer weniger wirkliche Lebensalternativen übrigbleiben. Das wäre die philosophische Entsprechung zu dem Titel 'Kein Ort. Nirgends'".[98] Die Problematik hat sich zugespitzt: Christa Wolf hat einsehen müssen - sie und andere Autoren -, ". . . daß ihre direkte Mitarbeit in dem Sinne, wie sie sie selbst verantworten konnte(n) und für richtig hielt(en), nicht mehr gebraucht wurde. . . Das reine Zurückgeworfensein auf die Literatur brachte den einzelnen in eine Krise; eine Krise, die existenziell war".[99] Die Zahl produktiver Widersprüche und lebbarer Alternativen nimmt ab, der Mensch gerät mehr und mehr in die Klemme: daher komme die Benommenheit so vieler Menschen - ohne Ausweg; da nicht gelernt wurde in der Zeit, da es möglich war, in "produktiven Alternativen (zu leben), die nicht tödlich sein müßten".[100]

96 'Fortgesetzter Versuch' (FV), a.a.O., S. 167
97 a.a.O., S. 167, 170
98 'Die Dimension des Autors', Bd. 2, S. 428
99 a.a.O., S. 422
100 a.a.O., S. 439

"Es ist der 31. Oktober 1972. Kleinmachnow, in der Fontanestr.", beginnt Joachim Walther die Aufzeichnung eines Gesprächs mit Christa Wolf, das in einer Reihe von Autorengesprächen ("Meinetwegen Schmetterlinge", Berlin 1973) erscheinen soll. Welches Bild entwerfen Interviewer und Autorin?

> Das Gespräch dauert drei Stunden: Sie spricht unverstellt, braucht nicht zu scheinen, spricht angenehm, konzentriert, fast gestenlos, versucht auch hier, Ungesagtes zu benennen, Ahnungen zu greifen, sucht Worte, formuliert, stellt es in Frage, formuliert neu, ist verständlich, weil sie verstanden sein möchte. Das Gespräch versickert nicht, nach drei Stunden noch kein Schwund, keine Wiederholung. Es muß abgebrochen werden.[1]

Frage und Antwort. Aber natürlich nur die Antworten auf die Fragen: Das sind die Grenzen, die der Interviewer in seinem freundlichen Vorspann nicht benennt. Auf den ersten Blick: Kein Wort über die gesellschaftlichen Spannungen, in denen Christa Wolf lebt, aber auch kein Wort der Reue, des Einlenkens und Umdenkens, das der VI. Schriftstellerkongreß und die Partei eigentlich erwartet hatten. Auf den ersten Blick ein typisches Werkstattgespräch: Wann schreiben, wie lange, wie intensiv. Man erfährt: nicht einmal eine Seite pro Tag, aber ständiges Arbeiten am Text, vormittags vier Stunden, nachmittags - wenn es gut geht - noch einmal zwei bis drei. Aber: Ging es gut in der letzten Zeit?

Plötzlich - fast am Ende - enhüllt sich das Zentrum:

> . . .man verwechselt oft die dauernde öffentliche Nennung eines Namens mit gesellschaftlichem Vorhandensein. In einer Zeit, da einer nicht dauernd genannt wird, kann er (der Schriftsteller - W.K.) gerade sehr intensiv leben und gerade so seine Gesellschaft kennenlernen, von einer Seite, die ihm vorher vielleicht nicht zugänglich gewesen ist. Wenn man sich allerdings davon abhängig macht, daß man immer in aller Munde ist, dann ist man verloren. . . Man sollte niemals den Spaß am Durchschauen der Zustände verlieren.

Es macht Freude zu sehen, wie vorsichtig und umsichtig Joachim Walther dieses Zentrum anpeilt, wie er zuerst allgemeine Prinzipien ihres Schreibens vorstellen läßt, wie Büchner als das Ur-Erlebnis Christa Wolfs in der deutschen Literatur sichtbar und herausgehoben wird ("Bei mir setzt die deutsche Prosa mit Büchners Lenz-Novelle ein. Das ist absolut mein Ideal von Prosa")

1 Joachim Walther, Meinetwegen Schmetterlinge, Berlin 1973, S. 114, 126, 121, 124, 126

und wie er über Lust- und Unlustgefühle beim Schreiben der Christa Wolf nachfragt:

> Eine Grundlust und eine Garantie dafür (antwortet die Autorin - W.K.), daß ich immer weiter schreiben werde, ist wahrscheinlich die Erfahrung, daß ich mir auf diese Weise am ehesten den mir gemäßen Lebensraum schaffe. . . Dazu: Ein Riesenspaß am Diagnostizieren gesellschaftlicher Prozesse auf Grund von Symptomen.

Kein Zurücknehmen und keine Reue. Im Gegenteil: "Nachdenken über Christa T." wird mit seiner literarischen Struktur als notwendige Form gekennzeichnet, sich mit der Gegenwart auseinanderzusetzen.

> Im übrigen habe ich zunehmend den Eindruck beim Schreiben, daß es nicht darum geht, etwas neu zu schaffen, sondern etwas, was als Struktur vorhanden ist, freizulegen. . .
>
> Ich weiß die ganze Zeit und versuche auch nicht, es dem Leser zu verheimlichen, wie der 'Held' endet. Das interessiert mich nicht so sehr. Mich interessiert, wie er zu dem Punkt gelangt, den ich von Anfang an kenne. . . Interessant ist, wie ich es machen werde, wie ich mich dazu stellen werde, in welche Beziehung ich mich zu meiner Figur bringe, was ich mit ihr und was sie mit mir anfangen wird. Ich verändere mich, indem ich sie verändere. . . Für mich ist ja augenblicklich ein wichtiges Problem beim Schreiben eben die Verbindung von Authentischem - den gegebenen Fixpunkten einer Figur - mit dem, was ich an Freiheit dazu gewinne, indem ich über sie schreibe, also die Möglichkeiten zur Veränderung in die Zwischenräume zwischen jene Fixpunkte lege. . .

Augenblicklich? Das "Selbstinterview" und die Arbeitsfassung von "Christa T." liegen 1965 (?), hier - im Interview - ist es der 31.10.72. Offenbar handelt es sich bei diesem Zeitraum um eine lange Reifephase für die Entwicklung der ästhetischen Grundpositionen, der Autorenpoetik, der Christa Wolf. "Nachdenken über Christa T." würde darin die Rolle eines Kristallisationspunktes spielen, an dem versucht und entwickelt wird, was Christa Wolf als "zeitgenössische, moderne Prosa" verstehen würde.

> Wirkenwollen, aber nicht Wirkenkönnen ist bitter. Nur ist es eine Erfahrung, die ja aus der Gesellschaft kommt, in der einer lebt, die ihn also, wenn er sie richtig verarbeitet, an bestimmte Gründe und Hintergründe seiner Gesellschaft führt, die er auf Erfolgsschwingen schwebend gar nicht erfahren hätte. . .

Literatur kann langsamere und stillere, aber um so tiefere Wirkungen haben. Ohne diese äußeren Attribute von Erfolg.

Frage: Wie würden Sie die Aufgaben der Literatur unter sozialistischen Bedingungen benennen?...

Wolf: Ich würde wünschen, daß die Literatur die Bedingungen untersucht, in denen sich der Mensch als moralisches Wesen selbst verwirklichen kann. Das ist ja Bobrowskis Thema gewesen: Wie muß die Welt für ein moralisches Wesen beschaffen sein? Diese Aufgabe würde ich für sozialistische Autoren sehen, nicht als eine unter anderen, sondern die als ihren Beitrag zu den Grundbedingungen, die nötig sind, damit die Menschheit sich nicht selber in die Luft sprengt oder sich auf andere Weise zerstört. Der Autor müßte also ohne Rücksicht auf augenblickliche Schwierigkeiten, die ihm dabei entgegentreten mögen, diese Bedingungen untersuchen und seine Figuren, die er gefunden hat oder erfindet, in solche Bedingungen bringen und mit ihnen experimentieren...

Dabei kann sie (die sozialistische Literatur - W.K.) - vorübergehend - einen moralistischen Zug bekommen, auch Belehrung wird nicht ausbleiben können. Anzustreben aber wäre Heiterkeit (! - W.K.) und Souveränität in der Behandlung des Materials und der Techniken. Nichts Langweiliges jedenfalls.[2]

Ein 'Kernsatz', der in seinen einzelnen Punkten so etwas wie ein Konzentrat Wolfscher Poetik enthält: Selbstverwirklichung gegen Selbstzerstörung; Moralität und Souveränität als Haltung des Autors, experimentierender Umgang mit seinen Figuren.

Zuletzt fragt der Interviewer, ob es für die Autorin eine 'Vision' gäbe, von dem, was sie erreichen möchte. Und Christa Wolf antwortet in ihrer typischen Art: "Daß die Erfahrungen und Erkenntnisse und die eigene andauernde Veränderung, der eigene andauernde Versuch der Standortbestimmung in dieser Zeit am Ende vollkommen ausgedrückt wären, ohne den gewöhnlichen Überhang von Ungesagtem und Unsagbarem. Unerreichbar, natürlich." Aber auch das: "Im Grunde ist mein Wunsch, daß die Literatur oder das, was ich in der Literatur sagen könnte, mich ohne Rest aufzehrt."[3]

Das ist das Bekenntnis einer Dichterin vom Herbst 1972. Zwei Dinge fallen auf: daß die Aussagen rein literarisch sind, also nur auf ihr Metier bezogen, und daß sie allein auf die Autorin selbst, auf ihre Intentionen und Möglich-

2 a.a.O., S. 128

3 a.a.O., S. 134

keiten abgestellt bleiben. Das ist das Ergebnis langjähriger Auseinandersetzungen, die weitergehen und sich auch weiter zuspitzen. Am Ende des Bettina-Briefes - wie gesagt - , als über Tod und Ausflucht gehandelt wird, steht das bittere Bekenntnis Christa Wolfs: "Die allgemeine Stimme, die ihr ein Maß setzte, das nicht das ihre war, hat die Günderrode getötet. . . Sie wissen - spricht sie ihre Briefpartnerin an - wie und worüber die allgemeine Stimme heute mit uns spricht."[4]

Kritiker der Kulturpolitik der DDR pflegen bei ihrer Analyse gern Begriffe aus der Meteorologie oder auch aus der Geologie und Zoologie zu verwenden: Es gäbe Hochs und Tiefs, Berge und Täler, Falken und Tauben, um ein Auf und Ab dieser Politik zu konstatieren, oder sie sprechen von Wellentälern und Wogen, Kulturkämpfen[5], Grabenschlachten usw. usf. Es ist - zugegebenermaßen - schon schwierig zu begreifen, was sich da abspielt, wenn man es nur von außen betrachten kann und die Negativfolgen so offenbar sind. Auf einige Prinzipien sozialistischer Kulturpolitik muß deshalb kurz eingegangen werden.

Es gibt für Politik/Kulturpolitik in der DDR einige Begriffsfelder, die in etwa geeignet sind, das Zentrum von Grundanschauungen abzustecken, die in diesem Bereich wirken. Zugegeben muß gleich werden, daß man den Begriffsapparat leicht erweitern könnte und auch die Reihenfolge der Einzelpunkte bestritten werden kann; hier geht es nur um den Versuch einer Einführung, die aber vielleicht die weiteren Ausführungen verständlicher werden läßt. Wie allgemein bekannt, hat Erich Honecker auf der berühmten 4.Tagung des ZK der SED am 17.12.1971 - in der Fortführung der Kurskorrekturen vom VIII.Parteitag (Juni 1971) - seine oft zitierten Grundsätze formuliert: "Wenn man von der festen Position des Sozialismus ausgeht, kann es meines Erachtens auf dem Gebiet von Kunst und Literatur keine Tabus geben. Das betrifft sowohl die Fragen der inhaltlichen Gestaltung als auch des Stils, kurz gesagt: die Frage dessen, was man die künstlerische Meisterschaft nennt."[6]

Tatsächlich erscheint in der Folge eine Reihe von Werken, die bisher nicht veröffentlicht werden konnten: als bekannteste Kants "Das Impressum" und Plenzdorfs "Die neuen Leiden des jungen W.". Christa Wolfs "Nachdenken über Christa T." wird 1973 in einer zweiten und 1974 in einer dritten Auflage herausgegeben. "Erich Honecker gebrauchte sogar den Begriff 'Sozialisti-

4 SF 2/80, S. 418

5 Hans-Dietrich Sander, Geschichte der Schönen Literatur in der DDR, Freiburg 1972, S. 221

6 ND 18.12.71

scher Realismus' nicht mehr. Stattdessen wurde es bei ihm und anderen Brauch, von sozialistischer Literatur und Kunst zu reden. . ."[7]

Wie sehr Bedürfnisse aktiven literarischen Lebens geweckt worden waren, bezeugen Diskussionen in den literarischen Medien in dieser Zeit: "Sinn und Form", "Neue Deutsche Literatur", "Neues Deutschland" und sogar die "Weimarer Beiträge" schalten sich ein und bekennen sich zu kritischen Positionen. Adolf Endler im Streitgespräch der Literaturschaffenden mit der Literaturwissenschaft:

> Es ist klar: In welchen Schwanz auch immer ich zwick, es ist immer der Schwanz der Kulturpolitik. . . Aber ist es nicht vielleicht doch zu fragen erlaubt, ob bei der schwierigen Arbeit der Verknäuelung der Kompetenzen auch immer mit der gleichen Mühe die Qualifikation der Unantastbaren betrieben worden ist?[8]

Hier schienen Schleusen geöffnet worden zu sein, die unter beträchtlichem Druck gestanden hatten. Freilich schaukelte sich bald wieder alles zurecht; nach 1976, nach der Biermann-Affäre, werden 'feste Positionen' wieder sichtbar, bleiben die Diskussionen stärker an die rein literarische Thematik gebunden. Der Ton in den literarischen Medien freilich ist seitdem freier; gewisse Veränderungen sind also doch eingetreten.

Aber nicht im Grundsätzlichen. Und der Bedingungssatz Honeckers, der vielleicht etwas zu gering veranschlagt worden war ("Wenn man von der festen Position des Sozialismus ausgeht. . ."), wurde wieder in die richtige Beleuchtung gerückt.

Sozialistische Parteidisziplin und Parteilichkeit bestimmen weitgehend das Leben innerhalb der Partei und eigentlich auch innerhalb einer sozialistischen Gesellschaft. Als Organisations- und Arbeitsform sind diese Prinzipien eingebunden in die Vergangenheit des revolutionären Kampfes; in Zeiten relativer Ruhe geraten sie leicht in den Hintergrund, in Phasen des 'verschärften Kampfes' werden sie besonders betont. Ausgehend von der Prämisse wissenschaftlicher Erkennbarkeit der Geschichts- und Gesellschaftsentwicklung, fordert die Partei die unbedingte Einhaltung ihrer Leitlinien in politischen, gesellschaftlichen und kulturellen Bereichen. Die Partei hat immer recht. Abweichungen werden durch Parteistrafen geahndet, oftmals auch der Öffentlichkeit dargeboten, verbunden mit dem Ritual der Selbstkritik.

---

7 Sander, a.a.O., S. 267

8 Rüß (Hg.), Dokumente zur Kunst-, Literatur- und Kulturpolitik der SED 1971-1974, Stuttgart (1976), S. 467 ff.; vgl. SF 4/72; Manfred Jäger, Kultur und Politik. . ., a.a.O., S. 148

Nach dem in der marxistischen Gesellschaftstheorie vorgegebenen Entwicklungsmodell werden Veränderungen im gesellschaftlichen Leben durch das Zutagetreten von Widersprüchen möglich: Als revolutionäre Kraft strebt die Partei danach, die in diesen Widersprüchen sichtbar werdenden Bewegungselemente zu verstärken. Im eigenen Land/Lager, wie weltweit, werden die revolutionären Kräfte unterstützt in ihrem Kampf gegen die reaktionären, die sich nach marxistischer Gesellschaftstheorie in Klassen manifestieren. Klassenkampf, Klassenauseinandersetzungen bestimmen auch heute Gesellschaftsbewegungen in der BRD und das Verhältnis zwischen DDR und BRD; wobei die Bundesrepublik mit ihrer kapitalistischen Gesellschaftsordnung prinzipiell zu den imperialistischen Staaten gehört, die den sozialistischen und denen die sozialistischen den Kampf angesagt haben. Hier wurzeln die 'verschärften' ideologischen Auseinandersetzungen, vor allem in den Medien der DDR, aber ebenso die kulturpolitischen Auseinandersetzungen bei den Tagungen des Schriftstellerverbandes. Ideologische Abgrenzungen neben wirtschaftlicher Koexistenz sind die Spielformen, die eingeübt werden; hier hat es in der Geschichte der DDR und deren Kulturpolitik Unterschiede und Akzentverschiebungen gegeben - bei gleicher Strategie eine Vielzahl taktischer Varianten.

Die Prinzipien der Kulturpolitik nehmen in diesem Spannungsfeld einen bedeutenden Platz ein. Immer wieder ging und geht es darum, bei gleicher, fester, prinzipienbewußter sozialistischer Grundhaltung jene Tendenzen zu verdeutlichen und abzusondern, in denen der Klassenfeind seine Angriffe gegen die sozialistischen Prinzipien - von innen und außen - vorträgt. In dieses Grundkonzept sind alle Auseinandersetzungen einzubeziehen: die vielen, bei den unterschiedlichsten Gelegenheiten ausgesprochenen Maßregelungen wurden immer verbunden mit Positionen des Klassenkampfes:

> Künstlerisches Schöpfertum, das den sozialistischen und damit humanistischen Charakter unserer Wirklichkeit im Wechselverhältnis der persönlichen und gesellschaftlichen Interessen entdeckt und künstlerisch gestaltet, trägt damit selbst zur Vertiefung des Charakters der zwischenmenschlichen Beziehungen in allen Sphären unseres Lebens bei. Diese Aufgabe ist unvereinbar mit überholten Schemata der Entfremdung, der Verabsolutierung der kritischen Funktionen der Kunst, unvereinbar mit der Dekadenz der antagonistischen Klassengesellschaft.[9]

9 Die Aufgaben der Kultur bei der Entwicklung der sozialistischen Menschengemeinschaft, Protokoll der 5. Sitzung des Staatsrates der DDR vom 30. Nov. 1967, S. 147, vgl. WB 2/76, S. 99 ff.

Auf der Grundlage dieser hier immer nur andeutbaren Konfliktkonstellation zwischen Fortschritt und Reaktion, die natürlich erweiterbar wäre in Frieden: Krieg, gut: böse usw., lassen sich Grundmuster literarischer Gestaltung erkennen, die dann als "typische Konflikte" in die bekannte Realismus-Definition Engels' einzubeziehen wären:

> Realismus bedeutet... außer der Treue des Details die getreue Wiedergabe typischer Charaktere unter typischen Umständen (an Miß Harkness, April 1888).

Dieses Grundmodell, das immer wieder einmal umstritten gewesen ist und das sich - im Briefzusammenhang - auf einen Roman bezieht, hat den Vorteil, daß es, für jedermann einsichtig, gesellschaftliche Grundkonstellationen in sich aufnehmen und die als gesetzmäßige Entwicklung erkannten Bewegungen in einfachen Bildern vorführen kann. In der "Sickingen"-Debatte zwischen Lasalle und Marx/Engels aus dem Jahre 1859 ist das mustergültig vorgeführt worden. Die Grundfrage war, ob die in dem Stück dargestellten Helden/Parteien - Franz von Sickingen - auf der richtigen Seite der gesellschaftlichen Bewegung standen, diese repräsentieren konnten und ob sie dementsprechend charakterisiert worden waren.

Dieses Literaturmodell - gesellschaftliche Konflikte als literarische Konflike vorzuführen - ist das Grundmodell des Realismus, in dem die Parteilichkeit des Autors als Parteinahme bei der Gestaltung von Fabel, Konflikten und Charakteren sichtbar wird. Natürlich ist es - als Modell aus dem 19. Jahrhundert - in der Gegenwart modifiziert worden; seine grundsätzliche Bedeutung hat es - das beweisen alle Literaturdiskussionen - auch für die DDR-Literatur der Gegenwart behalten.

So ist es auch zu verstehen, daß andere Literaturmodelle schnell mit dem Kains-Zeichen der Abweichung, des Verrates belegt wurden; selbst bei Christa Wolf, Genossin seit 1949 und Mitglied des Vorstandes des Schriftstellerverbandes der DDR bis 1977. Selbst die Übernahme moderner literarischer Stilmittel geriet so zu einer gefährlichen und oft genug verdammten Gratwanderung, schwerer wogen vergleichsweise die Gestaltung einer dekadenten Lebensauffassung ("Freiheit", Halle, über den "Geteilten Himmel") oder gar von Entfremdungserscheinungen in der DDR selbst und bei 'sozialistischen' Helden. In dieser Reihung spielte der Vorwurf naturalistischer Gestaltung (vgl. "Kleiner Ausflug nach H.") eine relativ geringe Rolle; zu Zeiten konnte aber auch das bereits zu verheerenden Folgen für den Autor führen.

Kunst hatte so - hat sie auch noch heute - die Wirklichkeit 'richtig' widerzuspiegeln, nicht so sehr in den Details (Gefahr naturalistischer Abweichung), vielmehr in den Konflikten, in den Situationen, in denen die Konflikte sichtbar wurden, und in den Charakteren, die die Konflikte (zum Teil in sich selbst) austragen mußten. Innerhalb dieser Grundvoraussetzungen (der "festen Position") war - nach Honecker - vieles möglich, nun auch eine Vielzahl von Handschriften, nun auch der Einsatz moderner Stilelemente. So, in dieser Weise, mußte Honeckers Bemerkung vom Dezember 1972 verstanden werden; so ist sie freilich nicht verstanden worden. Die sogenannte Liberalisierung der Kulturpolitik nach 1971 und bis 1976 ging in einigen Bereichen der Kunst und der Künstler tatsächlich von dem Mißverständnis aus, daß es nun 'keine Tabus' mehr geben solle, dafür individuelle Handschriften. Es war abzusehen, daß diese 'neue Linie' nicht lange Bestand haben konnte: bei der nächsten 'Verschärfung des Klassenkampfes' mußten die bekannten Grundpositionen wieder hervorgekehrt und in ihre alten Rechte eingesetzt werden.

Was hier modellartig und nur in einigen Strichen entwickelt worden ist, hat natürlich auch im sozialistischen Alltag eine Vielzahl von Schattierungen, von Abweichungen und Annäherungen, die auch mit der menschlichen Seite aller Prozesse erklärt werden können. Die Genossen in den Parteileitungen, in den Redaktionen und die Genossen Schriftsteller sind den Zwängen und Möglichkeiten einer lebendigen Gesellschaft ausgesetzt, die - natürlich auch - eine bestimmte Rolle im Wettkampf der Systeme innehat und auch so von der anderen Seite behandelt wird. Immer stoßen im Raum des gesellschaftlichen Alltags die verschiedensten Kräfte zusammen, Bewegungen entstehen, die, im Ansatz kaum erkennbar, zur gesellschaftlichen Kraft werden können, und damit muß gerechnet werden. Und natürlich: Die Genossen, gerade der höheren Ebene, sind hochbezahlte, mit Privilegien ausgestattete Individuen; daß sich das mit den Prinzipien der Parteidisziplin und Parteilichkeit stoßen kann, ist nicht zu verwundern.

Freilich - auch das ist eine Folge: Autorenpoetiken, Dichtungslehren oder -auffassungen, die das Bild des Autors von Dichtung zeigen oder sind, wird es in einem so vorgegebenen Rahmen kaum geben können. Denn letztlich kann es sich dabei immer nur darum handeln, die festgelegten und gültigen Grundpositionen zu variieren, sie im Kern wirklich nicht zu verletzen, sondern eher sie zu verstärken, zu verdeutlichen, ihre Wirkung zu erhöhen. Nur in diesem relativ schmalen Bereich wären eigene Auffassungen von Dichtung und Dichtungswirkung denkbar; zu untersuchen ist, ob und wie Christa Wolf sich in diesen Rahmen gefügt hat.

In dieser Hinsicht ist ihre Antwort auf ein Verlagsansinnen, Rechenschaft oder Bericht zu geben über ihre Schreibansätze, "Eröffnungen", ein bemerkenswertes Dokument, da es auch eine Abrechnung ist mit jenen Vorgaben, von denen oben gesprochen wurde, ähnlich jenen, die de Bruyn mit seiner Erzählung "Die Preisverleihung" gegeben hat: Abrechnung mit Ausbildung, Erwartungen der Öffentlichkeit, Fehleinschätzungen der Möglichkeiten, die Literatur haben sollte, und den Folgen, die notwendig eintreten mußten und nur mühsam überwunden werden konnten. Anpassung als Fehlentwicklung, eigentlich ein trauriges Kapitel deutscher Literatur.

Christa Wolf über ihr Erstlingswerk, "Moskauer Novelle" (1961):

> Daß die Lektüre genauso peinlich war, wie ich sie mir vorgestellt hatte, brauche ich Ihnen nicht zu versichern. Ebensowenig, daß ich mir hier nicht das billige Unvergnügen machen will, mich über den für jedermann offenliegenden Mangel an formalem Können zu mokieren, über ungeschickte Sätze, verunglückte Bilder, hölzerne Dialoge, naturalistische Beschreibungen...[10]

Das aber - was einem Debütanten ohne weiteres passieren und aus dem er lernen kann - ist es nicht, was sie beim Wiederlesen erschreckt; es ist (und hier ist der Kern ihrer Überlegungen von früh an) die Einsicht, daß bestimmte, anempfohlene literarische Strukturen genau das verhindern können, was ihrer Ansicht nach Literatur eigentlich bewirken sollte: Öffnung, Spannung auf Neues, Unerhörtes und Ungehörtes, Abenteuer, Menschliches, Menschenmögliches und -unmögliches. Was Literatur, große Literatur, immer war, deren Wirkung und Bedeutung sie in "tabula rasa" (in "Lesen und Schreiben") beschrieben hat:

> Leisten wir uns ein Gedankenexperiment. Eine Kraft, nicht näher zu bezeichnen, lösche durch Zauberschlag jede Spur aus, die sich durch Lesen von Prosabüchern in meinem Kopf eingegraben hat. Was würde mir fehlen?...
>
> Wie soll ich ahnen, daß die Welt, in der ich lebe, dicht, bunt, üppig, von den merkwürdigsten Figuren bevölkert ist? Daß sie voller Abenteuer steckt, die ausgerechnet auf mich gewartet haben? Kurz: der Gang zu den Müttern hat nicht stattgefunden, aus den Quellen ist nicht getrunken worden, das Maß für Menschen und Dinge wurde nicht gesetzt...
>
> Unersetzbar vor allem die Erfahrung, daß die Fülle des Lebens nicht ausgeschöpft ist durch die wenigen Handlungen, die wir

10 Eröffnungen. Schriftsteller über ihr Erstlingswerk, Berlin 1974, S. 167 f.

zufällig tun dürfen. . . .ich, ohne Bücher, bin nicht ich.[11]

Die letzte Feststellung hier steht erst am Ende einer langen Aufzählung; ihr eigenes Frühwerk betrachtend, bestürzt sie ein ". . .Zug zu Geschlossenheit und Perfektion in der formalen Grundstruktur, in der Verquickung der Charaktere mit einem Handlungsablauf, der an das Abschnurren eines aufgezogenen Uhrwerks erinnert, obwohl doch, wie ich ganz gut weiß, die Vorgänge und Gemütsbewegungen, welche Teilen der Erzählung zugrunde liegen, an Heftigkeit und Unübersichtlichkeit nichts zu wünschen übrig ließen."

Leben, Erfahrung und literarisches Werk erschienen hier als Gegensätze, bei denen das eine das andere ausschließt: "Da zeigt sich, . . .wie gut ich meine Lektion aus dem germanistischen Seminar und aus vielen meist ganzseitigen Artikeln über Nutzen und Schaden, Realismus und Formalismus, Fortschritt und Dekadenz in Literatur und Kunst gelernt hatte - so gut, daß ich mir unbemerkt meinen Blick durch diese Artikel färben ließ, mich also weit von einer realistischen Seh- und Schreibweise entfernte."

Alles wird benannt: daß gewisse "nach vorgefertigten Rezepten hergestellte Abziehbilder unter dem Stempel 'Parteilichkeit' laufen konnten", daß an die Stelle gemischter Gefühle die reinen, unzweideutigen wie "Treu und Glauben, Liebe, Freundschaft, Edelmut und Geradlinigkeit" treten konnten, Naivität wie bei Kindern voraussetzend, bei Erwachsenen eher Einfältigkeit, daß wir fürchteten, in die Nähe von Tabuzonen zu geraten, ". . . an die Grenze des ihm (dem Autor - W.K.) Sagbaren zu kommen. . .", dahinter die anmaßende Behauptung, "ein für allemal im Mitbesitz der einzig richtigen, einzig funktionierenden Wahrheit zu sein".

> Sie werden mir glauben: dies ist kein Lamento und keine Beschuldigung. Eher ein Selbstverständigungsversuch, Vor-Formulierung von Problematik in abstrakter Form. . .

Hier - an dieser Stelle - entwickelt Christa Wolf so etwas wie ein eigenes Realismus-Konzept, das sozusagen von zwei Säulen getragen wird: nämlich Neues, Unerhörtes usw. zu sagen und die in einer Zeit wirklichen, unaufgearbeiteten, verdrängten Probleme zu gestalten; da trotz der "Angst vor schwer kontrollierbaren Sprengkräften" die gesellschaftliche Moral eines Autors sich nicht darin erschöpfen dürfe, "daß er seiner Gesellschaft möglichst vorenthält, was er von ihr weiß"!

11 'Lesen und Schreiben', S. 190, 191

Das Konzept der Widerspiegelung von Wirklichkeit mit dem Versuch, "Totalität" zu bieten, zumindest Ganzheit der wesentlichen Bewegungsfaktoren, wird verworfen zugunsten eines Theorieansatzes, der von der Wirkung eines Werkes ausgeht, der sich aber - wie bisher - zugleich um die Aufdeckung gesellschaftlicher Probleme bemüht, wie bisher um Erkenntnis und Aufklärung. Hier, genau hier, liegt der wiederholt angesprochene Unterschied oder besser Gegensatz zur literarischen "Moderne", deren Weltbild von ganz anderen Prämissen ausgeht. Christa Wolf bleibt mit diesem Ansatz im Theoriebereich marxistischer, auch sozialistischer Literatur; nur alte, nach ihrer Meinung gefährliche Bauformen des 'sozialistischen Realismus' müßten abgelöst werden.

> Was um alles in der Welt sollte einen daran so entsetzen, daß man sich Mühe geben muß, den heillosen in einen vielleicht doch noch heilsamen Schrecken zu verwandeln? Eben dies: daß man es nicht besser. . . wußte, es doch aber besser hätte wissen können und müssen. Im Jahre *neunundfünfzig* konnte man doch schon ein paar Informationen über den realen Hintergrund des Lebens einer sowjetischen Familie haben oder über die Schwierigkeiten in den Beziehungen zwischen zwei Völkern. . . - da genügt es nicht, schlechtes Gewissen auf die eine und Großmut auf die andere Seite zu setzen. . . Und es kann nicht einmal einer Liebesgeschichte erlaubt sein, von einem Ereignis, wie es z.B. der 20.Parteitag war, nur ein paar Reflexe in einer Idylle aufzufangen. So könnte ich fortfahren. . ., wenn nicht die seit vierzehn Jahren zunehmende Erfahrung in Sachen Selbstzensur mich hindern würde, das in ungebrochenem Ton zu tun.

Das ist es wohl, denn natürlich hat Christa Wolf bis heute die eigentlichen Probleme ihres Lebenskreises - auch das hier Angesprochene - nicht oder nur in Ansätzen gestaltet; stattdessen ist die Problematik Zensur/Selbstzensur wiederholt aufgegriffen worden, obwohl sie natürlich weiß, daß das kein Ersatz, nicht einmal eine Entschuldigung, allenfalls eine Erklärung sein kann. Freilich: Diese Hochspannung, an die Grenze des Sagbaren zu kommen und sie doch nicht überschreiten zu dürfen - weil hier eben jene Selbstzensur wache -, diese Hochspannung mache den Reiz des Schreibens aus und, "wenn man sie erst entdeckt hat, den Reiz des Lesens, auch wenn sich der Leser nicht bewußt werden muß, was ihn, über die Schicksale der Romanfiguren hinaus, so mitgenommen hat".

Christa Wolf entwickelt hier so etwas wie eine Schreib- und Lesetheorie verdeckten Sprechens (vgl. Kap. IX dieser Arbeit), obwohl - auch das muß man sehen - das damit angesprochene Problem, folgt man ihrer Argumentation, nicht gelöst, eher verdeckt wird. Denn die notwendige und bisher nicht abgegoltene Forderung nach Wahrheit und Grenzüberschreitung bleibt natürlich eine Herausforderung an den Autor, der man mit den Umwegen Literaturgeschichte (Kleist, Günderrode) oder Mythos (Kassandra) vielleicht eine zeitlang ausweichen kann, die aber trotzdem bestehen bleibt. Auch darüber hat Christa Wolf übrigens gehandelt, wohin sich solche Reste entwickeln können, "Kindheitsmuster" müßte es thematisieren, in "Nachdenken über Christa T." war es immer gegenwärtig:

> Da aber die Zukunft immer vor uns hergeschoben wurde, da wir sahen, sie ist nichts weiter als die Verlängerung der Zeit, die mit uns vergeht, und erreichen kann man sie nicht - da mußte eines Tages die Frage entstehen: W i e werden wir sein? W a s werden wir haben? Obwohl zum Innehalten die Zeit nicht ist, wird einmal keine Zeit mehr sein, wenn man jetzt nicht innehält. Lebst du jetzt, wirklich? ("Christa T.", Kap 12)

Wie Schatten verfolgen Christa T. Geschichten, die sie nicht verdrängen kann: "Das Krötenhaupt sitzt fest am Rumpf. Da knallt der schwarze Kater noch einmal an die Stallwand. Da zerschellen noch einmal die Elsterneier am Stein. Da wird noch einmal der Schnee von einem steifen kleinen Gesicht gewischt. Noch einmal schnappen die Zähne zu."

Faschistische Vergangenheit, sozialistische Gegenwart: Allzu-Menschliches? "Fleißig und roh ist er", sagt Christa T. über einen Schüler. "Er hat nur Glück, daß er hier lebt. Anderswo wäre er - sonstwas. Sein Typ ist noch gefragt. Wenn wir uns bloß nicht täuschen lassen von seiner Tüchtigkeit! Denn - wohin würde das führen?" ("Christa T.", Kap 12)

Problematik der bewältigten oder nicht bewältigten Vergangenheit, verbunden mit der Lust, Verantwortung auf andere zu schieben:

> . . .wahr ist: die Umwälzung der bewußten Denk-Inhalte. . . war eine erschütternde, die ganze Person ergreifende Erfahrung, und wer sich jene Untaten, zu denen wir alle ausersehen gewesen und denen wir ohne unser Verdienst knapp entgangen waren, ernsthaft vor Augen hielt, konnte, wie der Reiter über den Bodensee, an dem Schock nachträglich zu Boden gehen. Da ist wohl damit zu rechnen, daß eine tiefe Unsicherheit, ein fast unausrottbares, wenn auch häufig unbewußtes und durch rastlose Tätigkeit überdecktes Mißtrauen gegen sich selbst in vielen Angehörigen dieser Generation zurückgeblieben ist, das sich in ihrem gesellschaftlichen Verhalten - darunter in ihrer Literatur - ausdrücken muß.[12]

---

12 Eröffnungen, a.a.O., S. 170 ff.

Ihre ästhetischen Forderungen leitet Christa Wolf von den gesellschaftlichen Bedingungen ab, die wiederum durch die Geschichte gegeben sind. Für die Marxistin ist ästhetische Theorie ein Überbau-Element gesellschaftlicher Prozesse, die, da sie in sich widersprüchlich und komplex sind, ähnlich komplex und vielleicht auch widersprüchlich sein muß.

> Denn mit dem tiefen, nachhaltigen Entsetzen vor der Barbarei... ist es nicht getan; auch nicht mit einer Ernüchterung, die sich nur auf vergangene Geschichtsabläufe bezieht. Wenn die Denk-Fehler erkannt, bereut,... korrigiert waren... - die A r t zu denken war nicht so schnell zu ändern, und noch weniger waren es bestimmte Reaktions- und Verhaltensweisen, die, in der Kindheit eingeschleust, die Struktur der Beziehungen eines Charakters zu seiner Umwelt weiter bestimmen: die Gewohnheit der Gläubigkeit gegen übergeordnete Instanzen, der Zwang, Personen anzubeten oder sich doch ihrer Autorität zu unterwerfen, der Hang zu Realitätsverleugnung und eifervoller Intoleranz. Zu erklären ist das ja alles, nur würde ich es gerne einmal erklärt l e s e n...

Natürlich spiegeln sich in diesem Programm die Erfahrungen seit "Nachdenken über Christa T." wider, natürlich ist das Ausdruck deutlicher Entfernung von dem sie tragenden Gesellschaftssystem, aber vor allem ist dieses Programm ein Programm für sie selbst, für "Kindheitsmuster", das eigentlich der Text zu diesen Forderungen sein müßte.

Wir werden sehen, was daraus geworden ist und wie sich die angedeuteten Entwicklungen fortsetzen. Festgestellt und formuliert und auf den Punkt gebracht ist es hier, 1973:

> ... wie man es (oder sich) auch drehen und wenden mag, ein freies, schöpferisches Verhältnis zu unserer Zeit ist nur aus der Verarbeitung dieses Konflikts zu gewinnen, der das Zeug in sich hat zu modellhaften Darstellungen, da er ja nicht nur eine Generation betrifft. Nicht, um unnötigerweise gesellschaftliche Kräfte an die Vergangenheit zu binden, sondern um sie produktiv zu machen für die Gegenwart, hat eine andauerndc unerschrockene Arbeit gerade an jenen Vergangenheitskomplexen stattzufinden, deren Berühung schmerzt. Ein Vorgang, der, mit Konsequenz betrieben, zu literarischen Entdeckungen führen könnte, auf die wir nicht gefaßt sind.

Von Hoffnung spricht sie in diesem Zusammenhang, vom Begriff oder vom Prinzip "Hoffnung", ohne das sie nicht schreiben könnte. Aber sie formuliert auch: "Wie sollen wir ahnen, eines wie fernen oder nahen Tages wir die Gutgläubigkeit unserer heutigen Äußerungen - z.B. auch dieser Seiten - ungläubig bestaunen werden."

Alexander Stephan hat in seinem Forschungsbericht die Aufsätze und Rezensionen zusammengetragen, die den langen Weg der Christa Wolf zu sich selbst bis zu diesem Zeitpunkt begleitet haben[13], in denen einzelne Stufen oder Schübe ihrer Entwicklung sich abzeichnen. Dabei sollte man freilich sehen, daß diese Bewegungen sich neben anderen vollzogen, die - ohne daß es im einzelnen nachzuweisen wäre - zum Umfeld bedingender Faktoren einer Schriftsteller-Biographie gehören und die hier herangezogen werden müssen, natürlich auch mit dem Versuch, einige Haupttendenzen und Grundrichtungen festzustellen.

Wenn man davon ausgehen kann, daß Christa Wolf im Sommer 1965 an "Christa T." gearbeitet hat[14], wenn man ihre Positionen heranzieht, die sie auf dem Schriftsteller-Colloquium Dezember 1964 vorgetragen hatte, wird man den Zeitpunkt wesentlicher ideologischer Auseinandersetzungen bei ihr relativ früh ansetzen müssen, weit vor dem 11.Plenum und vor der Arbeit an "Christa T.", wobei es sich natürlich nicht um die Fixierung eines Zeitpunktes, eher um die Beschreibung einer Zeit-Stimmung handeln kann, die in den allgemeinen Auseinandersetzungen ihren Ausdruck findet.

Im Umkreis des "Prager Frühlings" und als Versuch eines vorgreifenden Angriffs auf dessen theoretische Positionen eröffnete Alfred Kurella 1963 eine Grundsatzdebatte über Kafka, die Entfremdung und die sozialistische Wirklichkeit, anknüpfend an Stellungnahmen, die von führenden westlichen Marxisten auf einer Kafka-Konferenz in Libliče im Mai 1963 vorgetragen worden waren.

Es ging um "Grundfragen von philosophischer Bedeutung", es ging um jene vor allem von Roger Garaudy und Ernst Fischer behauptete "Erneuerung des Marxismus", die man in Ostberlin und anderswo in den Vorgängen innerhalb der CSSR, in den hier zutagetretenden geistigen Bewegungen wie in der Kafka-Konferenz überhaupt sich hervorwagen sah. Kurellas Aufsatz "Der Frühling, die Schwalben und Franz Kafka" hebt die für die DDR interessanten Aspekte hervor und gibt deren marxistische Antwort, stellvertretend sozusagen für die marxistischen Literaturwissenschaftler Hermsdorf, Mittenzwei und Richter, die in Liblice "mit großer Konsequenz ihre wissenschaftliche Auffassung vertreten und damit ein gutes Beispiel für die Reife und Entschiedenheit des marxistischen Denkens in unserer Republik gegeben

13 Alexander Stephan, Christa Wolf (Forschungsbericht), Amsterdam 1980

14 Brief an Gerti Tetzner, 22.6.1965; Christa Wolf, Materialienbuch 1983, S. 40 f.

(hatten)".[15] Freilich: - "Unsere jungen Marxisten waren dann auch die Zielscheibe von Angriffen und Anwürfen"; Kurella, zu dieser Zeit Sekretär der Kulturkommission beim Politbüro der SED, verteidigt mit seiner Entgegnung sie und den Kurs der Partei, der hier ganz offensichtlich in Frage gestellt werden sollte.

Ziel des philosophischen "Frühlings" sollte es auch sein - so Kurella -, die Konzeption des Realismus zu erweitern, auf dem Umweg einer Neuinterpretation Kafkas und der "Beseitigung eines summarischen Begriffs der Dekadenz" innerhalb des Kampfes gegen Schematismus und Dogmatismus. Gerettet werden sollten die Ansprüche des Subjekts und seine Möglichkeit, gegen die Welt der Entfremdung eine Gegenwelt des 'wirklichen Humanismus' zu errichten. Garaudy:

> Das Werk Kafkas ist mehr als der Todesschrei einer Welt. Es hat universell Bedeutung. Kafka hat uns etwas zu sagen, uns Menschen von 1963... Kafka ist unsere Erfahrung des letzten Krieges, auch die Erfahrung des Nachkrieges der kapitalistischen Welt, wenn die den Menschen mehr als je entfremdet und ihn daran hindert, Herr seines Schicksals zu sein. Aber die Entfremdung verschwindet nicht wie durch einen Zauberstab am Tage der Machtübernahme durch das Volk. Es gibt noch Widersprüche und Entfremdungen während des Aufbaus des Sozialismus, und das Werk Kafkas enthüllt uns selber und beurteilt uns in unserem Kampf... gegen alles, was aus dem Personenkult hervorgehen konnte und noch hervorgeht, gegen alles, was im Widerspruch zum sozialistischen Humanismus steht.

Schritt für Schritt weist Kurella alle Zumutungen zurück, die sich aus diesem Ansatz ergeben müßten: den Begriff der Entfremdung auf sozialistische Gesellschaftsverhältnisse zu übertragen, Kafkas Werk für den Kampf gegen Folgeerscheinungen des Personenkults zu benutzen, die Konzeption des Realismus "nach der Seite Kafkas hin" zu erweitern. "Die Zurückführung des Wahrheitsgehaltes der Wirklichkeit auf die Parabel (statt auf eine realistische Fabel - W.K.) bedeute eine Verarmung ebenso wie der Ersatz eines Systems von Wirklichkeitsbeziehungen durch das Symbol oder der Dialektik der Lebensbewegung durch einen modellartigen Code."

> Dem wissenschaftlichen Betrachter des konkreten Literaturprozesses in der ersten Hälfte dieses Jahrhunderts kann nicht entgehen, daß eben diese von Kafka verwendete literarische, künstlerische Gestaltungsweise zum Arsenal der Auflösung der

---

15 Kritik in der Zeit. Literaturkritik der DDR 1945-1975, Bd. 1, Halle/Leipzig 1978, S. 380 ff.

künstlerischen Ausdrucksmittel gehört, für die "Dekadenz" der zusammenfassende Begriff ist.

Es geht gegen Koexistenz von Ideen trotz der notwendigen Koexistenz gesellschaftlicher Systeme. Oder - mit dem ärgerlichen Vergleich Kurellas - : "Eine Fledermaus bleibt eine Fledermaus, und man sollte sich nicht scheuen, sie so zu nennen." Es geht um Rehabilitierung des Realismus-Begriffs am Beispiel des großen Romans und um die Abwehr moderner Gestaltungsmittel. Kurellas Methode ist eine Vermischung durchaus stichhaltiger philosophischer Deduktionen mit Setzungen oft allgemeinster Art, die keinerlei Beweiskraft haben. Und es geht hier um die Abgrenzung des Marxismus von bürgerlichen Spielarten des Existenzialismus, um die Abwehr von Aufweichungs- oder Infiltrationsbemühungen unter der Flagge der Koexistenz. Und natürlich geht es gegen das Gedankengut des "Prager Frühlings".

"Es ist nichts Neues", beginnt Kurellas Aufsatz, "daß die Feinde unserer Weltanschauung dem Marxismus die Sklerose, die Verkalkung andichten." Gerade im jetzigen Zeitpunkt sollte es nicht schwer sein, den Beweis anzutreten, daß er "von außerordentlicher Vitalität" ist. "In den letzten zehn Jahren hat das marxistische Denken sich im internationalen Maßstab mächtig entfaltet. . ., seine Lebendigkeit und Weltoffenheit gezeigt. Das gilt für alle Gebiete der marxistischen Theorie. . ., einschließlich der theoretischen Ästhetik und der Kunst- und Literaturwissenschaft."

1965 eröffnet Günther K. Lehmann seinen Aufsatz "Grundfragen einer marxistischen Soziologie der Kunst" in der angesehenen "Deutschen Zeitschrift für Philosophie" mit der nun freilich bemerkenswerten Gegenthese: "Es ist längst ein offenes Geheimnis, daß die deutsche marxistische Ästhetik gegenwärtig noch nicht auf dem Niveau ihrer objektiven Aufgabe steht."[16] "Die Ästhetiker, sie gestehen es, verspüren ein großes Unbehagen, müssen sie doch wiederholt erfahren, daß die Kategorien, die zum traditionellen Begriffsinventar der Ästhetik gehören, viel zu verschwommen und zu weitmaschig sind, als daß man mit ihnen etwa die Spezifik der sozialistischen Gegenwartskunst erfassen könnte."

Maßstäbe der Bewertung seien willkürlich konstruiert und stünden - trotz der logischen Deduktion aus allgemeinen Grundsätzen - oftmals in krassem Gegensatz zu der Resonanz, die das Werk im gesellschaftlichen Leben finde. "Es geschah nicht selten, daß Bücher gepriesen wurden, die so gut wie keine Leser fanden, weil sie langweilig, unrealistisch, lebensfremd waren. . . Wohl

16 Deutsche Zeitschrift für Philosophie 13/65, S. 933 ff.

ebenso oft passierte es, daß frische und unkonventionelle Werke, die den Leser packten und seinem Denken neue Impulse gaben, bei den Kritikern auf Ablehnung stießen, weil sie entweder die angebliche Reinheit der Gattung verletzten oder weil die Logik ihrer Fabel, die Typik der Helden oder die Tragik der Konfliktlösung den dafür als Normen bereitgehaltenen Begriffen bzw. theoretischen Modellen widersprach."[17] Die Kritik Lehmanns zielt darauf ab, den Leser als Instanz von Öffentlichkeit ins Spiel zu bringen, als Korrektiv gegenüber der Unzulänglichkeit "gewisser Methoden und Konzepte" der ästhetischen Kritik. Es gebe in der Literaturkritik eine "Entfremdung" zwischen Kritiker und Publikum; die Urteile des Publikums als Banausentum abzutun verrate eher bürgerlichen Intellektualismus.

Lehmanns Kritik wendet sich gegen eine normative Ästhetik, die davon ausgeht, im Besitz gültiger ästhetischer Wahrheiten zu sein: so beim Beispiel Hegel, für den die griechische Klassik das untrügliche Muster war, so bei Lukács, dessen "Theorie des Romans" an der "nicht mehr übertroffenen Vollendung" der Kompositionsweise Walter Scotts orientiert ist. Sobald ein solches Modell zum ästhetischen Ideal aufgewertet wird, müssen alle aus gänzlich anderen nationalen, sozialen und historischen Bedingungen hervorgegangenen Kunstwerke als unvollkommene, unreife Macharten erscheinen.

"Es wäre zu fragen, ob unter sozialistischen Verhältnissen, die eine Vielfalt an Talenten und künstlerischen Individualitäten hervorbringen, die Ästhetik bzw. Kunstwissenschaften überhaupt noch normativ sein können."

Wir wissen, daß diese kühne Fragestellung - was den Aufbau einer neuen marxistischen Ästhetik anbelangt - folgenlos geblieben ist, vielleicht nicht so sehr für den Wissenschaftsbereich wie für die Kulturpolitik; denn Lehmanns Vorschlag, Literaturwissenschaft mit soziologischen Methoden und Fragestellungen anzugehen ("Zu erforschen ist demnach der soziale Wirkungsgrad von Kunstwerken, die Tendenzen ihrer Einflußnahme auf die soziale Psyche und gruppenbedingten Verhaltensweisen und Einstellungen"), hat ja Folgerungen innerhalb der marxistischen Rezeptionswissenschaft gehabt. Nur die zentralen Streitfragen nach Realismus, Typik, sozialistischen Schreibweisen blieben unangetastet. Lehmann:

> Er (der Wissenschaftler - W.K.) beobachtet die Reaktion des Publikums, das der Wirkung eines Kunstwerkes ausgesetzt ist, und sucht die Gesetze der funktionellen Koppelung von Kunstgestalt und Rezeption auf. Ziel seiner Bemühungen ist eine sachlich-objektive Diagnose des Übertragungsvorganges, die

---

17 a.a.O., S. 934; vgl. Peter Uwe Hohendahl, Ästhetik und Sozialismus. In: Literatur und Literaturtheorie. Hg. Hohendahl/Herminghouse, Suhrkamp 1976, S. 123 ff.

Ermittlung der darin wirksamen Regler und der Kapazität der Informationskanäle, die Feststellung der Stabilität bzw. Störanfälligkeit dieses Kommunikationssystems.

Immerhin werden in dieser Arbeit Grundfragen angegangen, die - so freimütig - noch nicht diskutiert worden sind. Wichtig ist die Feststellung, daß es offenbar noch keine gesicherte, keine wissenschaftliche Basis für die Ansprüche der Partei- und Kulturleitungen gebe, Kunst, realistische Kunst definieren zu können. Und zu beobachten sei, daß sich das einzelne Werk ja tatsächlich erst in einzelnen Lesern realisiere, wobei der Leser selbst eine mehr oder minder aktive Rolle einzunehmen habe. Mit dieser Verlagerung der Aufmerksamkeit auf den Rezipierenden ist der Literatur eine neue Betrachtungsdimension gegeben worden: wie kommt eigentlich Wirkung zustande, was ist Wirkung bei einem so auf den einzelnen bezogenen Vorgang wie beim Lesen? 1965 liegt dieser hier vorgestellte Aufsatz; "Christa T." in einer ersten Fassung ist fertig (?), mit Dezember 1966 datiert Christa Wolf ihren Essay "Die zumutbare Wahrheit" über Ingeborg Bachmann.

Es ist der Zeitraum des 11.Plenums, aber es ist offenbar auch ein Diskus sionsraum, in den von den verschiedensten Seiten die Begriffsfelder Subjekt, Subjektivität und Subjektivismus eingebracht werden. Im Sommer 1966 kommt es in der Studentenzeitschrift "Forum" zu einer breit angelegten Lyrikdebatte, die auf Literatur- und Unterhaltungszeitschriften übergreift: "Sonntag", "Wochenpost", "NDL". Im "Forum" 12/66 beschreiben die Literaturwissenschaftler Schlenstedt und Schiller die Folgerungen, die aus der Debatte gezogen werden müßten: Eine breite Leserschicht habe sich entwickelt, eine neue umfassende und in sich differenzierte Literaturgesellschaft. Auf diesem Boden erwachse aber nicht nur die Möglichkeit, sondern die Notwendigkeit einer Vielheit poetischer Konzeptionen auf der gemeinsamen weltanschaulich-politischen Grundlage.[18] Heißenbüttel kritisiert die Kulturpolitik der sozialistischen Staaten, die noch immer glaube, "daß der gesellschaftliche Status gespiegelt werden kann" wie zur Lebenszeit von Karl Marx; heute löse sich die Einheit der Motivation für das Subjekt auf, es gebe vielmehr ein Konglomerat von Beweggründen, was eine zunehmende Auflösung des Erzählzusammenhanges zur Folge habe und dies wiederum die Verwendung abbreviatorischer, protokollarischer oder anderer moderner Stilmit-

18 zit. Jäger, a.a.O., S. 128

tel".[19]

Der in diesem Rahmen bedeutendste Aufsatz des Jahres 1966 betrifft wieder die Grundfragen der marxistischen Ästhetik, und wieder geht es um den Versuch, die gültigen Realismuskonzeptionen zu erweitern oder zu ergänzen: Horst Redekers "Abbild und Aktion. Versuch über die Dialektik des Realismus", Halle 1966. Uwe Hohendahl hat die in dieser Zeit einsetzenden "Wandlungen der Realismus-Konzeption"[20] eingehend beschrieben: die mit der Lukács-Kritik gegebenen Voraussetzungen für einen Neuansatz marxistischer Literaturtheorie, die mit seiner Orientierung auf das 19. Jahrhundert verbundene Unfähigkeit, sowohl die bürgerliche Moderne wie auch die sozialistische Literatur angemessen zu beurteilen.[21] Es ist schon eine interessante Frage, welche Entwicklungen das Verhältnis zur Literatur genommen hätte, wäre Lukács nicht unter der Regierung Nagy zum Minister ernannt worden. So konnte er nun leicht als bürgerlich revisionistisch denunziert werden, wobei ganzen Germanistengenerationen in der DDR die Aufgabe zufiel, nachträglich die richtigen Argumente zu liefern.

Redeker hat in diesem Diskussionsraum entschieden die Rolle des Subjekts beim künstlerischen Schaffensprozeß betont, was ihm natürlich den Vorwurf des Subjektivismus einbrachte.[22] Der Verdacht, daß sich bei der Betonung des Subjektiven die Widerspiegelungsfunktion auflösen könnte, war freilich nur zu berechtigt, die Vorwürfe, die gegen diese Konzeption vorgebracht wurden, glichen denn auch jenen, die Hans Kaufmann 1974 gegen Christa Wolf erhob: daß damit letztlich Elemente des subjektiven Idealismus in die marxistische Theorie einflössen.[23] Auch anderen Realismus-"Rettungsversuchen" ist Redeker entschieden entgegengetreten, da es deutlich ihr Bestreben war, die Rechte des wahrnehmenden, wertenden und urteilenden Subjekts einzugrenzen.[24]

Für Redeker ist es entscheidend, daß der Künstler wahrgenommene Wirklichkeit durch das Erleben subjektiv verändert, daß das Kunstwerk nicht das Bild, sondern das Erlebnis von Wirklichkeit biete. Es gebe so etwas wie einen

---

19 Helmut Heißenbüttel, Über Literatur, Freiburg 1966; zit. E. Mannack, Zwei deutsche Literaturen, Kronberg/Ts. 1977, S. 61

20 Hohendahl, a.a.O., S. 138 ff.

21 a.a.O., S. 139

22 Horst Redeker, Über die ästhetische Funktion des subjektiven Elements der Kunst. In: Deutsche Zeitschrift für Philosophie 6/58, vgl. Hohendahl, a.a.O., S 142

23 vgl. Krogmann, Moralischer Realismus. In: Amsterdamer Beiträge 7/78, S. 254

24 Horst Redeker, Das subjektive Element oder Bitterfeld und der Praxischarakter der Kunst. In: Deutsche Zeitschrift für Philosophie 9/61, S. 592 ff.

"kommunikativen Realismus", "eine Methode der Darstellung, in welcher der Künstler die Lebensinteressen der von ihm ins Auge gefaßten Lesergruppe verwirklicht". Dabei versteht Redeker seinen Ansatz als Theorie-Element des Bitterfelder Programms, "... in dem eine sozialistische Gesellschaft die ihr gemäße Weise der ästhetischen Aneignung entwickelt".[25]

Nähe und Unterschied zum Konzeptions-Entwurf der Christa Wolf werden damit deutlich. Die hier aufgezeigte Rollen-Ästhetik, Modelle für gesellschaftliches Leben in Rollen-Mustern zu entwickeln, konnte sie nicht berühren. Interessant mußte aber sein, daß Redeker eine Loslösung des Schriftstellers von der Widerspiegelungs-Ästhetik suchte, mit der (freilich sehr eingeschränkten) Möglichkeit, im Schreiben Subjektives zu entäußern. Auch auf einer zweiten Ebene mußten Berührungspunkte erkennbar sein: Wird dem Bild nicht mehr Totalität, Ganzheit abverlangt, rückt der Modell-Charakter des Bildes stärker in den Vordergrund. Im Sinne struktureller Entsprechungen erweitern sich die Gestaltungsmöglichkeiten: Parabel, Märchen gewännen dadurch ähnliche, vergleichbare Bedeutung wie der große Gesellschaftsroman bei Balzac oder Tolstoi. "Die echte Totalität des realistischen Abbildes ist nicht die Masse des stofflichen Details, sie liegt nicht an der Oberfläche, sondern in der Tiefe und Bedeutsamkeit der Gestalten und Motive, die das Werk verschiedenen individuellen Aneignungsweisen zugänglich macht."[26] Ästhetische Widerspiegelung wird damit zu einem "dialektischen Prozeß von Abbildung und Aktion",[27] während die persönliche Betroffenheit und Handlung in den bisherigen Realismus-Konzeptionen allenfalls mittelbar angesprochen blieben. Es mag freilich symptomatisch sein, daß Redekers Modelle diesem theoretischen Anspruch nicht genügen; hier hätten eigentlich Werke einer neuen Konzeption vorgeführt werden müssen, die nicht zur Verfügung standen. 1972 resümiert Redeker in den "Weimarer Beiträgen": "Die Realismus-Diskussion der vergangenen Jahre hat in der marxistischen Ästhetik zu einer verstärkten Aufmerksamkeit für den dialektischen Charakter der realistischen Abbildung geführt, zur Überwindung mechanisch-materialistischer Interpretationen der Widerspiegelung, zur 'Wiederentdeckung' von Gedanken Bechers und Brechts über das 'subjektive Moment', den 'funktionellen Aspekt', die aktivierende Rolle realistischer Kunst, schließlich auch zu einem erhöhten Interesse für den Charakter der Kunst als einem geistigen Verhältnis zwischen Mengen, für die 'kommunikative Seite'."[28]

---

25 vgl. Hohendahl, S. 144

26 Redeker, Abbild und Aktion. Versuch über die Dialektik des Realismus, Halle: Mitteldeutscher Verlag, 1967, S. 25

27 vgl. Hohendahl, a.a.O., S. 148

28 WB 4/72, S. 76

Um den grundsätzlichen Unterschied zwischen diesen Positionen zu verdeutlichen, muß noch einmal auf die Lyrik-Debatte zurückgegriffen werden, bei der die Betonung der Rechte des Ich in eine ganz unerwartete Richtung führte. Manfred Jäger hat in seiner Analyse der kulturpolitischen Situation des Jahres 1966 die gegenläufigen Tendenzen in den Aussagen der Lyriker und ihrer Kritiker zusammengetragen, vor allem die Einwände Hans Kochs:

> In der Lyrik ist die Tendenz stark. . ., eine Grenze zwischen dem autonomen Gebiet des ganz eigenen Ich und dem Territorium der Gesellschaft zu ziehen. Hier wird am wenigsten um eine harmonische Synthese gerungen, am meisten die Behauptung des Ich gegen die Gesellschaft gefordert. . .

"Hans Koch konstatierte die auffällige Häufung lyrischer Äußerungen einer Weltsicht, 'deren - oft sorgfältig geformte - Unbestimmtheit etwas Bedrohliches, Gefahrdrohendes, Schreckliches, Unheimliches, Erstickendes und Tödliches in dunklen Bildern reflektiert'."[29] Mag das auch übertrieben formuliert sein, der Unterschied, auch der Abstand zwischen den Positionen ist offenbar.

Auch das mußte herangezogen werden, um Möglichkeiten für eine Einordnung und Absetzung der Wolfschen Autorenpoetik zu finden, die sich in dieser Zeit formt. Nähe und zugleich Ferne auch hier, im Verhältnis zu Redekers theoretischem Ansatz wie zu dem der Lyriker. An Ingeborg Bachmanns Beispiel erkennt sie Maßgebendes:

> Selbstbehauptung ist ein Grundantrieb ihrer Dichtungen. . . Selbstausdehnung, auf ein Ziel gerichtete Bewegung. Auch: sich stellen, das Eigene, auch die eigene Schwäche, vorweisen. . . Selbstbehauptung als Prozeß (. . .) Doch es lohnt sich, die neue Realität, die sie (ihre Sätze - W.K.) herstellen, nicht zu mißachten. Sie ist. . . die Hervorbringung eines ununterdrückbaren und unstillbaren Verlangens nach Durchdringung der natürlichen und gesellschaftlichen Umgebung mit menschlichen Maßstäben (. . .) Höchste Subjektivität, aber keine Spur von Willkür.., sondern spannungsreiche Authentizität.[30]

Dezember 1966. Christa Wolf beschreibt im Bild der Ingeborg Bachmann ihre eigene Autorenposition.

---

29 Jäger, a.a.O., S. 129, 128

30 'Lesen und Schreiben', a.a.O., S. 124 f.

Unter dem Titel "Ankunft und Anspruch" veröffentlicht Dieter Schlenstedt in "Sinn und Form" 3/66 einen Aufsatz über Entwicklungstenzenden im neueren Roman der DDR, in dem die bisher entwickelten Wertungsaspekte Subjektivität, Wahrhaftigkeit, Selbstfindung und Selbstbestimmung gleichsam zum kritischen Raster werden, mit dem gemessen wird: "Nicht wenige Bücher lassen den ästhetischen Keim unentfaltet, der in ihnen angelegt ist - jenen weiten und tiefen Bezug zum menschlichen Kern, zur Gattung Mensch, jene größere, zu unbedingter Echtheit und Konsequenz verpflichtende Beziehung zu dem dringlichen Bedürfnis, Heimat zu gewinnen, sich selbst verwirklichen zu können, eine vernünftige Form menschlichen Zusammenlebens und einen befriedigenden Platz mit ihm zu erreichen."[31]

Die Besprechung des "Geteilten Himmel" folgt den hier angedeuteten Maßstäben: Der kleine Roman, der eben noch heftiger Kritik ausgesetzt war, da er zuviel Subjektives (Rita) und zu wenig Wirklichkeit gebracht hatte, wird nun zum Muster für eine Entwicklungstendenz. Rita rückt in die Mitte der Betrachtung; die von ihr in Erinnerung und Reflexion vorgeführte Welt wird Beispiel einer neuen Sensibilität und einer - in enger Verbindung mit Anna Seghers - neugewonnenen Erzählweise:

> Die Heldin der Erzählung Christa Wolfs, Rita, zeigt eine ganze Skala von Lebenserwartungen und Ansprüchen, die sie selbst in dem Wunsch nach einem Leben aus dem vollen zusammenfaßt: Sehnsucht nach reicher Welt, nach Offenheit des eigenen Lebens für den großen geschichtlichen Strom, nach Gerechtigkeit und Vertrauen, nach Geduld und menschlicher Aufgeschlossenheit, nach Aktivität und Selbstverwirklichung lassen die Heldin unentwegt daran festhalten, daß es auf die Empfindlichen ankommt, auf Selbstachtung, auf Außerordentlichkeit und auf die Bewahrung vor jeder Gewöhnung.

Rita wird zur Vorläuferin der Christa T.: "Sie ist auf Absolutheit hin angelegt", sie ist die, die Kompromisse - was den eigenen Lebensentwurf anbelangt - ausschlägt. Hier hat ihre Kritik an Manfreds Haltung die eigentliche Wurzel: ". . .daß er sich nämlich dem Schein seiner schicksalhaft gegebenen Erlebniswelt hingibt. . ., daß er die Abstraktheit schon fixierter Weltauffassungen bequem stehenläßt." Deshalb die Rückblenden-Komposition, die "Anstrengungen der Heldin, das spontan Erlebte bewußt zu verarbeiten".

"Subjektive Authentizität" der Heldin - auch wenn der Begriff hier noch fehlt, die sich auch darin zeigt, daß sie eine zweite Erlebnisebene benötigt: das Durchdenken, Betrachten der unmittelbaren Erlebnisse; nun erst lernt sie,

31 Dieter Schlenstedt, Ankunft und Anspruch. In: SF 3/66, S. 814 ff., 815, 821

"an der errungenen Gewißheit ihres Lebensbildes festzuhalten. . . Selbsttäuschungen abzubauen, die Objektivität der Dinge schärfer zu sehen. . ." Schlenstedt beobachtet darüber hinaus in der Erzählung eine neue "Subjektivität des Erzählens": in ihr zeige sich "das Interesse für den wirklichen Menschen, sowohl für die Art seines individuellen Anspruchs, in dem das gesellschaftlich Bedeutende zum Vorschein kommt, wie für die Art seines individuellen Sehens, in dem er seine Erfahrungen verarbeitet". Deutlich: Subjektive Authentizität wird wieder auf die Heldin bezogen, nicht - noch nicht - auf den Autor.

Aber auch das ist deutlich: Die Fragen nach dem Bild der gesellschaftlichen Wirklichkeit, nach Totalität, nach der Rolle der Partei, nach typischen Charakteren oder Situationen werden nicht gestellt. Schlenstedts Grundvorstellungen vom sozialistischen Realismus zeigen eine neue Ausrichtung und Gewichtung; der Aufsatz über Kants "Aula" erfährt hier eine interessante Weiterführung.

1967 ist als Entstehungsjahr hinter Christa Wolfs kurzem Essay "Der Sinn einer neuen Sache - *Vera Inber*" angegeben. Gemeinsam mit den anderen grundlegenden Essays wird er erst 1972 in Berlin veröffentlicht: Alles Versuche einer Beschreibung ihrer poetischen Vorstellungen, Erprobungen, Annäherungen. Wie immer bei ihr der Ansatz: schreibend über die Dinge zu kommen. Sie fängt an, als beschriebe sie Ingeborg Bachmann:

> Ich liebe Bücher, deren Inhalt man nicht erzählen kann, die sich nicht auf die simple Mitteilung von Vorgängen und Ereignissen reduzieren lassen, die sich überhaupt auf nichts reduzieren lassen als auf sich selbst. Was Vera Inber mitzuteilen hat, kann auf keine andere Weise mitgeteilt werden als auf diese, kein anderer hätte es erzählen können als sie - obwohl, natürlich, ihre Erfahrung nicht einzigartig ist.[32]

Subjektive Authentizität eines Autors; Hingabe an das Wort, Sich-selbst-Einbringen in den Text. Andere Beschreibungsmöglichkeiten dieses Vorganges seien zitiert: "Voraussetzungen für das Entstehen von Literatur ist aber Sehnsucht nach Selbstverwirklichung: daher der Zwang des Aufschreibens als vielleicht einzige Möglichkeit des Autors, sich nicht zu verfehlen,"[33] oder - nun konkreter und auf einen 'Stoff' bezogen: "Büchner gibt alles, die Prosa des Alltags: Situation, Umstände, Psychologie, Analyse - und er verwandelt es, indem er die Vision dazutut, von der er lebt und unter der er leidet."

32 'Lesen und Schreiben', S. 57 ff. ('Der Sinn einer neuen Sache - Vera Inber')

33 a.a.O., S. 215 ('Kurzer Entwurf zu einem Autor')

"Nichts weniger als der volle Einsatz der eigenen moralischen Existenz ist gefordert, jedesmal neu."

Und Christa Wolf schreibt über Vera Inber, als berichte sie vom Nachdenken über Christa T.!: "Ein neues Bedürfnis läßt sich nicht abweisen: sich früherer Erfahrungen zu versichern. Damit verquickt der Wunsch, Vergangenes möge nicht vergangen, nicht tot sein, es möge sich nicht ein für allemal verfestigen." Diesen Prozeß erkennt sie, als sie diesem schmalen Text begegnet, als ihren eigenen wieder. Aber im Vorgang der Erinnerung oder noch deutlicher: im Prozeß der Bearbeitung des überkommenen Materials - bei Christa T. ja Manuskripte, Tagebuchnotizen usw. - treten diese "Tatsachen" in den Hintergrund. Im "Selbstinterview" wird der Vorgang beschrieben: "In dem Strom meiner Gedanken schwimmen wie Inselchen die konkreten Episoden."[34].

Im Schaffensprozeß tritt das "Stoffliche" zurück ("Auf dokumentarische Treue habe ich keinen Wert gelegt"), nach vorn rückt der Bewußtseinsstrom, rückt das Ich des Autors, im Streben nach Wahrhaftigkeit: subjektive Authentizität. Und gibt sich in den Text, ganz, ohne Rest, wie Christa Wolf die Vision ihres Schreibens am Ende des Gesprächs mit Joachim Walter Oktober 1972 begreift:

> Im Grunde ist mein Wunsch, daß die Literatur oder das, was ich in der Literatur sagen könnte, mich ohne Rest aufzehrt. Daß die Erfahrungen und Erkenntnisse und die eigene andauernde Veränderung, der eigene andauernde Versuch der Standortbestimmung in dieser Zeit am Ende vollkommen ausgedrückt wäre, ohne den gewöhnlichen Überhang von Ungesagtem und Unsagbarem. Unerreichbar, natürlich.[35]

So verstehen wir ihr Werk als fortgesetzte Versuche: Immer als Spiegel eigener Veränderungen und Standortbeschreibungen, immer die dargebotenen Bilder nur als das Stoffliche, als die Inselchen: In "Kindheitsmuster", in "Kein Ort. Nirgends", in "Kassandra". Das sollte nicht vergessen werden bei der Bewertung der Interpretationsnuancen der Texte, der Geschichte oder des Mythos.

"Wann - wenn nicht jetzt?" Es geschehe gerade in scheinbar der Poesie ungünstigen, turbulenten Zeiten, bemerkt Christa Wolf in dem Versuch, die Bedeutung von Produktionsbedingungen zu analysieren (bei Vera Inber z.B. die Revolution), daß "in der tiefsten Schicht der Menschen, im innersten Innern, der schwierige Prozeß einer Geburt" vor sicht geht: ". . .alte Häute wer-

34 'Fortgesetzter Versuch', S. 45

35 Walther, a.a.O., S. 134

den abgestoßen, oder abgerissen, neue müssen wachsen, der Zwang, das nackte Leben zu sichern, bringt den Zwang mit sich, sich diesem Leben zu verbinden... Am Ende hat sie ihm Rede und Antwort zu stehen, wenn auch vor keiner anderen Instanz als vor ihrem eigenen Innern: Es gibt kein Außen und kein Innen mehr, die Revolution ist überall. Bessere Bedingungen zum Schreiben kann es nicht geben."

Wer spricht? "Wir erleben noch einmal den Reiz, der im wirklich Neuen liegt: Die erste, frühe Spur im Staub der noch unbefahrenen Straße. Der einfache, wahre Gedanke, wenn er einen zum ersten Mal ergreift: 'Wichtig sind: wir. Wir sind viele, und das Leben ist groß'. Teilnahme an einer Schöpfung: Vielleicht ist es das." Das entsteht nach "Christa T.", und es steht neben den Versuchen, Schreiben als subjektive Authentizität zu kennzeichnen. Das eben auch dadurch beschrieben werden kann, daß - wie gesagt - das Stoffliche nur die 'Inseln' sind; daß das hier Dargestellte - das Phänomen Vera Inber mit ihrer Schöpfungsprosa - nicht das ist, worum es eigentlich geht, sondern das, vor dem sich das Eigentliche abhebt! Was aber ist das? "In diesem Buch", denkt Christa Wolf, "gibt es keinen kleinlichen, verkümmerten Satz, weil es keine kleinlichen, unehrlichen, verkümmerten Gefühle gibt. Sondern Klugheit, Nachdenklichkeit,... Lebensfreude und eine große Lust an allem, was menschlich ist, eine große, produktive Sehnsucht."

Das ist als Gestaltungsprinzip natürlich nicht neu, daß sich in einem Text verschiedene Perspektiven darstellen können, Brechungen eines Geschehens durch Figuren, deren Standpunkte das Geschehen selbst variieren, zumindest unterschiedliche Färbungen anbieten können. Johnsons "Mutmaßungen über Jakob" könnte als Muster dienen, dessen Nähe zum "Nachdenken über Christa T." wiederholt betont worden ist: Hier wird dieses Wahrnehmungs- und Gestaltungsprinzip bis in die Auflösung der Syntax geführt. Der erkenntnistheoretische Aspekt ist klar: Da sich die Wirklichkeit nicht mehr eindeutig darbietet, ist der 'Nebel' die Metapher des Ungefähren, Auch-Möglichen, das allem Geschehen diffuses Licht zuerteilt. Personen zerfallen, Individualitäten sind fragwürdig, Geschehnisse nicht mehr eindeutig: ein großartiger künstlerischer Entwurf Johnsons für die historische (und menschliche) Situation im geteilten Deutschland der 50er Jahre.

Christa Wolfs "Nachdenken über Christa T." aber hat eine ganz andere Dimension. Im Gespräch mit dem marxistischen Literaturwissenschaftler Hans Kaufmann formuliert sie 1974:

> Ich merkte bei der Arbeit an dem Essay ("Lesen und Schreiben", 1986), daß der Unterschied zwischen 'Erzähler' und 'Prosaautor' für mich nicht belanglos ist. Nicht zufällig reibe ich

mich an der gewiß bewunderungswürdigen Formulierung vom 'raunenden Beschwörer des Imperfekts', nicht ohne Grund mußte ich eine mir näher liegende Aussage, die meine eigene Schreiberfahrung aus früheren Arbeiten zu bestätigen schien, in Frage stellen: Ich meine Anna Seghers' Bemerkung: Was erzählbar geworden ist, ist überwunden. Ich hatte nämlich erfahren - ich kann wohl sagen: überraschend und gegen meinen eigenen beträchtlichen Widerstand -, was es bedeutet, erzählen zu müssen, um zu überwinden; hatte erlebt, daß der Erzähler (aber ist das Wort noch am Platze? Der Prosaautor also) gezwungen sein kann, das strenge Nacheinander von Leben, 'Überwinden' und Schreiben aufzugeben und um der i n n e r e n A u t h e n t i z i t ä t (gesperrt von mir - W.K.) willen, die er anstrebt, den Denk- und Lebensprozeß, in dem er steht, fast ungemildert. . . im Arbeitsprozeß mit zur Sprache zu bringen. . .[36]

"Juninachmittag" führt diese Autorenhaltung vor, "Nachdenken über Christa T." ist so gestaltet: Der Prosaautor ist im Text überall gegenwärtig; das 'Erzählbare' wird zum Anlaß, sich selbst, sein Denken, seine Position, seine Parteilichkeit mit darzustellen, auch darzubieten, mit all den Folgen, die das nun einmal hat. Der Autor als moralische Person, die die Entscheidungen und Verhaltensweisen offenlegt und ihr eigenes Votum dabei zugleich sichtbar werden läßt, natürlich in der Form einer künstlerischen Ganzheit, aber eben auch in der Differenz erkennbar: "Denn höher als alles schätzen wir die Lust, gekannt zu sein." ("Unter den Linden")

Wenn der Text nicht mehr die Erzählung einer Begebenheit ist, sondern die Position des Autors zu einer Begebenheit zeigt, gerät notwendig das Stoffliche in den Hintergrund, werden jene Gestaltungsprinzipien wichtig, die in der Lage sind, die Autorenposition vorzuführen. Akzente der Analyse müssen deshalb vorrangig bei der Kennzeichnung der Position der Autorin liegen, wie bei der Untersuchung der künstlerischen Mittel, die sie verwendet, über das Geschehen usw. hinaus und durch es hindurch das eigene Bild zu zeigen.

Dieses Prinzip kann freilich nur dann von Bedeutung sein, wenn das Ich sich als (typischer?) Ausdruck seiner Zeit versteht, jedenfalls eingebunden in Kämpfe und Träume seiner Zeit, wenn es sich als moralische Instanz/Persönlichkeit für mitteilenswert begreift. Annemarie Auer hat in "Sinn und Form" 4/77 dieses Verfahren mit kritischer Distanz beschrieben:

36 'Fortgesetzter Versuch', S. 81

> Vom ersten Federstrich an hat diese Autorin einen sehr feinen Instinkt für die gerade anstehenden Fragen bewiesen. Das ist ihre Stärke. Von der "Moskauer Novelle" bis an diese Erinnerungsmuster ("Kindheitsmuster" - W.K.) läuft über fünfzehn Jahre ein weiter Weg. Naive Gläubigkeit ging über in konkrete Vernunft; die Vernunft näherte sich der Skepsis - wie es für eine jede Vernunft immerhin vernünftig ist. Ein Fixpunkt blieb. Entsprechend den Verwandlungen ihres Lebensgefühls entfalteten sich die Darstellungsmittel, verfeinerten sich, Bildung reicherte sich an, der Kunstverstand wuchs. Geblieben ist in Christa Wolfs Publizistik wie in ihren Erzählungen ein bestimmter Aussagegestus, dem sie ihre eigentliche Anziehungskraft verdanken: ein mehr oder minder verdecktes Antworten auf Fragen, die in der Luft liegen - nämlich in den Leuten, und zwar verschwiegenermaßen. Die Schriftstellerin macht mit ihren Antworten diese Fragen öffentlich. Das ist nützlich, kann auch Ärger bringen, es erfordert Mut. Und vielleicht, mitunter, auch ein Gran Berechnung.[37]

Der letzte Halbsatz deutet an, woraus sich die kritische Distanz erklärt: es ist die oben beschriebene moralische Instanz als Entscheidungsfigur, auch dann, wenn es sich um die Analyse und Bewertung historischer Vorgänge handelt. Annemarie Auer über "Nachdenken über Christa T.":

> Das Buch handelt davon, wie ein Ich sein Selbst findet und welchen Hindernissen und Beirrungen zeittypischer Art, Zwängen überhaupt, auch Anfechtungen schuldhafter Art, es dabei ausgesetzt war. Die Sache ist nun aber die, daß es sich in der wirklichen, geschichtlichen Welt um Zwänge diametral entgegengesetzter Art handelt; weswegen die Art, wie das Ich darin seinen Raum findet und behauptet, von außerordentlich verschiedener Wertigkeit sein kann. Mit einem hypnotischen Hinstarren auf das Eigene ist es da am wenigsten getan.

Diese Argumentation kann natürlich nur dann treffen, wenn es das Ziel der Autorin gewesen wäre, die historischen Koordinaten aufzuweisen, das Bild sozialistischer Gesellschaft mit den ihr eigenen Wechselbeziehungen vorzuzeigen: typische Charaktere unter typischen Umständen. Ganz abgesehen davon bringt A. Auer bei Gelegenheit eigene subjektive Wertungen auch ins Spiel, sehr subjektive sogar: "Ich wunderte mich, wie proper die Fremden (die sowjetischen Kampfgruppen 1945) in ihren Hosen steckten. Ich hatte vergessen, wie Mannskörper sind. Der Apriltag grünte und glänzte wie im Mai." Auch das hat Christa Wolf ganz anders erlebt.

---

37 SF 4/77, S. 850 f., 852, 857, 859, 869

Was aber ist erlebte Zeitgenossenschaft: Sind es die Erlebnisse der Annemarie Auer oder die der Christa Wolf, die sich - wie A. Auer feststellte - zunehmend irritiert fühlte "... von der Diskrepanz zwischen Ideal und Wirklichkeit der sozialistischen Demokratie"? Für Annemarie Auer löst sich das Problem leicht: "Die Welt ist überall und jederzeit von Zwängen voll", für Christa Wolf folge daraus Wehleidigkeit, ein Klageton, Larmoyanz: "Vielleicht träumt sie sich in eine Zeit freier Individuen zurück, die es nie gab - in jene Scheinwelt, mit der sich die kleine Bildungselite Deutschlands, gering an Zahl, unter dem Druck der spät-feudalen Misere tröstete? Woher nimmt sie die Annahme, sie hätte zu jenen wenigen gehört? Ist es nicht eher wahrscheinlich, sie wie wir alle hätte sich unter der Menge der Bildungslosen, Gesichtslosen befunden. Was hier (in "Kindheitsmuster" - W.K.) gemeint sein soll, bleibt dunkel - der Klageton bleibt. Ist er ein Naturlaut?"

Wieder die fatale Argumentation der Alt-Kommunistin, die nicht gelernt hat und nicht begreifen kann, daß es Menschen geben mag, denen irgendwann die Spanne zwischen Theorie und Alltag zu groß wird, die Schere zerstörerisch. Daß man Sozialistin sein kann - durchdrungen von dem Glauben an Menschlichkeit, Mitmenschlichkeit - und eben deshalb leidend an der Wirklichkeit oder an Entwicklungstendenzen, die sich in der Wirklichkeit andeuten oder offenbaren. Wie Christa T., die - sich zu retten - ihren Weg ging, an den Rand dieser Gesellschaft flüchtend. Für A. Auer ist es eine glatte Fehlentwicklung:

> Für wen nun träfe ein solches Sichnichtkennen - in unserem Lande und zu unserer Zeit - wohl zu? Es könnte zutreffen für Menschen, die nicht handeln, daher im Entscheiden wie im Versagen nicht Gelegenheit finden, sich selber auf den Grund zu kommen. Des weiteren unterbliebe es in Sonderfällen bestimmten Typs, dann nämlich, wenn Enttäuschungen vorliegen oder auch eine Schuld, die man sich nicht eingestehen kann, weil sie mit dem Bilde, das man sich von der Mitwelt oder von sich selber gemacht hat, nicht überein zu bringen sind.

So einfach ist das: Die Schuld der Christa Wolf. Immer das alte Lied.

**"Lesen und Schreiben"** (1968)

Der Textansatz:

> Das Bedürfnis, auf eine neue Art zu schreiben, folgt, wenn auch mit Abstand, einer neuen Art, in der Welt zu sein. . . Ein Wechsel der Weltempfindung ist vor sich gegangen, der sogar die un-

antastbare Erinnerung antastet; wieder einmal sehen wir "die Welt"... in einer anderen Beleuchtung.[38]

In "Blickwechsel" (Mai 1970) beschreibt sie das Problem genauer: "Über B e f r e i u n g soll berichtet werden, die Stunde der Befreiung, und ich habe gedacht: Nichts leichter als das... Ich brauchte bloß das Kommando zu geben, schon würde der Apparat arbeiten, und wie von selbst würde alles auf dem Papier erscheinen, eine Folge genauer, gut sichtbarer Bilder."[39]

Aber das, was sie als selbstverständlich erwartet, tritt nicht ein, nicht einmal bei einem solchen, auf einen Tag fixierten Ereignis:

> ...es hängt nicht allein von einem Datum und zufälligen Bewegungen der alliierten Truppen ab, wann einer befreit wird, sondern doch auch von gewissen schwierigen und lang andauernden Bewegungen in ihm selbst. Und: die Zeit, wenn sie Gründe tilgt, bringt doch auch unaufhörlich neue hervor und macht die Benennung einer bestimmten Stunde eher schwieriger; wovon man befreit wird, will man deutlich sagen, und wenn man gewissenhaft ist, vielleicht auch, wozu.

Immer wieder die Betonung des Ich: "Wenn man gewissenhaft ist", und immer wieder die Bilanzierung und die Korrektur; immer wieder die Frage: Wozu eigentlich befreit, wenn - das wäre ja möglich - das eigentliche Ziel so, auf diesem Wege, verloren zu gehen droht. Deutlich: eine kritische Skepsis gegenüber den bekannten und geläufigen Begriffen: Freiheit, Befreiung; was ja nur bedeuten kann, daß die offiziellen Richtungsanweisungen für sie nicht gelten. Kurt Hager 1966 auf der Jahreskonferenz des Schriftstellerverbandes (2.-4.11.): "Es kann nicht die Funktion des sozialistischen Schriftstellers sein, ausschließlich Fragen an die Gesellschaft zu richten und Widersprüche und Probleme aufzudecken, ohne im Sinne der Beschlüsse von Partei und Regierung die Richtung der Entwicklung zu weisen."[40]

Ihr Essay "Lesen und Schreiben" entwickelt mit Sorgfalt alle wesentlichen theoretischen Positionen ihrer Autorenpoetik, zurückgreifend bis ungefähr 1963 und weiterführend zumindest bis in die Mitte der siebziger Jahre. Ergänzungen und Erweiterungen bieten die Autoren-Gespräche oder jene wiederholt berührten essayistischen Passagen aus dem "Kindheitsmuster". Suchen wir auf dem Stand dieser Position die wesentlichen Begriffsfelder zu füllen:

*Zeitgenossenschaft*

---

38 'Lesen und Schreiben', S. 181

39 a.a.O., S. 37

40 Schubbe, a.a.O., S. 1220

"Lamento" überschreibt sie den Abschnitt über Literatur, Prosa in der Gegenwart und über die Sorgen der Autoren, anachronistisch zu sein. Denn die Wirklichkeit sei "phantastischer als jedes Phantasieprodukt",[41] wer sie suche, der greife nach "Tatsachenberichten, Biographien, Dokumentensammlungen, Tagebüchern, Memoiren". Und tatsächlich: die mit diesen Bereichen verbundenen Untersuchungsmethoden erinnern an das, was die Literaturwissenschaft anbietet: soziologische Untersuchungen, historische Monographien, psychiatrische Krankengeschichten. Zeitgenossenschaft muß offenbar etwas anderes sein als jenes durch die elektronischen Medien weitaus besser zu leistende In-der-Zeit-Sein.

Aus den Fragen wachsen die Antworten. Sie fragt: was kann ein Prosaautor seinen Zeitgenossen sagen,

> die dabei sind, den stromlinienförmigen Menschen zu konstruieren, fähig, sich allen Anforderungen der Zivilisation anzupassen? Denen der Gedanke nicht fremd ist, daß nicht einmal die Identität des Individuums in der Zukunft gesichert sein wird, und die den Gattungstod der Menscheit in Erwägung ziehen. . . für eine Zeit, die wir erleben werden; nicht durch Naturgewalten, sondern durch uns.

"Denn ich, ohne Bücher, bin nicht ich" ist das Erlebnis ihrer sie bedrückenden hypothetischen Frage, was sie oder die Menschheit ohne Bücher geworden wäre: ". . . ausgelöscht in mir eines der großen Abenteuer, die wir haben können: vergleichend, prüfend, sich abgrenzend allmählich sich selbst sehen lernen. Sich messen an den deutlichsten Gestalten aller Zeiten. . . Die eigenen Konturen, anstatt deutlicher zu werden, lösen sich auf; das Bewußtsein, anstatt sich zu klären, verschwimmt. Die Verwilderung wird zunehmen."[42]

Zeitgenossenschaft ist alles dieses auch: die Aufnahme, Verarbeitung und das Wieder-Vergessen all dieser Bücher, dieser Bilder, sogar derer, die man nicht gelesen hat, von deren Existenz man aber weiß. "Hinweg. . . mit der ganzen frühen sowjetischen Literatur, einmaliges Signal für Möglichkeiten, an deren Faszination ich für immer gebunden wäre - hätte ich sie gelesen." Zeitgenossenschaft konstituiert sich auch durch - wie sie es nennt - Medaillons, stillgelegte Lebensflecken, die man braucht zur Bestätigung für "unser eigenes beruhigend eindeutiges Empfinden: schön oder häßlich, gut oder böse". Und in der verdeckenden und zugleich öffnenden Sprache Christa Wolfs:

> Einst scheute man die Berührung, man verbrannte sich die Finger daran; nun sind sie kühl und glatt, manche kunstvoll zu-

41 'Lesen und Schreiben', S. 189

42 a.a.O., S. 195

rechtgeschliffen, manches besonders wertvolle Stück hat die Arbeit von Jahren gekostet, denn man muß viel vergessen und viel umdenken und umdeuten, ehe man sich immer und überall ins rechte Licht gerückt hat: das ist es, wozu wir sie brauchen, die Medaillons. Man wird wissen, was ich meine.[43]

Hier wäre nun alles andere anzuführen, was bei den Erörterungen zur subjektiven Authentizität gesagt worden ist: Kunst brauche die Vermittlung des Künstlers, "der mit seinem Lebensschicksal und seinem Lebenskonflikt zwischen der 'Realität' und der leeren Seite steht und keine andere Wahl hat, diese Seite zu füllen, als die Auseinandersetzung zwischen der Welt und sich selbst darauf zu projizieren". Kurz: Erzählen heißt: ". . .wahrheitsgetreu zu erfinden auf Grund eigener Erfahrung."

Zeitgenossenschaft wird damit nicht abgelöst von historischen Koordinaten, sondern eher ergänzt, bereichert durch die Bereiche des Persönlichen, Individuellen, dem eigene Lebenswahrheiten durch Erfahrung zugestanden werden. Zeitgenossenschaft bedeutet dann, daß die historischen Koordinaten sozusagen durch die einmalige Lebensführung erlebt, wahrgenommen, bestätigt werden, so daß auch deren Wahrheiten für Christa Wolf letztlich "subjektive Wahrheiten" sind, falls das als Begriff akzeptiert werden sollte. Damit erhält der Begriff der Zeitgenossenschaft seine Kontur erst durch diese Anbindung an das Subjekt: "Der Autor nämlich ist ein wichtiger Mensch."

Freilich gilt auch - und das muß hier ergänzt werden -, was Christa Wolf im Gespräch mit Hans Kaufmann zu diesem Komplex gesagt hat:

> So will ich der Deutlichkeit halber ausdrücklich wiederholen, was ich öfter - auch in "Lesen und Schreiben" - gesagt habe: daß die marxistische Philosophie zu meinen Grund-Erfahrungen gehört und sowohl die Auswahl als auch die Bewertung neuer Erfahrungen entscheidend mitbestimmt; daß ein Autor in Zeiten, in denen er seine Lebensweise frei wählen kann, eine Verantwortung für den Inhalt seiner Erfahrung hat und daß aus Erfahrung schreiben nicht bedeutet: sich immer nur selbst beschreiben.[44]

An dieser Stelle, als sie über Brecht und dessen Einbindung von Charakteren ins historische Umfeld, in die gesellschaftlichen Determinanten spricht, kommt sie zum eigentlichen Zentrum dieses Problemkreises. Denn natürlich konnte es beim Prinzip "subjektiver Authentizität" nicht darum gehen, das interessante Subjekt der Autorin zu fassen, auch nicht nur darum, den Leser

43 a.a.O., S. 196, 203, 199, 213

44 Auskünfte. Werkstattgespräche mit DDR-Autoren, Berlin 1974, S. 494

in die Position des Mitleidenden, Mitentscheidenden zu bringen, - sondern es ging tatsächlich letztlich um die Freisetzung des Lesers selbst. Für Christa Wolf wird das zu einem wichtigen Prinzip moderner (sozialistischer) Literatur überhaupt:

> . . .gerade die historische Bedingtheit, mit der jeder Autor heutzutage wohl vertraut sein sollte, zwingt ihn, nach dem Handlungsspielraum von Individuen zu fragen: z.B. nach ihrer Verantwortung und Schuld am Nichthandeln in extremen Terrorzeiten.[45]

Auch Brecht habe das erkannt, freilich den Akzent stärker auf die Herausarbeitung der sozialen Determinanten gelegt, was durch seine historische Position auch erklärbar sei. Marxistische Autoren heute müßten die Akzente anders setzen: eben auf die Erforschung der Rolle des Individuums in diesem "Kausalnexus".

Das heißt, daß in ihren Werken, in denen sich der Handlungsspielraum der Autoren äußert, auch der Handlungsspielraum der Figuren erweitert werden müßte oder daß der Leser - nun im Gegensatz zu den durch den Kausalnexus eingeengten Figuren - diesen Freiraum herzustellen gezwungen werde. Die Figuren würden aus der Rolle der "Schlachtopfer" (Lessing) herausgeführt, sie würden in die eigene Verantwortung gegeben und damit zugleich ausgesetzt dem Urteil des Lesers. An Lessing wird man erinnert, an Kant oder Schiller, an die Problematik der Selbstverantwortlichkeit des Menschen. Und an deren Gestaltungsprinzipien.

Theorie des Schreibens ist für Christa Wolf von fast gleichrangiger Bedeutung wie das Schreiben selbst; in ihm hat sie theoretische Ansätze erprobt oder aus ihm heraus entwickelt. Neben der Theatertheorie von Brecht entsteht so eine sozialistische Prosa-Theorie: so wie Brecht seine Theorie an bestimmte gesellschaftliche und historische Bedingungen gebunden sah, so versteht sie ihre Prosa-Theorie als Schreibform für sozialistische Autoren, nicht als Prosa-Theorie überhaupt. Im Gespräch mit Kaufmann beschränkt sie wesentliche Äußerungen sogar auf sich selbst: "Jetzt laß mich vorsichtshalber Erasmus von Rotterdam zitieren: 'Alles, was ich sage, sei Gespräch. Nichts davon sei ein Rat. Ich spräche nicht so kühn, wenn man mir folgen müßte.' - Soll heißen: Von mir und allein für mich spreche ich. . ."[46]

Vorsichtshalber! Sie weiß natürlich genau, mit welcher Art Sprengstoff sie hier umgeht, welche Minen sie legt - und die Reaktionen ihres Gesprächs-

---

45 a.a.O., S. 496

46 a.a.O., S. 491

partners geben ihr recht -, ob sie über 'Fabel' spricht oder über 'Widerspiegelung':

> Man sieht eine andere Realität als zuvor. Plötzlich hängt alles mit allem zusammen und ist in Bewegung; für 'gegeben' angenommene Objekte werden auflösbar und offenbaren die in ihnen vergegenständlichten gesellschaftlichen Beziehungen (nicht mehr jenen hierarchisch geordneten gesellschaftlichen Kosmos, in dem Menschenpartikel auf soziologisch oder ideologisch vorgegebenen Bahnen sich bewegen oder von dieser erwarteten Bewegung abweichen); es wird viel schwerer, 'ich' zu sagen, und doch zugleich oft unerläßlich. Die Suche nach einer Methode, dieser Realität schreibend gerecht zu werden, möchte ich vorläufig "subjektive Authentizität" nennen. . .[47]

*Subjektive Authentizität*

Subjektive Authentizität als literarische Methode anstelle des Realismus-Begriffs, der ja auch immer als Methode - nicht als Stilelement - zu verstehen war. Das heißt, alle einzelnen Gestaltungsmomente und Zielvorgaben werden diesem obersten Prinzip untergeordnet, sind Folge einer nach diesem Prinzip angelegten Wirklichkeitsaneignung. Hier - in diesem Zusammenhang - suchen wir subjektive Authentizität im Schreib-, im Gestaltungsvorgang. So - nur so - ist Christa Wolfs Prosa-Theorie zu verstehen, die sie relativ breit entwickelt hat. Basis-Artikel für unsere Untersuchung ist wieder "Lesen und Schreiben" (1968).

"Die epische Prosa", heißt es im Kapitel "Weltbilder", "sollte eine Gattung sein, die es unternimmt, auf noch ungebahnten Wegen in das Innere dieses Menschen da, des Prosalesers (! - W.K.) einzudringen. In das innerste Innere, dorthin, wo der Kern der Persönlichkeit sich bildet und festigt."[48]

Ein enormer Anspruch, wenn man bedenkt, daß der Leser Zeitgenosse des Medien-Zeitalters ist mit dessen "Krise des Romans". Und wenn man weiß, daß in einer Welt eindimensionaler Sprache der Leser gleichsam zugedeckt wird durch eindimensionales Klischee-Sehen und Klischee-Denken. Viele Bereiche traditionellen Schreibens gelten unter solchen Bedingungen einfach nicht mehr: Die Suche nach Vorbildern muß dort ansetzen, wo ein grundsätzlich anderes Weltverständnis vermutet wird.

Georg Büchner (1813-1837) bietet sich an: (er) ". . .fand vor über hundert Jahren den Anfang und, das kann man unbesorgt sagen, einen Höhepunkt der modernen deutschen Prosa."

47 a.a.O., S. 492
48 'Lesen und Schreiben', S. 207

Als 22jähriger schrieb er eine Prosa, die den vollen Einsatz der "eigenen moralischen Existenz" abverlangte; seine Entdeckung war - von Büchners Mit- und Nachwelt übersehen -, "daß der erzählerische Raum vier Dimensionen hat; die drei fiktiven Koordinaten der erfundenen Figuren und die vierte, 'wirkliche' des Erzählers."

> Das ist die Koordinate der Tiefe, der Zeitgenossenschaft, des unvermeidlichen Engagements, die nicht nur die Wahl des Stoffes, sondern auch seine Färbung bestimmt. Sich ihrer bewußt zu bedienen ist eine Grundmethode moderner Prosa.[49]

Andere Beispiele könnten angeführt werden: Anna Seghers, Ingeborg Bachmann. Daß es sich hier nicht um eine Definition "moderner Prosa" überhaupt handle, macht Christa Wolfs Abgrenzung von Robbe-Grillet deutlich, mit dessen Versuch, der Krise des Romans durch "minutiöse Beschreibung einer Dingwelt" zu entgehen, "von der die Kenn-Nummer Mensch sich kaum noch als widerstehendes, aufbegehrendes, rebellierendes Individuum abhebt".
Christs Wolfs Position markiert den Gegenpol: die Einsetzung des Ich des Autors zur Freisetzung des Ich des Lesers sieht im Ich eine moralische Größe mit der Kraft zur Grenzüberschreitung, die gerade in "turbulenten Zeiten" vonnöten ist, in "extremen Terrorzeiten". Schreiben wird dabei zugleich für den Autor zu einer lebenbestimmenden Größe, da es das Leben "...unaufhörlich begleitet, es mitbestimmt, zu deuten sucht; als Möglichkeit, intensiver in der Welt zu sein, als Steigerung und Konzentration von Denken, Sprechen, Handeln", mit dem Ziel, "neue Strukturen menschlicher Beziehungen in unserer Zeit" hervorzubringen. Freilich: Autor, Leser und Gesellschaft werden als veränderbar vorausgesetzt; insofern können diese Ziele auch nur dort angestrebt werden, wo solche Veränderungen denkbar, noch denkbar sind. Ein Prinzip "Hoffnung" also noch, hier noch, 1968.
Im letzten Abschnitt von "Lesen und Schreiben" werden Autorenintention und Möglichkeiten, die im Schreiben liegen, zusammengefaßt: "Erinnerte Zukunft".

> Ist es denn wirklich der Sinn der Welt (fragt Christa Wolf - W.K.), daß sie uns unser eigenes Wesen enthüllt? Natürlich nicht. Die Welt hat keinen Sinn. Ihr einen zu geben - gerade diesen - ist unser freier Entschluß... In der 'Natur der Dinge' oder in der biologischen 'Natur des Menschen' liegt der Humanismus nicht. Er wird uns nicht angeboren. Jedes Individuum muß neu erlernen, was die Gesellschaft in Jahrtausenden als

49 a.a.O., S. 204

höchste, mühsamste, am meisten gefährdete Leistung hervorgebracht hat. . .

Am Ende dieses "Entwurfs zu einem Autor" Preis und Lob des Humanismus, brüderlicher Lebensformen und der Persönlichkeit. Christa Wolfs humanistische Zukunftsvision ist die Aufhebung (Bewahrung und Negation) der humanistischen Traditionen der Menschheitsentwicklung; so versteht sie Sozialismus, und von dieser Position aus treibt sie ihre Kritik an seinen Wirklichkeitsformen hervor.

> Prosa soll versuchen, den Kontakt der Menschen mit ihren Wurzeln zu erhalten, das Selbstbewußtsein zu festigen (. . .) Sie ist ja ein Produkt des Reifeprozesses der Menschheit, spät entwickelt, geradezu erfunden, Differenzierungen zu schaffen und auszudrücken. Prosa schafft Menschen, im doppelten Sinn. Sie baut tödliche Vereinfachungen ab, indem sie die Möglichkeiten vorführt, auf menschliche Weise zu existieren. Sie dient als Erfahrungsspeicher und beurteilt die Strukturen menschlichen Zusammenlebens unter dem Gesichtspunkt der Produktivität. . . Prosa kann die Grenzen unseres Wissens über uns selbst weiter hinausschieben. Sie hält die Erinnerung an eine Zukunft in uns wach, von der wir uns bei Strafe unseres Untergangs nicht lossagen dürfen. Sie unterstützt das Subjektwerden des Menschen.

Und das Subjektwerden des Künstlers. Im Kaufmann-Gespräch beschreibt sie diesen Vorgang als "Durchbruch einer neuen, fast schon für immer verloren geglaubten Spontaneität",[50] als real und befreiend, als ein Grunderlebnis, auf das sie nicht verzichten möchte, auch nicht aus Angst vor - vielleicht sogar berechtigter - Kritik. Ihre Kritik richtet sich gegen die theoretischen Vorgaben, die es einem Autor ermöglichen konnten, sich in ihnen zu verstecken, da Zwangsläufigkeiten im Handlungsablauf, in den Charakteren, in Konflikten und Konfliktlösungen von vornherein angelegt waren. Nun möchte sie die Zwischenräume zwischen den 'Fixpunkten', die ja gegeben sind, wahrnehmen, benutzen können, so wie Büchner in der "Lenz"-Novelle sich einbrachte neben dem authentischen Oberlin-Bericht. "Für moderne Prosa unerläßlich halte ich, daß man durch das, was geschildert wird, durch die Fiktion, durch die Täuschung. . . hindurch die Stimme des Autors hört und sein Gesicht sieht"[51]: "Den 20. Jänner ging Lenz durch's Gebirg. . . am Himmel zogen graue Wolken, aber alles so dicht. . ." (Büchner)

Gleichzeitig mit der Fiktion entwickelt sich das Bild des Autors, gleichzeitig mit diesem der möglicherweise weite Bereich der Determinanten. Christa

---

50 Auskünfte, a.a.O., S. 490

51 Walther, a.a.O, S. 121

Wolf wird immer wieder nach anderen Wegen suchen, dieses Ideal eines Erzählfeldes, eines Gewebes, zu erproben, hin bis zu Parallel-Texten, die, den Haupttext erweiternd, ihn zugleich spielerisch kommentieren ("Kassandra").

Auch im Theoriebereich sucht sie nach brauchbaren Mustern: Bachmann, Gorki, Dostojewski.

> Zufällig hat mich die Unruhe... in eine Gegend begleitet, die zu sehen ich weder gedacht noch gewünscht hätte... die Stadt Gorki an der Wolga... ich frage mich, warum dieser Blick heute, am zweiten Tag, nicht mehr ganz derselbe ist..
>
> Hat sich also eine Chimäre zwischen sie (ihre Augen - W.K.) und den Fluß da unten geschoben? Doch wohl nicht: die Zeit war es, nichts als ein bißchen Zeit..[52]

Und dann - wenig später - beschreibt sie dieses Erlebnis noch einmal, jetzt verallgemeinernd:

> ...im Bewußtsein der *Gegenwart*, beispielsweise dieses Flusses da unten und aller wirklichen und erträumten Erlebnisse, die sich mir mit ihm verbinden - schreibe ich über einen *früheren* Vorgang, während dessen Ablauf ich mich - eine Kette von Assoziationen entlangtastend - nicht nur an noch frühere Ereignisse, sondern auch an vergangene Gedanken und *Erinnerungen* erinnerte und mir zu allem übrigen noch die Möglichkeit aufstieg, das alles könnte später einmal, in der *Zukunft* (die in diesem Moment Gegenwart ist), auf irgendeine Weise bedeutsam werden.

Hierzu folgt der Kommentar Christa Wolfs: Das sei keine überspannte Erfindung, sondern eine belegbare, für jedermann zugängliche Beobachtung, nicht besonders selten, nicht besonders kompliziert.

> Es ist eine Alltagssituation der modernen Psyche, eine Relativierung und vorübergehende Aufhebung der objektiven Zeit, eine durchschnittliche Erfahrung: daß der Augenblick fast unendlich dehnbar ist und daß er eine enorme Menge und Vielschichtigkeit an Erlebnismöglichkeiten in sich trägt... Unser Gehirn ist genügend differenziert, die lineare Ausdehnung der Zeit - nennen wir sie die Oberfläche - durch Erinnerung und Vorausschau fast unendlich zu vertiefen...
>
> Tiefe (...) ist also an uns gebunden, Subjekte, die in objektiven Verhältnissen leben. Sie ist das Resultat von unbefriedigten Bedürfnissen, daraus entstehenden Spannungen, Widersprüchen

---

52 'Lesen und Schreiben', S. 182

> und unerhörten Anstrengungen des Menschen, über sich selbst hinauszuwachsen oder, vielleicht: sich zu erreichen.
>
> Das mag Sinn und Aufgabe der Tiefe unseres Bewußtseins sein; dann dürfen wir sie nicht preisgeben zugunsten von Oberflächlichkeit.[53]

Gleichzeitigkeit bei Bewußtseinsprozessen erfordere eine diesem Befund entsprechende literarische Struktur: einen Text durch Gleichzeitigkeit von Geschehnisabläufen zu konstituieren, wie "Juninachmittag", wie "Nachdenken über Christa T.", beide 1965. Wie Christa Wolf immer wieder betont: das Subjekt ist für sie die Bedingung von Wirklichkeitserfahrung, die Beobachtung und Berücksichtigung seiner Leistungsfähigkeit sei ein notwendiges Element realistischer Wirklichkeitsbewältigung. So könnte vielleicht gelingen, was sie als eine vom Schreibenden selbst gesetzte Erwartung formuliert, "eine Kurve (zu zeichnen), die intensiver, leuchtender, dem wahren, wirklichen Leben näher ist als die mancherlei Abweichungen ausgesetzte Lebenskurve".

Möglichkeiten dieser Darstellungsweise sind oben beschrieben worden: Das Schalen-Prinzip im "Geteilten Himmel", mit den sich gegenseitig erhellenden Beschreibungsebenen, das Insel-Prinzip in "Nachdenken über Christa T.", mit zum Teil gegenläufigen Erzählbewegungen in der Entfaltung der Charaktere von Christa T. und des Erzählers, die "Totalität" eines "Juninachmittags", mit den ihm beigegebenen Assoziationsketten, natürlich ausgewählt und gelenkt. Andere Möglichkeiten wären denkbar (neben dem "Kassandra"-Feld): daß die Phantasie Bereiche von Gestern und Morgen mit den Aussagen (Gestaltungen) eines Autors über das Heute verbindet, daß historische Vorgänge gebündelt werden, bei denen die einzelnen Schichten durch Entsprechung oder Widerspruch einander kommentieren, daß historische Gestalten in erwünschten Konstellationen vorgeführt werden: Bekanntes übersteigend, Erwartetes auf die Spitze führend. Christa Wolf - so scheint es - hat ausprobiert, welchen Ertrag die einzelnen Möglichkeiten bringen; auch die weitergefächerte Aufgliederung wie beim Beispiel "Kassandra".

*Moralität*

Und doch notiert Christa Wolf am Montag, den 21.7.1981 in ihr Tagebuch: "Erzähltechniken, die ja in ihrer jeweiligen Geschlossenheit oder Offenheit auch Denk-Muster transportieren. Empfinde die geschlossene Form der Kassandra-Erzählung als Widerspruch zu der fragmentarischen Struktur, aus der

53 a.a.O., S. 184 f.; vgl. R. Barthes, Die Lust am Text, Frankfurt/M. 1974, S. 94

sie sich für mich eigentlich zusammensetzt. Der Widerspruch kann nicht gelöst, nur benannt werden."[54]

Vielleicht liegt es eben an dieser Verbindung "subjektiv" und "authentisch", daß ihr die Auflösung des Widerspruchs nicht gelingt. Neben dem Versuch, die Vielfalt wirklicher Bezüge in einem Text sichbar zu machen, bleibt ja bei ihr zugleich immer die Betonung subjektiver Moralität. Moralische Integrität kennzeichnet alle wesentlichen Charaktere ihrer Geschichten, wen wundert es. Und es entspricht ihren Zielvorstellungen von Literatur im allgemeinen und Prosa im besonderen, daß Moralität als Prinzip bei der Gestaltung von Charakteren eingebracht werden muß. Moralische Charaktere rücken damit in die Mitte, und andere, dem Moralischen zuzuordnende Bauprinzipien werden angewandt: Identifikation und Katharsis.

In der Wirklichkeit ihres Werkes bilden dementsprechend Zentralfiguren die Mitte, auf die die Aufmerksamkeit des Lesers gerichtet bleibt, mit denen er sympathisieren kann: Rita und Manfred, Christa und die Erzählerin, Erzählerin und Familie (in "Kindheitsmuster"), Kleist, die Günderrode, Kassandra und immer wieder die Erzählerin.

Almut Giesecke hat in den "Weimarer Beiträgen" (8/77) die Bedeutung der Ich-Erzählerin für die Beobachtung eines "Juninachmittags" analysiert, auch mit der damit verbundenen nunmehr notwendigen Anbindung des Lesers an eine "reife Persönlichkeit", die die Geschehnisse wertet und sie als Urteil zugleich dem Leser vorträgt. Kein Zweifel, mit diesem Gestaltungsprinzip wird die Freiheit des Lesers eingeschränkt; aber auch deutlich: dieses gehört zu ihrem Prinzip subjektiver Authentizität. Ihre Entscheidung zu diesem Verfahren begründet Christa Wolf am Ende des Kaufmann-Interviews (1974), von ihrer Position her argumentierend und gegen die immerhin mitschwingenden Unterstellungen Kaufmanns, mit dem Anspruch auf Subjektivität dem Subjektivismus und idealistischem Philosophieren Tür und Tor geöffnet zu haben.

Dieser Vorwurf trifft sie. Einmal glaube sie nicht, verteidigt sie sich, daß sie irgendwo in ihren Arbeiten "von einer abstrakten Moral ausgehe, einer über den Wassern der Klassenkämpfe schwebenden Instanz. . .", vor allem aber teile sie auch nicht "die Verachtung einiger Marxisten für das Wörtchen 'Moral'":

> Ich kann und will mich nicht einlassen auf einen blanken historischen Determinismus, der in Individuen, Schichten, Klassen, Völkern nur die Objekte einer sich unumstößlich durchsetzen-

54 Christa Wolf, 'Voraussetzungen einer Erzählung', Luchterhand (1983), S. 120

den historischen Gesetzmäßigkeit sähe und dem eine vollkommen fatalistische Geschichtsphilosophie entspräche; ebensowenig aber auf einen öden Pragmatismus, der in der Moral von Klassen und Individuen nichts sieht als ein Mittel zum Zweck, beliebig manipulierbar, beliebig ignorierbar, mal nützliches, mal unnützes Vehikel. . .

"Wie muß die Welt für ein moralisches Wesen beschaffen sein?" Bobrowskis Frage ist und bleibt stimulierend, weil sie hilft, die Welt einer menschenwürdigen Moral und nicht die Moral der Menschen einer noch wenig menschenwürdigen Welt anzupassen: das wäre auch der physische Tod der Menschheit. . .

Ja: auch unsere Irrtümer können 'moralisch' sein, wenn sie uns immer wieder und immer neu auf die produktive Seite unserer Widersprüche bringen. Unmoralisch dagegen alles, was uns, was die Massen hindert, vom Objekt zum Subjekt der Geschichte zu werden. Und, davon ausgehend - warum sollte sich nicht auch der sozialistische Autor als 'Moralist' begreifen?[55]

Wie immer in solchen Fällen reagiert und argumentiert sie 'naiv', das heißt, sie umgeht die mit ideologischem Ballast besetzten Positionen und Definitionen, auf diese Weise Verkrustungen aufbrechend. Natürlich gerät sie dabei leicht ins Feuer der Ideologen, die dann - wie unlängst Girnus oder Auer - diese Naivität der Lächerlichkeit preiszugeben suchten; Christa Wolf konnte sich eine eigene Antwort ersparen. Eine ähnliche Erfahrung mußte Hans Kaufmann machen, der dem Interview mit Christa Wolf ja eine "Nachbemerkung" folgen ließ, um - mit dem nötigen Gewicht des germanistischen Hochschullehrers - die "fragwürdigen Positionen" Christa Wolfs in größere Zusammenhänge zu bringen.[56]

Als übergreifendes poetisches Prinzip der Christa Wolf identifiziert Kaufmann das "Prinzip der Katharsis", genauer: eine bestimmte individuelle Variante des Katharsisprinzips. Es verwirkliche sich im Zusammenwirken dreier Faktoren: In der Auswahl und Anlage der Erzählsujets, in der intendierten Funktion, der "Wirkungsstrategie" der Werke, und in der Art der Vergegenständlichung des ideellen Anliegens, der individuellen künstlerischen Methode, der Schreibweise.

Kaufmann weist nach - und hier gibt es keinen Widerspruch -, daß es in allen Werken, auch im "Geteilten Himmel" und in "Nachdenken über Christa T.", vor allem aber in "Unter den Linden" um die Freisetzung des Willens gehe: "Durch die Mobilisierung. . . ihrer seelischen Energie entreißt sich die Träu-

---

55 Auskünfte, a.a.O., S. 516 f.

56 vgl. Krogmann, Moralischer Realismus. . ., a.a.O., S. 256

mende einer Lage, in der sie... Objekt des Geschehens war."[57] Freisetzung seelischer Energien also zur Selbstbehauptung und Entfaltung von Menschlichkeit. Auch bei der Bewertung der Rolle des Ich in den unterschiedlichen Ausprägungen bei der Gestaltung ihres Werkes gibt es kaum Widerspruch: "Sie ist es, die durch ihre Anwesenheit und Teilnahme den Bezug vermittelt, den das begrenzte Einzelne zu etwas Großem, Bedeutendem, zur menschlichen Möglichkeit und Potenz hat; sie will jene selbst durchlebte Erschütterung weiterreichen..., die ihrerseits die befreiende Reinigung hervorbringt."

An dieser Stelle entwickelt Kaufmann ein eigenartiges Verfahren. Die von ihm selbst gesetzten Begriffe bei der Beschreibung der Wirkung der Wolfschen Prosa "Erschütterung", "Befreiung", "Reinigung" geben ihm die Möglichkeit, indem er ihnen den Charakter eines Programms, einer Autoren-Intention, zuerteilt, ein anderes, von ihm gewünschtes Argumentationsfeld aufzubauen: hier das von Identifikation, Katharsis, Tragödie. Und dieses verknüpft er dann wiederum mit weiteren Positionen: Cäsar Flaischlens zum Beispiel, falsche Assoziationen provozierend. Eine unglaubliche Methode: Kaufmann setzt für subjektive Authentizität oder Zeitgenossenschaft 'Einfühlung', für Freisetzung seelischer Energien, Moralität 'Katharsis' und fragt dann nach dem Leistungsvermögen eines solchen Literaturkonzepts der Christa Wolf. "Der polemische Ansatz reißt sie fort zu Antithesen, die um so anfechtbarer werden, je mehr die Autorin sie theoretisierend ausfüllt. Von dem Büchner-Lenzschen Programm, auch in dem Menschen, dem die Verwirklichung seiner Anliegen und Kräfte versagt bleibt, den ganzen Menschen und würdigen Mitmenschen zu sehen, schreitet sie tendenziell fort zu der Erwägung, ob nicht gerade die Nicht-Verwirklichung das wahrhaft Menschliche sei."[58] Was ist dieses "tendenzielle Fortschreiten" anderes als eine Denunziation Kaufmanns?

Das kathartische Prinzip, von dem hier die Rede ist, geht von Voraussetzungen aus, die im gegenwärtigen Theater kaum, in der Prosaliteratur (mit Ausnahme der sog. Trivialliteratur) überhaupt nicht greifen können; ganz abgesehen von den Intentionen Christa Wolfs, denen es ausdrücklich widerspricht. George Thomson hat in seiner Arbeit "Aischylos und Athen" die Voraussetzungen dieses Prinzips beschrieben, bezogen auf die antike Tragödie, in der 'Katharsis' ein wesentliches Funktionsmoment war. Es geht um die Wirkungen von Darstellungen auf Zuschauer:

> Verschiedene griechische Schriftsteller beschreiben die gefühlsmäßigen Wirkungen der mystischen Initiation (wie der der

57 Hans Kaufmann, Zu Christa Wolfs poetischem Prinzip, WB 6/74, S. 115
58 a.a.O., S. 119

Tragödie - W.K.) bis ins einzelne, und die Gleichmäßigkeit der Symptome beweist, daß sie als normal angesehen wurden. Sie bestehen aus Schaudern, Zittern, Schwitzen, geistiger Verwirrung, Erschöpfung, Bestürzung und Freude, verbunden mit Unruhe und Aufregung. Das sind die charakteristischen Eigenschaften religiöser Hysterie, wie sie aus der Literatur des Christentums ausgiebig zum Vergleich herangezogen werden können.[59]

Voraussetzung dieser Zuschauerhaltung - bei Aristoteles in der Poetik beschrieben - ist das völlige Aufgehen des Ich in Vorgänge existentieller Gefährdung; ein Zustand der 'Bewußtlosigkeit', der schon für Lessing in seinem Theater des 18. Jahrhunderts längst so nicht mehr erreichbar war. 'Furcht' und 'Mitleid' als Beschreibungsformeln für Publikumsempfindungen konnten den 'Reinigungscharakter' des klassischen Theaters allenfalls andeuten; das Ergebnis der Überlegungen Lessings zu einer Theorie des bürgerlichen Theaters war denn auch - unter aufklärerischem Aspekt -, daß die Tragödie eine Verbindung von Schuld und Schicksal zu zeigen habe, nicht die zerstörerische Kraft einer dem Menschen unbekannten Macht, sondern ein erkennbares und erklärbares Leid: daß in einem Helden eine gewisse Schuld übermäßig bestraft werde.[60]

Brecht hat u.a. im "Kleinen Organon für das Theater" (1948) diese Katharsistheorie auf die Gegenwart übertragen und gegen sie für das Theater seiner Zeit neue Formen entwickelt, nicht-aristotelische, nicht-kathartische. Auch bei ihm finden sich die immer wieder mit der aristotelischen Handlungsstruktur (Einheit der Handlung, Identifikation usw.) verknüpften Vorurteile: "Das Theater, wie wir es vorfinden, zeigt die Struktur der Gesellschaft (abgebildet auf der Bühne) nicht als beeinflußbar durch die Gesellschaft (im Zuschauerraum)."[61] Er fordert deshalb Veränderungen der Fabel-Führung ("daß die Knoten auffällig werden"), der Charaktere, der Konflikte, des Bühnenbildes, des Aufführungsgestus usw. (Kap. 67 u.a.). Verfremdungen sollen Identifikation verhindern: "Da das Publikum ja nicht eingeladen werde, sich in die Fabel wie in einen Fluß zu werfen, um sich hierin und dorthin unbestimmt treiben zu lassen. . ."

Kaufmann bleibt bei dieser sehr fragwürdigen Bewertung der Prinzipien Identifikation, Katharsis, ohne zu überprüfen, ob es sich bei den als Modell angenommenen Beispielen "Nachdenken über Christa T.", "Unter den Linden" wirklich um Texte handelt, die die Freiheit des Ich wahrzunehmen, zu

59 George Thomson, Aischylos und Athen, Berlin 1957, S. 402, 404

60 vgl. Lessing, Hamburgische Dramaturgie, 73 - 80. Stück

61 Kleines Organon für das Theater, Kap. 33, 67

urteilen und zu entscheiden beeinträchtigen könnten. A. Giesecke folgt der Argumentation Kaufmanns nicht - oder nur in sehr vorsichtiger Formulierung: "Für die Erzählerin vollendet sich die Katharsis mit der Aufhebung der Beunruhigung in der Entschlossenheit, sich den realen Bedingungen zu stellen, ihr Leben auszuleben, indem sie ihm in der Wahrnehmung der Verantwortung für die menschlichen Entfaltungsmöglichkeiten einen menschenwürdigen Sinn gibt."[62]

Nein, selbst die Mitleid herausfordernde Lebensgeschichte der Christa T. bleibt durch die Auflösung der Handlung und die immerwährende Kommentierung weitgehend außerhalb des Katharsis-Rasters, der Leser wird nicht so tief in die Handlung einbezogen, daß durch Erschütterung Reinigung erfolgte. Auch nicht als 'individuelle Variante' Christa Wolfs.

Freisetzung, auch im Traum, auch in der relativ geschlossenen Handlungsführung vom "Geteilten Himmel" geht immer von den Möglichkeiten aus, die da sind, die noch da sind ("Wann - wenn nicht jetzt?"), die durch eine Textgestaltung hergestellt, geschaffen werden - selbst, wenn vom Ende her, vom Tode vielleicht, erzählt wird. Korrekturen des Vorgeführten sind möglich und notwendig: Es geht um die Aufhebung der Determinanten. Zugestanden, es bleibt die Frage, die Kaufmann so formuliert: "Ob dieses weltanschaulich-poetische Programm es auch erlaubt, das Individuum in der wirklichen Mannigfaltigkeit seiner gesellschaftlichen Beziehungen, in der realen Dialektik vorgefundener, nicht auswähl- und austauschbarer Bedingungen seines Handelns und möglicher Entscheidung entsprechend seinem - ebenfalls sozial vermittelten - Bewußtsein darzustellen, dafür fehlt der Beweis."[63]

Da das so ist, kann man Christa Wolf nur einen Vorwurf machen, wenn man selbst eine andere Kunstkonzeption vertritt und die als allein richtig ansieht. Dann kann man auch die ungeliebte diffamieren, in einer hier als Beispiel angeführten Manier:

"Andererseits liefert die Literaturgeschichte kuriose Beispiele dafür, wie sich Schriftsteller, mit denen Christa Wolf nicht das geringste zu tun hat, Verfahren zu eigen machten, die den von ihr befürworteten formal ähneln. So hat etwa Cäsar Flaischlen (für analytische Zwecke, aber nur für sie kann es nützlich sein, ihn zu lesen) bereits vor 70 Jahren aus Opposition gegen die "geschlossenen", seiner Ansicht nach des billigen Effekts und finanziellen Erfolgs wegen geschriebenen Erzählungen das Konzept einer durch den anwesenden

---

62 WB 8/77, S. 130

63 Kaufmann, a.a.O., S. 121

Autor "beseelten" Prosa entwickelt und praktiziert... Und diese "beseelte" Prosa wurde in Hunderttausenden von Exemplaren auf den Markt geworfen und paßte ausgezeichnet in den Literaturbetrieb des Imperialismus."[64]

Annemarie Auer argumentiert ähnlich treffend:

> Meine Frage an die Erzählerin wäre: Woher der Klageton..., denn sehe ich auf den wirklichen Lebenszuschnitt dieser nun mittleren Generation, so erblicke ich Karrieren ganz zur rechten Zeit, feine Wohnungen oder Häuser, dazu ein Landhaus, von Garten und Landschaft umgrünt... Auch fehlt es nicht an den Wagen, um jene schönen Gärten zu erreichen. Man reist, man empfängt Ehren, man läßt es sich an nichts fehlen...

Und:

> Das Richtmaß..., dem sich solch moralkritisches Programm zu stellen hat, ist: Wem zunutze wird die neue Sensibilität oder Sensibilisierung aufgerufen? Ihr sozialer, damit objektiver Wert steht und fällt mit der Richtung des Prozesses (...) Mir scheint darum nicht, daß hier der Traditionsweg verläuft, der von der Solidarität des kämpfenden Proletariats und seines opferreichen Widerstandes zu der Moralität hinüberführt, die die Gesittung einer sozialistischen Gesellschaft trägt.[65]

Die Schärfe dieser Formulierungen spiegelt das kulturpolitische Klima des Jahres 1977 wider, nach der Biermann-Ausweisung und den darauf folgenden weiterwirkenden Auseinandersetzungen. In ihrer Rede zur Verleihung des Bremer Literaturpreises von 1978 hat Christa Wolf ihre Antwort gegeben und dieser 'Freunde' gedacht: "Nicht ohne Schuldgefühl lasse ich mir Muster-Sätze vorhalten...: 'Das Kind gehorcht den Eltern'. 'Die Gesetze dienen dem Menschen.' - 'Er vertraut seinem Freund'. Das klirrt und scheppert mir, unter uns gesagt, ganz gehörig, doch dieses Eingeständnis mag überflüssig sein."[66]

Zum Bild der Autorenpoetik von Christa Wolf gehören natürlich auch andere Texte, die ihre Bemühungen um einen neuen sozialistischen Literaturbegriff begleiteten, die wiederum ein ganzes Feld ausmachen, von denen hier nur einige als Beispiel genannt werden können. Auf die theoretischen Basistexte Lehmanns, Redekers und anderer mit ihrer Kritik an der marxistischen Ästhetik ist oben eingegangen worden; skizziert seien hier weitere Bemühun-

---

64 a.a.O., S. 124

65 Annemarie Auer, Gegenerinnerung, SF 4/77, S. 859, 876, 877

66 vgl. Krogmann, Christa Wolfs Deutschstunde in Bremen, Deutschland Archiv 4/78, S. 402 ff.

gen, dem Realismus-Begriff und dem sozialistischen Realismus Weite und Vielfalt zu verschaffen.

1977 kommentiert Werner Mittenzwei einen eigenen Aufsatz aus dem Jahr 1967, mit dem er den Versuch unternommen habe, in die internationale Realismus-Diskussion einzugreifen und einen einseitigen Ausbau der Realismus-Theorie "im eigenen Land" zu verhindern.[67] Wie leicht zu erkennen ist, handelt es sich dabei zugleich um eine Auseinandersetzung mit dem 11.Plenum (1965) und seinen Folgeerscheinungen: Es geht um Ernst Fischer und Roger Garaudy, um Georg Lukács und Brecht, um Dekadenz und um Vorbilder, Traditionen. Brechts Vorbilder - so Mittenzwei - seien gewesen: Joyce, Dos Passos, Döblin, Kafka! Mit der Ausgabe von Brechts "Schriften zur Literatur und Kunst" (1966) werden neue Diskussionspositionen eröffnet, die Mittenzwei durchaus aggressiv der offiziellen Kulturpolitik entgegenhält.[68]

Noch weiter zurück führt ein Aufsatz "Zu aktuellen Grundfragen des sozialistischen Realismus in der DDR", der in der NDL 5/1966 abgedruckt wird und für den Neubert, Pracht, Plavius und Faustmann als Autoren zeichnen: Versuche einer vorsichtigen Neukonzeption in der Nachfolge des 11.Plenums. Neubert ist Chefredakteur von NDL, Erwin Pracht Direktor des Instituts für Ästhetik an der Humboldt-Universität Berlin; das Ganze ist als Diskussionsgrundlage formuliert und ein interessantes Beispiel für den Modus öffentlichen Sprechens 1966. Zur gleichen Zeit entstehen das "Selbstinterview" Christa Wolfs und ihr Essay über Ingeborg Bachmann; die Unterschiede sind schon beachtlich.

Partei und Parteilichkeit sind die wichtigsten Stichwörter in der Viererrunde. Ulbricht wird wiederholt zitiert:

> Die größte Hilfe gibt die Partei den Künstlern dadurch, daß sie in ihren Beschlüssen die gesellschaftlichen Vorgänge der Vergangenheit und Gegenwart analysiert und in enger Verbundenheit mit dem Volke die Aufgaben für alle stellt. . .

Und:

> Die Partei ist der organisierteste, weltanschaulich weitblickendste Teil des Volkes. Wer sich ehrlich zum Kampf des Volkes bekennt, wird sich auf den Standpunkt der Partei stellen.[69]

---

67 Werner Mittenzwei, Die Brecht-Lukács-Debatte, SF 1/77, S. 184

68 vgl. Mandelkow, DDR-Literatur und ihre bürgerliche Rezeption, a.a.O., S. 122, 158

69 NDL 5/66, S. 122, 123

Der Aufsatz bringt in allen Bereichen die nach dem 11.Plenum neu formulierten Positionen des sozialistischen Realismus, er nimmt sich noch einmal die Filme und die Abweichungen der Schriftsteller vor, die dort kritisiert worden waren, die "Troubadours des Skeptizismus", auch Biermann. Wenn auch im Vorspann Becher, Seghers und Brecht als neue und zu beachtende Traditionslinie bestimmt werden, so dominiert im Artikel selbst Ulbrichts Parteilichkeit. Fortschritt und die Überlegenheit des sozialistischen Realismus im Verhältnis zum kritischen Realismus werden in einfachsten Grundlinien formuliert: Fehler wurden gemacht, kritisiert und bereut, die Entwicklung einer sozialistisch-realistischen Literatur kann nach Überwindung einiger Unklarheiten weitergehen.

> Selbstverständlich hat der sozialistische Realismus auch einen kritischen Inhalt. Während jedoch in der kapitalistischen Gesellschaft der kritische Realismus die hohe Aufgabe hatte, dem Menschen die kapitalistischen Widersprüche zum Bewußtsein zu bringen..., dient der sozialistische Realismus der Meisterung des sozialistischen Fortschritts. Weil er diese Aufgabe hat, muß er auch kritisch sein, Rückständigkeiten und Widersprüche aufdecken, um zur Vollendung des Aufbauwerkes beizutragen.[70]

Und: "In der sozialistischen Gesellschaft ist der Schriftsteller, wie jeder Werktätige, ein an der Macht Beteiligter, das kritische Element in der Literatur *impliziert* die neue Qualität der Übereinstimmung, ja der *Harmonie* mit der sozialistischen Gesellschaft..."

Ulbricht contra Christa Wolf; denn die zahlreichen Zitate des Staatsrats- und Parteivorsitzenden haben natürlich die Funktion, dem Text besondere Aussagekraft zu verleihen. Die Autoren stimmen überein:

> Das "freie Verhältnis zum Stoff" (Christa Wolf auf dem 11.Plenum des ZK der SED) wird durch ein verabsolutiertes "kritisches Prinzip" nicht gefördert, sondern im Gegenteil *zerstört*, weil bei einem solchen Verfahren an Stelle eines intensiven Eindringens in die objektive gesellschaftliche Realität alle Erscheinungen und Vorgänge nur in das einseitige Prisma dieses Prinzips gezwängt und von hier aus gestaltet werden.
>
> Das "kritische Prinzip" löst in der *Absolutheit* seines Anspruchs notwendig nur einseitige, und zwar pessimistische, niederdrükkende, destruktive und demoralisierende Emotionen und Assoziationen aus. Sozialistisch-realistische Kunst ist dagegen auf die Auslösung aktivierender, positiver "sozialistischer Impulse"

70 a.a.O., S. 146 (Zitat Ulbricht)

(Brecht) gerichtet. Das positive Streben nach höherer Attraktivität kann daher auch nur in dieser Richtung erfolgreich sein.

Worauf beziehen sich diese doch sehr eindeutigen und verurteilenden Äußerungen, da "Christa T." bisher doch lediglich in einer Arbeitsfassung vorliegt und gegen Christa Wolf eigentlich nur die sehr vorsichtigen Formulierungen ihrer Bräunig-'Verteidigung' sprechen könnten. Daß und wie sehr sie in diesem Zusammenhang in den Vordergrund der Argumentation gerückt wird, läßt schon erkennen, wie gespannt das Verhältnis der Partei zu der Nationalpreis-Trägerin und ZK-Kandidatin bereits zu diesem Zeitpunkt (1966!) in Wirklichkeit war.

Und doch, beinahe das erstaunlichste an diesem Aufsatz ist, in welcher Weise sich widersprechende weltanschauliche oder ästhetische Positionen geglättet, eingeebnet werden können zu einem rundum funktionierenden Gesamtbild des sozialistischen Realismus in einer ihm entsprechenden Gesellschaft. Becher und Brecht werden einbeschlossen, ohne auch nur die Andeutung einer Bruchstelle zu wagen. Interessant ist das deshalb, weil sich nachweisen lassen wird, wie schnell die hier sich vorstellenden Autoren ihre Positionen ändern werden. Aber es ist auch deutlich, was mit dieser "Diskussionsgrundlage" in erster Linie erreicht werden sollte: Neben der Bestätigung der bekannten Grundpositionen (die ja wirklich keiner Diskussion bedurften) die Öffnung des sozialistischen Realismus für andere, weitere Kunstmöglichkeiten: Weite und Vielfalt trotz des 11.Plenums. Selbst für die Aufnahme von modernen Gestaltungsmitteln in den Kanon des sozialistischen Realismus wird plädiert, wenn nur gesichert bleibe, daß deren Verwendung nicht Selbstzweck sei.
Immer nach dem gleichen Modell:

> Mitunter können wir uns des Eindrucks nicht erwehren, als glaubten einige Autoren, die Modernität z.B. eines Films werde einzig und allein durch die Zahl der Rückblenden, den inneren Monolog oder die Figurenperspektive bestimmt. .. Um nicht mißverstanden zu werden: Die marxistische Ästhetik hat sich stets auch *für* das formale Experiment ausgesprochen. Und zwar in dem Sinne von Brecht, bei dem es heißt: "Das Experimentieren der deutschen Klassiker mit immer neuen Formen hatte aber nicht die Lust an neuen Formen zum Anlaß. Sie strebten nach immer gültigerer, umfassenderer, fruchtbarerer Ausformung und Auslegung der Vorgänge unter Menschen. .. Man braucht nie Angst zu haben, mit kühnen, ungewohnten Dingen vor das Proletariat zu treten, wenn sie nur mit der Wirklichkeit zu tun haben.[71]

71 a.a.O., S. 159

Am Ende dieser Darlegungen wird über Rezeptionsprobleme gesprochen, über die Mitautorschaft des Lesers, der ein Werk eigentlich erst vollende: Also nicht die Vorgabe der Konfliktlösung im Text, sondern die Möglichkeit, die eigene Persönlichkeit mit ins Spiel zu bringen, "sein eigenes Verhalten am Dargestellten (zu) messen, um auf diese Weise sich identifizieren oder distanzieren zu können". Der Leser werde ernst genommen; man rechne mit ihm - "von der Gestaltung her - als eine für das realistisch gestaltete Geschehen mitverantwortliche, selbständig weiterdenkende und -fühlende schöpferische Potenz".[72]

Hier, an dieser Stelle, ist die Position des "Selbstinterviews" Christa Wolfs erreicht: "Ein solches qualitativ neues Verhältnis des Schriftstellers zum Leser ist heute nicht nur möglich, sondern notwendig geworden." Gegenbewegungen? Rettungsversuche?

Christa Wolfs Bemühungen um neue ästhetische Positionen, die man unschwer auch als Bemühungen um Erweiterungen des Realismus-Begriffs verstehen kann, finden also auch Unterstützung bei einigen Rezensenten, Kunsttheoretikern oder Kulturpolitikern, nicht nur die Abwehr-Reaktionen der Parteibürokratie. Im folgenden sollen solche Versuche vorgestellt werden, bei denen der Bezug auf sie und ihre Positionen eigentlich nicht bezweifelt werden kann.

Den Anfang macht Heinz Plavius' Aufsatz "Realismus in Entwicklung", der Februar 1964 (!) in den "Weimarer Beiträgen" erscheint:

> Die breite Diskussion um den Realismus beweist, daß sich der sozialistische Realismus - und mit ihm alle sich an realistischen Prinzipien orientierenden Strömungen - in der Offensive befindet. Zu bedenken ist, daß sich die bedeutendsten literarischen Leistungen auch der "Moderne" nie abseits vom Wege realistischen Schaffens ergeben haben (Aragon, Amado, Lampedusa, Green); daß in Theater und Film bleibende Leistungen in eben dieser Richtung liegen. . . Die reaktionäre Antwort darauf ist doppelt: Sie versucht einerseits zu verleumden, sie arbeitet - in bezug auf den sozialistischen Realismus - mit lächerlichen Unterstellungen und antikommunistischem Geschrei.[73]

Nach diesem schon bekannten Muster der Vorbereitung des eigentlichen Zentrums der Aussage setzt Plavius wirklich erstaunliche Akzente: es geht ihm um Erweiterungen im Realismus-Bereich, an den nun freilich sehr bekannte und belastete Namen herangeführt werden: Beckett, Kafka und

---

72 a.a.O., S. 163, 164

73 Heinz Plavius, Realismus in Entwicklung, WB 2/64, S. 266

Anouilh. Rettungsversuche auch hier; aber nicht so defensiv wie oben. Plavius wagt einen neuen Ansatz: Realismus in der Bild- und Symbolgestaltung spätbürgerlicher Literatur. Wie sollte solche Literatur ihre Wirklichkeit gestalten, wenn nicht in den Formen, die sie bringt. Die von diesen Autoren eingesetzten Bild-Elemente, die Charaktere, die Konflikte und ihre Entwicklungsformen könnten gar nicht anders aufgebaut werden als eben so, da die Personen ihre Schicksale - in der Wirklichkeitswelt des Imperialismus - so erfahren: "Über Kafka zu sprechen ist insofern von Vorteil, weil es ihm gelang, mit großer künstlerischer Kraft, anschaulich und emotional erregend, die Situation des Individuums im Imperialismus darzustellen",[74] seine Abhängigkeit und Unterwerfung, die Fetischisierung sachlicher Verhältnisse, die Vereinzelung, seine Entfremdung. Plavius geht es um die Möglichkeit, neben den typischen Charakteren in typischen Umständen und der Treue der Details auch andere literarische Gestaltungsformen für den sozialistischen Realismus zu retten, z.B. die Parabel, die ja schließlich einen wesentlichen Teil des Brechtschen Werkes ausmache. Es gehe aber auch um jene gestalterischen Mittel, mit denen es möglich sein müßte (wie z.B. in den Filmen von Fellini), ". . . Gedanken, Abstraktionen, Vorgänge des Unbewußten, Inhalte der Tiefenschichten des Menschen"[75] zu fassen, jenseits von äußerlich erzählbarem Leben.

In der Theorie des Neorealismus gebe es die Tendenz, nach gestalterischen Möglichkeiten zu suchen, die den Realismus übersteigen, was sich auch als notwendig erweise, weil ". . .die wirklichen 'Ereignisse ihre Wahrheit nicht mehr unmittelbar preizugeben in der Lage waren, weil sie ihre außerhalb der kausalen und psychologischen Zusammenhänge begreifbare Evidenz, ihre gradlinige Aktualität verloren hatten'."

Hinter all diesen Versuchen, die sich hier lediglich als Beschreibungen theoriegeschichtlicher Phänomene darstellen, steht natürlich die Frage, ob diese Gedanken, Theoreme oder Verfahren nicht 'aufhebbar' sein könnten, also auch verwendbar in einer weitergefaßten Theorie des sozialistischen Realismus. 'Widerspiegelung' würde so erweitert um die Dimension des 'Seelischen', Psychologischen mit der Folge der Auflösung der realistischen Fabel. An "Juninachmittag" sei erinnnert (1966), an "Über Sinn und Unsinn von Naivität" (1973), an "Nachdenken über Christa T."

Plavius' Ansatz ist von enormer Sprengkraft. In Heft 1/67 der NDL formuliert die 'Redaktion': "Diese Breite und Vielfalt unserer sozialistisch realistischen Literatur tritt uns auch darin entgegen, daß sich die Skala der künstlerischen

74 a.a.O., S. 273, 267
75 a.a.O., S. 267

Handschriften erweitert. Bald wird es nicht mehr ausreichen, das alles mit dem sehr allgemeinen Begriff Weite und Vielfalt zu erfassen, vielleicht wird es sich als notwendig herausstellen, von Typen des sozialistischen Realismus zu sprechen." 1976 (!) stellt Peter Feist in der "Bildenden Kunst" (8/76) solche Typen des sozialistischen Realismus vor: "Unmittelbarer Realismus", "expressiver Realismus", "konstruktivistischer Realismus", "metaphorischer oder imaginativer Realismus", bezogen natürlich in erster Linie auf die bildende Kunst, aber darüber hinaus verstanden und von der Redaktion angeboten als "Beiträge zu aktuellen Fragen der Theorie und Praxis des sozialistischen Realismus".

In der Sprache Plavius' aus dem Jahre 1964:

> Der Weg von Aragon, Becher, Brecht, Majakowski ist der Weg aus künstlerischer Einseitigkeit zur Verwendung der Vielfalt von künstlerischen Formen und Mitteln, die allein die realistische Kunst ermöglicht. Es wäre absurd, wollte man dem sozialistischen Realismus das Moment der Vermittlung, des Symbolgehalts usw. absprechen. Mehr und mehr hilft uns die Erkenntnis der Dialektik der gesellschaftlichen Entwicklung, unsere Verhältnisse zu beherrschen. Der Beitrag der Kunst kann nur sein, der Komplexität der gesellschaftlichen Verhältnisse durch komplexe Anwendung der künstlerischen Mittel beizukommen.[76]

Franz Kafka wird bestätigt, daß sein Werk bemerkenswerte Momente des Realismus enthalte ("insofern nämlich, als er die Lage des entfremdeten Individuums widerspiegelt"), Brecht als Beispiel vorgeführt, der mit einer Parabel das Inferno des Atom-Krieges heraufbeschwört; gegen Kurella wird polemisiert, weil seine Argumentation nicht sachlich, sondern 'dogmatisch' sei.

Aus der sowjetischen Literatur führt Plavius das Beispiel einer Kafka-Situation an (Alexander Tschakowski, "Licht eines fernen Sternes"), in der Fußnote versichernd, daß mit diesem Vergleich nicht etwa die Eigenart des "Kafkaesken" verwischt werden solle, "das nur in der vom Kapitalismus hervorgebrachten Form der Entfremdung entstehen konnte".

> Diese rein äußerliche Aufzählung der Stationen Sawjalows bezeichnen seinen Weg des Suchens und Wartens. Das ist die "Kafka-Situation", in der sich der Held befindet. Auf immer neue Hindernisse stoßend, erreicht er sein Ziel nicht. . . Doch damit ist die Analogie zu Kafkas Gestalten auch schon erschöpft. Tschakowskis Held hat ein fest umrissenes Ziel; er setzt seine ganze Persönlichkeit ein, um es auch zu erreichen. . .

76 a.a.O., S. 271

> Der Glaube an Olga ist der Glaube an den Menschen (Olga ist die Frau des Helden, die er vergeblich suchte, die bei einem Versuch mit Raketentreibstoff ums Leben gekommen ist - W.K.), und er befähigt Sawjalow zu seiner Hartnäckigkeit. Dieser Glaube ist so stark, daß er sich auf andere überträgt, denen er auf seiner Suche begegnet. Und darin liegt auch der hauptsächliche Unterschied zu Kafka.[77]

Kafkas Helden, vereinsamt und ausgeliefert, ohne Bindung zur Gesellschaft scheitern, Sawjalow dagegen finde überall Kontakt. Olga, die er im ursprünglichen Sinne nicht findet, entstehe ihm mit bestimmten Zügen ihrer Persönlichkeit in all diesen Menschen. Und sie lebt im Werk, im Sputnik, in der Bezwingung des Kosmos, woran sie Anteil hatte. "Tschakowski hat in diesem Sinne eine glänzende Widerlegung des Prinzips der 'Kafka-Situation' dargeboten. Ich meine, er hat sein Ziel künstlerisch so überzeugend erreicht, gerade weil er sich nicht auf ein 'versöhnendes', schönfärbendes Ende eingelassen hat."

Plavius macht deutlich, wie und worin er die Aufhebung des großen Vorbildes sieht. Der neue Held wird nicht von der Sinnlosigkeit seines Daseins zu überzeugen sein, auch wenn in diesem Einzelfall seine Bemühungen sinnlos bleiben.

> Unter den neuen sozialistischen Bedingungen trat das Gegenteil ein, weil der Künstler hier von den objektiven und den subjektiven Voraussetzungen her die Möglichkeit besitzt, die Dialektik des historischen Prozesses zu begreifen. Kafka ergriff ein Kettenglied. Aber nur eine Seite des Widerspruchs wurde von ihm gestaltet. Der Künstler im Sozialismus hat dagegen die Möglichkeit, die Widersprüche der historischen Entwicklung allseitig zu begreifen und zu gestalten.

Das veröffentlicht Plavius Februar 1964 (!), und an dieser Stelle wendet er sich direkt an die Rezensenten der "Freiheit" in Halle, die Christa Wolf ja den Vorwurf der Dekadenz gemacht hatten. Mit der hier vorgeführten Argumentation wird Rita rettbar: "Die Situation, in der sich Rita zumindest für Augenblicke befindet, gleicht abstrakt betrachtet etwa jenen ausweg- und hoffnungslosen Situationen, die für die Gestalten Kafkas als normal gelten können. . . Im Betrieb, in der Arbeit gewinnt sie die ersten festen Positionen in ihrem Leben. . . An die Stelle von Einsamkeit und Verlassenheit treten bestimmte Bindungen an Menschen. . ., Hilflosigkeit und Ausgeliefertsein werden überwunden."

---

77 a.a.O., S. 278, 279, 280 f.

Hier schon - 1964 - wird die Formel Tschernyschewskis, Realismus sei die Darstellung der Wirklichkeit "in den Formen der Wirklichkeit selbst" zurückgenommen. "Gerade unter den Bedingungen unseres heutigen ideologischen Kampfes erweist sie sich für die marxistische Ästhetik als unzureichend. . . Es liegt. . . kein Grund vor, gewisse Bezirke des Menschlichen - die 'Seele', das 'Herz', das 'Unbewußte' oder das 'Unterbewußte' usw. einer Kunst als Domäne zu überlassen, die damit entweder Schindluder treibt oder bei allem guten Willen nicht in der Lage ist, sie zu bewältigen."[78]

Auch von seiten der Wissenschaft werden neue Ansätze gesucht. Gegen die in der DDR zumindest bis zum Ungarnaufstand einseitige Fixierung der Realismus-Problematik auf Georg Lukács wendet sich Werner Mittenzweis Aufsatz "Die Brecht-Lukács-Debatte" (in "Sinn und Form" 19/67), sozusagen als eine weitere notwendige Ergänzung zu bisher geltenden theoretischen Positionen, hatten sich doch in der Debatte von 1937/38 zwei ganz verschiedene, in ihren wesentlichen Gedanken direkt entgegengesetzte Konzeptionen vom sozialistischen Realismus herausgebildet."[79]

> Mittenzweis Dissertation über Brecht (1960) ist eine der grundlegenden Arbeiten der marxistischen Brecht-Forschung in der DDR. 1964 übernimmt er den Lehrstuhl für Literaturtheorie am Institut für Gesellschaftswissenschaften beim ZK der SED, ab 1967 ist er Leiter der Arbeitsstelle für Literaturtheorie an der Akademie der Wissenschaften, 1969-73 Direktor des Zentralinstituts für Literaturgeschichte an der Akademie der Wissenschaften (Schriftsteller der DDR, Leipzig 1974).

Wie gesagt: Hier geht es nicht um den Brecht-Lukács-Vergleich, nicht um die historische Dimension des Textes, nicht einmal um die Frage, warum Brechts Lukács-Polemik erst jetzt - 1967 - veröffentlicht werden konnte. Es geht hier um die Frage, welche Rolle Brecht bei der Herausbildung der Autorenpoetik Christa Wolfs gespielt haben kann, bei ihrem Versuch, eine ihr gemäße literarische Form als Theorie modernen Schreibens zu entwickeln.

Die Literaturdebatte, eine der drei großen der marxistischen Ästhetik (neben dem Briefwechsel zwischen Marx/Engels und Lasalle über dessen Sickingen-Drama und dem Briefwechsel Lukács-Anna Seghers) fand 1937/38 in der deutschen Emigrantenzeitschrift "Das Wort" statt und war dem Expressionismus-Problem gewidmet - immer eine Herausforderung für die marxistische Ästhetik.

---

78 a.a.O., S. 284

79 Mittenzwei, a.a.O., S. 235

Als eines ihrer wichtigsten Dokumente ist sie zugleich Kulminationspunkt in der Entwicklungsgeschichte der marxistischen Realismustheorie, sozusagen die Weiterführung von Realismus-Diskussionen, die 1936-38 in der Sowjetunion geführt worden waren, bei denen Lukács und Lifschitz gegen Jermilow, Knipowitsch und Altman eine festumrissene Position vertreten hatten.

Jetzt erst - 1966 - erscheinen die Lukács-Polemiken Brechts in der zweibändigen Ausgabe "Schriften zur Literatur und Kunst" im Aufbau-Verlag Berlin. Damit werden auch von dieser Seite her Möglichkeiten eröffnet, in die Realismus-Diskussion einzugreifen.

Mittenzwei läßt an seiner eigenen Parteilichkeit keinen Zweifel, er ist - wen wundert es - gegen Lukács und für Brecht, weil Lukács' revisionistische Positionen sich auch darin gezeigt hätten, daß er bei der Begründung des Realismus in der Literatur sich lediglich auf Vertreter und Positionen der bürgerlichen Literatur des 19. Jahrhunderts gestützt hatte, verbunden mit der Hochschätzung der Klassik und der Philosophie Hegels. Brecht dagegen sei 'von neuen Ufern' ausgegangen, habe gerade deshalb die bürgerlichen Autoren des 20. Jahrhunderts geschätzt, weil sie ihm eine bekanntere Wirklichkeit zeigten und einsichtigere Mittel für deren künstlerische Widerspiegelung. So war er viel eher zur Übernahme 'moderner' Stilelemente bereit: "Von Joyce zum Beispiel die Behandlung des inneren Monologs und des Stilwechsels, von Dos Passos die Montage und die Dissoziation der Elemente, von Döblin die assoziierende Schreibweise, von Kafka bestimmte Verfremdungen."[80]

Daß Schreibweisen an bestimmte Inhalte gebunden waren, wußte Brecht natürlich, schließlich sei "die Form eines Kunstwerkes... nichts (anderes) als die vollkommene Organisierung eines Inhalts", aber grundsätzlich müßten die Baulemente übertragbar sein. "Gerade die sozialistischen Schriftsteller können in diesen Dokumenten der Ausweglosigkeit wertvolle hochentwickelte technische Elemente kennenlernen, sie sehen den Ausweg." "Die Montagetechnik" schreibt Mittenzwei, "der innere Monolog und andere Techniken können sehr verschiedenen Zwecken dienen: sie können so eingesetzt werden, daß sie nur die Sinnlosigkeit der menschlichen Existenz demonstrieren, aber auch so, daß sichtbar wird, wie das Leben sinnvoll zu ändern ist (...) Im Ergebnis dieses Prozesses kommt es zu einer neuen gesellschaftlichen Funktionsbestimmung der technischen Mittel."

Balzac, für Lukács das Muster eines Schriftstellers, der seine Klasse kritisiert, ohne sich von ihr zu lösen, ein "Modellfall für seine Art von Ideologiekritik", ist für Brecht mit seinen Monstrositäten, seiner Romantisierung der kapitali-

---

80 a.a.O., S. 245, 246

stischen Konkurrenzkämpfe, seiner aufgeblasenen Individualisierung eher ein Autor, der "die komplizierten kapitalistischen Konkurrenzkämpfe zu Kämpfen der Individuen mache, so daß der Einzelne gegen die 'ganze Gesellschaft' kämpfe". Brecht konnte dies nur in der Darstellung von Klassenkämpfen adäquat widergespiegelt sehen, wobei das Individuum "immer mehr als Teil großer Massen" auftritt.

Hier zumindest, bei der Reduzierung individueller Züge im Menschenbild auf soziale, bei der Betonung von gesellschaftlicher Revolution und Klassenkampf, bei der Darstellung typischer Verhaltensweisen (auch im Bild der Masken) mußte es freilich fraglich werden, ob Brecht überhaupt für Christa Wolf ein Muster sein konnte. Im Kaufmann-Gespräch hat sie ja sehr deutlich ihre abweichende Position dargelegt: Daß Brecht natürlich in seiner historischen Situation so vorgehen mußte oder konnte, daß aber heute nicht mehr die Einbindung des Individuums in die Determinanten Ziel moderner Schreibweise sein könne. Wir erinnern uns: Um die Freisetzung gehe es, um "Handlungsspielraum von Individuen", um ihre "Verantwortung und Schuld am Nichthandeln in extremen Terrorzeiten".

Auch ist Christa Wolfs Beziehung zur Literatur des 19.Jahrhunderts (Storm, Bettina von Arnim, Günderode, Kleist und Büchner) ungebrochen, auch ihre Vorliebe für Prosa und subjektive Authentizität mußte eher hier festzumachen sein als bei Brecht, der mit seiner modellartigen Gestaltungsweise eben auch eine verfremdete Haltung des Lesers oder Zuschauers zu erreichen suchte. Solange eine stark gefühlsbetonte Schreibweise darüber hinaus sich um den ergriffenen Leser bemühte, konnte es kaum eine wirkliche Nähe zu Brecht geben. Und doch: Sein Eintreten für andere Techniken, seine Opposition gegen die Widerspiegelungstheorie im Sinne Lukács' und nicht zuletzt seine Schwierigkeiten mit der Kulturpolitik der DDR stellten Nähe her. Vielleicht daß im späteren Schreiben Christa Wolfs weitere Bezugspunkte auftreten werden: hier, 1967, bleibt es bei den beschriebenen Möglichkeiten.

Um es noch einmal zu formulieren: Im Zentrum der Wolfschen Poetik steht die "subjektive Authentizität". Aber nicht Einfühlung wie bei Lukács, auch nicht Verfremdung wie bei Brecht, obwohl es Texte bei ihr gibt, die mit dem Prinzip der Verfremdung arbeiten ("Neue Lebensansichten eines Katers", 1970, u.a.), bei denen Einfühlung erwünscht und erzielt wird (z.B. "Der geteilte Himmel"). Auch von Katharsis wird man kaum sprechen können, wenn auch Mitleid und Furcht nicht ausgeschlossen sind ("Christa T."). Die bei Mittenzwei ausgeführten Passagen zur Katharsis bei Lukács und Brecht[81] machen deutlich, daß es bei Christa Wolf eigentlich um ein Drittes geht: Um

---

81 a.a.O., S. 258 ff.

die Darbietung des Subjekts des Autors, während Verfremdung und Einfühlung ja immer auf das Dargestellte bezogen sind. Verfremdung oder Einfühlung werden nicht ausgeschlossen, wie es kathartische Situationen geben mag: Aber das ist nicht das Zentrum, nicht die Autorenintention, aus der heraus sich ihre Autorenpoetik ja entwickelt.

Zentrum ist ergreifendes Schreiben, den Autor wie den Leser ergreifend, beide auf eine Spitze der Teilnahme führend durch die Darstellung tragischer Geschehnisse, die zugleich aus der Geschehnisebene eines Prosatextes wie durch den immer möglichen Bezug auf die Gegenwart des Autors (und Lesers) ausbreche. Aber zugleich werden Möglichkeiten der Loslösung von diesem Sog einer Darstellung in den Text gelegt, Reflexionen oder Reflektieren freigebend, eben nicht totale Identifikation, sondern auch Widerspruch und Widerstand provozierend. Heftige Reaktionen werden gesucht und erwartet, Lebensformen lebendigen Reagierens, die sich mit Gegebenem nicht abfinden. Wobei alle Möglichkeiten der künstlerischen Gestaltung, die diesen Zielen dienen könnten, erlaubt sind und viele von ihr angewandt werden. Schreiben als Kampfmittel gegen Gleichgültigkeit, Langeweile, Anpassung, Müdigkeit. Lebenshilfe, wenn man darunter immer wieder neu zu erwekkende Lebenskraft versteht, die leicht erlahmen, verlorengehen kann. Bezogen - natürlich - in erster Linie auf den Leser ihrer Gesellschaft, die sie zu erfassen, zu 'erleben' sucht, aber beziehbar auch auf alle möglichen Gesellschaftsformen und -formationen, denen Lebensmüdigkeit oder -flucht durchaus nicht unbekannt sind. Vielleicht mit Ausnahme des "Geteilten Himmel" gilt das für alle Werke und für ihre Autorenpoetik; von Provinzialismus keine Spur, wohl aber von 'Weltoffenheit', d.h. von Angst, daß die Gefährdungen, die uns alle betreffen, nicht wahrgenommen, wieder einmal verdrängt werden könnten. Moralität und Humanität als Grundantrieb ihres Schreibens.

Wie gesagt, Christa Wolf ist nicht allein bei ihren Bemühungen, der DDR-Literatur (und der sozialistischen Literatur überhaupt) eine andere Basis zu geben als die der dogmatischen Realismus-Auffassung. Auf die wichtigsten Artikel kann hier nur verwiesen werden[82], wie eigentlich auch auf eine ganze Reihe literarischer Werke und Autorenpoetiken eingegangen werden

82 Neubert/Pracht/Plavius: Realismus im Gespräch, NDL 5/67; Pracht/Mühlenberg: Die moderne Epoche der Theorie des sozialistischen Realismus, Deutsche Zeitschrift für Philosophie, Sonderheft 1967; NDL (Redaktion): Von der neuen deutschen Literatur, NDL 1/67; Pracht/Neubert: Sozialistischer Realismus. Positionen, Probleme, Perspektiven, Berlin 1970; Plavius: Überlegungen zur Theorie des sozialistischen Realismus, Deutschunterricht (0) 11/71 ff.; Neubert: Die schöpferische Unruhe des sozialistischen Realismus, NDL 10/72; Redeker: Zu Besonderheiten des gesellschaftlichen Verhältnisses zur Kunst, WB 4/72; Fühmann: 22 Tage oder die Hälfte des Lebens, 1973; Kunert: Das Bewußtsein des Gedichts, SF 5/72

müßte[83], die vergleichbaren Intentionen folgen. Auch hier geht es um 'Gewebe' oder 'Felder', und erst aus Zusammenspiel und Gegenspiel ergibt sich das Ganze.

Der Kampf der Widersprüche geht weiter; nach den Verhärtungen im Bereich der Kulturpolitik aus den Jahren 1968/69 mußte sich ja die Frage ergeben, wie es nun eigentlich weitergehen sollte, wie die angegriffenen Schriftsteller und deren Kollegen reagieren, ob sie - wie schon so oft - wieder den Ausgleich, den Frieden mit der Partei suchen würden oder etwa gar den Konflikt? Die Partei jedenfalls blieb vorerst bei ihrem harten Kurs: Am 18.1.1971 berichtet das "Neue Deutschland" von einer "Ideenberatung" des Staatsrates der DDR mit Künstlern und Schriftstellern: mit Baierl, Bräunig, Brêzan, Deicke, Görlich, Hammel, Kraze, Kant, Kurella, Nachbar, Neutsch, Noll, Rücker, Salomon, Sakowski, Schulz, Seeger, Selbmann, Strittmatter, Weber, Weinhold, Wogatzki, Wohlgemuth.

> Ein halbes Jahr vor dem 8. Parteitag (Juni 1971) war offenbar alles entschieden. Keiner der späteren Unterzeichner der Biermann-Petition (Nov. 1976!) ist eingeladen gewesen. Die Ideenberatung der Regierung der DDR mit ihren Schriftstellern fand unter Ausschluß der eigentlichen Repräsentanten der DDR-Literatur statt![84]

Das war vor dem 8. Parteitag, vor der berühmten Honecker-Rede vom 4.Plenum des ZK der SED, in der die für die DDR repräsentativen Schriftsteller von ihm vorgestellt werden: Anna Seghers, Baierl, Kant, Sakowski, Seeger, Strittmatter, Wogatzki. (ND 18.12.71) Christa Wolf ist nicht mehr dabei!

Und doch spielt das Jahr 1971 mit seinen erwarteten und tatsächlichen Umbrüchen eine wichtige Rolle in der Realismus-Diskussion. Die Fachzeitschriften der DDR - aus denen hier ja zitiert wird - bringen eine Fülle von Aufsätzen, vor allem auch sowjetischer Theoretiker, in denen die Begriffe Weite, Vielfalt, Reichtum der Handschriften, Freiheit im sozialistischen Realismus die Argumentation bestimmen; als Beispiel sei aus A.S. Mjasnikows Artikel "Vielfalt des Realismus" (Weimarer Beiträge 3/71) zitiert:

> Schon im Jahre 1905 sprach Lenin von der neuen, wahrhaft freien Literatur, die einmal für die Millionen arbeitender Men-

83 Johannes Bobrowski, Boehlendorff und Mäusefest, 1966; Volker Braun, Es genügt nicht die einfache Wahrheit, (1975); Anna Seghers, Das wirkliche Blau, 1967; Heiner Müller, Ödipus Tyrann, 1967; Ulrich Plenzdorf, Die neuen Leiden des jungen W., (entstanden 1968); auch Stephan Hermlin, Lektüre 1960-71; Ernst Fischer, Entfremdung, Dekadenz, Realismus, SF 5,6/68; Franz Fühmann, Essays, Gespräche, Aufsätze 1964-1981

84 Krogmann, Moralischer Realismus, a.a.O., S. 239

schen geschrieben werden wird. . . "Kein Zweifel. . ., das literarische Schaffen verträgt am allerwenigsten eine mechanische Gleichmacherei, eine Nivellierung, eine Herrschaft der Mehrheit über die Minderheit. Kein Zweifel, auf diesem Gebiet ist es unbedingt notwendig, weiten Spielraum für persönliche Initiative und individuelle Neigungen, Spielraum für Gedanken und Phantasie, Form und Inhalt zu sichern." (. . .)

Der VI. sowjetische Schriftstellerkongreß im Jahre 1967 gab ein Resumé der Entwicklung von Literatur und Literaturwissenschaft in den vergangenen 50 Jahren der Sowjetmacht. Der sozialistische Realismus wurde als große historische Synthese bezeichnet. Seine Methode stütze sich auf die Traditionen des kritischen Realismus sowohl des 19. wie des 20. Jahrhunderts und baue auch auf allen echten Errungenschaften solcher Strömungen wie Romantik und Expressionismus auf. Darüber hinaus verhalte er sich sehr aufmerksam und differenziert gegenüber all jenen Schriftstellern des 20. Jahrhunderts, die zwar der Dekadenz erlegen sind, deren künstlerisches Schaffen aber auch Werte enthält, die objektiv im Widerspruch zur bürgerlichen Philosophie und Ästhetik stehen. . . Der sozialistische Realismus. . . hat ein schöpferisch produktives Verhältnis zu allen überkommenen Formen von der Romantik bis zu stark metaphorischen oder symbolisierenden Gestaltungsweisen in Vergangenheit und Gegenwart.[85]

In diesem Zusammenhang muß noch einmal auf Heinz Plavius eingegangen werden, der die Realismus-Entwicklung in der DDR mit einer Fülle von Aufsätzen begleitet und vorangetrieben hat, auch das Werk Christa Wolfs, für das seine Texte ganz wesentliche Interpretationshilfen gewesen sind. Plavius war von 1965 bis 1972 stellvertretender Chefredakteur der NDL, ab 1972 wissenschaftlicher Mitarbeiter im Ministerium für Kultur; am 7.6.1985 ist er, 56jährig, verstorben.

Im Anschluß an die erste Jahreskonferenz des DSV (1967) bringt die Redaktion von NDL Leitlinien oder Überlegungen zur neuesten DDR-Literatur, die sich wie Kommentare zur Autorenpoetik Christa Wolfs lesen, obwohl "Christa T." erst 1968 gedruckt wird und auch Christa Wolfs "Lesen und Schreiben" mit dem Entstehungsdatum 1968 gekennzeichnet ist. Ähnlichkeiten in den Positionen und sogar Entsprechungen sind offenbar. Plavius ist stellvertretender Chefredakteur der "Neuen Deutschen Literatur":

Die Literatur. . . schafft uns Bücher menschlicher Wesenskräfte, die wir jederzeit aufschlagen können, um uns in ihnen wieder-

85 A.S. Mjasnikow, Vielfalt des Realismus. In: WB 3/71, S. 196, 200

zufinden. Dazu aber ist es notwendig, daß die Welt als Schöpfung des Menschen, als sein Werk in den Kreis der Darstellung einbezogen wird, in all ihren Zusammenhängen und Verästelungen, als deren konstitutives Element immer wieder das Individuum als Ensemble gesellschaftlicher Verhältnisse auftauchen muß. Nicht das isolierte Individuum in seinem Geworfensein, sondern das gesellschaftliche Individuum als Träger und Schöpfer von menschlichen Gattungszügen...

Von gesellschaftlichen Fesseln befreit und angesichts der in sie gesetzten Erwartungen dehnt und reckt sich unsere Literatur... Der Roman lebt, mehr denn je. Er stellt die schöpferische menschliche Subjektivität immer stärker in den Mittelpunkt... Bald wird es nicht mehr ausreichen, das alles mit dem sehr allgemeinen Begriff Weite und Vielfalt zu erfassen, vielleicht wird es sich als notwendig herausstellen, von Typen des sozialistischen Realismus zu sprechen... Ihr (der Literaturwissenschaft - W.K.) Anteil an der theoretischen Durchdringung der offenen Fragen ist bis jetzt noch zu gering, vor allem angesichts der wertvollen theoretisch-ästhetischen Verallgemeinerungen von Becher, Brecht, Wolf, Seghers u.a.; Literatur über Literatur, Reflexionen über Möglichkeiten und Aufgaben der Literatur als organischer Bestandteil des Werkes entsprechen dem Erfordernis unserer Zeit nach Selbstanalyse...[86]

In einem Rundgespräch "Realismus im Gespräch" (mit Neubert, Pracht, Plavius, ebenfalls 1967) spielt die Thematik Schöpfertum, Schöpferprozeß beim Künstler und dem Rezipienten eine wesentliche Rolle.

Plavius: Die Marxschen Gedanken von der Industrie als dem aufgeschlagenen Buch der menschlichen Wesenskräfte sollten sowohl in unserer theoretischen Arbeit als auch in der praktischen literarischen Entwicklung viel stärker eine Rolle spielen, weil in ihnen sehr deutlich eben diese aktive, diese schöpferische Funktion des Menschen zum Ausdruck kommt, der seine Wirklichkeit erzeugt und damit die Möglichkeiten seiner weiteren Entwicklung überhaupt schafft.[87]

In der theoretischen Diskussion wagt Plavius hier einen entscheidenden Schritt, indem er Kunst als die eine Form des Schöpferischen kennzeichnet (neben den anderen Lebens-Schöpfungen des Menschen, z.B. der Arbeit), bei der nun alle ihre Entwürfe, gleichgültig, ob sie erträumt oder utopisch erscheinen, Ausdruck dieses Menschwerdens im schöpferischen Akt seien. Der Unterschied zwischen einer "wirklichen Wirklichkeit" und einer Kunst-Wirklichkeit, oft abwertend mißbraucht, entfalle damit; wir kommen so in die

---

86 NDL 1/67, S. 4 ff.

87 NDL 5/67, S. 15

Lage, "eine Gegenthese zu dem Mißbrauch des Begriffs von der Literatur oder Kunst als Nur-Schöpfung zu entwickeln, wo der Begriff des Schöpferischen im Kunstwerk dazu mißbraucht wird, einen Gegensatz zwischen der wirklichen Wirklichkeit und einer erträumten oder utopisch herbeigewünschten Wirklichkeit zu konstruieren".

Gegen die von Hegel/Lukács entwickelte Totalitätsauffassung mit deren darin eingebundenen geschlossenen aristotelischen Dramaturgie habe Brecht eine offene, nichtaristotelische gesetzt, um dem unendlichen Prozeß der sozialen Wirklichkeit gerecht werden zu können. Daraus leitet Plavius eine Art "Spieltheorie" ab, mit der Wirklichkeit kritisch angegangen und auf Veränderungsmöglichkeiten hin erprobt werden kann.

Plavius: Jede Kunst hat im Grunde genommen die Aufgabe, die Wirklichkeit, so wie sie sich jetzt darstellt, in Frage zu stellen, und ihre Möglichkeiten im Sinne der Entwicklung der objektiven Notwendigkeit zu erproben . . .
Und genau an dieser Stelle wäre in unserer theoretischen Arbeit stärker die Spielkategorie zu beachten, denn die Wirklichkeit in Frage zu stellen, Möglichkeiten, die in dieser vorhandenen Wirklichkeit angelegt sind, herauszudestillieren ist in der Kunst spezifisch nur möglich auf dem Wege des Durchspielens der verschiedenen Möglichkeiten, des Gegeneinanderabwägens dieser Möglichkeiten und des letztendlichen Aufzeigens einer bestimmenden Tendenz einer bestimmenden Perspektive.[88]

Wieder klingt es, als wäre es ein Kommentar zu Christa T. mit ihrer Sucht des Probierens, auch des Abwägens, auch des Verkleidens, und auch die letztendlich bestimmende Tendenz wird vorgeführt. Aber: das ist 1967, kaum anzunehmen, daß das hier angelegte Maß durch die dort geübte Schreibweise bestimmt worden sein kann. Pracht antwortet an dieser Stelle: "Einverstanden. Aber. . . ein Durchspielen, das heißt für uns, wieweit ist unser Zuschauer und Leser schon zum Mitspieler geworden, zum Kofabulierer, wieweit ist er schon eigenschöpferisch beteiligt an diesem Prozeß und wieweit ist dann tatsächlich diese Kategorie sinnvoll."[89]

Natürlich werden auch hier Positionen deutlich, die die einzelnen voneinander unterscheiden; Plavius verweist auf Claudius' "Wintermärchen auf Rügen", in dem der Autor ein Modell dieser Schreibart vorführe: "Claudius hat es verstanden, sich sozusagen mit einzubeziehen, seine Schwierigkeiten, seine Probleme, seine Auffassungen, seine Reflexionen als Autor mit hineinzunehmen in die Geschichte - und damit auch seine Verantwortung für den Vor-

88 a.a.O., S. 17
89 a.a.O., S. 18

gang, für die Fabel, für den Ausgang. . . Dieses Sich-einbeziehen des Autors ist ein verbreitetes Mittel, was in unserer Literatur noch nicht allzusehr angewandt wird. Daher ist Claudius' Versuch für meine Begriffe um so höher zu bewerten." Plavius verweist auf einen Roman von Eduard Klein, der eben erschienen sei.

> Wir kennen von Christa Wolf, von Hermann Kant her die Rückblendetechnik, die Frage des Aufarbeitens vergangener Erfahrungen. Bei Eduard Klein nimmt das eine Form an, die ich bisher in anderen Werken noch nicht sehe. Er arbeitet auch mit dieser Technik, bei ihm wird aber sehr stark synchronisiert, es wird unmittelbar das Erlebnis aus der Vergangenheit dem notwendigen Klärungsprozeß in der Gegenwart zugeordnet. Das heißt, was in der Gegenwart als Problem steht, wird aus der vergangenen Erfahrung her beleuchtet, sehr stark zugeordnet in der inhaltlichen Fragestellung.[90]

Und Pracht antwortet - als spräche er über "Kindheitsmuster": ". . .wir haben nicht mehr die Gegenwart als Momentaufnahme, wir haben die Gegenwart als Ergebnis der Vergangenheit, und gleichzeitig enthält diese Gegenwart schon eine Zukunftsdimension. . ."[91]

In Heft 11/1971 ff des "Deutschunterricht", einer Zeitschrift für Lehrer, hat Plavius seine "Überlegungen zur Theorie des sozialistischen Realismus" vorgelegt, so etwas wie ein Konzept für den Realismus der siebziger Jahre. Die Bedeutung dieser Arbeit liegt auch darin, daß sie als Vortragsfolge für den Deutschlandsender konzipiert war, grundlegend und eingebunden in die oben benannten zeitlichen Koordinaten. Also wieder die Grundfrage: Was ist eigentlich realistische Literatur?

Plavius schiebt all das beiseite, was nun wirklich "viele ganzseitige Artikel" im Neuen Deutschland und anderswo ausmachte: Parteilichkeit, Volksverbundenheit, Probleme aus dem Leben der Arbeiter, Darstellung von Wirklichkeit in den Formen der Wirklichkeit selbst usw. Der Konservatismus dieser Auffassung habe sein Pendant in bürgerlichen Ansichten, die den Realismus als altmodisch abtun. "Wir erinnern uns (ohne "Christa T." zu nennen - W.K.) an Urteile über Werke und Gestalten, die nur deshalb auf Ablehnung oder Kritik stießen, weil als Maßstab für den realistischen Gehalt eines Werkes ein subjektiver, empirisch verengter Kreis von Erfahrungen angelegt wurde."[92] Und er setzt dagegen mit Berufung auf Marx:

---

90 a.a.O., S. 21 f.

91 a.a.O., S. 22 f.

92 Deutschunterricht 1972, S. 109: Heinz Plavius, Überlegungen zur Theorie des sozialistischen Realismus (IV)

> Das Kunstwerk entsteht aus dem Zusammenwirken, aus dem Aufeinanderwirken von Objekt und Subjekt. Die im Kunstwerk widergespiegelte Wirklichkeit erscheint als "wirkliche Wirklichkeit" und als "Wirklichkeit des Künstlers"... Hier gewinnt entscheidende Bedeutung, ob diese Sicht des Künstlers einen Begriff von der Wirklichkeit umfaßt, der Verzerrungen ausschließt; ob sein Weltbild den Anforderungen der Epoche entspricht;... ob seine Verwandlung der Wirklichkeit willkürlich ist oder einer Konzeption entspricht, ob diese Konzeption aus dem gesellschaftlichen Bedürfnis erwächst und einem Anliegen des jeweiligen Werkes folgt, das eben diese und keine anderen Mittel verlangt usw.... Aber wenn er aus dem System der Wirklichkeit eine Seite herausgreift, wenn er nur die Moral oder nur die Seele zu seinem Gegenstand macht, dann wird zwar von Kunst zu sprechen sein, nicht aber von realistischer Kunst.[93]

Widerspiegelung also doch, aber in Formen, die ein Subjekt entwirft, die (auch) abhängig von der künstlerischen Intention sind. Ausdruck einer Weltanschauung, die den Anforderungen der Epoche entspricht. Kein Zweifel, für die Partei sind das ihre eigenen. Auch daß die künstlerische Konzeption aus dem gesellschaftlichen Bedürfnis erwachse, ist eine zwar in diesem Umfeld zu erwartende, aber eben auch eine gerade durch ihre Unbestimmtheit auffällige Bestimmung.

Christa Wolfs Beispiele aus dieser Zeit ("Unter den Linden" usw.) sind ihm Muster modernen Schreibens, gerade weil in ihnen Wirklichkeit "als sinnlich-menschliche Tätigkeit, Praxis... subjektiv" gefaßt wird[94] und weil hier die 'Fabel' nicht aus einem gegebenen Ablauf von Ereignissen, sondern aus dem Sinn, aus den Absichten, aus dem ideellen Anliegen des Autors sich entwickle. Auf diese Weise entstehe eine neue Form von "Totalität", in dem "das Ganze im Kern", "der Makrokosmos im Mikrokosmos", die "Welt im Modell" wiedergegeben werde[95], auch "Treue des Details", "indem von der Übereinstimmung des Details in der Kunst mit dem Sinn, der Idee und dem Thema... ausgegangen wird"[96]: Rettungsversuche der Engelsschen Definition, die - ganz unerwartet - hier in die Konzeption eines ganz anderen Modells eingebaut wird.

In diesem Sinne interpretiert Plavius auch die Brechtsche Ästhetik, die den Menschen auf der Bühne und den Zuschauer als Subjekt erkenne, gerade

93 a.a.O., S. 111
94 Plavius, Mutmaßungsmut, NDL 10/74, S. 155
95 ders., Überlegungen zur Theorie..., 1972, S. 112
96 a.a.O., S. 115

weil für neue gesellschaftliche Individuen ein entsprechender künstlerischer Ausdruck benötigt würde. "Für Brecht waren erkennendes Schaffen und schaffendes Erkennen eine Einheit. Und die spezifische Form. . . war die Benutzung experimenteller Situationen. . ., war die systematische Verwendung des V-Effekts."[97] Nur wenn das Subjekt des historischen Prozesses sich als Objekt anonymer Mächte empfindet und/oder es tatsächlich ist, können Wirklichkeitselemente in ihrer verfremdeten Darstellung solcherart bedrohenden Charakter annehmen wie bei Beckett, Kafka, "großartige Fixierung von Erscheinungen des entfremdeten Menschen".[98]

Diese Annäherungen von theoretischen Positionen an die Schwerpunkte der Autorenpoetik Christa Wolfs sind schon eigenartig, wenn man bedenkt, welche Breite dieses Diskussionsfeld eigentlich und auch in dieser Zeit eingenommen hat und welchen "Sonderakzent" es nun in dieser Ausrichtung erhält. Am weitesten freilich ist die Annäherung von Heinz Plavius vorangetrieben worden, dessen Auffassungen von sozialistischem Realismus bei Christa Wolf - und zwar in Theorie und Werk - weitgehend ihre Entsprechung finden.

In die Reihe der in dieser Zeit entstehenden Arbeiten Christa Wolfs "Unter den Linden" (1969), "Neue Lebensansichten eines Katers" (1970) und "Selbstversuch" (1972) wäre auch der "Kleine Ausflug nach H." (1971) einzubetten: Schreibversuche, ihre Intentionen an unterschiedlichen Sujets und Genres zu erproben: Ironie, Satire, "science fiction", obwohl dieser Begriff im Werk der Christa Wolf fremd anmutet. Für Plavius' Realismus-Konzeption sind diese Werke durchaus integrierbar: Entwicklungsprobleme würden aufgegriffen, bewegende Probleme der Gegenwart in Kunstformen, die Ausdruck einer "gewachsenen Souveränität unserer Gesellschaft" seien. Kunstwirklichkeiten, die ausschließen, daß in ihnen Wirklichkeit einfach doubliert wird. Die Gesellschaft sei freier geworden "gegenüber gewissen Sachzwängen, und in Werken mit dieser Tendenz zeigt sich der Wille, sich von Sachzwängen, wo immer dies möglich, zu befreien".[99]

Nun ja. Das Bild der geschlossenen Gesellschaft vom "Kleinen Ausflug. . ." paßt hier freilich nicht, wenn man die theoretischen Prämissen von Wirklichkeit ableiten will. Im Zusammenhang der Darstellung sind diese Gestaltungsmöglichkeiten freilich sinnvoll, notwendig, fast unendlich erweiterbar: das Subjekt einzubringen bei der Suche nach Authentizität, denn - so die Ich-Erzählerin in "Unter den Linden" - "denn höher als alles schätzen wir die

97 a.a.O., 1971, S. 647

98 a.a.O., S. 648

99 Plavius, Mutmaßungsmut, a.a.O., S. 157.

Lust, gekannt zu sein".

Dies ist der erste Teil des Versuchs, die Autorenpoetik Christa Wolfs aufzubauen. Die Züge, die sich herausarbeiten ließen, sind relativ einheitlich, im Grunde eher mit moralischen Kategorien benennbar als mit literarischen. Der 'Kampf um den Realismus' nimmt dabei breiten Raum ein, 'subjektive Authentizität' entwickelt literarische Formen, die den Kernbereich ihrer Poetik bisher ausmachen. Dieses Feld umfaßt den Raum der sechziger Jahre bis in die Mitte der siebziger; es wird notwendig, die neuen Gesichtspunkte, die von da ab bestimmend werden, auch in neuen literarischen Formen und Gestaltungsweisen nachzuzeichnen. Am Ende der Arbeit werden weitere Versuche stehen, die Autorenpoetik Christa Wolfs zu beschreiben, wobei - natürlich - die Übergänge fließend sind und bestimmte stabile Elemente - Konstanten - erhalten bleiben. Aber es wird sich auch zeigen lassen, welche Brüche eingetreten sind, von ganz anderer Qualität und Auswirkung im Vergleich zu den bisher gefundenen: eine neue Radikalität wird sich zeigen, im Rahmen ihrer Möglichkeiten die Weiterführung auf die Spitze.

Am Anfang des Romans die bekannten Sätze: "In die Erinnerung drängt sich die Gegenwart ein, und der heutige Tag ist schon der letzte Tag der Vergangenheit."[1] Und, im Gespräch mit Konstantin Simonow: "Ich weiß, daß meine Generation, deren Kindheit in die Zeit des Faschismus fiel, dieses Erlebnis noch nicht wirklich 'verarbeitet' hat. Ich schreibe ein Buch über eine solche Kindheit in dieser Zeit. . . Ich versuche authentisch zu sein dadurch, daß ich mich auf meine Erinnerungen stütze und dann diese Erinnerung an Dokumenten überprüfe. . ., da mache ich manchmal überraschende Entdeckungen, die auch ein Beitrag zur Psychologie des Gedächtnisses sein mögen - so daß das Buch, um 'realistisch' zu sein, mehrere Ebenen bekommen muß."[2]

Ein Buch zur Theorie also, zur Poetik einer Autorin, die in ihren Frankfurter Poetik-Vorlesungen 1981 eben das ja bestreiten wird: eine Poetik zu haben. "'Poetik-Vorlesungen' heißt dieses Unternehmen, aber ich sage Ihnen gleich: Eine Poetik kann ich Ihnen nicht bieten (. . .), den wütenden Wunsch, mich mit der Poetik oder dem Vorbild eines großen Schreibers auseinanderzusetzen, in Klammern: Brecht, habe ich nie verspürt."[3]

Aber unter der Hand, bei der Erarbeitung des "Kindheitsmusters", treten theoretische Probleme immer stärker in den Vordergrund, eigenartigerweise sehr ähnlich jenen, die auch bei Autoren ganz anderen Herkommens und ganz anderer Weltanschauung 'modernes Schreiben' kennzeichnen. Auch bei ihr die Frage, wie kann heute Wirklichkeit erfaßt und beschrieben werden, wenn der Versuch ernst gemeint ist, 'realistisch' zu schreiben.[4]

> Im Kreuzverhör mit dir selbst zeigt sich der wirkliche Grund der Sprachstörung: Zwischen dem Selbstgespräch und der Anrede findet eine bestürzende Lautverschiebung statt, eine fatale Veränderung der grammatischen Bezüge. Ich, du, sie, in Gedanken ineinanderschwimmend, sollen im ausgesprochenen Satz einander entfremdet werden. Der Brust-Ton, den die Sprache anzustreben scheint, verdorrt unter der erlernten Technik der Stimmbänder. Sprach-Ekel. Ihm gegenüber der fast

1 'Kindheitsmuster' (KM), Berlin: Aufbau 1976, S. 10

2 NDL 12/73

3 'Kassandra'. Vier Vorlesungen. Eine Erzählung. (Berlin): Aufbau (1983), S. 7 = Voraussetzungen einer Erzählung. Frankfurter Poetik-Vorlesungen, Darmstadt: Luchterhand (1983), S. 7

4 vgl. 'Fortgesetzter Versuch', a.a.O., S. 112 f.

unzähmbare Hang zum Gebetsmühlengeklapper: in der gleichen Person.[5]

Christa Wolf ist sich der Schwierigkeiten bewußt, denen sie sich aussetzt, als sie am 3. November 1972 ihren großen Roman beginnt: Über die Aufarbeitung eigener faschistischer Vergangenheit, über das Weiterleben und Weiterwirken dieser Kindheitsmuster in der sozialistischen Gegenwart, über die Art und Weise der Anwendung oder Anpassung dieser Muster an das Heute oder die der heute Lebenden an die Muster. Ein Buch, das durch seinen Anspruch außerordentlich schwierig werden mußte, subjektiv authentisch zu sein - in einer Gesellschaft, die für sich geltend macht, diese Vergangenheit bewältigt zu haben und allein das bessere, das gute Deutschland zu repräsentieren. Man hört noch den Nachklang der Vorwürfe zu "Christa T.": "...so wie die Geschichte nun einmal erzählt ist, ist sie angetan, unsere Lebensbewußtheit zu bezweifeln, bewältigte Vergangenheit zu erschüttern, ein gebrochenes Verhältnis zum Hier und Heute und Morgen zu erzeugen."[6]
Im 8. Kapitel ihres Romans findet sich eine Art Bekenntnis: "Wovon man nicht sprechen kann, darüber muß man allmählich zu schweigen aufhören." Aber sie weiß: "...das Echo, auf das er (der Schriftsteller - W.K.) rechnen muß, schwingt ...als Vorhall in seinem aufrichtigsten Wort..." Christa Wolf also wieder einmal im Grenzbereich einer nicht lösbaren Aufgabe; so - das wissend, bedenkend, berücksichtigend - wird man diesen Text lesen müssen; ihn also auch korrigierend, weiterführend, ergänzend. Das ist - natürlich - etwas ganz anderes als die 'Einbeziehung des aktiven Leser', was so leicht von den Lippen geht: hier liegt ein Buch vor, das immer fremder werden mußte, je mehr man es aus seinen gesellschaftlichen Wurzeln heraushob: seine Rezeption ist der Beweis dafür.

1958 - noch in der Zeit, als sie als Redakteurin bei NDL arbeitet - beantwortete Christa Wolf in einem Artikel über Egon Günthers "Hoher Nachmittag auf der Brücke" die sie nie mehr verlassende Frage: "Kann man eigentlich über alles schreiben?"[7] eindeutig, parteilich und bedenkenlos: Man kann, wenn man die historische Wahrheit vermittelt, Wahrheit als subjektive Überzeugung gibt es nicht. Der Weg als Schriftstellerin - das wurde hier gezeigt - ist zugleich der Weg der Lösung von dieser Position, im "Geteilten Himmel",

---

5 'Kindheitsmuster', a.a.O., S. 9. Die ganz andere Textstruktur, die sich aus solchen Voraussetzungen ableiten muß, verbietet natürlich eigentlich, den Roman-Begriff bei einem so gearteten Text beizubehalten. Da es aber keinen Ersatz-Begriff gibt, der hier verwendet werden könnte, soll es bei der Benennung 'Roman' bleiben.

6 VI. Deutscher Schriftstellerkongreß, a.a.O., S. 55

7 NDL 6/58

in "Christa T.", in der Autorenpoetik. Aber die Frage, worüber man wirklich schreiben kann, was man wirklich verantworten kann, auch als Genossin, bleibt natürlich und wird zu einem der Hauptthemen im "Kindheitsmuster". Jetzt - bei der Arbeit am Roman - veröffentlicht sie (und die Redaktion der NDL) - vorbeugend sozusagen - ein Interview mit Konstantin Simonow, geb. 1915 (!), einem der großen revolutionären Schriftsteller der UdSSR, zu dieser Frage: "Gibt es bei Ihnen Probleme, Konflikte. . ., über die Sie glauben, nicht schreiben zu können oder nicht schreiben zu sollen. . ., weil Sie glauben, es wäre schädlich, darüber zu schreiben. . ., eine Art Selbstzensur also." Antwort: "Natürlich gab es die. Mir scheint, hier sollte man unterscheiden zwischen dem Roman. . . und, sagen wir, dem Tagebuch oder Memoirenliteratur. Bei meinem Roman treffe ich sofort meine Entscheidung. Entweder ich schreibe ihn oder ich schreibe ihn nicht."

> Mit den Memoiren ist das schon etwas komplizierter. . . Obgleich ich alles hintereinander niederschreibe, nehme ich mir bereits vorher sehr bestimmt vor, für die Veröffentlichung nur das auszuwählen, was ich zum gegebenen Zeitpunkt für möglich, für moralisch gerechtfertigt halte. Das übrige lasse ich aus.[8]

Fragen und Antworten - und wieder die Antworten auf jene Fragen, um die es hier geht: die Moralität eines Autors. Christa Wolf in einem Interview mit der Ostberliner "Wochenpost" am 10.2.84:

WP: Was Sie zu Ihrer Generation sagen. . . beispielsweise in "Kindheitsmuster" - da gehen Sie sehr hart ins Gericht mit dieser Generation . . . Schließlich ist sie es gewesen, die entscheidend mit Hand angelegt hat, damit unser Staat zu dem wurde, was er heute ist.

C.W.: Hart? Finden Sie das? Ich glaube, der Roman dieser Generation ist noch gar nicht geschrieben. Da ginge es nicht um Beschönigung oder Entschuldigung: da ginge es um eine nüchterne Analyse, die weh tun würde, am meisten dem, der es schriebe; und es ginge allerdings um einen anderen Maßstab als den der guten Absichten von hart arbeitenden Leuten; es ginge um die Frage, was unter dieser harten Arbeit aus ihnen als Menschen geworden ist.[9]

Ein Roman? Oder Memoiren-Literatur? Ein Buch mit erfundenen Figuren, schreibt Christa Wolf, "für Annette und Tinka".

---

8 NDL 12/73
9 Wochenpost 10.2.84

Die politischen Umstände, die das Entstehen des "Kindheitsmusters" begleiten, sind denkbar günstig: Der VIII.Parteitag hat - soweit das möglich war - grünes Licht gegeben für einen "offenen, sachlichen, schöpferischen Meinungsstreit, wie der neue Gegenstand immer besser gemeistert werden kann".[10] "Christa T." ist in einer 2. und 3. Auflage erschienen, mit durchaus positiven Besprechungen oder Einschätzungen[11], Schriftsteller - namhafte - nehmen die in "Lesen und Schreiben" und im Werk vorgelegte Autoren-Poetik der Christa Wolf auf, sie auf das eigene Werk beziehend (Irmtraud Morgner: "Literatur gibt ein Gerüst, darin der Leser seine Erfahrungen, Kenntnisse, Phantasie spielen läßt zum Zwecke poetischer Wahrheitsfindung."[12]); Günter de Bruyn bestätigt die in Christa Wolfs "Über Sinn und Unsinn von Naivität" geäußerten Erfahrungen über die ersten Schreibversuche: sein "Hohlweg" sei ein "Holzweg" gewesen: "Damals trieben pädagogischer Eifer, literaturtheoretische Desorientierung und falsch gewählte Vorbilder mich dazu, den Roman größer machen zu wollen, als der Autor war... Als das Buch gedruckt war, war es für mich tot. Nie habe ich es wieder ansehen mögen, selbst für diese Rückschau nicht.")[13] In NDL 10/1974 werden in einem Rundtischgespräch die Veränderungen der Literatur des Jahrzehntewechsels bestätigt: Gegen naives Abbilden, für höheres Problembewußtsein, neue Subjektivität.[14]

Und endlich werden auch die offiziellen Positionen zum sozialistischen Realismus diesen Entwicklungen angepaßt, so z.B. in dem Sammelband "Zur Theorie des sozialistischen Realismus", Berlin 1974[15]; im Vergleich zu dem von Pracht/Neubert 1970 herausgebrachten "Sozialistischer Realismus - Positionen, Probleme, Perspektiven" doch ein entscheidender Wandel.[16]

1974 problematisiert Christa Wolf in einer "erweiterten Tagebuchnotiz"

---

10 Honecker, Wirklichkeitsnähe, Volksverbundenheit und Parteilichkeit, Bericht des ZK, 15.6.71. In: Rüß (Hg.), Dokumente zur Kunst-, Literatur- und Kulturpolitik der SED, a.a.O., S. 180

11 z.B. Hermann Kähler, Christa Wolf erzählt. In: Weggenossen. Fünfzehn Schriftsteller der DDR, Leipzig: Reclam 1975

12 Apropos Eisenbahn. In: Eröffnungen. Schriftsteller über ihr Erstlingswerk, Berlin: Aufbau 1974, S. 209

13 Günter de Bruyn, Der Holzweg. In: a.a.O., S. 142, 143

14 Vgl. Diersch/Hartinger, a.a.O., hier: Hartinger, Die Fragen und Antworten unserer Literatur, S. 12 f.

15 Hg.: Institut für Gesellschaftswissenschaften beim ZK des SED, Gesamtleitung Hans Koch

16 Vgl. Thomassen, a.a.O., S. 14; Wolfgang Promies, 'Daß wir aus dem vollen leben'. In: Arnold/Buck (Hg.), Positionen im dt. Roman der sechziger Jahre, München 1974, S. 118

("Dienstag, den 27. Sept. (1960)") den Begriff der Erfahrung, der auch im Kaufmann-Gespräch (1973) eine wesentliche Rolle gespielt hatte: "Wir kommen auf die Rolle der Erfahrung beim Schreiben und auf die Verantwortung, die man für den Inhalt seiner Erfahrung hat: Ob es einem aber frei steht, beliebige, vielleicht vom sozialen Standpunkt wünschenswerte Erfahrungen zu machen, für die man durch Herkunft und Charakterstruktur ungeeignet ist? Kennenlernen kann man vieles, natürlich. Aber e r f a h r e n?"[17]

So ist denn auch eine Diskussion aus dem Jahre 1975 über "Kindheitsmuster" mit "Erfahrungsmuster" überschrieben[18]: die in der Kindheit eingeprägten Muster wirkten weiter, durch Herkunft und Charakter würde Wahrgenommenes bestimmt, vorgegebene Subjektivität: Wahrnehmungsmuster. "Ich habe sehr lange - seit ich schreibe - immer den Plan gehabt, so etwas (wie "Kindheitsmuster" - W.K.) zu schreiben. Nicht d a s natürlich, aber etwas, was die Zeit meines Lebens umfaßt oder doch versucht, ihr näherzukommen. . ."[19] Wobei Christa Wolf - nun im Kaufmann-Gespräch - dieses Persönliche auch wieder einschränkt: "Ich glaube nicht, daß mein Bezugspunkt zu diesem Thema meine privaten Gefühle oder gar Ressentiments sind; vielmehr scheint es mir ein elementares gesellschaftliches Interesse zu sein, den fast verlorengegangenen Bezug zwischen diesem Abschnitt unserer persönlichen Geschichte und der Gegenwart wiederherzustellen."

> Da wird man zwar auch über Eigentumsverhältnisse reden, wird sich aber nicht scheuen, auch psychische Mechanismen zu untersuchen. Wird die so durch und durch "bekannte" Geschichte noch einmal mit einem großen Staunen und - das kann ich bezeugen - mit großem Erschrecken angehn. Wird Scheintotes wieder beleben, zum abstrakten Phänomen Versteinertes aufbrechen müssen. "Historisieren" heißt überraschenderweise hier einmal nicht: "verfremden", sondern: diese historische Periode, weggeschoben und in ein Kampffeld anonymer gesellschaftlicher Kräfte verwandelt, wieder heranzurücken, die agierenden oder nicht agierenden Individuen - uns - noch einmal sichtbar zu machen und auf ihre Motive, ihre Verantwortlichkeit zu befragen. . . Geistesgeschichte? Mitnichten. Aber entschiedene Bejahung des "eingreifenden Denkens". . .[20]

Ein bedeutsames Thema also, wenn man Christa Wolf beim Wort nimmt; keine Geschichtsanalyse mit dem Aufdecken der historischen, politischen

---

17 NDL 7/74, S. 13

18 Diskussion zu Lesungen aus 'Kindheitsmuster' vom 18.10. und 3.12.75 in der Akademie der Künste. In: SF 4/76; 'Fortgesetzter Versuch', S. 105 ff.

19 'Fortgesetzter Versuch', S. 105

20 a.a.O., S. 94.

oder ökonomischen Wurzeln des Faschismus, sondern ein Versuch, "die Struktur der Vergangenheitsbeziehung m e i n e r (gesperrt vom Vf.) Generation (aufzuzeichnen), d.h.: Bewältigung der Vergangenheit in der Gegenwart".[21] Kein unzulässiges Analogisieren natürlich, aber doch ein Versuch, durch die historisch konkrete Behandlung der Vergangenheit sich "einen Zugang zur Gegenwart" zu eröffnen.

Denn es sei schon ein "widersprüchliches Kontinuum",

> in der einen Gesellschaft aufzuwachsen, erzogen, geprägt zu werden und in der anderen - in unserer - die Möglichkeit zu einer an die gesellschaftlichen Wurzeln gehenden Kritik und Selbstkritik zu haben, zum Denken, Verstehen, Handeln zu kommen, dabei in neue, gewiß nicht einfache Widersprüche und Konflikte gestellt zu sein, mehr: diese Widersprüche selbst mit herzustellen und an ihrer Überwindung mitzuarbeiten, und dabei doch Verhaltensmuster nicht verleugnen zu können, die Kindheit und Jugend bestimmten.[22]

Wieder werden die Felder Zensur und Selbstzensur berührt werden bei dem Versuch zu zeigen, wie Vergangenheit und Gegenwart aufeinander einwirken, was natürlich eine neue (?) Schreibtechnik zur Folge haben muß, auch eine Technik, der es gelingt, "die fast unauflösbaren Verschränkungen, Verbindungen und Verfestigungen, die verschiedenste Elemente unserer Entwicklung miteinander eingegangen sind, doch noch einmal zu lösen, um Verhaltensweisen, auf die wir festgelegt zu sein scheinen, zu erklären und womöglich (und wo nötig) doch noch zu ändern". (. . .) "Eine Vergangenheit wie diese kommt in Wellen über uns, wenn wir ihr nicht einen Riegel in uns vorgeschoben haben. ."[23]

Christa Wolf kennt die mit diesem Projekt gegebenen Möglichkeiten und Gefahren genau, und wie beim "Selbstinterview" zu "Christa T." geht es ihr darum, "gekannt" zu sein, um Unterstellungen und Fehlinterpretationen wenigstens nach Möglichkeit zu entgehen. Da sie die Literatur zum Faschismus in Deutschland in etwa kennt, mit ihren Helden des antifaschistischen Widerstandskampfes, den Gestalten, die schon während des Faschismus zu den richtigen politischen Einsichten kamen, beansprucht sie - wie sie formuliert - ihr Recht auf andere Erfahrungen: "Ich habe erlebt, daß es sehr lange gedauert hat, bis winzige Einsichten zuerst, später tiefergehende Veränderungen

21 a.a.O., S. 92
22 a.a.O., S. 93
23 a.a.O., S. 88, 87

möglich wurden."[24] Das Gefühl, eine Lücke schließen zu müssen, wird zu einem Anlaß für dieses Buch; aber auch, daß es ein notwendiges Stück Gegenwartsliteratur würde: "Gegenwart ist alles, was uns treibt, z.B. heute so zu handeln oder nicht zu handeln, wie wir es tun."

Zur Werkstruktur äußert sie sich früh. Im Gespräch mit Joachim Walther, am 31.10.1972, beschreibt sie mit Bezug auf Ingeborg Bachmann und Georg Büchner Prinzipien ihres Arbeitens: "Im übrigen habe ich zunehmend den Eindruck beim Schreiben, daß es nicht darum geht, etwas neu zu schaffen, sondern etwas, was als Struktur vorhanden ist, freizulegen."[25] (. . .) "Als Kind schon habe ich mich bei Karl May gelangweilt und Lessings Stücke gelesen: Warum brachte der Vater Emilia um?!"

Das also ist - um 1972 - der zeitliche Raum, in dem "Kindheitsmuster" sich entwickelt: weiter wirken die Erlebnisse um die "Christa T."-Rezeption, weiter sucht sie nach Erklärungen dafür, wie so etwas mit ihr geschehen konnte und wo die eigentlichen Ursachen dafür zu suchen seien:

> Eine Grundlust und eine Garantie dafür, daß ich immer weiter schreiben werde, ist wahrscheinlich die Erfahrung, daß ich mir auf diese Weise am ehesten den mir gemäßen Lebensraum schaffe (. . .) Dazu: Ein Riesenspaß am Diagnostizieren gesellschaftlicher Prozesse auf Grund von Symptomen (. . .) Es geht doch darum, daß wir immer tiefere Schichten des Bewußtseins freilegen und daß wir die Grenzen dessen, was wir von uns wissen, was die Gesellschaft von sich weiß, aber auch, was ich von ihr weiß, immer weiter hinausschieben.[26]

Und: ". . .ich glaube nicht, daß das Aussprechen von krankmachenden Sachverhalten zerstört, sondern daß es heilt." Und: ". . .natürlich hat man beim Schreiben auch Angst vor dem, was herauskommen wird. Niemand setzt freiwillig Angst frei. Das muß man aber, indem man bis an die Grenze des Stoffes geht."[27] Und: "Ich würde wünschen, daß die Literatur die Bedingungen untersucht, in denen sich der Mensch als moralisches Wesen selbst verwirklichen kann."[28] Man sieht: "Christa T." wird zitiert.

Es bleibt also zu untersuchen, bis an welche Grenze Christa Wolf bei der Bearbeitung des Stoffes im "Kindheitsmuster" vorgedrungen ist. Keine Ganzheit

---

24 a.a.O., S. 105, 106

25 Walther, a.a.O., S. 119, 120

26 a.a.O., S. 124, 125

27 a.a.O., S. 124

28 a.a.O., S. 128

ist zu erwarten und keine historische Analyse. Aber aus dem Bereich des Behandelten und des Ausgesparten sollte sich schon erschließen lassen, worum es hier eigentlich ging. Im Walther-Gespräch präzisiert sie die Kernpunkte ihres Interesses: "Also die Anläufe dieser Generation, die Leistung, aber auch ihr Versagen und das, was ihr versagt wird. . ., ob diese Generation in ihren bewußten und wichtigen Repräsentanten zur Reife gelangt ist, oder ob sie sich in einem bestimmten Stadium von Unreife gehalten hat und dafür nach Selbstentschuldigungen sucht. Also: wie es um das Gewissen dieser Generation bestellt ist. Das ist anstrengende Befragung und Selbstbefragung."[29]

Die 'Inseln' und das 'Eigentliche', das Faktische und das subjektive Moment: Es zeige sich - stellt Christa Wolf fest - daß bei der Arbeit an einem solchen Stoff auch das Faktische vom Subjektiven betroffen ist, weil das Subjekt vom Faktischen getroffen, verwundet wurde. Die Faschismus-Problematik habe ihre eigene Dimension, an der kein Schriftsteller vorübergehen dürfe, von der man nicht leicht und leichtfertig zur Routine des Alltags zurückkehren könne: Der Grad der Verletztheit - sagt sie - habe denn auch zur Folge gehabt, daß sie 25 Jahre Zeit brauchte, um mit diesem Hauptthema deutscher Geschichte beginnen zu können. Aber um es noch einmal zu betonen: es wäre ein Irrtum (dem die Kritik fast durchweg erlegen ist), hier einen Roman über den Faschismus, über das Verhalten ihrer Generation in dieser Zeit zu erwarten (vielleicht mit der Hoffnung auf Bewältigung, Befreiung): Dieser Roman - sagt sie - sei noch gar nicht geschrieben worden.

Das Eigentliche wird dort zu suchen sein, wo die Autorin (auch als moralische Instanz) über das historische Geschehen hinausreicht: leicht zu erkennen natürlich, wo die historische Ebene durchbrochen wird, in essayistischen oder kommentierenden Teilen oder Passagen; auch dort leicht zu erkennen, wo 'Begleitpersonen', ihr Mann, ihr Bruder, die Tochter, sich äußern (eigentlich schon wieder in mehreren Ebenen, zumindest zwei Zeitebenen); schwieriger wird es dort zu greifen sein, wo das sogenannte Faktische dargestellt wird: weil das ja eben auch in der Erzählerperspektive erscheint, - selbst dort, wo nur beschrieben oder berichtet wird. Hier kann der Autor sich nicht auf Tagebücher oder Briefe oder Dichtungen berufen: alles ist Erinnerung, trotz der Arbeiten in den Lesesälen, dem Aufarbeiten von Zeitungen, Zeitschriften usw. Denn dieses Material (man könnte an Johnsons "Jahrestage" denken) wird ja nicht genutzt, Wirklichkeit zu rekonstruieren, sondern nur, Gedächtnis 'aufzufrischen' - mit dem Erschrecken, das sich einstellen muß bei der Feststellung, wie ein Gedächtnis - das eigene - arbeitet.

29 a.a.O., S. 130

Wir erwarten also einen schwierigen Text, wenn diese Konzeption durchgehalten wird - und der wäre die Probe aufs Exempel, ob subjektive Authentizität bei historischen Stoffen und Problemfeldern durchzuhalten ist. Denn wir wissen, daß die späteren Arbeiten den historischen Bereich verlassen, schrittweise: auch wenn die gewünschte Begegnung Kleist-Günderrode noch im Rahmen dieser Versuche zu bleiben scheint.

Es ist kennzeichnend, daß bei Diskussionen und auch in den Rezensionen zu "Kindheitsmuster" vorrangig über die Möglichkeit der Verarbeitung, des Abarbeitens der Faschismusproblematik gesprochen wurde, obwohl das - nach Maßgabe der Autorenpoetik - nicht das eigentliche Anliegen des Buches sein konnte, daß die Frage, wo und in welchen Formen heute hier (natürlich auch in der Bundesrepublik) faschistische Züge und Verhaltensweisen auftreten, allenfalls von der Autorin selbst eingebracht wurde. Auch gegen die Formen rationaler Verarbeitung von Ungeheuerlichkeit will sie angehen und gegen die Gleichgültigkeit der heute Lebenden, die mit der Überfütterung durch die Medien fast notwendig gegeben ist: "Bloß nicht in Tränen ausbrechen, wenn die Leute umgebracht werden auf dem Bildschirm, und bloß nicht das Abendbrot dabei unterbrechen!"[30]

Das aber konnte nur bedeuten, daß es auch ein Ziel der Gestaltung sein mußte, die Anteilnahme des Lesers am Stoff zu sichern, seine Gefühle anzusprechen, ihn mit Vorgängen und Personen 'sympathisieren zu lassen', was ja bei einer so vielfach durchbrochenen Konstruktion schwierig werden mußte. Identifikation mit Nelly - der Ich-Erzählerin - konnte es indes nicht sein, war gerade sie ja eine Figur, von der die Autorin Abstand deutlich empfand, der erst mit Ende des Buches aufgehoben sein würde oder sein sollte.

Das aber ist 1946 - und weiter führt das Buch nicht. Nur eben dadurch, daß die Besucher der Vergangenheit Gegenwärtige sind und aus diesem Abstand heraus wahrnehmen und urteilen, ist die eigentlich aufreibende Dimension Gegenwart hinzugegeben. Ein Schriftsteller - so Christa Wolf - habe schon ein besonderes Verhältnis zu seiner Zeit: Eine gesteigerte Aufmerksamkeit, ein Dauerengagement, einen andauernden Verantwortungsdruck, "daß man, ob man will oder nicht, dazu da ist, zu beschreiben, was man erfahrt".[31] In "Montauk" berichtet Max Frisch, daß er eines nachts Christa Wolf aus

---

30 'Fortgesetzer Versuch', S. 127. Vgl. Raddatz, Wo habt ihr alle bloß gelebt. In: Die Zeit 4.3.1977

31 'Fortgesetzter Versuch', S. 129

Ohio/Amerika angerufen habe: "Was denkt sich eure Regierung, nein, ich weiß, Christa, Sie können nicht dafür. . ."[32]

Der Autor, der selbstverständlich für alles in Anspruch genommen wird, gilt und sieht sich als moralische Instanz. Christa Wolf ("Wochenpost", 10.2.84): "Das ist mir beim Schreiben sehr viel weniger bewußt als z.B. bei einem solchen Interview. Daß Autoren heute zu einer moralischen Instanz werden können, kann ich, allein, wenn ich meine Post daraufhin ansehe, nicht leugnen. Es liegt auch am Ausfall und der veränderten Rolle anderer moralischer Instanzen. (. . .) Die Feststellung, 'die Gesellschaft' habe in der oder jener Zeit die oder jene Fehler gemacht, ist mir literarisch relativ wenig interessant. Mich interessiert: Was habe ich in der oder jener Zeit gewußt, geahnt, gedacht, getan und unterlassen. Was davon habe ich, haben wir vergessen. Was hat uns von uns selber, unseren früheren Hoffnungen und Vorstellungen entfernt und was taugt, in ein zukünftiges Zusammenleben von Menschen mitgenommen zu werden: dies ist die eigentliche Frage. Da schulden wir, besonders wir Literaten, den Jüngeren Aufrichtigkeit."

Und: "Es gibt Leser. . ., die sagen: Die Frau (Christa Wolf - W.K.) muß in die Irrenanstalt!"[33] Kritik, das weiß sie, kann kommen und wird kommen: wichtig sei, daß man sich "eine schöpferische Haltung erwirbt". . ., "daß man nicht entmutigt ist. . . von meist vorübergehenden Dummheiten, . . .die zeitweise sehr mächtig sein können, auch bösartig. Mir brauchen Sie es nicht zu erzählen, es ist so, ich weiß es. Man selbst lebt nicht so furchtbar lange. Und wenn man vier oder fünf Jahre seines Lebens damit verbringt, sich über Hemmnisse zu ärgern, dann sind diese fünf Jahre weg. . . Irgendwann muß man begreifen, daß man dazu da ist, ganz bestimmte Sachen zu sagen. . ., ganz egal, was gerade der oder jener Politiker oder die oder jene Zeitung davon denkt oder hält. Egal auch, was die Mehrheit der Leser darüber denkt."[34]

All das - und vieles andere noch - ist vor und zu dem Buch gesagt und von dem Buch erwartet worden. Nach der langen Pause (von vier oder fünf Jahren nach "Christa T.") war es natürlich auch eine Frage, ob das Buch diesen Erwartungen entsprechen konnte, das von der Autorin schon vorher mit so zahlreichen und unterschiedlichen Facetten versehen worden war. Februar 1976 ist es fertig, nach einer zwar kurzen, doch relativ ruhigen Periode in der Kulturszene der DDR.

---

32 Max Frisch, Montauk, Suhrkamp 1975, S. 92

33 'Fortgesetzter Versuch', S. 129

34 a.a.O., S. 133

Für Christa Wolf ist es ein wichtiges Buch, auch wenn sie meint, daß es schließlich bei jedem Buch einen Punkt gäbe, von dem aus man glaubt, jetzt, bei diesem Buch, würde es Ernst:

> ...daß man sich voll hingibt und ausgibt, bis zur Rücksichtslosigkeit sich selbst gegenüber; wenn dieser Punkt nicht erreicht wird, habe ich nicht das Gefühl, wirklich zu schreiben; und zu diesem Punkt kam es für mich sehr oft, was eben immer wieder neue Zweifel und Unsicherheiten hervorbrachte. Das war so ein Prozeß bei diesem Buch...

Und nach den vier Jahren Arbeit und nachdem das Buch abgeschlossen ist: "...wieder neue Zweifel in bezug auf dieses Buch."[35]

Jubel und Kritik als Reaktion (wie bei "Christa T.") auch diesmal, nur scheinen sich die Fronten verändert zu haben: Jubel - auch von offizieller Seite - in der DDR, Kritik - auch von sogenannten Starkritikern - in der Bundesrepublik. Auch Preisverleihungen: Literaturpreis der Stadt Bremen 1978.

Für Plavius (NDL 1/77) "ein Menschenbuch", "Buch der Menschlichkeit", für Reich-Ranicki "ein Buch von des Buchbinders Gnaden..." "Sie (Christa Wolf - W.K.) hat ihren Zettelkasten geleert und das Material chronologisch geordnet. Was uns als Roman angeboten wird, ist nur Rohstoff für einen Roman." (FAZ 19.3.77) Und Raddatz in der "Zeit" (4.3.77): "Das Buch ist zu einem noblen Essay geworden und als Roman zerronnen... Das Buch hat den Anstand einer zuverlässigen Geschichtsfibel... Wirklichkeit findet sich in ihm zuhauf. Zu jener eigenen Wirklichkeit, die große Literatur ausmacht, ist es nicht geworden."

Norbert Schachtsiek-Freitag überschreibt seine Rezeptions-Auswertung "Vom Versagen der Kritik. Die Aufnahme von 'Kindheitsmuster' in beiden deutschen Staaten"[36]: Ein bemerkenswert treffender Titel!

An dieser Stelle müßte eigentlich ein Kapitel über literarische Kritik eingefuhrt werden, vielleicht auch über Erwartungen, die mit solcher Art Kritik verbunden sind, oder über Maßstäbe, mit denen man ihr begegnet. Vielleicht kann am hier vorliegenden Beispiel auf einige Aspekte dieses Problemfeldes eingegangen werden, zumindest dort, wo es sich dringend anbietet.

---

35 Heinz Ludwig Arnold, Webmuster einer Kindheit, Gespräch mit Christa Wolf. In: Deutsches Allgemeines Sonntagsblatt 19/76

36 Christa Wolf. Materialienbuch, Hg. K. Sauer, Luchterhand 1981

In der "Welt" vom 12.3.1977 wundert sich J. Bilke über die rasche und in ihrer Richtung auch eindeutige Rezeption, die der "Roman" in der DDR erfahren habe:

> Ungewöhnlich ist immerhin, daß ein im Dezember 1976 mit 60.000 Exemplaren erschienener und nach wenigen Tagen vergriffener Roman bereits im Januar 1977 auf fast 13 Seiten rezensiert wird, während die Bücher anderer Autoren Wochen und Monate auf eine Besprechung warten müssen.

Bilkes "Verwunderung" hält sich an die Autoren der beiden bisher erschienenen "geschwätzigen Rezensionen", an die "schreibenden Kulturfunktionäre" Plavius und Hermann Kant. Dabei konnte es eigentlich keinem Zweifel unterliegen, welche Funktion diese außerordentlich positiven Rezensionen haben sollten: Markierungen, Wegmarken für die Beurteilung eines Werkes einer Autorin zu setzen, die - eben durch 'parteiliche Kritik' - an den Rand der sozialistischen Gesellschaft gedrückt worden war. Daß dabei auch 'Umstimmungen' notwendig sein könnten, Akzentverlagerungen, Bedeutungsbetonungen, die der Autorenintention vielleicht sogar teilweise zuwiderlaufen konnten, ergibt sich aus den Rahmenbedingungen, die Bilke - völlig richtig - so kennzeichnet: "Solche verräterische Eile, die als versöhnliche Geste des Schriftstellerverbandes, aus dessen Vorstand Christa Wolf entfernt wurde, und seines Vizepräsidenten Hermann Kant erscheinen soll, wäre unverständlich ohne die Vorgänge um Wolf Biermann im November 1976. Festzustellen bleibt, daß auch beim dritten Roman die politischen Begleitumstände des Erscheinungstermins ungemein wichtig sind."

So richtig diese 'Feststellung' sein mag, so fraglich ist die Methode, deren Bedeutung völlig offen zu lassen. Heinz Plavius ist zu dieser Zeit alles andere als ein schreibender Kulturfunktionär, und auch Kant wird durch solch eine Floskel nicht erfaßt: daß beide der Roman-Rezeption eine bestimmte Richtung geben wollten, ist unbestreitbar: wichtiger aber ist sicher der Versuch einer Standort- und Zielbestimmung, wichtig für die Aufnahme des Romans, vor allem aber für die der Autorin.

Plavius, dessen Bedeutung für die Realismus-Diskussion innerhalb der DDR und für die Aufnahme von Werk und Poetik der Christa Wolf eigentlich nicht bezweifelt werden kann[37], versucht auch mit dieser "Erst-Kritik" (NDL 1/77)

---

37 Plavius, Tendenzen und Probleme der Prosa, NDL 1/76, kennzeichnet den Sozialistischen Realismus als ein "nach vorn offenes System" und fordert gleichzeitig eine "öffentliche Atmosphäre" im Literaturbetrieb und eine "Realisation des Prinzips sozialistischer Demokratie": "Kunst ist ihrem Wesen nach demokratisch, in ihr übt das Volk (! - W.K.), sich seinen emotional-geistigen Haushalt und seinen Freiheitsraum bewußt zu machen." (a.a.O.) Vgl. NDL 7/76, SF 5/77, vgl. auch NDL 10/74

die im "Kindheitsmuster" dargebotenen Positionen der Christa Wolf als für die Literaturentwicklung der DDR, für das Geschichts- oder Vergangenheitsbewußtsein dieser Gesellschaft und für deren sittliche Entwicklung wesentlich darzustellen. Behauptungen Schachtsiek-Freitags, daß Plavius' Vergleich des "Romans" mit Baldwin und Weiss nicht überzeugend begründet sei, sind schon in der Argumentation eines Universitätsseminars kaum stichhaltig zu rechtfertigen. Hier - in diesem Zusammenhang - wird alles ganz falsch, wenn der Verfasser nicht weiß oder nicht begreifen oder berücksichtigen will, was für die Theoriediskussion in der DDR eine solche Anbindung eines sozialistischen Romans an die Moderne (und zwar an eine akzeptierbare) bedeuten kann; eigentlich unabhängig davon, ob das in diesem oder jenem Fall oder auch Blickwinkel gerechtfertigt sein mag. Es ist genau dieser Anspruch auf Wahrheit oder Objektivität, der den Umgang mit Formulierungen solcher Art so schwierig macht, vielleicht auch die zumindest fragwürdige Position, daß in "rein literarischen Feldern" die Berücksichtigung "außerliterarischer Bestimmungen" keinen Platz habe.
Wenn Plavius "mit Pathos" - wie er gesteht - vom "Menschenbuch" redet, das "als Buch der Menschlichkeit" das "Psychogramm einer Epoche" bringe, "Symptome und Gründe der geistigen Barbarisierung in der Zeit des Faschismus" erforsche, so mag das in bezug auf den 'Roman' übertrieben sein, auch mit falschem Akzent versehen; aber es macht doch einen wesentlichen Unterschied zu der Behauptung Schachtsiek-Freitags aus (auch ohne 'überzeugende Beweisführung'), "Kindheitsmuster" bringe die "bis an ihre methodischen und inhaltlichen Grenzen" geführte Explikation der Frage: "Wie sind wir so geworden, wie wir sind".[38]

Denn Plavius führt ja die Besprechung des "Romans" weiter, nun zum Kern seiner Aussage gelangend:

> Als direkte Folge dieser Entwicklung rückt in vielen Werken das Ich in den Mittelpunkt, treten regelrecht Strukturen in den Vordergrund, die Ich-Forschung ermöglichen, so etwa die Rechenschaftsstruktur. Auch Christa Wolf hat in ihrem Buch eine Variation dieser Ich-Forschung gefunden.[39]
>
> (. . .) Selbstbeobachtung als eine Form der Selbstbeurteilung und der Selbstanalyse - es ist dies der Weg, eigene Erfahrung außer sich zu stellen, um sie objektiver analysieren zu können. . ., weniger beeinflußt von Stimmungen wie Mitleid, Nach-

38 Materialenbuch (1981), a.a.O., S. 119

39 Plavius, Gewissensforschung, NDL 1/77, S. 145

> sicht, Selbsttäuschung, analysieren mit dem unbedingten Willen zur Ehrlichkeit (...)
>
> Damit vollzieht sich übrigens in dieser individuellen Form nichts weniger als das, was Literatur, Kunst überhaupt, hervorbringt: sie hat einmalige, individuelle Erfahrungen zu artikulieren, und sie verfolgt damit das seinem Wesen nach demokratische Ziel, andere Erfahrungen zum Vergleich und zum allgemeinen - weil über die Öffentlichkeit und vor der Gesellschaft vollzogenen - Nutzen herauszufordern (...) - das Nachdenken über diesen Vorgang (der Verinnerlichung von Mustern - W.K.) kann immerhin zum Selbstverständnis und zum Verständnis für einige Verhaltensweisen führen - und zum Nachdenken über einige heute für selbstverständlich gehaltene Erscheinungen.[40]

Schreiben könne - nach der Menge der Lügen - zum Wahrheitsfanatismus führen (auch bei Christa Wolf), im Schreiben könnten sich Formen von Popular-Philosophie äußern, deren man bedarf; mit Schreiben könnten Spiel- und Denkmodelle entwickelt werden, die, der Öffentlichkeit offeriert, zu einer Herausforderung würden an Vorstellungskraft, Mitarbeit und Phantasie der Leser.

> Da es sich bei Kunst um Werke der Phantasie, der spielerischen Annahme handelt, die für sich "nicht die Anerkennung... als Wirklichkeit" (Lenin) verlangen, wird niemand auf die Idee verfallen, ihre Modelle oder Aussagen an den Kriterien wissenschaftlicher Exaktheit zu messen, sondern sie werden verstanden als Denkangebote und Varianten, als Vorwürfe, um von ihnen auf dem Wege öffentlich-gesellschaftlicher Erörterung zu Entwürfen fortzuschreiten.[41]

Sieht man nicht oder will man nicht sehen, daß Plavius hier zu Modellen neuen gesellschaftlichen Verhaltens auffordert, neuen sozialistischen Verhaltens. Zu Formen einer neuen sozialistischen Öffentlichkeit, die über Gespräch, Diskussion, Nachdenken zu neuen Ordnungsmustern gelangen könnte. So verstanden, bekommt der "Roman" tatsächlich die Dimension "existentieller Verstörung", wie Schachtsiek-Freitag ungläubig anmerkt: "Trotz einer Reihe richtiger Detailbeobachtungen zieht Plavius gelegentlich zweifelhafte Schlüsse..."[42]

---

40 a.a.O., S. 145, 147

41 a.a.O., S. 149

42 Materialienbuch (1981), a.a.O., S. 120

Schreiben als "Lebens- und Wirklichkeitskonstituante"[43]. "'Vielleicht', heißt es am Schluß einer der Lenka-Passagen, 'können wir nichts anderes tun, als den nach uns Kommenden unsere Behinderungen zu vermelden.' Es ist gut (fährt Plavius fort), daß dies nicht als Gewißheit ausgegeben wird. Diese Vermutung zählt vielmehr zu den Anfechtungen, die auftauchen angesichts der Begrenztheit eigener Erfahrungen. . ."[44]

Lesen - auch das Lesen der Kritik - erfolgt nach Maßgabe der eigenen Kindheits- und Erfahrungsmuster. So erklären sich eben auch die Urteile: "Eine Volte schlägt der Kritiker (Schachtsiek-Freitag über Plavius - W.K.), wenn er Christa Wolfs poetische Überlegung: 'Im Idealfall sollten die Strukturen des Erlebens sich mit den Strukturen des Erzählens decken', für die 'Realismus-Theorie' reklamiert, ohne die Einlösung des Anspruches zu überprüfen." Die Volte schlägt hier der Rezensent, denn ein Kritiker kann sehr wohl eine bestimmte Realismus-Konzeption haben (die Plavius ja in Anlehnung an die Poetologie der Christa Wolf entwickelt), freilich mag es - auch für ihn - Situationen geben, in denen neben der Schreib- und Formulierfähigkeit noch andere Eigenschaften gefordert werden: Mut, Standfestigkeit, Selbstvertrauen: ". . .das Motiv des Gewissens rückt immer stärker ins Zentrum der literarischen Bemühungen, die frei vom 'Ballast' äußerlicher Beschreibung sind. Die Erforschung des Gewissens ist eine höhere Form der Rechenschaftsstruktur, ein Motiv, das die Verantwortung des Ich in der widerspruchsvollen Einheit von Individuellem und Gesellschaftlichem untersucht."[45]

Also doch und trotzdem: Kein Versagen der Kritik, auch wenn man dieses oder jenes einwenden könnte oder muß - die Kritik leistet auch hier, was sie zu leisten vermag, bunte Vielfalt, subjektive Urteile (Raddatz), manchmal unterhalb jeden Niveaus (Reich-Ranicki), "kluges Taktieren" Hermann Kants der Kollegin gegenüber[46], durch Vorgaben vorbereitete "Wertungen" (Jarmatz), auch persönliche Häme (Auer) oder Zustimmung (Helmecke, Emmerich), wenn auch manchmal von fragwürdigen Positionen her. Daß die Vorkenntnisse (die ästhetischen) oder die Kenntnisse des Umfelds begrenzt sind, ist nichts Besonderes; es liegt an den deutsch-deutschen Verhältnissen und den Verhaltensweisen, die selbst wiederum das Ergebnis verinnerlichter Muster sind, in Ost und in West.

---

43 Plavius, a.a.O., S. 150

44 a.a.O., S. 151

45 a.a.O., S. 146

46 Materialienbuch (1981), a.a.O., S. 122

Zwei Rezensionen aus der DDR seien zum Schluß herausgehoben, da sie nun wirklich das Buch und die in ihm - wie sie meinen - nachweisbaren Intentionen der Autorin zum Kern ihrer Betrachtung machen. Hans Richters "Moralität als poetische Energie" ("Sinn und Form" 3/77) und Sigrid Bocks "Kindheitsmuster" ("Weimarer Beiträge" 9/77).

Richters in einigen Bereichen sehr exakte Analyse beginnt mit der Darstellung der beiden grundlegenden Form-Einfälle: Die Auflösung der autobiographischen Grundfigur in Ich, Du, Es: "Die voneinander nicht zu lösenden und doch miteinander keineswegs identischen Figuren dieser Dreiheit sind: Ich - eine 1. Person, die Erzählerin, die das Ganze, als von ihr dargeboten, auch sprachlich konstituiert und im Grunde die Hauptperson ist; eine 2. Person, ein anderes Ich der Erzählerin, von diesem aus wechselnder Distanz als Du angesprochen; die 3. Person endlich, das Kind Nelly Jordan, der epische Held der Kindheitsgeschichte und das einstige Ich der Erzählerin. . ."[47]

Neben dieser "erzählerischen Dreifaltigkeit" entwickelte Christa Wolf ein "festes und dennoch äußerst bewegliches Gefüge verschiedener zeitlicher Sphären": eine erste, die des Kindes Nelly mit der Darstellung von Jugend, Flucht, Mecklenburg im zweiten Nachkriegsjahr, eine zweite, die der Besuchsreise vom 10. und 11.7.1971, und eine dritte, "die schließlich die beiden anderen gewissermaßen überlagert"[48]: die Sphäre der Arbeit am Buch, vom 3.11.1972 bis 2.5.1975, daneben "Momente ihres Alltagslebens, zeitgeschichtliche Erfahrungen, aktuelle Beobachtungen und Überlegungen".

Richter nennt - auch das überzeugt - "Kindheitsmuster" eine Fortführung von "Juninachmittag", damals schon ein "idealer Entwurf ihres neuen Erzählens", bei dem eine Totalität gebunden wurde an eine heutige Ich-Erzählerin. "Was der 'Juninachmittag' als gelungener Entwurf im kleinen war, wurde im 'Kindheitsmuster'-Buch versuchsweise in großem Stile ausgeführt (. . .), und möglicherweise hat im Arbeitsprozeß die Polenreise sogar als die entscheidende empirische Vermittlung gedient. . ., um von dem in der zu erzählenden Vergangenheit angesiedelten Erzähler-Ich. . . zum endgültigen, in der Gegenwart angesiedelten Erzähler-Ich als der eigentlich zentralen Gestalt des Ganzen zu kommen."[49]

Denn Richter geht davon aus (und macht das zum kritischen Maßstab), daß es hier um Vergangenheitsbewältigung gehe, für den Leser. Es habe den Anschein, als habe sich die lange Jahre währende Mühe gelohnt, "neue Wege zu

47 SF 3/77, S. 670 f.

48 a.a.O., S. 671

49 a.a.O., S. 673

suchen, auf denen sie (Christa Wolf - W.K.) ihren Leser zum gründlichen Nachdenken über unsere Vor-Geschichte und deren Unerledigtes, über ins Dunkel der Vergangenheit zurückweisende Probleme und Erscheinungen unseres heutigen Lebens zu bewegen, anzuregen, herauszufordern".[50] Und da das Bild von der Gegenwart aus entworfen werden müsse, würden sich die weiteren Notwendigkeiten ergeben, die Aufspaltung der Erzählperson in historische Schichten und die Aufteilung des Erzählraumes in verschiedene Sphären.

Freilich: Bei dieser Art der Gestaltung einer leidvollen Wirklichkeitsbewältigung blieben Lücken, auch mißverständliche Bilder und Passagen, fehlten die eigenen Befreiungen: "Der Eindruck, daß der Erzählerin im Prozeß ihrer Arbeit ein wesentliches Stück wirklicher Bewältigung bedrückender Vergangenheit gelingt, bleibt aus. Sollte er gar ausbleiben?"[51]

Auch sonst (und das gehöre zu den Schattenseiten des Buches) walte "ein merkwürdig distanziertes Verhältnis zur simplen sozialen Welt vor der Erzählerin Haustür". DDR-Wirklichkeit bleibe "mehr oder weniger schemenhaft, zufällig, willkürlich gesehen".[52] Und wenn auch sonst die Denk-Ebene der Erzählerin "wie ein umgekehrter Orgelpunkt organisierend über der ganzen Darstellung liegt", wenn auch sonst der aktive Leser "auf den sicheren Grund der Wahrheit" geführt werde[53], es erschrecke "ein Mangel an literarischer Objektivierung, ein Mangel an solcher politischer Eindeutigkeit, wie man sie sich wünschen muß. . ."[54] Auch Äußerungen wie "Zeitalter universalen Erinnerungsverlustes" und "unsere Epoche als 'Zeitalter des Argwohns'", in dem es "das aufrichtige Wort nicht mehr gibt", provozierten eher Mißverständnisse, als daß sie sie ausschlössen.

Richter muß diese Fragen stellen, da er im Text einen ". . .eigenwilligen eigenen Beitrag" sieht, geleistet zur "Fortsetzung der reichen Tradition antifaschistischer deutscher Literatur", ein Buch,

> das in wichtigen Nuancen genauer als die (in jeder Hinsicht vorausgesetzte und nicht ersetzbare) bisherige Literatur beschreibt, dank exakter Quellenstudien genauer beschreiben kann, wie gewöhnliches deutsches Leben zwischen Hitlers Machtantritt und Tod, zwischen Guernica und Auschwitz, zwischen Schulbank und Kaufmannsladen aussah. Die Darstellung

50 a.a.O., S. 669

51 a.a.O., S. 673

52 a.a.O., S. 674

53 a.a.O., S. 675

54 a.a.O., S. 677

der in reich facettierter Kleinbürgerwelt angesiedelten Kindheitsgeschichte aus den Jahren nach 1933 wird dank der geistigen Aktivität der Erzählerin darüber hinaus zu einer gleichnishaften Demonstration x-fach gelebten Lebens (was den dennoch anfechtbaren "Muster"-Begriff im Titel einigermaßen legitimiert).[55]

Kein Zweifel, Richter hat den Text so verstanden. So: "Nein, wenn die Erzählerin eines der Kindheitsmuster ihrer Nelly schlankweg. . . als ein Klischee-Etikett auf die ganze riesige, bunte, enorm differenzierte Bevölkerung dieses Jahrhunderts klebt, kann ich ihr als Leser nicht mehr folgen. . ." Und so: "Moralität, meine ich, bewährt sich. . . zwar durchaus noch als poetische Energie. . . Aber auch die sensibelste Moralität muß am Ende unfruchtbar werden, wenn sie sich ernsthaft zu verselbständigen und an zwingenden Realitäten vorbeizugehen beginnt."[56]

Ich könnte mir denken, daß Christa Wolf das ganz anders gesehen hat und daß Ton- und Redeweise dieses Artikels in einigen Passagen sie nicht nur an 1969 erinnern mußten, sondern eben auch an bestimmte "Kindheitsmuster", die noch immer weiterwirken. Das Kapitel "Angst" gibt Aufschluß darüber, in welch vielfältigen Formen so etwas vorgeprägt und weitergeführt werden kann. Und auch das scheint wie ein Muster zu sein, übrigens oft und gern benutzt: Der Hinweis auf Mangel an politischer Eindeutigkeit, "wie man sie sich wünschen muß, wenn man weiß, was die platten und die findigen Burschen der westlichen Medien samt ihrer geistigen Verwandtschaft anderen Metiers alles finden und tun, um ihre Sache möglichst wirksam gegen unsere betreiben zu können".[57]

Sigrid Bocks Essay "Kindheitsmuster" vermeidet die etwas billigen Ausfälle gegen Kollegen in westlichen Ländern, vor allem wohl deshalb, weil sie in ihrer Analyse weiter und tiefgründiger als Richter vorzudringen vermag, auch wenn sie nicht in allen Positionen mit Christa Wolf übereinstimmt oder übereinstimmen kann. "Denn der Aufbau der entwickelten sozialistischen Gesellschaft in der DDR und die weitere Entfaltung des sozialistischen Staatenbundes einerseits, die Verschärfung des internationalen Klassenkampfes andererseits als Reaktion darauf, daß die historische Initiative an die sozialistische Welt übergegangen ist: all das läßt die literarische Gestaltung für einen

55 a.a.O., S. 676
56 a.a.O., S. 677, 678
57 a.a.O., S. 677

Schriftsteller, der das Schreiben als eingreifende Auseinandersetzung mit der Gegenwart versteht, nicht einfacher werden."[58]

Offenbar auch nicht für einen Essayisten, dessen sonst sehr bedachte Sprachform sofort zerbricht, wenn er sich solchen Demutsformeln unterwirft. Auch dieser Aufsatz muß - natürlich - als ein Text gelesen werden, in dem seine Determinanten einbeschlossen und auch erkennbar sind.

Christa Wolfs Leistung mit "Kindheitsmuster" - faßt Sigrid Bock am Ende zusammen - liege vielleicht

> weniger in dem, was stofflich-gedanklich vermittelt wird, sondern mehr in einem Impuls, der durch das Erzählen ausgelöst wird: Der Roman macht dem Leser Mut, sich der eigenen Erfahrung zu erinnnern, das Dargestellte mit dem Selbsterlebten zu vergleichen und auch bei einem Nichtübereinstimmen im einzelnen die Tätigkeit des Erinnerns als produktive Tätigkeit zu akzeptieren.[59]

Und in einer Fußnote reflektiert Sigrid Bock die doch eigenartige Tatsache, daß die meisten Leser (und Kritiker) dieses Buch nur als eine Auseinandersetzung mit dem Faschismus rezipierten, "daß sie damit nur eine Seite des literarischen Angebots der Autorin aufgreifen, daß der wesentliche Bezug zur Gegenwartsauseinandersetzung ausfällt... Hier wird zugleich der ganze Nachteil dessen sichtbar, daß Christa Wolf zwar die Gegenwartsbilanz hauptsächlich interessiert, daß sie aber noch nicht in der Lage ist, diese Auseinandersetzung auch an einer handfesten und in der Gegenwart spielenden Geschichte zu führen".[60]

Eine Mischung von Erkenntnissen und ganz unerwarteten Folgerungen kennzeichnet diesen Essay; Folgerungen, die nicht in die Denklinien der Verfasserin zu passen scheinen, die bisher Gesagtes oder Bekanntes aufheben oder ihm eine doch kaum zu rechtfertigende Tendenz geben. Ein sprachliches (?) Phänomen, über das später gehandelt wird; hier sei nur an "Juninachmittag" erinnert oder an Christa Wolfs Bachmann-Essay aus dem Jahre 1966: "Man soll, im Begriff, diese Prosa zu lesen, nicht mit Geschichten rechnen, mit der Beschreibung von Handlungen... Eine Stimme, wahrheitsgemäß, das heißt: nach eigener Erfahrung sich äußernd, über Gewisses und Ungewisses. Und wahrheitsgemäß schweigend, wenn die Stimme versagt."[61]

---

58 Weimarer Beiträge 9/77, S. 127

59 a.a.O., S. 128

60 a.a.O., S. 129, Fußnote 30

61 'Die zumutbare Wahrheit - Prosa der Ingeborg Bachmann'. In: 'Lesen und Schreiben', S. 121

Auch das ist eigenartig: Welchen Sog das "Kindheitsmuster" entwickelt, Kritiker in ein ganz offensichtlich falsches Fahrwasser zu ziehen. Auch hier - in der Besprechung durch Sigrid Bock - wird bestätigt und zugestanden, daß in "Kindheitsmuster" das historische Bild vom Faschismus neuartig, ausreichend individuell und verallgemeinerungsfähig gestaltet sei. Kindheit und Jugend der Nelly im BDM, das kleinbürgerliche Elternhaus mit seinem politischen und moralischen Wertekanon, die Formen öffentlicher Erziehung und Verführung, dargestellt vor dem Hintergrund sozialistischer Wirklichkeits- und Welterfahrung (der Arbeiter- und Bauernstaat mache Abstand und historischen Blick erst möglich); im Umkreis dieser Spannungen werde der Abstand von Erzählfigur und Nelly deutlich und zugleich ihre Identität, ein produktives Spannungsverhältnis, das Geschichte und Gegenwart miteinander in Beziehung bringen kann, sich wechselseitig erhellend. Ein Romanverständnis, das die Verfasserin des Aufsatzes - wie oben aus der Fußnote zitiert - als falsch ausweist und dem sie doch zugleich ihren Tribut zollt.

Urteile und Bewertungen werden davon abgeleitet, z.B. bei der Frage, ob das Reservoir Erfahrung, aus dem Christa Wolf schreibt, ausreiche, der historischen Wirklichkeit standzuhalten, Geschichtsfälschungen aus der Welt zu schaffen. Dies sei ja nicht nur die Frage nach einer neuen Schreibmethode, sondern auch die nach den Inhalten, die durch diese Methode vermittelt würden. Christa Wolf wende sich gegen den "Wandlungsroman" mit seinen eingebundenen Entwicklungsmustern, sie wende sich gegen die Darstellung einer antifaschistischen Kindheits-Wandlung. Und beides könne sie nur - versichert die Kritikerin -, weil diese Wandlung "heute millionenfach anwesend (sei) in diesem Lande (. . .) Die Kindheitsgeschichte sei so, wie sie erzählt wird, nur möglich auf der Grundlage objektiv vorhandener sozialistischer Beziehungen zwischen der Volksrepublik Polen und der DDR und einer historisch längst vollzogenen Wandlung der Autorin".[62]

Dies liest sich so, als bezögen sich diese Erörterungen auf Romane ganz anderer Struktur und anderer Autoren, auf Neutsch oder Kant oder die Seghers. Sigrid Bock, die die gravierenden Unterschiede zu diesen Mustern sehr wohl kennt, bindet die Beschreibung des "Kindheitsmusters" ein in diese Muster: den vorliegenden Text damit zugleich verfremdend, ihn in eine doch fragwürdige Rezeptionslinie knüpfend. Aber zugleich mit dieser Verfremdung macht sie ihn rezipier- und akzeptierbar, wenn auch nicht eben im Sinne der Autorin.

62 a.a.O., S. 113

Auch die Nelly-Gestalt wird dieser doch fragwürdigen Beleuchtung ausgesetzt: Gesehen wird sie als Figur innerhalb eines historischen Ablaufs, als Repräsentationsfigur, mit der und an der Faschismus mit seinen Erscheinungsformen und Wirkungsstrategien gezeigt werde - und sie wird verstanden als 'Subjekt', das aus sich heraus eine sittliche Ordnung prägt: "Fremder" zu sein, Außenseiter in der eigenen Familie, in der Schule wie in der faschistischen Jugendorganisation. Sigrid Bock formuliert das so:

> Die Ursachen dieser Fremdheit werden nicht direkt mitgestaltet, aber die Handlung ist so angelegt, daß sie in einer vorhandenen humanistischen Grundstimmung erkennbar bleiben. Wie es zu dieser humanistischen Grundstimmung kommt, wird nicht erörtert. (. . .) Erziehung und Wachstum eines Kindes zur Zeit des Faschismus werden nicht als Aufbau einer Persönlichkeit, sondern als ein allmähliches Auslöschen humanistischer Menschenmöglichkeiten charakterisiert.[63]

Diese durchaus zutreffende Charakterisierung, die sich zum Teil auch auf Rita oder Christa T. beziehen könnte, verkörpert - wir sahen es - ein Grundmuster Wolfscher Menschen- oder Frauengestaltung, verbunden mit der Sehnsucht nach einfachen menschlichen Werten, auch nach Dorf, Stille, Flucht usw. Nur wird - und wieder zeigt sich die falsche Einbindung - Sinn und Funktion dieses Menschenbild-Entwurfs sofort fragwürdig, wenn man ihn einfügen will in die bekannten Klischees:

> . . .der einzelne Mensch mit seinem "innersten Inneren" wird einer Beleuchtung ausgesetzt, die eine gesellschaftliche Beleuchtung ist. Vor allem die kleinbürgerliche Welt wird in ihrer Brauchbarkeit für ein imperialistisches Terrorregime entlarvt. Über die Individualfigur wird Gesellschaftskritik aufgebaut.

Das sind die falschen Ansprüche, die auch hier noch durchklingen: Denn wenn man von "Faschismus" und dessen literarischer Widerspiegelung ausgeht und von Nelly als einer Zentralfigur in diesem Darstellungsbereich, dann wird es schwer, diesen Anspruch mit dieser Figur eingelöst zu sehen. Hier stößt man - unter solchen Prämissen - rasch an die "Grenzen dieses Erzählens"; nur ist es eine Frage, ob diese Prämissen überhaupt stimmen.

Im Kaufmann-Gespräch geht es an einer sehr betonten Stelle um die Funktion der Literatur, wie Christa Wolf sie sieht. Es geht um die Determinanten, die das Individuum bestimmen, es geht um die "Lehre", die Brecht für sein

63 a.a.O., S. 117

Theater daraus ableitete, und um die Komplexe Schuld, Verantwortung "in extremen Terrorzeiten". Christa Wolf argumentiert so:

> . . .gerade die historische Bedingtheit, mit der jeder Autor heutzutage wohl vertraut sein sollte, zwingt ihn, nach dem Handlungsspielraum von Individuen zu fragen: zum Beispiel nach ihrer Verantwortung und Schuld am Nichthandeln in extremen Terorzeiten. Gerade Brecht hat von dem "Prüffeld gesellschaftlicher Kausalität" gesprochen - ein Feld, in dem Kräfte wirken, und eine von ihnen sei das Individuum, das nicht durch die Beschreibung objektiv-ökonomischer Faktoren (die es vollständig zu determinieren scheinen) gelähmt werden dürfe.[64]

In diesem Gespräch geht es ja in weiten Bereichen um "Kindheitsmuster" und um Schreibweisen, die diese "Lähmung" aufheben/beseitigen könnten. Christa Wolf vertritt vehement ihre "subjektive Authentizität" als Autorenhaltung und Schreibweise, die auch Haltung der Erzählerfigur und Struktur des "Kindheitsmusters" ausmachen; gerichtet eben gegen jene Determinanten, die das Individuum lähmen könnten. Sigrid Bock aber schreibt über Nelly: "Was Nelly geschieht, geschieht unabdingbar und allen. Die Determiniertheit der Persönlichkeit ist allein wirksames Element. Im Leben Nellys werden hauptsächlich die Momente aufgesucht, die eine auslöschende oder deformierende Wirkung hinterlassen. . ."[65]. Der Widerspruch zu der oben zitierten Autorenäußerung wird nicht aufgelöst; im Gegenteil, er wird erweitert in Richtung auf Weltsicht/Weltanschauung (mit deutlichem Zitatcharakter): ". . .die Entscheidungsfähigkeit des Menschen, auch wenn sie unter extremsten Bedingungen erfolgen müßte, erscheint eingeschränkt, die Dialektik der Beziehungen gestört" - und in bezug auf Probleme künstlerischer Gestaltung: "In einzelnen Situationen wird die Erzählerfigur sogar veranlaßt, aus dieser Haltung heraus das Ziel künstlerischer Produktion zu verallgemeinern - und, resignierend, stark zu reduzieren. 'Vielleicht können wir nichts anderes tun, . . .als den nach uns Kommenden unsere Behinderungen zu vermelden.'"
Die Frage nach Wirklichkeitseinflüssen, die "ein humanistisches Verhalten aufbauen könnten", werde nicht gestellt. Nellys Lebensoptimismus erwache nicht aus einem "schrittweisen Auffinden von Wirklichkeitslementen, die Kraft und Mut zum Leben hervorbringen"; was Christa Wolf (auch bei der Gestaltung des Schlusses von "Kindheitsmuster") biete, sei das Ergebnis einer Auffassung, "die im wesentlichen in einem abstraken Humanismus festgemacht ist", "durch eine gewaltsame Anstrengung des Willens, die Mächte der

---

64 Auskünfte, Werkstattgespräche mit DDR-Autoren, Berlin: Aufbau 1974, S. 496 = 'Fortgesetzter Versuch', S. 86

65 Sigrid Bock, 'Kindheitsmuster', Weimarer Beiträge 9/77, S. 118 f.

Vergangenheit endlich in ihre Schranken zu verweisen und zuversichtlich zu sein.

Diese Haltung aber ist ständig neuen Gefährdungen geöffnet. . ."[66]

Sigrid Bock weiß sehr wohl, wovon sie spricht: sie kennt die Intentionen dieses Buches und die "Gefährdungen" sehr aktueller Art, die seinen Hintergrund ausmachen und die mit ihm bewältigt werden sollen. Sie zitiert Christa Wolf, wenn sie von dem ins Stocken geratenen Reifeprozeß spricht oder von dem Traum von der verbrannten Hand. Sie versteht Schreiben und Lesen als kathartischen Prozeß, hier wie in den anderen Werken.

> . . .das Erzählen hat den Charakter der Selbstdarstellung, des Zu-sich-selber-Kommens, der Selbstverwirklichung angenommen. Das anstrengende Unternehmen, einen Roman zu schreiben, hat seinen Sinn gefunden: Ende der Fremdheit oder der arge Weg der Selbsterkenntnis könnte er benannt werden. Und ähnlich der Erzählung "Unter den Linden" führen diese Schreibanstrengungen zu einer neuen, zu einer optimistischen Art, in der Welt zu sein. Der Schluß des Romans verrät *erarbeiteten* Lebensmut und Handlungswillen.[67]

An Hermann Hesse erinnert die Schlußpassage des Romans: "Nachts werde ich. . . den Umriß eines Menschen sehen, der sich in fließenden Übergängen unaufhörlich verwandelt, durch den andere Menschen, Erwachsene, Kinder, ungezwungen hindurchgehen. . . Sicher, beim Erwachen die Welt der festen Körper wieder vorzufinden, will ich mich der Traumerfahrung überlassen, mich nicht auflehnen gegen die Grenzen des Sagbaren."[68]

Die "Grenzen des Sagbaren" aber sind nicht die "Grenzen des Erzählens", dieser Erzählform der Christa Wolf. Wenn man den Roman liest, wie er von der Autorin angeboten und wiederholt vorinterpretiert worden ist, entwickelt sich ein ganz anderer Bedeutungsraum, als wenn man ihn als Paraphrase zu Thomas Manns "Mario und der Zauberer" versteht. Bock: "Kein Roman ausschließlich über den deutschen Faschismus sollte entstehen. . ., sondern ein Roman, der sich die Aufgaben stellen mochte, 'die Struktur der Vergangenheitsbeziehungen meiner Generation, das heißt: Bewältigung der Vergangenheit in der Gegenwart' zu erforschen. Damit liefert die Auseinandersetzung

66 a.a.O., S. 119
67 a.a.O., S. 107
68 a.a.O., Bock zitiert den Romanschluß

mit der Gegenwart den eigentlichen Impuls zum Schreiben".[69] Das ist das Zentrum. Zu fragen wäre, ob die hier vorgeführte Erzählform diese Problematik - mit der Hauptfigur des Erzähler-Ichs - im Rahmen des Sagbaren (!) bewältigen kann, ob und in welcher Weise das Prinzip "subjektive Authentizität" die Erzählform und die Inhalte bestimmt/ausmacht.

Sigrid Bocks Analyse weist den richtigen Weg auf und beschreibt zugleich die "Defizite" des Romans. Zu fragen wäre, ob die von ihr offengelegten Widersprüche in den Bereich dieser Erzähleinheit gehören oder ob sie fremder Natur, aufgesetzt, von falschen oder zumindest fragwürdigen Erwartungshorizonten aus formuliert sind. Sie beanstandet - von ihrem Standpunkt her durchaus verständlich -, daß die Grenzen zwischen Erscheinungsformen aus der Zeit vor 1945 mit denen nach 1945 verschwimmen, daß die vorgeführte kleinbürgerliche Welt als Welt im Ganzen vorgestellt wird, daß es zu ungerechtfertigten Verallgemeinerungen und Vergleichen bei der Sicht der sozialistischen Gegenwart komme, auch zum Moralisieren und Besserwissen[70] - und wundert sich zugleich, daß die Ebene des Gegenwartsbezugs blaß und sprachlich wenig ausgeformt erscheine[71], daß die Kontrastfigur Lutz gesetzt und zugleich wieder zurückgenommen werde. Und sie fragt sich (ernsthaft? - W.K.), warum die beiden "jungen Menschen" den Freitod suchten, warum die Ursachen dieser bedrückenden Lebensbedingungen nicht untersucht wurden. Mit dem Roman könnte man antworten: "Wo habt ihr bloß alle gelebt?!"

Sigrid Bock:

> Die Reflexionen der Erzählerfigur über diese beiden jungen Menschen, die wesentlich sind für die Einstellung dieser Figur zur Wirklichkeit der DDR (! - W.K.), erreichen nur im Ungefähren den Leser, er kann mit diesem nur in der Reflexionssphäre "erwähnten" Leben und Schicksal nicht selbständig arbeiten. Nichts anfangen. Die Überzeugungskraft des Erzählens ist eingeschränkt.[72]

Worauf Christa Wolf im Roman antwortet:

> Ein ungeübtes Gedächtnis geht verloren, ist nicht mehr vorhanden, löst sich in nichts auf, eine alarmierende Vorstellung. Zu entwickeln wäre also die Fähigkeit des Bewahrens, des Sich-Erinners.[73]

---

69 a.a.O., S. 108

70 a.a.O., S. 125 f.

71 a.a.O., S. 129

72 a.a.O., S. 124 f.

73 'Kindheitsmuster' (KM), S. 18

Die Arbeit von Sigrid Bock erscheint im Juli 1977 in den "Weimarer Beiträgen"; sie setzt Maßstäbe für die Rezeption des Romans, auch wenn Ort und Zeit der Entstehung dieser Besprechung deutliche Spuren hinterlassen.

Subjektive Authentizität in einem historischen Roman, wenn der Gattungsbegriff noch gelten darf, was ist das? Ein Autor beschreibt sein Leben, natürlich von den Erfahrungen und Erkenntnissen des Heute her, aber auch mit den Erfahrungen und Urteilen, die er in den verschiedenen Stadien seiner Entwicklung erworben hat. Er will Muster von Entwicklungen zeigen, die sich früh eingeprägt haben und weiterwirken bis in die Gegenwart, vor allem bei sich selbst, aber nicht nur. Und er möchte - um wenigstens etwas vom erfahrenden Subjekt wegzukommen - andere Wertungsmuster einbeziehen, andere Subjekte, vielleicht von anderer Weltanschauung oder Generation: So etwa könnte sich das Personentableau entwickeln, das Christa Wolf in "Kindheitsmuster" aufbaut: Nelly als Erzählerin und Lenka als Gegenwart, Lutz und H. als altersgleiche Kommentatoren. Und Zeitebenen würden gebraucht; die, von der aus die Erzählerin schreibt, die, die den Anlaß zu dem Roman ausmacht (Polen-Besuch, Sommer 71), und die, von der berichtet wird: Zeit des Faschismus, Krieg und Nachkrieg, 1929 - 1946. Und dazwischen immer wieder Reflexionen der Autorin beim Schreiben, da eine solche Bestandsaufnahme auch 'Nachdenken' ist, nachfragen und bilanzieren: Was sind Verdrängungen, wo entstehen und wie funktionieren Ängste, was ist, was wäre Glück, Erreichbares, Lebbares. Deutlich: Das Ganze würde ein Geflecht, in das auch die Wünsche, Hoffnungen, auch die Resignationen der Autorin eingebunden sind, die in allen Ebenen des Textes zum Ausdruck kommen könnten, offen oder verdeckt. Diese Beziehungsvielfalt wäre eine Schwierigkeit des Textes - brächte aber auch Spannung -, weil sie der Auflösungen bedürfte, also des Einbringens, der 'Mitarbeit' des Lesers. Offene Rezeptionsangebote? - Wir werden sehen!

"Kindheitsmuster" ist ein Bekenntnisroman, eine Selbstanalyse über ein Leben in einer Zeit, die weitgehend vom Faschismus geprägt worden ist, der weiterwirkt. Es ist keine Faschismusanalyse, auch kein Versuch einer Bewältigung dieses historischen Phänomens, nicht einmal ein Folgeroman zur antifaschistischen Literatur, die das Faschismusthema zum Kernpunkt ihrer Darstellungen und Auseinandersetzungen gemacht hatte. Wie Christa Wolf im "Wochenpost"-Interview vom Februar 1984 (! - W.K.) ja gesagt hatte, sei es auch kein Roman der am Faschismus Beteiligten: "Dieser Roman ist noch gar nicht geschrieben. Da ginge es nicht um Beschönigung oder Entschuldigung, da ginge es um eine nüchterne Analyse, die wehtun würde. . .; es ginge um die Frage, was. . . aus ihnen als Menschen geworden ist."

> Mich interessiert: Was habe ich in der oder jener Zeit gewußt, geahnt, gedacht, getan und unterlassen. Was davon habe ich, haben wir 'vergessen'. Was hat uns von uns selber, unseren früheren Hoffnungen und Vorstellungen entfernt und was taugt, in ein künftiges Zusammenleben von Menschen mitgenommen zu werden: Dies ist die eigentliche Frage.

1972 beginnt sie, aber ihre Ansätze datiert sie selbst noch einmal eineinhalb Jahre zurück; wie immer arbeitet sie langsam, und es braucht "meistens Jahre", bis die erste Seite steht. Der Schreibbeginn fällt mit den Nachwehen zur "Christa T."-Rezeption zusammen, während ihrer Schreibarbeit liegen (neben einer Reihe von kleineren Texten) die Interviews mit Kaufmann und Walther zu ihrer Autoren-Poetik, auch der Aufsatz "Über Sinn und Unsinn von Naivität", mit dem sie ihre "Moskauer Novelle" zurücknimmt.

Der Abschied von bestimmten Traditionen des Schreibens wird deutlich markiert; Erfahrungen aus jüngster Zeit haben sie zwar verletzt, aber nicht gebrochen: Der Schreibbeginn fällt mit der Überwindung einer zweiten existentiellen Krise (nach der vom 11.Plenum, 1965) zusammen. Abschluß des Romans 1975.

Wie in "Christa T." operiert Christa Wolf mit einer Erzählfigur, durch die die verschiedenen Ebenen und Personen charakterisiert und miteinander verbunden werden, wie in "Christa T." sind Unterschiede zwischen der Autorin und der Erzählfigur nicht zu verkennen; aber es ist natürlich Christa Wolf, die mit Hilfe der Figur Nelly das Geschehen, - die Elemente und deren Verbindung - konstituiert, die Nelly charakterisiert und dadurch zugleich Nähe und Abstand herstellt. Es ist ein Roman über das Wahrnehmungs- und Erinnerungsvermögen eben dieser Nelly-Gestalt und über Probleme des Schreibens heute, in der Gegenwart.

Indem der Bekenntnisroman Stufen und Behinderungen eines Reifeprozesses vorführt, der in die Gegenwart einmündet, erkennen wir Strukturen eines Entwicklungsromans; bei dem es aber nicht darum geht, die Entwicklungsfaktoren sichtbar zu machen, sondern um jene, die Entwicklung verhindern oder verzögern. Das dadurch in dem Roman eintretende kritische Element benötigte neben Nelly, Lutz und H. freilich einen anderen Blickpunkt, einen fremden und verfremdenden von der Gegenwart her, Lenka eben, die neue Erfahrungs- und Erlebnismuster einbringen könnte, sozialistische, wie zu erwarten wäre. Im Zentrum freilich bleibt die Autorin mit ihrer Erzählerfigur Nelly, bleibt der Versuch, "die Struktur der Vergangenheitsbeziehungen meiner Generation" aufzuzeichnen,[74] verbunden mit dem methodischen Problem,

---

74 Auskünfte, a.a.O., S. 503

> eine Schreibweise zu finden, die den höchsten Grad an Realismus für diese spezielle Unternehmung ermöglicht, am besten erzwingt: daß Gegenwart und Vergangenheit - wie sie es in uns Menschen ja andauernd tun - auch auf dem Papier sich nicht nur 'treffen', sondern aufeinander einwirken, in ihrer Bewegung aneinander gezeigt werden können.
>
> Man muß also Schreibtechniken finden (und zu erkennen geben, daß und warum man sie sucht), die es fertigbringen, die fast unauflösbaren Verschränkungen, Verbindungen und Verfestigungen, die verschiedenste Elemente unserer Entwicklung miteinander eingegangen sind, doch noch einmal zu lösen, um Verhaltensweisen, auf die wir festgelegt zu sein scheinen, zu erklären und womöglich (und wo nötig) doch noch zu ändern.[75]

Kaufmann, aus dessen Gespräch mit Christa Wolf (Weimarer Beiträge 6/74) hier zitiert wird, weiß natürlich, woher ihre Intentionen stammen und wie sie zu begründen sind, an dieser Stelle sieht er "Elemente idealistischen Philosophierens", erwachsen aus Situationen, bei denen es für Christa Wolf oder andere sozialistische Autoren schwierig war, "die eigenen, nicht selten mit Konflikten, auch mit Enttäuschungen und Krisen verbundenen Erfahrungen zur Gesamtsituation und -entwicklung in Beziehung zu setzen".[76]

Und er spricht von einer "eigentümlichen Leere", die sich eingestellt habe, wenn die Konflikte nicht gelöst werden konnten, und in einem längeren Exkurs über die Veränderungen, die nach dem VIII.Parteitag sich abgezeichnet hätten. Christa Wolf antwortet, Anna Seghers zitierend: "Die Furcht vor der Abweichung wirkt entrealisierend."

> Wenn man über längere Zeit daran gehindert wird, es öffentlich zu tun, kann man überhaupt verlernen, die - verdammten oder nichtverdammten, jedenfalls bedeutsamen - Fragen. . . wenigstens ohne Umschweif zu stellen. . . Der Mechanismus der Selbstzensur, der dem der Zensur folgt, ist gefährlicher als dieser: Er verinnerlicht Forderungen, die das Entstehen von Literatur verhindern können. . .[77]

"Während der siebziger Jahre sieht sich die Autorin an einem Punkte angelangt, der sie zwingt und befähigt, das eigene Leben bilanzierend zu überschauen", schreibt Sigrid Bock.[78] Diese Art von Beschreibung, die eher ver-

---

75 a.a.O., S. 498

76 a.a.O., S. 499

77 a.a.O., S. 501 f.

78 Bock, a.a.O.

deckt als erhellt, trifft weder den Roman noch die Hintergründe seiner Entstehung.

Kaufmann ist da schon deutlicher mit seiner Sorge, "daß die Art, auf den Faschismus und seine Nachwirkungen in unserer Generation zurückzublenden, Wurzeln in den. . . ungelösten Problemen der letzten Jahre hat".[79] Und fährt fort, mit einem eigenartigen Schlenker: ". . .ich habe den Verdacht, daß sich da Elemente 'geistesgeschichtlicher' Betrachtung einschleichen." Die so unterschiedlichen und doch vergleichbaren Redefiguren der beiden Literaturwissenschaftler führen mitten in die Problematik des Romans: "Wie sind wir so geworden, wie wir heute sind." Oder: "Angst beschreibt merkwürdige Bögen"[80], Kap. 17: "Ein Kapitel Angst, und das ist knapp bemessen."

Das schon wäre die Frage, ob es wirklich so ist: Der Roman, ein Erzählgeflecht, "in dem die einzelnen Teile sich in bunter Mischung verschränken, verbinden, kombinieren", wie Sigrid Bock es beschreibt[81]. Achtzehn Kapitel, aber kein System, "das etwa jedem Erzählteil eine wiederkehrende Ordnung und einen gleichmäßig abgewogenen Anteil am Gesamtgeschehen zuweist".[82] Wirklich nur ein Strom frei assoziierender Gedanken, ein übergangsloses Hin- und Herspringen zwischen den verschiedenen Zeitebenen? Im Vergleich zu den bisher bekannten (und später folgenden) Werken wären das Charakteristika, die so bei Christa Wolf nicht wieder auftauchen. Wenn man nach Konstanten in ihrem Werk sucht, dann gibt es zumindest diese: Die deutliche und deutbare Komposition, die Ordnung von Teilen zu einem Ganzen; die Ganzheit, die aus einer gegenseitigen Bestimmung der einzelnen Teile entsteht. Und eine zweite, die Christa Wolf 1966 so beschrieben hatte: "In dem Strom meiner Gedanken schwimmen wie Inselchen die konkreten Episoden - das ist die Struktur der Erzählung."[83]

Beispiele deutlicher und deutbarer Komposition: Im 3. Kapitel, in dem Nelly - sich erinnernd - ihre weitere Verwandtschaft heraufbeschwört, die Tanten und Onkel, auch eine ungeliebte Freundin Christel Jugow, die sie mit Hilfe von "Glitzerwörtern" vertreibt, kommt sie wieder auf 'Schnäuzchen Opas' Geschichte vom Holzfällerburschen zu sprechen, der sich auf eine Schlange gesetzt hatte. Ein Kindheits-Muster, das sie nicht mehr verläßt, die Schlange,

---

79 Auskünfte, a.a.O., S. 502

80 KM, S. 477

81 Bock, a.a.O., S. 105

82 a.a.O.

83 'Fortgesetzter Versuch', a.a.O., S. 45

"die dann Nacht für Nacht vor Nellys Bett lag", ein ekelhaftes Tier, baumstark, die freilich "nie Anstalten machte, Nelly zu nahe zu treten".[84]

Ohne Übergang, in Klammern gesetzt, bringt Christa Wolf den folgenden Text:

> Ruth, die ältere Tochter, ruft an: Sie habe von dir geträumt. Du seist auf einer spiegelglatten Wasserfläche zu weit vom Ufer weggeschwommen, mit der Absicht, dich umzubringen. - Warum erzählst du mir das? sagst du. Willst du mich anstacheln? Vorsichtiger als ich jetzt könnte man kaum lavieren. - Vielleicht, sagt Ruth, deute ich mir im Traum deine manchmal unsinnigen Anfälle von Mut als heimliche Aufforderung an andere, dich zu vernichten? Damit du es nicht selbst tun mußt? - Zu einfach, sagst du. Wenn nämlich am anderen Ende des Sees ein anderes Ufer wäre, so möchte ich es schon sehn.

Und nach diesem Selbstbildnis - wenige Zeilen später - fährt Christa Wolf fort, nun wieder im Text und ohne die verfremdende Klammerbindung: "Warum hat Nelly so großen Wert darauf gelegt, für tapfer zu gelten?"

Und sie erzählt die Geschichte vom Onkel Heinrich aus Königsberg, der, ihren Zeigefinger "langsam, langsam durch die Flamme einer Kerze führend, trotzdem dabei bleibt: 'Tapfer ist anders. . .Mitleidig bist vielleicht, aber tapfer ist anders.'"

Fließende Übergänge - und doch markieren stark herausgehobene Bruchstellen - an dieser Stelle besonders deutlich zu erkennen -, daß es sich hier um die Gegenwart betreffende und aus der Erfahrung von Gegenwart gewonnene Aussagen handelt. Das ist bei einem Text, der zugleich auch eine historische Analyse bietet und deren Beurteilung aus unterschiedlichen Perspektiven, bei dem darüber hinaus die konkreten Episoden oft das Erzählfeld überwuchern, nicht leicht zu fassen: die Rezeption des "Kindheitsmuster" beweist es. Sie beweist freilich auch, daß es Christa Wolf gelungen ist, Aussageintentionen zu verdecken. "Vorsichtiger als ich könnte man kaum lavieren." Der Gestus verdeckten Sprechens, der später gesondert untersucht wird, tritt in diesem 3. Kapitel an verschiedenen Stellen zutage. Immer verbunden mit der Notwendigkeit, besonders aufmerksam und sorgfältig zu lesen; so schon die Einleitungszeilen: Fahrt im Bus in der Dämmerung:

> Sehnsucht nach Dauer - als Vorwand oder als Grund?

84 KM, S. 87

> Voraussetzung: Jene Unbedingtheit, die den Alltag verletzt. Dicht unter der Oberfläche der tödliche Verdacht, daß nie und nirgends die täglichen Handgriffe sich sinnvoll verdichten.

Dieses Textstück ist eine Paraphrase auf die Schlußzeilen aus dem "Geteilten Himmel":

> Die Dämmerung hängt tief in den Straßen.
>
> Die Leute kommen von der Arbeit nach Hause. (...) Rita... blickt in viele Fenster. Sie sieht, wie jeden Abend eine unendliche Menge an Freundlichkeit... immer neu hervorgebracht wird. Sie hat keine Angst, daß sie leer ausgehen könnte beim Verteilen der Freundlichkeit. (...) Das wiegt alles auf.., daß wir aus dem vollen leben...

Und wieder als Paraphrase das entsprechende Textstück aus dem 3. Kapitel des "Kindheitsmuster".

> Im Zug, im Bus vor dir Dutzende Gesichter, dürr von Geheimnislosigkeit. Aber das Mädchen mit der runden Stirn... und der junge Mann am Fenster mit Kutte..., der die Fingerspitzen an die Augen drückt, müde, nicht blicklos. Die dunkelhaarige Frau, der man Enttäuschungen ansieht und die Mühe, sich nicht zu ergeben... Als wäre es deine Pflicht, sie, diese drei wenigstens, zusammenzuführen, daß sie einander begegnen. (...)
>
> Einer der seltenen Augenblicke, da du zu wissen glaubst, wovon zu reden und wovon zu schweigen wäre und auf welche Weise.[85]

Wie in "Christa T." ein Eigenzitat und eine Zurücknahme einer Position aus dem "Geteilten Himmel", einer für das Verständnis des frühen Romans besonders wichtigen Stelle. Der in seiner Aussage mehrdeutige Schluß erhält auf diese Weise, durch den Vergleich, durch die Zurücknahme, Eindeutigkeit. Hier - nicht in der Auffächerung der Erzählfigur oder in der der Handlungsebenen - liegen die Schwierigkeiten dieses Textes, der Techniken des Lesens verlangt, die man nicht oder kaum beherrscht. Das Umfeld Zensur/Selbstzensur zeitigt Verhaltensmuster, die der Roman beschreibt, die aber zugleich in neuen, wenig bekannten Textstrukturen auftreten, auftreten können.Immer wieder sucht die Autorin nach Auswegen, z.B. im 7. Kapitel:

> In dieser Nacht erst... wurde dir klar, daß du die Erinnerung, dieses Betrugssystem, zu fürchten, daß du, indem du sie scheinbar vorzeigst, in Wirklichkeit gegen sie anzugehen hast. Die Nachrichtensperre ist noch nicht aufgehoben. Was die Zensur

85 KM, S. 66

> passiert, sind Präparate, Einschlüsse, Fossilien mit einem furchtbaren Mangel an Eigentümlichkeit. Fertigteile, deren Herstellungsprozeß - an dem du, wie du nicht leugnen wirst, beteiligt bist - zur Sprache gebracht werden muß.[86]

Die Selbstbeschuldigung - wenn sie ernst gemeint ist - muß Folgen haben, z.B. die, daß sie nach Schreibweisen sucht, die den Widerstand des Lesers provozieren, indem auf Fertigteile verzichtet wird oder indem man sie sichtbar und erkennbar macht. "Ganz anders muß geschrieben werden. . . Wenn die Sehnsucht kommt, die Notwendigkeit, gekannt zu werden, mehr zu fürchten ist als alles."[87] Auf Schiller bezieht sie sich, wenn sie hier, im 10. Kapitel, auf ihre Erfahrungen mit ihrer Gegenwart zu sprechen kommt: Daß Selbstbewachung und Selbstbespitzelung "die allergewöhnlichste und allgemeinste Erfahrung der Zeitgenossen (sei), die sie kaum noch wahrnehmen, die viele leugnen, welche für die verbreitete Apathie, die schwerlich zu leugnen ist, andere Gründe anführen".[88]
Wieder - wie beim Traum Ruths - ein Text in Klammern, der aus der Erzähl-Handlung herausgehoben, aber gerade dadurch auch sichtbar wird. Das Problem, wie man schreiben müßte, heute und hier, wird sie nicht mehr verlassen, darf sie nicht verlassen, wenn sie sich gleichsam als moralische Instanz verstehen muß: "Mit der Rolle der 'moralischen Autorität' muß jeder fertigwerden, so gut und so ehrlich er kann; da werden übrigens auch andere Eigenschaften aufgerufen als die des reinen Autors."[89]

Lernen in Diktaturen (aber auch in der Welt eines Kleinbürger-Haushalts) wird beschrieben: Daß es weite Bereiche gibt, denen man sich verweigert, daß es Tabuzonen gibt, vor denen man schweigt oder sogar die Augen verschließt, daß es eine Fülle von Geheimnissen gibt, die man niemandem offenbart (instinktiv), und daß es (schwer zu verstehen) aber auch Glücksgefühle gibt, die aus der Übereinstimmung mit der "Bewegung" erwachsen können, wie Nelly bei ihren Eltern beobachten kann, als der Sportverein des Vaters in die NSDAP übergeführt wird. Vom "Tag der nationalen Erhebung"[90] bleiben ihr der Jubel, die Gesänge und die hochgereckten Arme in Erinnerung, mit der sich ihr heute - nach vierzig Jahren - die Frage stellt, wie viel Prozent von den 48.000 Einwohnern von L. damals geweint haben mögen:

86 a.a.O., S. 202
87 a.a.O., S. 298
88 a.a.O.
89 Interview Wochenpost (DDR) 28.2.84
90 KM, S. 73, 75

5% oder 3,8%? "Oder reicht eine einzige Familie aus, eine ganze Stadt zu retten? . . .Du neigst zur Gegenrechnung: Und hätte nur einer gelacht, nur einer gejubelt. . . (Ein moralischer Rigorismus, der nichts nützt, weil er über nichts Aufschluß gibt. Der Verdacht, daß du Gelegenheiten suchst, verblassende moralische Maßstäbe aufzufrischen. . .)."

Wieder ein Klammersatz, von der Gegenwart her formuliert. Auch der: "(Du kommst nicht umhin, auf die Tatsache aufmerksam zu machen, daß in diesem Land Unschuld sich fast unfehlbar an Lebensjahren messen läßt.)"[91] In diesem Deutschland oder in dieser DDR?

"So ungefähr, könnte man sich vorstellen, werden die Grundlagen für Scheu gelegt, die sich in wenigen Jahren zu Trotz und Undurchdringlichkeit verdichten wird."[92] Um Diktaturen geht es und um Verhaltensmuster, die in Diktaturen gelehrt und gelernt werden. "Hat ihre Neugier inzwischen abgenommen? Nimmt Neugier ab, wenn sie lange ins Leere stößt." Und wäre dies vielleicht eine der Antworten auf die Frage des Polen Kasimierz Brandys, was Menschen befähigt, unter Diktaturen zu leben: Daß sie imstande sind zu lernen, ihre Neugier auf die ihnen nicht gefährlichen Gebiete einzuschränken."[93] Selbstzensur im Alltag also, kein Exklusivleiden der berufsmäßig Schreibenden,[94] aber ein Leiden, das den Erzähler herausfordern muß, die verschlossenen Räume unseres Gedächtnisses aufzubrechen: Ende des 3. Kapitels.

In dieser Art entfaltet Christa Wolf den Text: Die Fragen, die Nelly sich stellt und die später immer dringlicher von Lenka gestellt werden, erwachsen aus der Arbeit des Erinnerns an Vergangenheit und Gegenwart. "In die Erinnerung drängt sich die Gegenwart ein, und der heutige Tag ist schon der letzte Tag der Vergangenheit."[95] Selbsterfahrung durch Erinnerungsarbeit - "brauchen wir Schutz vor den Abgründen der Erinnerung?"

Brauchen wir Schutz? 1.Satz, Kap.4. Vietnam gehört dazu, Januar 73, die Mondlandung von Apollo 14, Chile-Alltagserlebnisse und Träume. Die Vergleichspunkte ergeben sich wie von selbst. H., ihr Mann, kennt ihre "Verbarrikadierungswünsche", unerfüllbar, da es - seiner Ansicht nach - keine zuverlässigen Sicherungen gebe, bei den vielen Techniken, "heutzutage durch jede Tür zu kommen". Sein Vorschlag: ". . .sich auf ein Leben mit weit offenen Tü-

---

91 KM, S. 75
92 KM, S. 93
93 KM, S. 92
94 KM, S. 298
95 KM, S. 10

ren einzurichten."[96] Kein Schloß und kein Riegel; hat er vielleicht ganz andere Erinnerungen oder gar keine (wie Bruder Lutz)? "Kannst mich totschlagen. . . absolutes Nirwana."[97]

Natürlich wäre es möglich gewesen, daß die Erinnerungen oder die Ereignisse, die durch die Erinnerungen vermittelt werden, durch die Begleitpersonen, die ja die Polenreise mitmachen, relativiert oder korrigiert würden. Darauf verzichtet Christa Wolf. Weil es eben nicht - wie sie meint - um Geschichte geht, nicht um Analyse oder Objektivität, sondern - auch hier - um subjektive Authentizität, um subjektive Brechung von Authentischem, bezogen auf die Gegenwart. Und da Nelly als Erzählerfigur dominiert, wird die erst breit gefächerte Erzählstruktur am Ende doch im wesentlichen auf zwei Hauptstränge zurückgeführt: Das 'Damals' mit den vielen manchmal den Leser schon ermüdenden Einzelheiten um die Familie Jordan, mit den Großeltern, den anderen Verwandten und Bekannten, dem ganzen "Familiendschungel", wie H. sagt, und das 'Heute', das einfließt, wahrnimmt, auswählt und bewegt. Die Konzentration auf diese zwei Gestaltungslinien löst Schreibhemmungen auf, die verschiedentlich die Arbeit in Frage gestellt hatten, als Reaktion auf die Furcht, in diesem unauflösbaren Dickicht unterzugehen.

Ihr Mann rät denn auch in seiner typischen Art: "So kannst du bis an dein Lebensende dasitzen; dich erinnernd, das aufzeichnend. . . Aber das wird gefährlich. Man muß irgendwo Schluß machen, ehe mit einem selber Schluß ist."[98]

Für Christa Wolf ist es aber eine Lebensfrage, ob sie sich diesen Traum- und Erinnerungsbildern zu stellen hat, mit denen sie eigene Verhaltensmuster erklären und gesellschaftliche Verhaltensweisen vor sich selbst zumindest begründen kann. Denn es ist nicht das Gedächtnis, das sich erinnert, sondern der Mensch (Anfang des 6. Kap.), und es sind seine Bedrängungen aus der Gegenwart, die die Traumbilder "lange nach jenem Sommerbesuch in L."[99] nachzeichnen und die endlich auch zu jener "Schlucht" hinführen, in der Nelly mit ihrer Neigung, ". . .sich zu verkriechen und die Schauplätze zu fliehen, auf denen sie zu finden man hoffen konnte oder fürchten mußte", sich gern verbarg. Ängste der Kindheit also, Urmuster, die natürlich nicht nur an Nelly gebunden sind, die aber doch irgendwie ihr "innerstes Innere" zu betreffen scheinen. Wortfelder und Bedeutungsfelder mit "verbergen" oder "unterschlagen", mit "Vorwände einbringen" und ähnliches bestimmen den Text, verbun-

96 KM, S. 99

97 KM, S. 87

98 KM, S. 125

99 KM, S. 158

den mit Gefühlen des "schlechten Gewissens" und einer doch auch frohen Erleichterung, wenn scheinbar ein Ausweg gefunden ist. Natürlich Verbote, Grenzbereiche, die nicht betreten oder überschritten werden dürfen; aber gleichzeitig das ersehnte Licht, Suche oder Sucht nach Augenblicken hellsichtiger Klarheit.

So früh sind Verhaltensmuster in der Kindheit erkennbar und so breit hat Christa Wolf sie angelegt, weit über die politischen und soziologischen Aspekte hinausführend, aber eben auch ein Individuum kennzeichnend, dessen Erlebnisfeld von ganz persönlichen Erfahrungen und Faktoren geprägt ist. Auch hier authentisches und subjektives Verarbeiten - und subjektives Erinnern, das ein Bild des Vorgangs und der Person entwickelt, verbunden mit der Suche nach Wahrheit: Wahrhaftigkeit. Die Bilder, die den Anfang des 6. Kapitels umspielen, beschreiben den Gefühlsraum: daß sie sich in der Verantwortung fühlt vor den Erwartungen der Gesellschaft, der Familie, daß sie sie zu erfüllen wünscht und sich doch gleichzeitig entzieht, daß Lust- und Schuldgefühle zugleich sie bestimmen, zugleich die Freude an Licht, Klarheit, Eindeutigkeit beim Sichtbar-Werden und Sichtbar-Machen dieses Vorgangs.

Wie sonst kaum erlaubt die von Christa Wolf gewählte Erzählweise hier, in zahlreich eingelagerten Träumen Zeiten und Personen übereinander zu schichten und nach Deutungen zu suchen, die auch für die Erzählerin offenbar nur Deutungsmöglichkeiten sind, z.B. beim Traum von der erblindeten Schnäuzchen-Oma, die ihr "heute Nacht", also in der Zeitebene der Gegenwart, erschienen ist: "Vielleicht drückt diese Traumblindheit nichts anderes aus als einen Selbstvorwurf. . ., denkbar wäre auch, 'Blindheit' sollte nur bedeuten. . ., unerklärlich blieb. . ."[100] Um endlich alles in der 'Deutung' von Schnäuzchen Oma gipfeln zu lassen: ". . .sie. . . machte dich darauf aufmerksam, daß es schönes Wetter gebe, wenn man von Toten träume, und daß man schon vom Verlust eines Zahnes träumen muß, wenn es den Tod bedeuten soll."

"Ihr steht immer noch am Ende der Schlucht", heißt es nach den ersten beiden Träumen des 6. Kapitels. Alpträume werden vorgeführt: Einmal rast der Wagen, den die Träumende steuert, beinahe in den Abgrund, einmal erwacht sie von einem schweren Druck, der auf den Schultern des Kindes Nelly lastet: "Von dem Druck bist zu erwacht, du konntest diesen Druck nicht abschütteln."[101]

100 KM, S. 169 f.
101 KM, S. 170

Die Mechanismen, die die Ordnungen der Bilder, der Erinnerungs- oder Traumbilder, herstellen, sind nicht erkennbar; es ist nicht klar, wie Urteile zusammengefügt werden, aus welchen Vorurteilen oder Unterlassungen oder Übernahmen sie sich aufbauen. Erschreckende Bilder bindet Christa Wolf zusammen, ohne daß sie sich darüber klar werden kann, wie so etwas geschieht, z.B. die billigen Fragen des Lehrers Warsinski, die bedrückende Geburtstagsfeier bei Lori Tietz, die Auslassung des Buchhändlers Leo Siegmann über Juden, schließlich das schreckliche Erlebnis in der Schlucht mit dem Exhibitionisten, Nellys Vorstellungen von einem Judengesicht oder die Stimme, die fanatische, bei einer Sonnenwendfeier. "Was hat der blasse picklige Junge mit Kröten, Spinnen und Eidechsen zu tun? . . .Nichts, möchtest du sagen. . . So muß die richtige Antwort lauten, und was gäbest du darum, wenn sie auch noch wahr wäre."[102]

> . . .es geschah, daß sie . . .durch eine Vermischung und Verquickung scheinbar entlegener Bestandteile das Wort 'unrein' nicht mehr hören konnte, ohne gleichzeitig Ungeziefer, die weiße Schlange und das Gesicht jenes Judenjungen zu sehen. Wir wissen wenig, solange wir nicht wissen, wie dergleichen geschieht; solange man sich nur wundern kann, daß in Nelly mit jenen Bildern nicht Haß oder Abscheu aufkam, sondern Scheu - ein Gefühl, sehr nah den Vorstufen der Angst.[103]

Hier - bei diesen Erörterungen - ist sie im Zentrum ihres Themas, hier werden die Muster entwickelt, die sich in ihrem Umkreis um den Faschismus-Komplex aufbauen, aber es wird zugleich deutlich, welchen Widerstand ihr (moralisches) Gewissen diesen Mustern entgegengesetzt. Ihre Versuche, dem Judenjungen auch eine 'reinzuhauen', scheitern: ". . .nicht ein einzigesmal gelingt es ihr, an ihm vorbeizukommen. Ihr reißt im entscheidenden Augenblick der Film."[104]

Bei den Vorgaben, die Christa Wolf mitbringt, und bei ihrer Entwicklung, die wir kennen, mußte es schwierig werden, in der Form subjektiver Authentizität faschistische Prägungen an ihr selbst sichtbar zu machen. Die Beschränkungen, die mit dem sich erinnernden Erzähler-Ich gegeben sind, lassen das als Thema nicht zu. Oder es müßte später zu entscheidenden Veränderungen kommen, wenn überzeugend vorgeführt werden sollte, wie aus Nelly das Du, aus ihm zuletzt das Ich herauswächst. Über die Struktur einer solchen Entwicklung ist sich Christa Wolf im klaren; wie es erzählerisch darstellbar sein

---

102 KM, S. 180 f.

103 KM, S. 181

104 KM, S. 178

könnte, ist die Frage - das Problem wird sein, ob die Erzählerfigur und die beschriebene Figur die Erzähl-Problematik auch ausfüllen können. Kapitel 7: "Nachdem der Grundriß skizziert ist, sind es die wirklichen Fragen, die anstehn."[105]

Im 8. Kapitel beschreibt Christa Wolf ihr Arbeitsverfahren: Zettel, Blätter, die Überschriften tragen wie Vergangenheit, Gegenwart, Reise nach Polen. Drei Beschreibungsebenen, "Hilfskonstruktionen, erdacht, um das Material zu organisieren und es, wenn schon nicht durch den simplen Mechanismus von Ursache und Wirkung, so durch dieses System ineinandergreifender Schichten von dir abzutrennen. Form als Möglichkeit, Abstand zu gewinnen. Die niemals zufälligen, niemals beliebigen Formen des Abstand-Gewinnens. Die nackte Willkür, die im Leben waltet: Hier hätte sie nichts zu suchen."[106]

Die ineinandergreifenden Schichten von Vergangenheit und Gegenwart tragen die Aussage des Romans; bei der Polenfahrt, der dritten Erzählschicht, beklagt Lenka die verspannten Schultern ihrer Mutter: "Wie Eisen... Steif, steif. Mach dich doch nicht immer so steif. Wann hat das angefangen?"[107] Und im Walther-Gespräch formuliert Christa Wolf, nun bezogen auf Fragen der künstlerischen Gestaltung: "Ich weiß die ganze Zeit und versuche auch nicht, es dem Leser zu verheimlichen, wie der 'Held' endet... Mich interessiert, wie er zu dem Punkt gelangt, den ich von Anfang an kenne."[108]

Kapitel 18: "Dies scheint das Ende zu sein. Alle Zettel sind... verschwunden, 2.5.1975. Erinnerungsebene 1946: Krankenhaus, Tuberkulose, Leiden und Leid. Nellys Lebensformel: "Betroffen, aber nicht ernsthaft gefährdet sein... Es sollte niemals mehr irgendeinem Menschen möglich sein, sie ernstlich zu treffen."[109] Gegenwartsebene Grenzübergang: Ein DDR-Grenzsoldat schiebt einen aus dem Nest gefallenen, noch lebenden Vogel mit dem Stiefel beseite. "Du sagst: Sie sind aber roh." Sätze in Klammern: "Dieses Mädchen, das immer noch Nelly heißt, entfernt sich, anstatt allmählich näher heranzukommen. Du fragst dich, was geschehen muß - was geschah -, sie zur Umkehr zu bewegen, (...) Du träumst ein einziges Wort: Panzerung. Dazu siehst du beim Erwachen eine Statue, deren goldschimmernde Oberfläche von Rissen

105 KM, S. 186

106 KM, S. 216

107 KM, S. 214: Ende des 7. Kapitels. Erster Satz des 8. Kap.: "Mit meiner verbrannten Hand schreibe ich von der Natur des Feuers"

108 Walther, a.a.O., S. 119 f.

109 KM, S. 525

durchzogen wird. Der lebendige Körper unter dem Panzer und das Gesicht werden nicht sichtbar."[110]

Im Schlußbild (und in den Schlußsätzen) wird dieser Traum zurückgenommen: In einer Vision gleichsam sieht sie sich "mit offenen Türen": "...ein Baum, ein Haus sogar, in dem jeder, der will, ungehindert ein und aus geht"; die Grenzen des Sagbaren werden von ihr akzeptiert. Aber auch das ist ein Traum, ein Wunsch - oder Wachtraum; und so erübrigt es sich, diese Aussage aus der Entwicklungslinie des Romans abzuleiten. Denn dieser überraschende Schluß, der am ehesten die Diktion der Schlußpassage des "Geteilten Himmel" aufnimmt, findet nirgendwo im "Kindheitsmuster" seine Vorbereitung oder Rechtfertigung. Ein Wunschbild also oder ein Gegenbild, dem Wunschbild entsprechend, das den Aussagekern von "Unter den Linden" ausmacht.

"...es wurde dir klar", beschreibt sie eine Erfahrung vom Mai 1971, "daß gewisse Pflichten keinen Aufschub mehr dulden, unter ihnen die Pflicht, anzudeuten, was mit uns geschehen ist." Anzudeuten? Sie bezieht sich auf die Moskauer Prozesse des Jahres 1937 und auf ihren zuerst "selbstverständlichen" Wunsch, "diese Meldungen als nicht zur Sache gehörig zu übergehen".[111] Über Guernica und die Verbrechen des Faschismus würde sie lieber schreiben, sucht nach den Ursachen ihrer Schreibangst - diesen Gegenstand betreffend - und beobachtet ihre Fluchtversuche; ein Klammertext: "Welche Art Pflicht besteht oder soll angeblich bestehen, derartige Einzelheiten auszupacken? Verantwortung - davon könnte reden, wer alles wüßte und imstande wäre, es den Richtigen richtig zu sagen." Und antwortet sich und dem Leser: "Verantwortung kann zur Formel werden, unverantwortlich zu handeln."[112] Nachts im Traum erfolgt das Übergleiten von Erlebnisstoffen in das Langzeitgedächtnis, und sie stellt sich ein Volk von Schläfern vor, "dessen Gehirne träumend den ihnen gegebenen Befehl befolgen: Löschen löschen löschen".

"Wir hatten alles, was wir uns wünschen konnten", "Wenn wir nicht zufrieden gewesen wären - Dresche hätte uns da gehört". Man kennt ja die Sprüche, die "gut beleuchteten Familienbilder" mit ihrer Sprachohnmacht, hier die ihrer Eltern. In dieser Nacht wird ihr klar, daß Erinnerungen ein Betrugssystem sein können, daß es einen Zensor gibt, der nur bestimmte Nachrichten passieren läßt, das Sprach- und Denkmuster aus Fertigteilen bestehen und daß

---

110 KM, S. 527 f.

111 KM, S. 193

112 KM, S. 194

wir uns im Zeitalter eines universalen Erinnerungsverlustes befinden. Mit dem Ergebnis, daß Geistesgegenwart nur auf dem Boden einer lebendigen Vergangenheit möglich sei. "Je tiefer unsere Erinnerung geht, um so freier wird der Raum für das, dem all unsere Hoffnung gilt: der Zukunft." (Mit dem Einwand des Selbst-Zensors am nächsten Morgen, "ob denn die volle Geistesgegenwart wirklich benötigt werde und wozu".) Texte des 7. Kapitels.

10. Kapitel: "Das große und vielschichtige Problem der Selbstzensur. . ."

> Wenn die Sehnsucht, die Notwendigkeit, gekannt zu werden, mehr zu fürchten ist als alles. Als sei die Selbstbewachung und Selbstbespitzelung ein Exklusivleiden der berufsmäßig Schreibenden und nicht die allergewöhnlichste und allgemeinste Erfahrung der Zeitgenossen, die sie kaum noch wahrnehmen, die viele leugnen, welche für die verbreitete Apathie, die schwerlich zu leugnen ist, andere Gründe anführen.[113]

Ein Text (ein Klammertext), der im Textzusammenhang keine Bindung hat. Der Versuch, bestimmte Ordnungen/Zusammenhänge herzustellen, scheint wieder nicht gelungen, nicht zu gelingen. Klagen, daß sie das Buch nicht zuende schreiben werde, nehmen zu mit dem Anwachsen des Materials, vor allem, wenn 'Bewältigung' als Deutung verstanden werde. Die Berichtsebene, die historische, ist längst verlassen, durch die Aufnahme unterschiedlicher historischer Ebenen und Bezüge mit den jeweils besonderen politisch-aktuellen Problemen (Vietnam, Chile, USA usw.) werden weitere, neue Akzente gesetzt: "Du spürst, wie durch deine Erzählung nichts verständlicher, eher alles noch verworrener wird."[114]

Und Nelly? Eine Figur, die sich aus sich selbst bewegt, nach eigenen Gesetzen? "Der Mensch ist das Produkt seiner Umwelt, sagt Bruder Lutz. Keine Bange, das schnurpst: Marionetten."[115] Nelly, das weiß sie, bekommt von der Erzählerfigur ein Netz über den Kopf gestülpt, "nach deinem Muster geknüpft": Ist ihre wachsende Fremdheit nicht eher Ausdruck eines Versuches der Selbstreinigung? Eher "Scheinheiligkeit"? An dieser Stelle setzt die Erzählerfigur den Traum vom eigenen Tod ein, da sie - im Krankenhaus - sich fremdem Urteil unterwirft, widerstandslos: ". . .eine Stunde noch (zu leben - W.K.) - und die ohnmächtige Empörung über deine Unfähigkeit, dich wenigstens in der Todesstunde aufzulehnen gegen die Übereinkunft, daß man keinen übertriebenen Anteil an sich selber nehmen soll. . ."[116] Und wieder über

113 KM, S. 298

114 KM, S. 238

115 KM, S. 277

116 KM, S. 277, 278

Nelly: "Soll sie auch crfahren, was das heißt: gefangen sein. (Nämlich: eingeklemmt sein zwischen zwei unannehmbaren Alternativen - alternative-los). Sie soll beizeiten lernen, zu fühlen, was ihr beherrschtes Gesicht ausdrückt. Soll sie die Angst, herauszufallen, auskosten bis zum Grund." (Christa Wolf im Impressum des Romans: "Alle Figuren in diesem Buch sind Erfindungen der Erzählerin. Keine ist identisch mit einer lebenden oder toten Person.")

Natürlich keine Identität, aber die Verwandtschaft von Autorin, Erzählerfigur und Nelly ist überall zu greifen. Doch die Texte der Gegenwartsebene zeigen die Beschädigungen, die die Autorin hat hinnehmen müssen, viel stärker als die der Nelly. Beispielhaft steht dafür der Traum von der Beerdigung Stalins, den sie nicht los werde, weil offenbar das Thema Stalinismus nicht abgetan, abgearbeitet ist. "Wann, fragst du H.,. . . werden wir auch darüber zu reden beginnen?" (. . .) "Du, sagt er, lebst auf die Zukunft hin. Ich nicht. Ich lebe heute, jetzt. Jeden Augenblick. Die schwersten Schäden, die man euch zugefügt hat, werden nicht zur Sprache kommen. Die lebenslangen Folgen des Kindheitsglaubens, einmal werde die Welt vollkommen sein."[117]

Das klingt nach "Christa T.", ist aber auch ein Gespräch der Ehepartner, das ihre unterschiedlichen Positionen recht genau beschreibt. Christa W. oder T. mit ihrem Trotzdem-Glauben, ihrem Dennoch-Träumen; ihr Mann, G. oder H., nüchterner, realistischer, wenn man so will. H. - wie Lutz - bleibt im Roman eigentlich immer Randfigur, um so bedeutsamer sind deshalb diese Gespräche gegenseitiger Erhellung. "Deine Mutter (sagt Lutz) denkt an eine Welt, in der die Menschen nur jene Bedürfnisse entwickeln, die ihre Entfaltung fördern - seelisch und körperlich." Und auf Lenkas Frage, wie er die Welt sehe:

> Ich mache nur darauf aufmerksam, daß die Entwicklung anders läuft: auf die immer vollkommenere Befriedigung von Bedürfnissen, die nicht alle "menschengemäß" sind. . . Die aber von Menschen als Ersatz für das wirkliche Leben entwickelt werden, das ihnen der Produktionsprozeß, wie er noch ist und sein muß, vorenthält. Und wer seine Hand aus reinem Übermut in diesen Mechanismus steckt, dem wird sie abgerissen, die Hand. Weiter nichts. Denn hier walten harte Gesetze, keine Ermessensfragen.

"Vielleicht nicht gleich die ganze Hand, sagst du."[118]

---

117 KM, S. 322
118 KM, S. 438 f.

Das sind natürlich auch Rollen-Gespräche, in denen jeder seinen Part zu spielen hat und bei denen Lutz schlecht wegkommt. Der Pragmatiker weiß, wie es zugeht und wo die Entscheidungen getroffen werden und daß die anderen sowieso 'draußen' sind. Da zählen die Argumente der Autorin/Erzählerfigur nicht: ". . .nicht aus Übermut. Bloß, weil die Richtung in Selbstzerstörung enden kann." Kassandra deutet sich an.

Und Christa Wolf: "Wo Lutz recht hatte, hatte er recht."[119] Ein Extrakt vieler Gespräche, 16. Kapitel. Christa Wolf fügt hier - nahe dem Ende des Romans - einen Brief von Eva Forest aus dem Gefängnis von Yeserias ein, der ihr Mut gemacht habe:

> Ich weiß, daß die Geschichte in Phasen verläuft, und wir leben in einer, die einen zwingt, sich technische Kenntnisse anzueignen. Aber man muß sich stets die große Gefahr vor Augen halten, die besteht, wenn man sich ausschließlich spezialisiert. . . Ebenso wichtig ist es, die Sensibilität auszubilden, und es gibt hierfür kein besseres Mittel als die Kunst - wie sie das Leben beschreibt, abbildet und bezeugt.[120]

"Reiter über dem Bodensee" lautet der Anfangssatz des 16. Kapitels, "Ein Kapitel Angst" der des 17. Kapitels, "Die Zeit läuft" der des Schlußkapitels. Deutlich: Wir geraten in kritische Phasen, Krisen.

Kapitel 16. In dem Bilderbogen der Erinnerung an Bardikow (Mecklenburg) das letzte Bild. Nelly, als Schreiberin in der Bürgermeisterei, stellt sich auf die Seite der Überlebenden, der Opfer, "weil sie zu ihnen gehörte". Sie ist sechzehn Jahre alt, lacht selten und ist gerecht.[121] 1946. Reiter über dem Bodensee. Die Eisdecke, auf die man sich gerettet hat, ist dünn. Mancher bricht ein, der sich schon sicher glaubte, andere, die Verfolgten, werden die Bilder ihrer Verfolger nicht mehr los. "Überlebenssyndrom: Psychisch-physisches Krankheitsbild bei Menschen, die extremen Belastungen ausgesetzt waren. . . Hauptsymptome: Schwere anhaltende Depressionen mit zunehmenden Kontaktstörungen, Angst- und Beklemmungszustände, Alpträume. . ."[122]

Das ist nicht zu übersehen, daß diese Reise in die Vergangenheit mit Beklemmungszuständen einhergeht, daß sie durch die Begegnung mit den Schatten der Vergangenheit hervorgeholt werden, weil in den Erfahrungen der Gegenwart Vergangenheit wiedererkannt wird. Zusammenbrüche kenn-

---

119 KM, S. 439

120 KM, S. 440

121 KM, S. 440

122 KM, S. 433

zeichnen diese Kapitel, Träume, die die Zusammenbrüche wiederholen, auch Phasen der Verzweiflung, das Buch nicht zuende schreiben zu können. "Du sitzt vor einer dir wohlgesinnten Menge und sollst aus einem dünnen Buch vorlesen, das aber in polnischer Sprache geschrieben ist. (Die Sprachen der anderen, vor denen man versagt.)"

> Das dünne Buch, dessen Text du nicht entschlüsseln kannst, dessen Sinn du der Menge schuldig bleibst. Das dicke Buch, in das Jahre deines Lebens eingehen. Das du willst und zugleich nicht wollen kannst. Mit angezogener Bremse fahren. Schädigt den Motor.[123]

Ein Traum, der zu der Sprache der Träume paßt, die sich durch den ganzen Roman hindurchziehen, mit wiederkehrenden Grundbildern und Wortfeldern: Hier, wie im 6. Kapitel, mit dem Motiv der Unterschlagung und dem Versuch, sich einem Konflikt zu entziehen. Der vielleicht eine Entsprechung findet im Traumbild des 14. Kapitels (Von der Gefährlichkeit deines Berufs), in dem graue, gesichtslose Männer "im Auftrag einer nicht näher bezeichneten Instanz" von der Erzählerfigur verlangen, die "allgemeine Meinung" in eigener Sprache zu formulieren,[124] oder im Traum des 8. Kapitels, von dem Gefolterten, der nicht sprechen kann, weil er keinen Mund hat. "Verzweifelt dachtest du - und verleugnetest den Gedanken sofort vor dir selbst -, schreiben müßten sie ihn lassen...

> Das Entsetzen hielt Stunden nach dem widerwilligen Erwachen an. Es konzentrierte sich auf den Augenblick, da du vorausdachtest, was die Folterer tun müßten, um ans Ziel zu kommen... Und daß du gelähmt, festgelegt auf die Beobachterrolle, daneben standest und nicht vortreten konntest, um dem Gepeinigten beizuspringen. Du gäbest etwas darum, den Traum vergessen zu können.[125]

Texte aus der Gegenwartsebene, 1972. Die von der Last und der Schuld des Schreibers berichten, der in Geschichten (und in Geschichte) über seine Zeit-Erfahrungen berichtet, "der, ob er will oder nicht, Beobachter ist, sonst schriebe er nicht, sondern kämpfte oder stürbe -, und wo endet sein verfluchtes Recht?" Traum von der Panzerung, 18. Kapitel, oder Traum von der wahnsinnigen Autofahrt, die am Abgrund endigt (Kapitel 6) oder vom eigenen Tod (Kapitel 10):

---

123 KM, S. 452

124 KM, S. 396

125 KM, S. 224

Rein zufällig, hoffst du, hast du in diesen Tagen deutlich und in Einzelheiten deinen eigenen Tod geträumt; richtiger: dein langsames unaufhaltsames Absterben und die Gleichgültigkeit der anderen. . .[126]

"Wie sind wir so geworden, wie wir heute sind?"

Natürlich gehört in diese Reihung von Alpträumen die Geschichte vom Selbstmord des Lehrers M., des Deutschlehrers, der am Vorabend seines Freitodes der Erzählerfigur (?) einen Musil-Band zurückbringt, mit den von ihm unterstrichenen Zeilen: "Man hat nur die Wahl, diese niederträchtige Zeit mitzumachen (mit den Wölfen zu heulen) oder Neurotiker zu werden."[127] Der diesen letzten Weg zusammen mit einer Freundin geht: "Sie war zum zweiten Mal nicht zum Medizinstudium zugelassen, obwohl sie alle Voraussetzungen glänzend erfüllte. Beide sprachen sie nun abwechselnd, spöttisch. . . Sie sagten noch ja und nein an den Stellen, an denen man es von ihnen erwarten konnte, aber im stillen dachten sie wohl: Die Dummen. Oder: Die Armen. Oder: Die armen Dummen."[128]

"Fraglich bleibt" heißt es im Text, "wieso er Kleist erwähnte. . ." Und den Doppelselbstmord des Dichters und der Henriette Vogel. Christa Wolfs nächster Text bringt dies oder eine sehr ähnliche Geschichte: "Kein Ort. Nirgends".

Und natürlich assoziiert der Lesende die Selbstmordgeschichte, die sich nun auf die Autorin selbst bezieht: Der Anruf der Tochter Ruth, 3. Kapitel: "Du seist auf einer spiegelglatten Wasserfläche zu weit vom Ufer weggeschwommen. . . Dir fällt die Angst ein, die du als Kind um deine Mutter hattest. Wiederholt sich alles? Muß die Einsicht, wie man den Kreislauf unterbrechen könnte, immer so spät kommen, daß der Schaden angerichtet und man selbst zu alt ist für durchgreifende Veränderungen?"[129]

Herzrhythmusstörungen am Ende des 16. Kapitels, Erschöpfung: "Die schwere Versuchung, abzubrechen. Es handelt sich ja nicht um eine Geschichte, die notwendig zu einem bestimmten Ende führen muß. Oder welches wäre der gedachte Punkt, bis zu dem sie vorgetrieben werden müßte." Sie denkt an ein Zusammenfallen der drei Erzählfiguren "du", "sie" und "ich",

---

126 KM, S. 277

127 KM, S. 144

128 KM, S. 143

129 KM, S. 87 f.

zweifelt aber zugleich, dieses Ziel erreichen zu können. "Es schien dir immerhin nicht wünschenswert, vorher aus der Welt zu gehen."

> Das Ungelebte ist das Wirksame und zugleich das, worüber schwer zu reden ist. Tief in der Höhle der Erzählung. Schwacher Schimmer vom Ausgang her. Unkenntnis der Natur des Lichts, das dich draußen erwartet.[130]

Kryptische Sätze am Ende des Romans: Ein Höhlengleichnis, das seine Auflösung vielleicht am ehesten in einem Interview findet, das Christa Wolf zehn Jahre später gibt: "Immer mehr wurde ich mir darüber klar, daß mein Hauptantrieb für Schreiben Selbsterforschung ist. Immer wenn ich über mein Verhältnis zu meiner Zeit, zu ihren Strömungen, Institutionen, zu Zeitgenossen, zu mir selbst schreibend etwas herausfand, was ich vorher nicht gewußt hatte oder jedenfalls nicht hatte aussprechen können - immer dann stellte sich jener besondere Zustand der Erregung, jenes Gefühl von Authentizität ein, um dessentwillen ich ja eigentlich schreibe. Jenes Erschrecken über die Wirklichkeit, die ja nicht ein Gebilde außerhalb von uns ist, sondern ein Prozeß, dem wir unterliegen und den wir zugleich mit hervorbringen." (Wochenpost 10.2.1984)

17. Kapitel: "Ein Kapitel Angst, und das ist knapp bemessen."

"Nimm doch einfach. . ., nimm alle Angst aus deinem Leben weg. Die gegenwärtige, die vergangene: Es wäre, vielleicht, das erwünschte Leben." Zeit der historischen Aufarbeitung: August 1945, die Russen kommen! Zeit der Gegenwart 1975 (?). Die Angst - oder ihre besondere Befähigung zu leiden - bleibt: Sie erkennt sie und sich an diesen Produkten.

Nelly ist nicht den sowjetischen Kampftruppen begegnet, sondern nur jenen Besetzern, die die Amerikaner ablösen, auch ihre Mutter hat die Begegnung mit der Roten Armee offenbar ohne Schaden überstanden. Aber auch der Bericht des Taxichauffeurs (aus der Gegenwartsebene) beansprucht Authentizität: ". . .meine Frau hat sich nach einer Woche den Strick nehmen wollen. Ich hab sie ja auch nicht schützen können, dann wäre ich erledigt gewesen. Aber ich hab ihr gesagt, sie soll durchhalten, es kann ja nicht ewig dauern. Es hat vierzehn Tage gedauert."[131]

Wer spricht? "Was wollen Sie denn: Keine Armee der Welt konnte einen Krieg wie diesen als Heilsarmee überstehen. Die Wirkungen des Krieges sind auch auf diejenigen, die ihn nicht angefangen haben, verheerend." Doch, es

130 KM, S. 453
131 KM, S. 465

ist Christa Wolf, die dem Taxifahrer in dieser Weise widerpricht. Kein Zweifel. Ein Moskauer Freund kann sich die Räumung des Dorfes freilich "nicht als Komödie vorstellen. Das gibst du zu. Obwohl, sagst du, es dabei auch Momente gab. . ." Immer wieder - in diesem Angst-Kapitel - nimmt die Autorin Angst zurück, löst sie sie ins Komische oder gar Burleske auf: Angst auch hier bei der "Verarbeitung schwieriger Geschichtsabschnitte"?[132] Schuld, das scheint eindeutig zu sein in dieser Darstellung, liege natürlich bei den Deutschen und bei dem Zeitgenossen, der offenbar nichts dazugelernt hat: "Das will er nicht wahrhaben, daß die Rechnung der anderen Seite. . . größer wäre. . ." "Nichts für ungut. . . Ich habe Ihnen ja nicht zu nahe treten wollen." (. . .) "Wenn Sie aber auch nur wissen wollen, was in der Zeitung steht. . ."[133]

"Rechtzeitig", schiebt Christa Wolf ein, "fällt dir ein, was in den Gesprächen zwischen dem Moskauer Geschichtsprofessor und dir eines der Hauptthemen war: Die verfluchte Verfälschung von Geschichte zum Traktat."[134] "Er glaubte an die Vernunft. Er zitierte Montesquieu, der dachte, 'daß die Vernunft eine natürliche Macht besitzt.'" Er stirbt, nach langer Krankheit, aber sein Optimismus bleibt: ". . .wenn er dich um irgend etwas beneide. . ., so sei es das: Du würdest die Zeit erleben, da man offen und frei über alles werde reden und schreiben können. Die Zeit wird kommen, sagt er. Sie werden sie erleben. Ich nicht."

Und Christa Wolf fährt fort, unvermittelt: "Heute weißt du, daß es im Zeitalter des Argwohns das aufrichtige Wort nicht gibt, weil der aufrichtige Sprecher auf den angewiesen ist, der aufrichtig zuhören wollte, und weil dem, dem lange das verzerrte Echo seiner Worte zurückschlägt, die Aufrichtigkeit vergeht."[135] Ein Kapitel Angst: Überall. Tief in der Höhle der Erzählung.

Wieder wird ein Traum angeschlossen: Sie liege in einer "abgründigen Höhle", von der das Wasser tropft, sie finde ihre Wohnung, zu der sie endlich zurück kann, besetzt mit Felix Dahn, sie weiß: "Du wirst niemals beweisen können, daß es die deine ist. Es gibt keine Aussicht für dich, je nach Hause zu kommen." Und ganz deutlich: nach dem Erwachen entschließt sie sich, trotz ihrer Verzweiflung, "vorerst bei den lustigen Geschichten zu bleiben, bei den Gauner- und Bubenstückchen", bei der vom Roten Kommandanten z.B. oder vom herrenlosen Ochsen, den Bruder Lutz "organisiert".

132 KM, S. 464
133 KM, S. 466, 465
134 KM, S. 467
135 KM, S. 468

Verdrängungen natürlich, Angst vor Tabuverletzungen. Oder eher: Ängste, zuviel zu erfahren, in eine Zone von Nichtübereinstimmung gedrängt zu werden, deren Klima man nicht zu ertragen gelernt hat. "Angst vor Selbstverrat und Schuld", mit der sie nachts treffenden Einsicht, "daß die Notwendigkeit, sich auszuliefern, und die Unmöglichkeit, es zu tun, einander die Waage halten. (Das, was man scheitern nennt?)"[136]

"Wie würdest du schreiben in der Gewißheit, daß du in zwei Jahren stirbst?"...

> Gibt es nur die Alternative zwischen Schweigen und dem, was Ruth und Lenka "Pseudo" nennen (falsch, unecht, unaufrichtig, unwahr)? Du bestreitest es dir, nachts. Du stellst dir vor: Aufrichtigkeit nicht als einmaliger Kraftakt, sondern als Ziel, als Prozeß mit Möglichkeiten der Annäherung, in kleinen Schritten, die auf einen noch unbekannten Boden führen, von dem aus auf neue, heute noch unvorstellbare Weise wieder leichter und freier zu reden wäre, offen und nüchtern über das, was ist; also auch über das, was war. Wo die verheerende Gewohnheit von dir abfiele, nicht genau zu sagen, was du denkst, nicht genau zu denken, was du fühlst und wirklich meinst. Und dir selber nicht zu glauben, was du gesehen hast. Wo die Pseudohandlungen, Pseudoreden, die dich aushöhlen, unnötig würden und an ihre Stelle die Anstrengung träte, genau zu sein. . .
>
> Wie doch die Angst zurückweicht, wenn man nur anfängt, daran zu denken. Wie die böse Ahnung, daß es dir bald die Rede verschlagen wird, sich auflöst und dafür Lust entsteht. Lust zu reden und, wo möglich und nötig, auch zu schweigen.[137]

Kapitel 18. "Die Zeit läuft".

Christa Wolf ordnet die letzten Zettel, mit den Wahrnehmungen und in der Sprache der Erzählerfigur rücken die Zeiten aneinander: 1945/46 und 1975. Klagen über die Gegenwart, von der nun schon Tagesabläufe oder Witterungsaufzeichnungen herhalten müssen, um vielleicht später einmal dieses ungeliebte Leben nachzuleben, "aufzuleben". Wetterrückschläge und Stimmungsrückschläge, "auch jüngere Leute sollen an Kreislaufversagen gestorben seien".[138]

---

136 KM, S. 487

137 KM, S. 487 f.

138 KM, S. 498

Tode gliedern das letzte Kapitel, aber eben auch Erinnerungen an eine - trotz Hunger und Not - lebensvolle Zeit. Lehrerin Kranhold, die über Nellys frühere Lehrerin Julia Strauch und über mögliche Verhaltensweisen in Diktaturen sagt: "Sie hat Ihnen ein schlechtes Gewissen gemacht. . . Sie hat gemacht, . . .daß Ihr Gewissen sich umgekehrt hat, gegen Sie selbst. Daß Sie nicht gut sein können, nicht einmal gut denken können ohne ein Gefühl der Schuld." Und die Kranhold gesteht, daß auch sie es schwer gehabt habe, ihre christliche Grundhaltung mit den Forderungen des Tages in Einklang zu bringen. "Aber angebetet habe ich die fremden Götter nicht: So habe ich allerdings auch nicht die Entschuldigung, daß ich an sie geglaubt habe."[139]

Paralleltext zur "Christa T.", in dem Formen des Glaubens an die sozialistische Revolution und Formen der Ent-Täuschung vorgeführt werden, verbunden mit den Figuren, die hier wie dort eine Rolle spielen.

> Die Zeit läuft. Vier, fünf Jahre, die in diese Papiere hineingelaufen sind, blindlings, wie dir manchmal scheint. Vier, fünf Jahre, in denen sich, ungeachtet der Versuche, ihr Wachstum zu bremsen, die tote Zone in dir ausgebreitet zu haben scheint (. . .) Der gute Grund für die grundlose Erschöpfung. . . Wer hat wissen können, daß es darauf ankommen würde, im Rückblick nicht zur Salzsäule, nicht zu Stein zu erstarren.[140]

Im Rückblick auf die vier oder fünf Jahre nach "Christa T." und dem VI. Schriftstellerkongreß, Jahre der Vereisung mit der Erkenntnis, daß es nur darum geht, "irgendwie aus dieser Sache herauszukommen". In der die Zahl der Gewohnheiten 'unaufhaltsam' zugenommen hat, auch der Hang zur Übereinstimmung, mit der Anstrengung, dagegen anzuleben, die sich im Gesicht abzeichnet.

"Das Altersgesicht, das sich vorbereitet. Der Ausdruck, der anzeigt, daß die unvermeidlichen Verluste nicht ohne Widerstand hingenommen werden."[141]

Hierhin gehören ihre Äußerungen bei einer Akademie-Diskussion über "Kindheitsmuster" 1975:

> Wichtig ist, daß man sich. . . eine schöpferische Haltung erwirbt und bewahren kann. Das heißt auch, daß man nicht entmutigt ist. . . von meist vorübergehenden Dummheiten, die auftreten und die auch zeitweise sehr mächtig sein können, auch bösartig. Mir brauchen Sie es nicht zu erzählen, es ist so, ich weiß es. Andererseits: Man lebt selbst nicht so furchtbar lange. Und

---

139 KM, S. 509

140 KM, S. 502 f.

141 KM, S. 502

wenn man vier oder fünf Jahre seines Lebens damit verbringt, sich über Hemmnisse zu ärgern, dann sind diese fünf Jahre weg. . .[142]

Und Christa Wolf kommt nun, hier am Ende des Romans und in dem Bereich kurz vor der Biermann-Auseinandersetzung, zu dem Fazit: "Irgendwann muß man begreifen, daß man dazu da ist, ganz bestimmte Sachen zu sagen. . ., ganz egal, was gerade der oder jener Politiker oder die oder jene Zeitung davon denkt oder hält. Egal auch, was die Mehrheit der Leser darüber denkt. Und es sind wirklich nicht die schlechtesten und nicht die unberühmtesten unserer Kollegen, die in der Vergangenheit oftmals Jahre und Jahrzehnte haben warten müssen mit Sachen, die für sie sehr wichtig waren und die sie in der Zeit geschrieben haben, die dafür keine Verwendung hatte."[143]

Die letzten Zettel: Von Nellys Tuberkulose, von der Heimkehr des Vaters aus der Gefangenschaft, zugeordnet der Rückfahrt von der Polenreise, Träume (Spion in L., von der Panzerung), Tischgespräche. Zum Beispiel über eine Mitschülerin Lenkas, die trotz eines sagenhaften Zensurendurchschnitts von 1,1 und trotz aktiver Arbeit in mehreren gesellschaftlichen Organisationen und trotz ihrer Zulassung zum Studium für Humanmedizin in einer Diskussion über Verhaltensweisen bei einer Hungerkatastrophe ernsthaft zu erwägen gibt, "zuerst den Alten und unheilbaren Kranken das Essen (zu entziehen)".[144]

Dies wird Lenka in ihrem Gedächtnis behalten, auch wenn sie vieles andere vergessen sollte. Moralisches Gedächtnis?

"Dein Verdacht ist", heißt es zum Beginn des letzten Kapitels, "wir leben in einer schneller verderblichen Zeit, in einer Zeit aus anderem Stoff als jene haltbaren früheren Zeiten." Das moralische Gedächtnis hebt auf, bewahrt, unauflösbar, mit zunehmendem Alter immer intensiver erlebbar, Früheres, Vergangenes, das nun in den Träumen oder in dem Feld der Assoziationen sich wieder anbietet oder wieder aufdrängt. Neben der Struktur der Zeitebenen oder des Personentableaus - das ja kaum benötigt oder ausgewertet wurde - eine dritte Dimension der Wahrnehmung, die vielleicht am ehesten die Position der Autorin einbringt, mit dem Blick- und Bewertungspunkt von der Gegenwart her. Vor allem durch diese Dimension des moralischen Erinnerns wird diese Erzählung über das Leben einer Kindheit und über Faschismus und Krieg eine Stoff- und Problemeinheit der Gegenwart, der Zeit,

142 'Fortgesetzter Versuch', S. 133

143 a.a.O.

144 KM, S. 512

in der der Text niedergeschrieben worden ist, also 1972- 1975, mit genau den Akzentverschiebungen, die durch diese Gewichtsverlagerung möglich und notwendig wurden.

"Kindheitsmuster" hält nicht, was der Titel verspricht und von dem aus die Kritiker sich dem Text genähert hatten, auch wenn es möglich wäre, eine Reihe solcher Muster aufzuzeichnen, es ist auch weniger eine Erzählung über die Wirkung solcher Muster in der Gegenwart (auch das wäre eine andere Geschichte mit ganz anderen Strukturen). "Kindheitsmuster" ist als Text das Nachdenken über bestimmte Erfahrungen: über Kindheit im Schatten der Diktatur, über menschliches Versagen und Sich-Bewähren in Krisenzeiten, über Formen von Widerstand oder Anpassung - in der Vergangenheit wie in der Gegenwart, wobei natürlich das Nachdenken von der Gegenwart her geschieht und subjektiv ist und das Bild der Autorin bietet. "Selbsterforschung" einer Moralistin im Netzwerk unterschiedlichster Zeiten und Ansprüche, die im Erzählwerk zu einer neuen Wirklichkeit gerinnen, in der die Autorin sich letztlich wiedererkennt. Wird dies anerkannt, stimmt das Schlußbild: So sich findend, sich nicht auflehnen zu müssen gegen die Grenzen des Sagbaren.

**Einschnitte: Die Biermann-Ausweisung und ihre Folgen**

Die Vorgänge um die Biermann-Ausweisung im November 1976 sind längst nicht aufgearbeitet. Neben den Texten, den Antworten und Widerrufen entwickelten sich im Jahre 1977 in einigen Medien der BRD Polemiken und Auseinandersetzungen von DDR-Autoren, schrieben Schneider und Jacobs Erzählungen, gab es Interviews und Statements im "Spiegel" und im "Stern". Doch nie gab es offizielle Äußerungen zu Fehlern, die vielleicht von seiten der Kulturbürokratie der DDR begangen worden sein könnten. Im Gegenteil, die Partei glaubte (und glaubt offenbar noch heute), mit Biermann und Kunze tragende Kräfte einer politischen Opposition getroffen und sie durch Ausbürgerung mundtot gemacht zu haben. Bei der Lage in Deutschland ein von vornherein törichtes Unterfangen, da man natürlich nicht verhindern konnte, daß weiterhin hüben und drüben die Meinung gesagt wurde, höchstens vielleicht um einen Ton vorsichtiger, aber um den Preis, daß Manuskripte (wieder einmal) in den Schreibtischen verschwanden. Um die DDR-Literatur ist es seit der Biermann-Geschichte ruhiger geworden, das Interesse des Auslandes und der BRD an DDR-Literatur hat deutlich nachgelassen, an den Universitäten gibt es allenfalls noch Spezialseminare: über Heiner Müller, Franz Fühmann, Christa Wolf. Und in den Buchläden der

DDR tut sich - was die eigene Gegenwartsliteratur betrifft - nicht mehr viel. Die Vorstellung, auf Schriftsteller verzichten zu können, trügt offenbar, der Schaden, der immer weiter wächst, ist so - durch Gleichgültigkeit oder neue Forsche - nicht zu beheben.

Nun die Fakten: Am 16.11.1976 wurde dem Liedermacher und Sänger Wolf Biermann nach einem Auftritt in Köln die Staatsbürgerschaft der DDR aberkannt. Zwölf DDR-Autoren wagten daraufhin einen Widerspruch, den sie dem Neuen Deutschland, Reuter und AFP anboten:

> Wolf Biermann war und ist ein unbequemer Dichter - das hat er mit vielen Dichtern der Vergangenheit gemein. Unser sozialistischer Staat, eingedenk des Wortes aus Marxens '18. Brumaire', demzufolge die proletarische Revolution sich unablässig selbst kritisiert, müßte im Gegensatz zu anachronistischen Gesellschaftsformen eine solche Unbequemlichkeit gelassen nachdenkend ertragen können. Wir identifizieren uns nicht mit jedem Wort und jeder Handlung Wolf Biermanns und distanzieren uns von den Versuchen, die Vorgänge um Biermann gegen die DDR zu mißbrauchen. Biermann selbst hat nie, auch nicht in Köln, Zweifel darüber gelassen, für welchen der beiden Staaten er bei aller Kritik eintritt. Wir protestieren gegen seine Ausbürgerung und bitten darum, die beschlossenen Maßnahmen zu überdenken. 17.11.76

"Sara Kirsch, Christa Wolf, Volker Braun, Franz Fühmann, Stephan Hermlin, Stefan Heym, Günter Kunert, Heiner Müller, Rolf Schneider, Gerhard Wolf, Jurek Becker, Erich Arendt."

Noch am gleichen Tag und dann bis zum 21.11. hat sich eine Vielzahl von Schriftstellern, Künstlern, Wissenschaftlern (diese schon weniger) dem Protestschreiben angeschlossen. Die Medien der DDR reagierten erwartungsgemäß: der Brief selbst und deren Unterzeichner wurden nicht genannt, aber eine Lawine von 'spontanen' Protestschreiben gegen diese 'Provokation' überschüttete die uninformierten Leser, die zum großen Teil freilich - dank der West-Medien - sehr gut Bescheid wußten. Übrigens: von den Initiatoren, den Erstunterzeichnern, haben nur Sara Kirsch und Günter Kunert die DDR verlassen, die Zahl der Opfer bei den späteren Unterzeichnern liegt bei weitem höher.

Es mag sein, daß es schon erstaunlicher Naivität bedurfte anzunehmen, die Partei könne Fehler einsehen und korrigieren, aber es kann nur Ironie sein, wenn Jurek Becker in einem Spiegel-Interview[145] im Nachhinein formulierte:

---

145 Der Spiegel 18.7.77

> Den Bewohnern eines Landes muß präzise mitgeteilt werden, welche Art von Bemerkungen ihnen den Entzug der Staatsbürgerschaft einbringen könnte. Das heißt, es muß eine Markierung vorhanden sein, die deutlich zu sehen ist. Das halte ich für eine fundamentale Forderung an welchen Staat auch immer.

Becker, der zu dieser Zeit bereits aus der Partei ausgeschlossen ist, der sich weigert, ihre Prinzipien anzuerkennen und sich "taktisch" zu verhalten, sieht die Aufgabe des Schriftstellers in einem sozialistischen Land darin, 'Lebenshilfe' zu leisten. Hier liege die besondere Bedeutung der Literatur, da die anderen Medien diesen Bereich nicht ausfüllten, daraus erkläre sich auch die besondere Beachtung, die den Schriftstellern von seiten der Partei zuteil werde.

Die Partei jedenfalls nahm diese Solidaritätserklärungen zum Anlaß, rein Schiff zu machen. Im "Spiegel" zitiert Karl-Heinz Jakobs, Mitunterzeichner der Petition, den Parteisekretär von Berlin Naumann: "Es ist doch interessant, zu beobachten, wer da plötzlich aus seinem Rattenloch kriecht. Aber die Arbeiterklasse braucht nur einmal kräftig mit dem Fuß aufzustampfen, und sie verpissen sich wieder in ihre Schlupfwinkel. Wir haben sie nun erkannt, und wir werden ihre Schnauzen nicht vergessen. Und wer sich nicht verdünnisiert, den werden wir zerschmettern."[146]

Kindheitsmuster allenthalben. Jakobs, der die DDR verlassen muß, liefert hier wie in seiner Erzählung "Das endlose Jahr, Begegnungen mit Mäd" einen ausführlichen Bericht über die Vorgänge, aus dem sich auch - bei aller Vorsicht: denn Jakobs kann zum Teil nur 'Hörensagen' bieten - das Verhalten von Christa und Gerhard Wolf ableiten läßt.

Der Text der Petition sei von Hermlin formuliert und beim ND und bei der französischen Agentur AFP abgegeben worden, mit einer Sperrfrist von drei Stunden, die sicherstellen sollte, daß er zuerst im Parteiorgan der DDR veröffentlicht werden könnte. Als Honecker das Papier in die Hand bekommt - er ist auf einer Tagung - ist diese Frist eine halbe Stunde überschritten und der Text bei den westlichen Medien im Umlauf. Bald danach - am 23.10. - haben sich bereits 110 Kulturschaffende der Petition angeschlossen: "Unter den fünfunddreißig Schriftstellern sind zehn Mitglieder der SED und ein Parteileitungsmitglied (Jakobs - W.K.), alles Berliner. Deswegen ist es zur Sache der Berliner Parteiorganisation der Schriftsteller geworden, die Petenten wieder zu disziplinierten Genossen und Staatsbürgern zu machen." Dazu finden insgesamt vier Parteiversammlungen statt, am 23.11., am 26.11., kurz vor Weihnachten 1976 und im Januar 1977.

---

146 Der Spiegel 23.11.81, S. 97

Christa Wolf erbittet, nachdem sie am 17.11. in der Wohnung Hermlins in die Pläne und in den Text der Petition eingeweiht worden ist, zehn Minuten Bedenkzeit, mit dem Ergebnis, zu erwägen, "ob es nicht besser sei, sich direkt an Honecker zu wenden. Das wird abgelehnt mit der Begründung, so etwas würde wirkungslos verpuffen".[147] An der Parteiversammlung vom 26.11. kann sie nicht teilnehmen: auf dem Weg dahin - hört man - sei sie mit einem Herzanfall zusammengebrochen. Gerhard Wolf liest für sie aus einem Brief aus dem Jahre 1965: Ein führender Genosse habe ihr damals versichert, nach ihren Äußerungen auf dem 11.Plenum könne sie jetzt ". . .einen flammenden Protest gegen den Krieg der Amerikaner in Vietnam verfassen, wir werden ihn nicht publizieren". Auch andere tragen ihre Klagen gegen die Partei vor, aber das Klima hat sich bereits geändert: hatte es noch nach der ersten Sitzung und vor allem nach der klugen Rede der Anna Seghers so geschienen, als wären die Konflikte lösbar, so ist jetzt nichts mehr davon zu spüren. Kant hält eine Verteidigungsrede für Hermlin, die diesen rettet, die anderen erhalten ihre Parteistrafen: Gerhard Wolf und Jurek Becker den Ausschluß, Sara Kirsch und Kunert 'Streichung aus den Listen', Hermlin strenge Rüge, Christa Wolf Rüge.

> Nachdem er (Kant - W.K.) Hermlin vor der Gefahr gerettet hat, auswandern zu müssen, rettet Kant in den nächsten Wochen noch Christa Wolf, die hartnäckig darauf besteht, dieselbe Strafe zu erhalten wie ihr Mann. . . Bei der Wahl der Methoden, sie zu beeinflussen, ist er nicht fein. Er geniere sich, tuschelt er ihr zu, mit diesen Fressen zusammensitzen zu müssen und dabei mehr und mehr zu vereinsamen, er möchte lieber ehrliche Gesichter neben sich wissen.
>
> Die Fressen, das sind nach seiner Rede Gotsche, Neutsch, Abusch, Schulz, Noll und dergleichen.[148]

1977 kommt es - wie gesagt - zu dem ominösen Briefwechsel in Zeitungen und Zeitschriften der BRD, in denen der Dialog zwischen Schriftstellern der DDR über die Partei, über deren Kulturpolitik und über das Verhalten einzelner weitergeführt wird und in dem die westdeutschen Korrespondenten munter mitmischen.

Auch Christa Wolfs Dankrede bei der Überreichung des Bremer Literaturpreises am 26.1.78 gehört in die Reihe dieser Texte, obwohl weder der Name Biermann noch die Ereignisse um Petition, um Ausbürgerungen oder Ver-

147 Karl-Heinz Jakobs, Das endlose Jahr. Begegnungen mit Mäd, Düsseldorf: Claasen 1983, S. 96, 117

148 Jakobs, a.a.O., S. 123

haftungen benannt werden. Wirkt wieder einmal der innere Zensor, hat sie ihr Erinnerungsvermögen verlassen oder reagiert sie nur, wie sie immer reagiert hat: vorsichtig und entschlosen, voller Skrupel und mutig, offen und verdeckt sprechend, verständlich nur jenen, die zu lesen und wahrzunehmen vermögen?[149]

Paralleltexte zu "Kindheitsmuster": In einem Brief des damals noch in Ostberlin lebenden Schriftstellers Günter Kunert an den jetzt dort ansässigen westdeutschen Joachim Seyppel wird über Gegenwartssprache gehandelt, in Ost und West:

> Diese Sprache ist sowohl verkrüppelt wie verknüppelt: einen dieser Sprachknüppel erwähnst Du selber: das Adjektiv "konterrevolutionär". Die Anwendung dieses Adjektivs dient nicht. . . der Feststellung eines Tatbestandes, wozu bestenfalls ein ordentliches Gericht legitimiert wäre, sondern ist nur Mittel der Verteufelung. Du hast ja in den Vereinigten Staaten während der McCarthy-Ära erlebt, welches Ergebnis der Anwurf "kommunistisch" zu sein bewirkte (. . .) Nämlich. . . den solcherart Bezeichneten in seinem Menschentum herabzusetzen und ihm damit den Gleichheitsstatus als Mensch zu entziehen, weil mit der Bezeichnung eine nahezu physischer Akt von Dehumanisierung verbunden ist (. . .) Die Unterdrückung von Kritik, dem einzigen Korrektiv für die Funktionsfähigkeit von Gesellschaften - es gäbe keine bürgerliche mehr ohne sie - und die absolute Begriffsstutzigkeit für den erforderlichen Widerspruch, diesen Prüfstein der eigenen Theorie und Praxis, sie haben im Laufe von Jahren dazu geführt, daß jede abweichende Ansicht eo ipso als ein mit der "Waffe des Worts" vollzogenes Attentat gewertet wird.[150]

Natürlich kann man darüber spekulieren, wie die Biermann-Geschichte verlaufen wäre, hätten sich die Pententen dem Vorschlag Christa Wolfs angeschlossen, sich (zuerst?) an Honecker zu wenden. Freilich wird zu bedenken sein, daß der Kulturminister der DDR, Hoffmann, bereits bei der ersten Parteiversammlung zugegeben hat - sich damit gebrüstet hat -, seit langem die Ausbürgerung leidenschaftlich betrieben zu haben.[151] Vielleicht war Biermann in eine Falle getappt, die seit langem vorbereitet worden war. Auch darf man daran erinnern, daß es einen zweiten Brief solidarisierender Schriftsteller, diesmal in Sachen Stefan Heym, gegeben hat, mit ähnlichen Folgen: wieder mit Parteistrafen und Ausweisungen (16.5.79: unterzeichnet

149 vgl. Krogmann, Christa Wolfs Deutschstunde in Bremen, Deutschland Archiv 4/78

150 Die Zeit 5.8.77: "Ein Schriftsteller ohne Inspiration erzeugt Flugsand"

151 Jakobs, a.a.O., S. 113

von Jurek Becker, Klaus Poche, Klaus Schlesinger, Erich Loest, Kurt Bartsch, Adolf Endler, Dieter Schubert und Martin Stade). Und das, obwohl man diesmal über die möglichen Folgen sehr genau Bescheid wußte. Da die Partei immer recht hat, konnte sie sich auch diesmal nicht korrigieren. "Daß die Behörde die Ausbürgerung rückgängig machen würde", schreibt Jakobs im "Endlosen Jahr", damals Parteileitungsmitglied im Berliner Schriftstellerverband, "war ausgeschlossen, ebenso, wie es unmöglich gewesen wäre, eine Gruppe mit einheitlichem politischen Ziel außerhalb der Partei zu bilden... Ich hatte mich ohne Illusion an der Petition beteiligt."[152] Und später: "Der Petition habe ich mich aus Solidarität zu ihnen, den Wolfs beispielsweise, angeschlossen. Andere Interessen hätte ich dabei nicht gehabt."[153] Wir werden nicht erfahren, ob es bei dem einen oder anderen besondere Interessen gegeben hat (wie sie z.B. Jakobs bei Hermlin vermutet), aber irgendwie hat sich durch diese spektakuläre Aktion die Landschaft doch verändert, und zwar nicht nur für die DDR. Die Literatur hat sich - für einen Augenblick - als Macht erwiesen, allen Stimmen zum Trotz, die ihr Ende oder ihre Bedeutungslosigkeit längst konstatiert hatten. Und wenn das alles nicht stimmen sollte, sagt Christa Wolf im "Endlosen Jahr", "wenn die Petition keinen sichtbaren Erfolg erzielen sollte, eins habe sie erreicht, das uns auch keiner mehr nehmen könne: sie hat uns einander näher gebracht".[154]

Jakobs' Bilanz sieht freilich anders aus: "Hunderte von Dichtern, Künstlern und Intellektuellen (habe die Petition - W.K.) ins Exil, ins Gefängnis, ins Elend gebracht. Es war ein Glück ohnegleichen für die SED, als sich plötzlich Hunderte ungeduldiger Menschen zu erkennen gaben, indem sie sich mit den zwölf Erstunterzeichnern solidarisierten... Der Staatssicherheitsdienst hatte es noch nie so leicht gehabt. Er brauchte nur die Leute einzusammeln, die sich im Vertrauen auf die Lauterkeit der Erstunterzeichner und auf deren Verantwortungsbewußtsein vor Hermlin stellten. Sie gingen alle ins Elend, es sei denn, sie widerriefen, wie Hermlin es später tat. Sie gingen ins Elend, und er erhielt den Vaterländischen Verdienstorden in Gold."[155] Auch ein solcher Satz, nicht wahr, gehört zur 'verkrüppelten Sprache'.

Jakobs' Buch ist eine problematische Darstellung, die den Anspruch erhebt, Material für Historiker bieten zu können, ohne daß es Unterlagen für eine kritische Auseinandersetzung gibt. Urteile und Wertungen, auch über die

---

152 a.a.O., S. 182

153 a.a.O., S. 186

154 a.a.O., S. 190

155 a.a.O., S. 198 f. Christa Wolf bestreitet die Authentizität der Darstellung Jacobs'; wie gesagt, die Vorgänge um die Biermann-Ausbürgerung sind noch längst nicht aufgearbeitet.

Haltung von Christa Wolf, mögen subjektiv sein oder der Wirklichkeit entsprechen: es ist nicht kritisierbar. Daß Christa Wolf am Ende einen Ausweg gesucht hat, der ihr annehmbar erschien, ist verständlich, wobei es sicherlich nicht darum ging, ihre Haut zu retten. Dann schon eher darum, daß sie als Schriftstellerin weiter arbeiten und wirken könnte: "Mit meiner verbrannten Hand schreibe ich von der Natur des Feuers."

1977, sagt Christa Wolf im Gespräch mit Frauke Meyer-Gosau, habe sie "Kein Ort. Nirgends" geschrieben, in einer Zeit, da sie sich veranlaßt sah, "die Voraussetzungen von Scheitern zu untersuchen, den Zusammenhang von gesellschaftlicher Verzweiflung und Scheitern in der Literatur".[1] So offen wie sonst nie benennt sie die Bedingungen des Schreibens nach der Biermann-Ausweisung, 1982 wird dieses Gespräch geführt[2], mit offenem Visier, so offen eigentlich zum ersten Mal. Die Bedenken in bezug auf Zensur und Selbstzensur sind zurückgestellt, so als wüßte sie nun endlich, wie man zu sprechen habe:

> Eine Gruppe von Autoren wurde sich darüber klar, daß ihre direkte Mitarbeit in dem Sinne, wie sie sie selbst verantworten konnte und für richtig hielt, nicht mehr gebraucht wurde. Wir waren ja Sozialisten, wir lebten als Sozialisten in der DDR, weil wir uns dort einmischen, dort mitarbeiten wollten. Das reine Zurückgeworfensein auf die Literatur brachte den einzelnen in eine Krise; eine Krise, die existentiell war. Daraus ist bei mir unter anderem die Beschäftigung mit dem Material solcher Lebensläufe wie denen von Günderrode und Kleist entstanden.

Es mag sein, daß die Biermann-Ausweisung für sie der unmittelbare Anlaß gewesen ist; die Spuren einer Beschäftigung mit den Romantikern führen freilich in frühere Zeiten und zurück auf andere Bezugspersonen, auf andere Gedankenverbindungen und Anlässe. Im Oktober 1974 arbeitet Christa Wolf an einem Text für Anna Seghers' 75. Geburtstag, dort findet sich neben dem Versuch, ihrer beider Verhältnisse zueinander zu bestimmen, die Notiz: "Einmal bin ich nach Winkel am Rhein gefahren und habe auf dem Friedhof das Grab der Günderrode gesucht und gefunden: Ihr Name war mir in den Essays und Briefen von Anna Seghers immer wieder aufgestoßen. Sie nennt ihn unter den Namen anderer deutscher Dichter der gleichen Generation, die 'ihre Stirne an der gesellschaftlichen Mauer wund rieben' und die zur klassischen Vollkommenheit nicht gelangen konnten."[3]

Die Wunden sind also älter, an denen sie leidet und durch die sie sich mit

---

1 Materialienbuch (1983), S. 67

2 In: Alternative 143/44, April/Juni 1982 unter dem Titel: Kultur ist, was gelebt wird. Vgl. 'Die Dimension des Autors', Bd. 2, S. 487, 422

3 'Fortgesetzter Versuch' (FV), S. 228

Anna Seghers, aber auch mit Kleist oder der Günderrode verwandt fühlt. Sie arbeitet an "Kindheitsmuster" und an ihren schmerzvollen Erfahrungen der letzten Jahre; die Leid-Linie wird durch das Biermann-Kapitel nur fortgesetzt: "Fortgesetzter Versuch" ist der Text über Anna Seghers überschrieben.

Über das Verhältnis der beiden Frauen zueinander, über Nähe und Ferne handelt dieser Text oder - wenn man Elke Erbs Positionsbeschreibung zu Kleist (1977) übernimmt - über ein Verhältnis "Fern im Nahen, im Entfernten nah".

1977 schreibt sie - wie gesagt - "Kein Ort. Nirgends", im gleichen Jahr gibt es ein Gespräch mit Elke Erb, in dem Christa Wolf ihr gesteht: "Vor allem aber betraf mich 'auf Anhieb' jener Text. . ., den du 'Widerspiegelung' nennst:

> Ich seh mich wieder groß an meinen Grenzen
> Aufgetaucht, ich hatte mich vergessen.
> Vogel, flugs die Grenzen zu verwunden,
> Frohlocke ich, die Spiegelscherben glänzen.
> Ich hungerte, jetzt will ich wieder essen:
> Dies Manna der Verletzungen, die munden.

Da leuchtet bei jeder Zeile das Signal auf: Bekannt!"[4] Bei dem schwierigen Versuch, sich den Texten von Elke Erb zu nähern, findet Christa Wolf sie ". . .ungefällig, nicht entgegenkommend; undurchschaubar; verschlüsselt. . . Tastend, ungenau und wahrscheinlich ungerecht sage ich: Rückgang von Kommunikationsfreudigkeit; Rückgang von erkennbaren 'Anliegen'. Konzentration, Formulierungsschärfe - das ja. Aber worauf beziehen sie sich?"[5] Und Elke Erb antwortet:

> Vielleicht ist es, unbewußt, ein Verzicht auf das Ansprechen von Leuten: denn das ist ja kindlich, dieses unmittelbare Sich-Aussprechen und andere Ansprechen-Wollen. . . Jetzt bin ich runder oder reifer geworden - ich weiß nicht. . . Jedenfalls abgeschlossener. . . Eine Blüte öffnet sich, und eine Frucht rundet sich, sie geht in sich zurück.

Es ist sicherlich kein Zufall, daß genau diese Fragen, die der Form, vielleicht sogar die von Nähe und Ferne zur klassischen Form, auch den Seghers-Text von 1974 bestimmen. Wie schon wiederholt nachgewiesen: Themen, Problemkreise entwickeln sich bei Christa Wolf über längere oder lange

4 a.a.O., S. 161

5 a.a.O., S. 161/62

Zeiträume, so daß es leicht zur Bildung von Leitmotiven kommen kann, zum Beispiel zu dem der Suche nach der 'schönen' Form. In "Kindheitsmuster" im5. Kapitel heißt es: "Auch dir schwebt, zugegeben oder nicht, die alleinseligmachende Form vor, schlank, unangreifbar und treffsicher"[6], oder hier im Seghers-Text: "Maßvoll sein - wer wünscht es sich nicht? Sie (Anna Seghers - W.K.) hat, vielleicht überraschend für sie selbst, ihr Maß gefunden."

> Das wird man nicht "edle Einfalt und stille Größe" nennen, überhaupt auf eine Formel schwerlich bringen können. Doch auf seinem Grund liegen unbezweifelbare und unbezweifelte Gewißheiten. Anders ist Maß nicht zu gewinnen, noch weniger zu halten. . . Doch ist sie von innen her unterrichtet nicht nur über die Umstände, unter denen ein "classischer Nationalautor" entsteht, sondern auch über die verzweifelten, meist vergeblichen Bemühungen jener Generationen, denen ihre Zeit sich zu einem bündigen Bild nicht runden will.[7]

Anna Seghers, das beschreibt Christa Wolf in diesem Text, stehe freilich hinter einer anderen Generationsschranke und habe andere Erlebnis- und Lebensmuster, aus denen heraus sie ihre Texte gestalte. Ihr Plan, aufzuschreiben, was ihr fehlen würde, wenn sie der Seghers nicht begegnet wäre, muß scheitern; aber in allem, was in den beiden Texten "Begegnungen mit Anna Seghers" (1970 u. 1974) steht, beschreibt Christa Wolf ihre Nähe, ihre Affinität: "Es gibt Augenblicke, in denen mein Blick durch den ihren und - soweit man das sagen kann - in den ihren verwandelt wird."[8] Freilich: "Sie sah nicht nur eine andere Wirklichkeit, sie sieht auch Wirklichkeit anders", und: "Ich habe sie beunruhigt gesehen über das Unmaß an Ungewissem, aus dem Nachgeborene. . . wieder glauben schöpfen zu müssen."[9] Hier also Fremdes, aber auch Entferntes nah.

Kleist wird zur Symbolfigur in seinem Unmaß an Ungewissem, in den Krisen, leidend, heimatlos. Ungeborgen, Bild einer Generation und eines Zeiten-Augenblicks, ausgesetzt, in der Krankheit, auf der Flucht: die Bilder ließen sich vervielfachen, die der Name hervorruft. Nach den Werken, die bisher von Christa Wolf vorliegen, ein bestürzender Sujet-Wechsel, der sie selbst zutiefst beunruhigt, wie das Gespräch mit Elke Erb ausweist, in dem sie sie fragt: Wo bist du in dem Text, wo wird das "Gemeinwesen" berührt, wie gehst du mit

6 Kindheitsmuster, S. 126

7 FV, S. 230

8 FV, S. 228

9 FV, S. 229, 230

dir um in Krisenzeiten? Wir kennen Christa Wolfs Antworten, Elke Erb aber antwortet:

> Da ist, vor Jahren, die Entscheidung gefallen. Ich habe mir gesagt: Ich kann mich in den Berufen, die es gibt, nicht bewegen. So kann ich diese Formen, die die Menschheit hat, nicht richtig mitvollziehen. Ich bin außerhalb der Form. Und das ist eine Chance und ein Risiko. Die Menschheit geht mit mir ein Risiko ein, ich diene als Risiko. . .
>
> Und jetzt sah ich, wenn ich auf der Straße ging, plötzlich einen Krug und solche Dinge ganz deutlich. . .
>
> Wahrscheinlich wollte ich - eben weil ich das Risiko bin - so gegenständlich und von mir selbst anerkannt sein, wie so ein Ding ist. Alles, was da ist, empfinde ich als Majestät. . .
>
> Die Majestät des einzelnen Seins.[10]

Natürlich gibt es für Elke Erb noch eine zweite Antwort auf die Fragen Christa Wolfs, die sich den Ansprüchen der Gesellschaft, die diese an sie stellt, nicht entziehen will. In ihrer Märchenparaphrase "Die Gestalt des Wolfs" (aus: "Der Faden der Geduld") wird der operierte Wolf zum Helden, der mit den Wackersteinen, die anstelle von Großmutter und Rotkäppchen in seinem Bauch liegen, umgehen lernen muß: Alles nagt, was nagen kann. "In ihm ist produktive Kraft. Er muß den Mut finden, mit Ungestaltetem umzugehen. . ., muß sich selbst gestalten, sonst verwittern die Steine, machen ihn unproduktiv. Er muß das schaffen."[11] "Ja", antwortet Christa Wolf an dieser Stelle, "das ist *das* Thema, heute. Dieser Text wird in einem weiterarbeiten. . . Wenn eine neue Runde eingeläutet wird, stehn neue Kämpfer im Ring oder die alten, die sich wieder aufgerichtet haben."[12]

Erkennen und Wiedererkennen für beide, für Christa Wolf und Elke Erb. Kleist und die Günderrode und Bettine von Arnim: wir werden sehen, wie diese Problematik - die des Umgangs mit Widersprüchen - aufgenommen wird und wie am Ende bei Christa Wolf die Klage steht, daß die Zahl der 'produktiven Widersprüche' abnimmt: in der "Kassandra" und in den "Voraussetzungen einer Erzählung". Freilich: auch Elke Erb formuliert in diesem Gespräch (1977): "Was. . . übrigbleibt, ist eine große Offenheit für das Leben,

---

10 FV, S. 167

11 FV, S. 169

12 FV, S. 169 f.

für das Kind, eine große Möglichkeit, Mitleid zu haben, anders zu sehen, Feindschaften aufzulösen. . ."[13]. Aber:

> Wenn ich so einen Text schreibe, bin ich irgendwo dort, wo die Normen sich befinden, und ich habe das Gefühl, eine Wortmeldung zu machen; die Sache, die ich vertreten will, in den Vordergrund zu bringen, ins helle Licht. Dahinter steht, glaube ich, ein ziemlich scharfes politisches Bewußtsein oder, genauer gesagt, eine grundsätzliche Orientierung auf die gesellschaftlichen Dinge. . . Ich handle eine öffentliche Sache ab. . ., ich biete meinen Beitrag der Gesellschaft an.[14]

Also auch hier Nähe und Ferne, am Ende sogar größere Ferne; denn der Altersunterschied zwischen den beiden Frauen ist nicht groß. Gleiche oder doch vergleichbare Erfahrungen doch bei beiden (auch Elke Erb steht auf der Liste der Biermann-Petenten), nur bei Elke Erb ist die Blickrichtung anders: auf das Positive hin gerichtet, auf das Bleibende, auf das, was man nicht kritisieren muß. "Vielleicht, weil ich eigentlich arglos bin: Dieses Kind, das da in der Eifel aufgewachsen ist - woher sollte das diese Unterhöhlungen haben, daß es fähig wäre zu Verdächtigungen und zu Mißtrauen und zu scharfen Wachsamkeiten. . ."[15]. Neun Jahre Altersunterschied und andere Kindheitsmuster, ist es das? Oder auch: Leben in milderem Licht? Nicht, noch nicht am Gipfel der Widersprüche? Zu ihren Kleist-Texten, den unfertigen, schreibt Erb: "Vielleicht taugen meine Geschichten deshalb nichts, weil sie im Fremden spielen und nicht im Eigenen?"[16]

Mai 1977 findet dieses Gespräch statt. Mit Erstaunen nimmt Christa Wolf wahr, wie gering die Spuren sind, die die Biermann-Geschichte bei Elke Erb hinterlassen hat: "Ich frage mich - da ich dich doch als eine Person kenne, die zornig sein kann, empört, aufsässig -, warum deine Texte alles das meiden. Ich denke noch nach über die Gründe für deinen Hang zum Positiven. Fürchtest du vielleicht, daß der Zorn über das Unrecht dir die Züge verzerrt?"[17] Für Christa Wolf bleibt diese Zeit eine bedrückende Erinnerung, "mit dem Rücken an der Wand zu stehn und keinen richtigen Schritt tun zu können"[18], auch wenn sie in der glücklichen Lage ist, sich mit "Kein Ort. Nir-

13 FV, S. 171
14 FV, S. 172
15 FV, S. 174
16 FV, S. 163
17 FV. S. 175
18 Materialienbuch (1983), S. 67 f.

gends" frei schreiben zu können: "Es war eine Selbstverständigung, es war auch eine Art von Selbstrettung, als mir der Boden unter den Füßen weggezogen war; das genau war die Situation."[19]

Das eine Jahr, das zwischen den beiden Texten "Kindheitsmuster" und "Kein Ort. Nirgends" (oder besser: der Biermann-Ausweisung) liegt, ist - im Rückblick - eine Zeit im Zwielicht: von seiten der Germanistik der DDR gibt es deutliche Signale, Christa Wolfs Werk in die Geschichte der DDR-Literatur als wesentlichen Beitrag zu integrieren, die "Kindheitsmuster"-Rezensionen entsprechen grundsätzlich dieser Linie; auf der anderen Seite - von seiten der Partei - werden (wieder einmal) die Positionen des sozialistischen Realismus festgeschrieben, vor allem im Rechenschaftsbericht Erich Honeckers auf dem IX.Parteitag der SED:

> Mit Freude stellen wir fest: In dem vom VIII.Parteitag bestimmten günstigen Klima reiften in allen Künsten mannigfaltige neue Werke. Schriftsteller und Künstler traten verstärkt mit Leistungen hervor, die von den tiefen Ideen und Gefühlen des sozialistischen Patriotismus und des proletarischen Internationalismus durchdrungen sind, die das moralische Antlitz von Menschen unserer Gesellschaft gestalten und mit prägen. Die künstlerischen Formen und Farben sind vielfältiger geworden, und das ist gut so (...) Besonders teuer sind uns die Kunstwerke, die der großen Wahrheit über den Schöpfergeist und die Standhaftigkeit der Menschen in der DDR, über ihre Treue zu den sozialistischen Ideen und ihrer Zukunftsgewißheit Ausdruck geben und diese Wahrheit für neue Generationen weitertragen (...) Auf dem IX.Parteitag bekräftigen wir das feste Vertrauen, das unsere Partei und die Schriftsteller, Künstler und alle Kulturschaffenden verbindet. Wir wissen in ihnen verläßliche Kampfgefährten auf dem gemeinsamen Weg des Sozialismus und Kommunismus. (Starker Beifall)
>
> Künstlerische Verantwortung im Sozialismus ist nur als künstlerische Verantwortung f ü r den Sozialismus zu verstehen. Ganz in diesem Sinne unterstützen wir die künstlerischen Leistungen unserer Kulturschaffenden. Jeder Künstler hat Platz in unserer Gesellschaft, dessen Werk dem Frieden, dem Humanismus, der Demokratie, der antiimperialistischen Solidarität und dem Sozialismus verpflichtet ist. Eindeutig orientiert das Parteiprogramm auf das sozialistisch-realistische Kunstschaffen. Es ist unverzichtbar für die Gestaltung der entwickelten sozialistischen Gesellschaft. Das Programm hebt Parteilichkeit, Volks-

19 a.a.O., S. 68

> verbundenheit und sozialistischen Ideengehalt als unveräußerliche Prinzipien künstlerischen Schaffens besonders hervor. Die Erfahrungen bestätigen, daß sie im Schaffensprozeß ständig neu erarbeitet werden müssen.[20]

Nicht oder wenig ist geblieben von den so leicht mißverständlichen Formulierungen des VIII.Parteitages oder der 4.Tagung des ZK der SED des Jahres 1971, die Forderungen sind eindeutig. Daß sich hier eine härtere Position andeutet (und vielleicht spätere Entwicklungen vorbereitet), lassen andere Positionsbeschreibungen vermuten, die v o r dem IX.Parteitag veröffentlicht worden sind.

Klaus Jarmatz (Professor am Institut für Gesellschaftswissenschaften beim ZK der SED) sieht in seinem Aufsatz "Nachdenken über das Schreiben"[21] allenthalben ein neues Selbstverständnis, aber auch Selbstbewußtsein der Schriftsteller, die in den letzten Jahren - auch im Bereich der Theorie des Schreibens - zu eigenen Vorstellungen gelangt seien und benennt als Repräsentanten Anna Seghers, Strittmatter, Fries, Fühmann, Christa Wolf. "Literatur kann kaum gesellschaftsbindend wirken, wenn sie bestimmte epische Bauweisen, Erzählmuster und Verfahren, Welt zu entdecken, nur wieder reproduziert. Veränderungen der sozialen Wirklichkeit drängen über viele und unterschiedliche Vermittlungen auch auf Veränderungen in der Literatur."[22] Christa Wolfs Vorstellungen von der Bedeutung des subjektiven Faktors und von der Wichtigkeit des Autors überhaupt sieht er bestätigt in der sowjetischen Prosaliteratur; in ihrer Intention, das Subjekt des Autors und des Lesers im literarischen Werk und dessen Rezeption erfassen zu wollen, einen wesentlichen Beitrag zur Ausbildung sozialistischer Literatur. In diesen Rahmen bindet Jarmatz nun die unterschiedlichsten poetischen Konzeptionen ein, eben auch Strittmatter, Fühmann und Fries. "Der kulturpolitische Führungsstil der SED seit dem VIII.Parteitag hat diese Entwicklungen ganz entscheidend stimuliert. Die Partei legte mit Erfolg ihr Augenmerk darauf, die neuen kunstfreundlichen Möglichkeiten des Sozialismus zu wecken. Auf dieser Grundlage hat sich ein tieferes Vertrauensverhältnis zwischen Autoren und Partei entwickeln können, es verbreitete sich Zuversicht, die viele wiederum bestärken konnte, ihre Ansichten über das Prosaschreiben vorzutragen." Nun ja, das ist schon ein eigenartiger Satz!

---

20 ND 19.5.76, S. 11

21 NDL 4/76

22 a.a.O., S. 10

Horst Haase (Professor und Direktor am Institut für Literaturgeschichte der Universität Leipzig, seit 1969 Dozent am Institut für Gesellschaftswissenschaften beim ZK der SED), Erst-Rezensent von "Nachdenken über Christa T."[23], revidiert in seinem Aufsatz "Unsere Literatur gestern und heute"[24] nicht nur seine damals vorgetragene Position, sondern auch andere Fehlleistungen der Kritik und der Kulturpolitik (z.B. des Bitterfelder Weges). Zum ersten Male wird versucht, so etwas wie ein Prinzip Dialektik auf Entwicklungstendenzen der DDR-Literatur anzuwenden, so daß nebeneinander auch unterschiedliche Richtungen im Literaturprozeß denkbar wären. Neben der Literatur der Planer und Leiter, die eine Epoche bestimmte hätte, habe sich eine andere Richtung entwickelt: "Ihre Autoren rückten die alltäglichen zwischenmenschlichen Beziehungen, die Möglichkeiten und Hemmnisse für die Entfaltung des individuellen menschlichen Reichtums in den Vordergrund ihrer Darstellung. Bis in die feinsten Verästelungen des Lebens jedes einzelnen hinein wurde die 'Freundlichkeit', aber auch die Begrenztheit der neuen gesellschaftlichen Ordnung aufgedeckt. Sensible moralische Reizbarkeit und das unabdingbare Streben nach Wahrheit und Selbsterkenntnis zeichneten die literarischen Gestalten aus."[25] Zwar weist Haase auch jetzt noch auf die Gefahren des Individualismus hin, die mit solch einer Akzentsetzung gegeben wären, auch auf die undialektische Entgegensetzung von Individuum und Gesellschaft bei Christa Wolf, aber er gesteht auch, daß es gerade diese Literatur war, die in bezug auf Weiterwirkung und auf internationale Resonanz sich "als besonders zukunftskräftig erwiesen habe. Ihr gebühre also besondere Aufmerksamkeit. . ." Und mit Bezug auf seine Kritik an "Christa T.": es ". . .scheint mir deshalb berechtigt zu sein, diesen Roman heute als eine wichtige, in sich sehr widersprüchliche Leistung bei der Entwicklung dieser Richtung historisch einzuordnen".[26] Seine Vorsicht und Voraussicht sind bemerkenswert!

Werner Mittenzweis "Der Realismus-Streit um Brecht" (SF 6/76), Heinz Plavius' "Tendenzen und Probleme der Prosa" (NDL 1/76), Peter Feists "Sozialistischer Realismus - Positionen, Tendenzen, Probleme" (Bildende Kunst 7,8/76) und Wolfgang Heises "Zur Grundlegung der Realismus-Theorie durch Marx und Engels" (Weimarer Beiträge 2,3/1976) liefern theoretische

23 NDL 4/69

24 In: Literatur und Geschichtsbewußtsein, Hg. Manfred Diersch und Walfried Hartinger, Berlin: Aufbau 1976, S. 277

25 a.a.O., S. 283

26 a.a.O., S. 284

Grundlagen für eine Erweiterung oder Erneuerung des Realismusfeldes gerade zu dieser Zeit, auf die z.T. an anderer Stelle bereits eingegangen worden ist. Hier soll nur auf Heise verwiesen werden, weil er den Kern der Problematik angeht und die Grundlagen neu interpretiert: die Realismus-Beschreibungen bei Marx und bei Engels. Heise (seit 1973 Professor für Geschichte der Ästhetik, Berlin) hinterfragt die in der marxistischen Ästhetik als Grundlage angenommenen Thesen von Marx und Engels unter dem Aspekt ihrer aktuellen historischen Bedeutung und unter Einbeziehung von Fragenansätzen, die durch die moderne Rezeptionswissenschaft offengelegt worden sind. Er entwickelt erstaunliche Hypothesen innerhalb eines bekannten Arbeitsfeldes, die vorgegebenen Gewißheiten auflösend und Weiterungen ermöglichend. Insofern ist es ein Nachdenken über Festschreibungen innerhalb der marxistischen Ästhetik; im Bereich einer Wissenschaft des Zitierens und der Handhabung (Manipulation) durch Zitate schon ein bemerkenswerter Versuch.

Realismus - so Heise - sei kein allgemeines, gültiges System von Kunst oder Schreibweisen, auch innerhalb marxistischer Theoriebildung nicht, weil es so etwas wie eine Bestimmung von Kunst an sich ebensowenig gebe wie die des Menschen an sich. Ganz abgesehen davon, daß sich der Begriff oder die Methode auf die verschiedensten Kunstarten oder -gattungen beziehe, träfen in ihm immer allgemein-theoretische, historische und programmatische Elemente zusammen. Das heißt, daß zu jeder Zeit, in jeder besonderen historischen Situation Kunst eine andere Funktion erhalte, alle Wertungen aus diesem Zusammenhang heraus abgeleitet werden müßten. Was für Marx um die Mitte des 19. Jahrhunderts galt, nehme für Engels, um 1890, natürlich andere Züge an: das Epochengefüge sei anders, die gesellschaftlichen Kräfte, die in der Geschichte vorrangig wirken, hätten sich verändert, der Auftrag, den das Kunstwerk konkret sich stellt, sei neu zu durchdenken und zu beurteilen. Natürlich wolle realistische Kunst die Gesamtheit der gesellschaftlichen Bewegung in ihren wesentlichen Trägern erfassen und gestalten; aber die Träger, die Subjekte (oder auch die Objekte) der Geschichte seien jeweils andere, sie müßten anders angesprochen werden, wenn sie in der Lage sein sollten, aus einem Kunstwerk zu lernen. Insofern gehe es nicht nur darum, ob Miß Harkness in ihrem berühmten Roman die gesellschaftlichen Kräfte richtig erfaßt habe, wie Engels kritisierte, sondern auch darum, ob nicht auch die künstlerische Gestaltung anachronistische Züge aufweise. Mit Bezug auf Marx formuliert Heise Grundpositionen einer revolutionären Methode:

> Die geschichtsperspektivische Zielsetzung ist die kommunistische Umwälzung in Deutschland... Adressat des publizisti-

schen Programms sind die potentiellen Akteure der Revolution, die werdende Klasse des Proletariats (...) Das operative Ziel ist, diesen potentiellen Akteur zu geschichtlicher Selbsttätigkeit zu bringen...; die Methode besteht darin, ihm zu geistiger Selbsttätigkeit, und das heißt zur Erkenntnis seiner wirklichen sozialen Lage, seines gesellschaftlichen Daseins in den gegenwärtigen und perspektivischen Bedürfnissen und Notwendigkeiten zu verhelfen, also zu einem entsprechenden Selbstbewußtsein.[27]

Diesem Gedanken entspreche "...auf dem Gebiet der Künste ein Realismus als Vermittlung der Wahrheit dieses gesellschaftlich-geschichtlichen Daseins für seine eigenen Akteure: diese Funktion und nicht ein Formideal liegt darin beschlossen (...) Für die Künste besagt das nicht einfache Anwendung theoretischer Prinzipien, sondern Durchsetzen des kritischen und revolutionären Verhältnisses zur Wirklichkeit in der ihnen spezifischen Weise". (! - W.K.)

Natürlich könne das in der Aufnahme oder Negation bestimmter Traditionslinien geschehen, wie beim Verhältnis bestimmter Literaturen zur griechischen oder römischen Antike oder zum Mittelalter oder zum Stil 'Realismus' nach 1830, natürlich erfolgten solche Aufnahmen oder Verwerfungen nicht willkürlich; entscheidend jedoch sei die Vermittlung gesellschaftlicher Wahrheit (auf der Grundlage der marxistischen Weltanschauung) für die Akteure gesellschaftlicher Prozesse. "Realismus ist keine physikalische Qualität eines erzeugten materiellen Dinges. Er ist dessen soziale Abbildqualität, die erst im kommunikativen Prozeß, den das Ding vermittelt, sich erschließt. Er ist folglich auch nicht dem isolierten Kunstwerk einfach ablesbar, sondern nur in der Einheit von geschichtlicher Gegenstandsbeziehung und Kommunikationsprozeß zu fassen."[28] Erst durch diesen Kommunikationsprozeß könne geschichtliches Selbstbewußtsein entstehen, das den Rezipienten befähigt, aktiv in den Geschichtsprozeß einzugreifen, Subjekt der Geschichte zu werden. Der Akteur als Adressat des Kunstwerkes: Akzentverlagerungen, die - zu Ende gedacht - das Verhältnis des Lesers zum Werk grundlegend verändern müssen. Die Entdeckung des Lesers als Subjekt: auch von dieser Seite her ergeben sich Beziehungen zur Autorenpoetik und zum Werk von Christa Wolf.

Heise untersucht nur einige wenige Schriften von Marx und Engels, die für ihn Grundlagen und Konturen im Realismus-Feld beschreiben. Er beschränkt sich auf deren historische Analyse und Bedeutung, veröffentlicht den Aufsatz aber 1976, wodurch den Ausführungen natürlich eine weitere Bedeutungsebene zuerteilt wird. Realismus in der Kunst ist die Darbietung

27 Weimarer Beiträge 2/76, S. 104

28 a.a.O., S. 109

eines Epochenbildes nach Maßgabe erfahrener Wirklichkeit, die künstlerischen Bilder, die aufgebaut werden (wie die Traditionslinien, die aufgenommen werden), sind Ausdruck dieser Erfahrungen, die der historischen Wahrheit natürlich mehr oder weniger entsprechen können. Was ist historische Wahrheit? "Realismus", behauptet Heise, "erscheint. . . als Kriterium, das die Grundbeziehung zwischen dem Werk und der von ihm intendierten gesellschaftlichen Realität betrifft - zwischen dem, was das Werk als Wirklichkeit behauptet - und der aus dem praktischen Innesein in der Wirklichkeit. . . erfahrenen Geschichte."[29]

> Was Engels' Kritik fordert, ist nicht, daß Miß Harkness ein anderes Thema hätte wählen sollen, sondern daß das von ihr behandelte Figurenensemble in seinem Verhältnis zu diesen Kämpfen der Arbeiterklasse, welche schon Geschichte sind, gestaltet werde, somit im Verhältnis zur Bewegung des Grundkonflikts der Gegenwart, zur Zukunft in der Gegenwart charakterisiert werde - so daß das Ganze der Umstände in seiner geschichtlichen Dialektik aufscheint.[30]

Sicher wird es sehr unterschiedliche Antworten auf die Fragen geben, wer denn im Jahr 1976 (nach der Biermann-Ausweisung) die Akteure, die Vorantreiber gesellschaftlicher Widersprüche in der DDR gewesen sind. Zwischen "Kindheitsmuster" und "Kein Ort. Nirgends" gibt es Verbindungslinien, die nichts anderes sind als Ausdruck eines solchen "Inneseins" gesellschaftlicher Bewegungen und der Erkenntnis wirklich bewegender gesellschaftlicher Widersprüche innerhalb der DDR, und auch die Vielfalt der künstlerischen Bilder, die Christa Wolf von nun an in der Romantik oder in der Antike ansiedelt, verweist auf die Aktualität der Heiseschen Argumentation, wenn er auch kaum ein Wort über die Gegenwart oder über gegenwärtige Bedeutungen seiner historischen Untersuchung verliert. Dieser Art 'verdeckten Sprechens' werden wir noch oft begegnen; verlangt wird "eine entsprechende Gerichtetheit"[31] des Rezipienten - wie Heise sie für den Leser Balzacs beansprucht -, bei der Schwierigkeit, geschichtliche Wahrheit oder geschichtliche Wirklichkeit hinter den Bildern und Redefiguren wahrzunehmen. "Die künstlerisch-poetisch gezeigte und ausgesprochene gesellschaftliche Wahrheit trägt objektiven Charakter, unabhängig von den subjektiven Meinungen, Ansichten, Theorien des Autors (oder anderer Instanzen - W.K.). Das Sichtbarmachen dieser Wahrheit über den Geschichtsprozeß ist Realismus. . ."[32]

---

29 a.a.O., vgl. WB 3/76, S. 143

30 a.a.O., S. 108

31 a.a.O., S. 109

32 a.a.O., S. 108

Christa Wolfs spätere Auslassungen über "Kein Ort. Nirgends" im Gespräch mit Frauke Meyer-Gosau bestätigen nur das hier Angedeutete; die Widersprüche, die 1976 in der DDR zutage getreten sind, sind Geschichte, Teil der Geschichte der DDR, für diese und vielleicht lange Zeit wesentliche Geschichtsfaktoren; sie sind von Christa Wolf und von vielen anderen Schriftstellern, auch von ausgewiesenen und gemaßregelten, und auch von anderen Künstlern in anderen Künsten gestaltet worden: kein Realismus, nicht epochentypisch? Nicht der Ausdruck eines desillusionierten Ankommens der Gesellschaft des real-existierenden Sozialismus bei sich selbst? Auch Heises Marx-Interpretation verläßt an manchen Stellen die Ebene historischer Argumentation und wird dann sehr deutlich:

> Wird, was einem augenblicklichen Stand der Produktivkräfte entspricht, Zwang einer bestimmten historischen Etappe ist, verabsolutiert, zum Fetisch erhoben - und Spontaneität drängt immer auf Vergötzung des Vorhandenen und gegenwärtig Unvermeidlichen - so werden die Triebkräfte und Initiativmöglichkeiten der weitertreibenden Entwicklung gelähmt, die Dialektik der Zukunft auf bloße Verlängerung des Gegenwartszustandes reduziert, der Kommunismus nach dessen Maßstäben gewonnen und zur traurigen Einheit von Ameisenstaat und Konsumparadies phantasiert (. . .) Und gerade Marx' Gedanke ist in der gegenwärtigen Epoche sowohl konstruktiv als auch kritisch, selbstkritisch dem selbstproduzierten Zustande gegenüber, er hebt, was künstlerisch spontan gespürt wird, zu geschichtlichem Bewußtsein, organisiert Gespür für die Dialektik von Ist und Soll, Gegenwart und Zukunft, Trend und - auch trotz aller Trends - geschichtlicher Notwendigkeit und gibt Maßstab auch für unaufhebbare Fragen nach Sinn und Glück, die auf jeder Stufe des geschichtlich Vorhandenen über diese hinausfragen. Und jedes wirkliche Kunstwerk enthält diese Fragen, stellt sie und sucht eine Antwort.[33]

Die kritischen Künstler der Biermann-Petition - darauf haben sie wiederholt verwiesen - verstanden sich als Sozialisten, die den Sozialismus mit aufgebaut hatten und aus diesem Selbstverständnis heraus ihre Haltung begründeten. Vielleicht waren sie wirklich nur - wie die Partei behauptet - eine kleine Gruppe, die Biermann-Geschichte wies freilich etwas ganz anderes aus: aber was bedeutete das schon. Ihre Rechtfertigung - ihrer Haltung und ihres Schreibens - findet sich auch in diesem Aufsatz "Zur Grundlegung der Realismustheorie durch Marx und Engels":

33 Weimarer Beiträge 3/76, S. 139 f.

> Sein (des Rezipienten - W.K.) Verständnis vergangener Kunst schließt sein Gegenwartsverständnis, sein Welt- und individuelles Lebensverhältnis ein, den ganzen Komplex seiner individuellen, immer geschichtlich geprägten Lebensbeziehungen, -erfahrungen und -erkenntnisse. Diese Dialektik gewinnt aus der künstlerischen Erfahrung wiederum vertieftes Selbst- und Gegenwartsverstehen und einen erweiterten Horizont subjektiver Sensibilisierung, das Innewerden eigener Realität und Möglichkeiten. Sie findet ihren Ausgangspunkt in der Gegenwart und ihr bewegendes Motiv in den gegenwärtigen Klassenkämpfen, Lebenskonflikten, in der gegenwärtigen erfahrenen Beziehung von Individuum und Gesellschaft.[34]

Das Thema, das sich hier anbietet, würde heißen: Die Gestaltung von Geschichte und Mythos bei Christa Wolf. 1977: erneuter "Blickwechsel"! Und ein Kernsatz wäre: "Sie wissen, wie und worüber die allgemeine Stimme heute mit uns spricht", aus Christa Wolfs "Ein Brief für die Bettine, SF 2/1980.

Die 'Positionsbeschreibungen', die hier vorgelegt wurden, entstammen der Zeit vor der Biermann-Ausweisung, sogar zum Teil aus der Zeit vor dem IX.Parteitag (Mai 1976); im November kommt es zur Krise und zur Auflösung des schönen Traumes von der Einheit von sozialistischer Kulturpolitik und den Künstlern der DDR. Die Konflikte lassen die Widersprüche deutlich hervortreten, die Fronten klären sich. Überraschungen bleiben nicht aus.

Zuerst erfolgt ein Angriff auf Heinz Plavius, auf seine Literatur/Realismus-Konzeption und auf Kunstvorstellungen, die vor allem mit dem Namen Christa Wolf und Fühmann verbunden sind. Am 9. Oktober 1976 nimmt sich der Schriftsteller Egon Richter auf einer Versammlung des Schriftstellerverbandes in Rostock die mit diesen Namen verbundenen Tendenzen vor:

> In dem Material von Heinz Plavius. . . wird behauptet, daß es zum gegenwärtigen Zeitpunkt in der DDR zwei Arten von Literatur gäbe. Die Notwendigkeit der Existenz beider Arten wird nicht bestritten, jedoch ihre Wertigkeit sehr unterschiedlich aufgefaßt.
>
> Der hohe künstlerische Wert der einen Art wird vor allem damit erklärt, daß sie mit Hilfe von Reflexionen - auch über sich selbst und die Probleme ihrer Existenz - und unter Verwendung von Legenden- und Märchenformen, von phantastischen und symbolischen Elementen zu einer bewunderten literarischen Subjektivität gelange. Die andere Art von Literatur erreiche ih-

34 a.a.O., 2/76, S. 110 f.

ren vorwiegend publizistischen Charakter und Wert dadurch, daß sie Handlung an Handlung. . ., Bild an Bild reihe, die Wirklichkeit also "mit den Mitteln der Wirklichkeit" darstelle, infolgedessen stark naturalistische Züge trage und "ganz oder in Teilen schlicht und einfach mit realistischer Kunst nichts zu tun" habe.

Die Traditionslinien der Erzähler Hemingway, Scholochow, Caldwell, Greene, Hauptmann und Heinrich Mann würden aufgegeben zugunsten solcher Schriftsteller wie Joyce, Faulkner, Jahnn und Michel Butor. Künstlerische Mittel wie Reflexionstechnik, die spielerischen Elemente von Phantastik, Märchen, Legende und Symbol, auf die man so betont verwiesen würde, seien keineswegs neu und auch in der von Plavius abqualifizierten 'Wirklichkeitsliteratur' ausreichend eingesetzt worden. "Ihre absolut einseitige Überbetonung jedoch als ausschließlicher Gradmesser für künstlerischen Wert scheint mir völlig unakzeptabel."[35]

Wie immer bei solchen Kampagnen wird betont, daß es früher vielleicht einmal Phasen gegeben habe, in denen "die durchaus notwendige Diskussion und Praktizierung neuer und ungewohnter literarischer Mittel und Methoden zugunsten flacher und wenig gründlicher Typisierungen von Wirklichkeit vielfach vermieden und unter dem Deckmantel mißverstandener Volkstümlichkeit sogar als obskur betrachtet wurden. Diese Zeiten sind vorbei".[36] Diesen "neuen" Gestaltungweisen aber - wie es bei Plavius geschehe - allein Wert und Gültigkeit zuzuschreiben, sei des "notwendigen Guten zuviel". Und dann - wieder mit deutlichem Bezug auf die Erstrezension Plavius' über "Kindheitsmuster":

> Dazu trägt meines Erachtens. . . auch die Gepflogenheit bei, bestimmte literarische Werke schon geraume Zeit vor ihrer Publizierung und mithin auch vor ihrer öffentlichkeitswirksamen Diskussion als unnachahmliche, das Literaturgefüge der DDR entscheidende und bestimmende künstlerische Äußerungen zu bezeichnen und zu werten und andere oder nur andersartige völlig oder weitgehend von literaturkritischer oder literaturpublizistischer Wertung auszuschließen.[37]

Früchte des IX.Parteitages; überraschend nur, wie prompt hier ein neues Angriffsfeld besetzt wird und wie schnell die Medien, einige Medien, reagieren. Nur: zur gleichen Zeit und an gleicher Stelle[38] wird Plavius' Erst-Rezen-

---

35 NDL 1/77, S. 130

36 a.a.O., S. 131

37 a.a.O.,S. 132 f.

38 NDL 1/77

sion über "Kindheitsmuster" abgedruckt, die - wie gezeigt wurde - die Aufgabe hatte, eine Rezeptionsvorgabe anzubieten. Unsicherheiten oder ein überraschend breites Spektrum demokratischer Meinungsvielfalt und -öffentlichkeit? Wenn nicht alles täuscht, gehört hierhin auch ein "Gespräch" mit Wilhelm Girnus, dem Herausgeber von "Sinn und Form", das indirekt auf die Biermann-Ausweisung eingeht, auch wenn im Vordergrund lediglich über die Anfänge der DDR-Literatur gesprochen wird:

> Vieles mußte damals einfach mit Hilfe administrativer... Maßnahmen erzwungen werden... Man muß sich aber über eines klar sein: Mit Gewalt kann man in den Künsten nichts erreichen, ich meine keine *Produktivität*. Man kann sehr wohl verhindern, was den Interessen des sozialistischen Staates (! - W.K.) entgegensteht, und das ist zuweilen notwendig. Aber mit Gewalt kann man keine schöpferischen Kräfte in den Künsten entbinden. Mit Karbolsäure kann man in den Künsten nur tödliche Verätzungen hervorrufen. Nur Schaden. Hier gibt es doch einen bemerkenswerten Wesensunterschied zwischen politisch-ökonomischen und künstlerischen Prozessen. Das unter anderem habe ich aus dieser Zeit gelernt.[39]

Natürlich ist es 'seine' Zeitschrift, in die Girnus diese kritischen Äußerungen setzen läßt, und doch bleiben es sehr deutliche Hinweise, die in der DDR - wo man zwischen den Zeilen zu lesen gelernt hat - schon richtig verstanden wurden: "Kultur, als ein eminent... geistiges Phänomen, will in den Köpfen ausgetragen werden. Wenn sie nicht in Herz und Kopf Fuß faßt, bleibt sie Imponier-Lack, der bei Wetterunbilden leicht abspringt. Daher bedarf sie der ständigen öffentlichen Auseinandersetzung um ihre Grundprobleme, des ständigen, nicht abreißenden Pro et Contra. Kultur ist primär eine Sache der Überzeugung. Überzeugen kann man in der Kunst nur durch Argumente und durch Qualität. Man kann wissenschaftliche Erkenntnis und künstlerische Leistung deshalb nicht durch Mehrheitsbeschlüsse herbeiführen."[40]

Wohl auch durch Mehrheitsbeschlüsse eines Parteitages nicht. Trotz der Biermann-Problematik, die die Parteigemüter erheblich in Unruhe versetzt hat, bleiben 1976/77 die Diskussionen relativ offen, auch wenn Annemarie Auers "Gegenerinnerung" zu "Kindheitsmuster"[41] an Bosheit kaum zu übertreffen ist, was ihr denn auch in Leserstimmen (und zwar bedeutsamen) vorgeworfen wird, auch wenn Peter Feist seine Realismus-Thesen des Jahres 76

---

39 Sinn und Form 2/77, S. 289

40 a.a.O., S. 290

41 SF 4/77

nun ein wenig zurechtrückt[42]. Plavius warnt in "Sinn und Form" vor einem neuen Dogmatismus, "der seine Angst vor den Problemen durch ästhetisch begründete Einwände (kaschiere)".[43] Denn das müsse gesehen werden, daß Diskussionen um Literatur sich nie auf die Werke beschränke, sondern gesellschaftliche Vorgänge mit einbeschließe. "Literatur, Kunst allgemein und alle an sie anschließenden Aktivitäten werden als Ausübung sozialistischer Demokratie verstanden. Der gesamte literarische Prozeß, von der Entstehung des Werkes bis zu seiner Wirkung, wird als ein komplexer Vorgang betrachtet, in dessen Ergebnis immer von neuem bilanziert wird, welchen Grad die Annäherung an das 'Reich der Freiheit' erreicht hat."[44] Girnus in einem Gespräch mit Feist, Gotsche, Konrad Wolf u.a. in "Sinn und Form": "Wenn wir die heißen Eisen nicht anfassen, dann tut es der Gegner."[45]

Christa Wolf schreibt "im Umkreis der Jahreswende 1977/78" "Kein Ort. Nirgends", zutiefst betroffen von den Vorgängen um die Biermann-Ausweisung. Parteiverfahren und Parteistrafen treffen sie und vor allem ihren Mann, Gerhard Wolf, - sie selbst erleide - so Jakobs - einen schweren Herzanfall. Scheitern, Verzweiflung, existenzielle Krise sind Leitbegriffe, die 1982 die Situation zu beschreiben suchen. "Ich habe diese beiden Figuren (Kleist und die Günderrode - W.K.) genommen, um ihre Problematik für mich durchzuspielen. Ich habe es historisch sehr genau gemacht, weil es so gut nicht zu erfinden gewesen wäre. . . Das also war der zwingende Impuls: Es war eine Selbstverständigung, es war auch eine Art von Selbstrettung, als mir der Boden unter den Füßen weggezogen war . . ., es ging um die ganze Befindlichkeit in einer Zeit und in einer Umwelt, im weitesten Sinne und in jedem Sinne."[46]

In einem Interview mit der DDR-Zeitung "Der Morgen" (14.4.79) hat Christa Wolf die Entstehungsgeschichte beschrieben:

> Da ich seit Mitte der 60er Jahre den Werken der Günderrode nachspürte, sie sammelte, kam mein Mann auf die Idee, ich könnte sie in der kleinen bibliophilen Reihe des Buchverlages "Der Morgen", in der z.Zt. auch Büchner und Lenz erschienen sind, herausgeben. Erst seit der Kenntnis des Briefwechsels der Günderrode wurde mir ihr Leben und sein Hintergrund bedeutend. Ich stellte fest, daß sie in der bürgerlichen Literatur-

---

42 Einheit 7/77

43 SF 5/77, S. 1055

44 a.a.O., S. 1056

45 a.a.O., S. 936

46 Materialienbuch (1983), S. 68

> geschichte falsch stilisiert worden war, und plante einen Essay als Gegenentwurf. 'Zwischendurch', angeregt durch eine Notiz in einer Literaturgeschichte, wollte ich die - zunächst wesentlich kürzer gedachte - Erzählung schreiben.

Wir dürfen wohl davon ausgehen, daß Erzählung und Essay nebeneinander entstanden sind, es könnte untersucht werden, ob es Unterschiede in der Figurengestaltung (der Günderrode) gibt, die nicht nur durch die Wahl unterschiedlicher Genres zu erklären sind. Zum ersten Mal bei Christa Wolf werden uns Paralleltexte angeboten; es könnte sein, daß ein Vergleich Interpretationshilfen für beide Texte hergibt.

Kleist und Karoline von Günderrode: An keinem Ort, nirgends werden sie leben können, obwohl sie in dem Rahmen, in dem sie uns vorgeführt werden, angenommen und freundlich aufgenommen sind. Winkel am Rhein spricht für den engen Bezirk, in dem die Begegnung stattfinden soll, die von Christa Wolf erwünschte: ein Landhaus, eine Teerunde, Gespräch über nichts und Nichtigkeiten: wo lägen hier die Gefährdungen? Romantiker-Gespräche? Keineswegs - obwohl eine ganze Runde romantischer Repräsentanten zusammengestellt ist. Alles fehlt, was die Romantiker kennzeichnen könnte, alles ist da, wogegen sie sich leidenschaftlich gewehrt haben: Bürgerlichkeit und Enge und Spießertum und Aufklärerei. Christa Wolf - so scheint es - entwirft ein Gegenbild zur Romantik, in das zwei Romantiker hineingeraten sind, zwei Grenzpositionen, Gefährdete. Künstler und Gesellschaft - eine solche Gesellschaft der gesicherten bürgerlichen Kleinwelt: das scheint der Grundkonflikt dieses eigenartigen Textes zu sein, ein Gesprächstext mit monologischem Charakter.[47]

Ort, Interieur, Personentableau versprechen eine Idylle, aber die Sätze, die den Text eröffnen, lassen keine Hoffnung mehr zu. Wieder ein Rahmentext, wie beim "Geteilten Himmel", wie bei "Christa T." und sogar beim "Kindheitsmuster" - aber wie anders der Tenor. "Die arge Spur, in der die Zeit von uns wegläuft." Und: "Vorgänger ihr, Blut im Schuh." Nicht das Heute und nicht die Vergangenheit und "immer noch nicht, was uns anstünde, stumm".

Eine Geschichte wird entwickelt, eine Geschichte aus ein paar Stunden oder aus Stunden eine Geschichte. Zwei einzelne in einer Gesellschaft, sich erkennend, für einen Augenblick füreinander brennend. Kleist, dessen bizarre Lebensspur bekannt ist, Karoline, still, hellsichtig: die "erwünschte Legende" einer Begegnung.

---

47 Horst Nalewski, Monologisches Sprechen. Christa Wolf: 'Kein Ort. Nirgends'. In: Nalewski/Schuhmann, Selbsterfahrung als Welterfahrung. DDR-Literatur in den siebziger Jahren, Berlin: Aufbau 1981, S. 149 ff.

Dialog innerer Monologe mit sparsam eingestreuten Gesprächspartien der Antagonisten: Kleist gegen die übrigen, mit Ausnahme des stillen Fräuleins, das sich ebenso unwohl fühlt bei Tee und Unterhaltung. "Ich fühle zu nichts Neigung, was die Welt behauptet. Ihre Forderungen, ihre Gesetze und Zwecke kommen mir allesamt so verkehrt vor."[48] Nichts bleibt, auch Savignys Liebe ist wie ein "Schatten eines Traumes". Freilich: seine Hand trifft und heilt noch immer.

Das charakterisiert sie beide :"leidenschaftlich und stolz zu sein, also verkannt zu werden"[49]; aber auch das, daß sie Stimmen hören oder Verse kennen, die keine Ruhe geben, bei denen, sie zu knebeln, eine andere Art Tod bedeutete. Anpassung wäre Heilung, und das gilt für beide. Diese Art Heilung aber schlagen beide aus, beiden ist der Freitod eine mögliche Alternative. Und Wedekind und die anderen: "Es ist nicht gut, daß der Mensch zu tief in sich hineinblickt." Beider Leben vollzieht sich in beengten Verhältnissen, auch wenn das in diesem Rahmen keine Rolle spielt. Und immer wieder: "Welch ein Trost, daß man nicht leben muß."[50]

Gewohnt, sich selbst zu betrachten und zu beurteilen, leiden beide unter den Vorurteilen der anderen, die die falschen Fehler sehen und die falschen Vorzüge. "Daß wir nicht darauf rechnen können, gekannt zu werden", weiß die Günderrode; aber es ist eine Klage, die wie ein Leitmotiv durch das Gesamtwerk Christa Wolfs geht. Und durch das Werk Kleists: die Bindungen der drei Aussageträger sind schon erstaunlich. "Ach diese angeborene Unart, immer an Orten zu sein, wo ich nicht lebe, oder in einer Zeit, die vergangen oder noch nicht gekommen ist."[51] Wer spricht? "Etwas zerreibt Sie?" fragt der Arzt, und der Patient Kleist antwortet: "Das Unglück. . ., von Bindungen abzuhängen, die mich ersticken, wenn ich sie dulde, und die mich zerreißen, wenn ich mich löse. Dies ist ein Übel, das mit den Jahren nicht sanfter, nur schneidender wird."[52]

Aus dem Schattenspiel der Gesellschaft mit ihren abgezirkelten Figuren treten die jeweiligen Sprecher hervor, die den einzelnen Szenen das Stichwort geben, über Kunst oder Freiheit oder Französische Revolution oder über das Verhältnis von Philosophie und Wirklichkeit. Mit dem silbernen Klang einer Uhr verstreicht die Zeit, das Licht auf dem nahen Rhein verändert sich, die

48 'Kein Ort. Nirgends', (KON) Berlin/Weimar: Aufbau = Luchterhand 1979, S. 9

49 KON, S. 11

50 KON, S. 30

51 KON, S. 36

52 KON. S. 51 f.

Gespräche nehmen an Intensität zu. Kleist und Savigny als Antagonisten: und die Weisheit des bürgerlichen Juristen beim Thema Gedankenfreiheit:

> (Unser Freund Kleist) will es mir nicht abnehmen, daß es wohltätig eingerichtet ist, wenn das Reich der Gedanken von dem Reich der Taten fein säuberlich getrennt bleibt (. . .) Oder wollt ihr es wirklich nicht sehn, welche Einschränkung auf allem Denken läge, wenn wir fürchten müßten, unsre Phantasien könnten in die wirklichen Verhältnisse Eingang finden. Um Himmels willen, nein: Daß man die Philosophie nicht beim Wort nehmen, das Leben am Ideal nicht messen soll - das ist Gesetz. . . Es ist das Gesetz der Gesetze, Kleist, auf dem unsre menschlichen Einrichtungen in ihrer notwendigen Gebrechlichkeit beruhn. Wer dagegen aufsteht, muß zum Verbrecher werden. Oder zum Wahnsinnigen.[53]

Manche Textpartien erinnern sehr an die Problematik von "Christa T.", an die Stirnen, die sich an den Mauern wund reiben, an Anpassungsnöte und Verweigerungsängste. Mitte der sechziger Jahre habe sie sich um die Günderrode gekümmert; das ist ja auch der Entstehungsraum von "Christa T.". Jetzt: "Einmal in meinem Leben, Herr Hofrat, möchte ich dem Menschen begegnen, der mir ohne versteckten Vorwurf erlaubt zu sein, der ich bin." "Wie soll zurechtkommen, wer sich in das Gegebene nicht zu schicken weiß."[54] Der Text selbst kennt keine Anführungszeichen, keine Markierungen, ob einer redet und wer. "Manchen Menschen" - geht es weiter im Text - "hat die Natur einen Schutz gegen jedes Unmaß mitgegeben. Übertriebene Taten und Gedanken stoßen sie ab." Wer spricht? War es nicht Christa Wolf, die den Freitod eines Lehrers in "Kindheitsmuster" so oder so ähnlich mißbilligte?

Es ist ein schwieriger Text, wenn man ihn unter dem Aspekt subjektiver Authentizität betrachtet, bei dem neben den Inseln des Faktischen, den Dichtungen, den Briefen und Materialien, die zu Szenen gerinnen, der Bewußtseinsstrom, die Erfahrungswelt Christa Wolfs zutage treten sollen. Denn der Materialbereich, die historische Wirklichkeit, die - wie sie sagt - nicht besser erfunden werden konnte, ist so breit und erdrückend, daß kaum Raum bleibt für das Eigene, Gegenwärtige, um dessen Willen sie ja schreibt. Analogien zwischen 1804 und 1976? - Man sieht, das kann es nicht sein! Obwohl es Sätze gibt, die zu genauerem Hinhören zwingen: "In unsern Tagen kann man nicht dichten. Man kann nur für die Poesie etwas tun. Der Dichter lebt wie in einer Wüste, die wilden Tiere fallen ihn an, denn alle kann man nicht zahm singen. . ." oder "Das Leben wird immer verwickelter und das Vertrauen im-

53 KON, S. 63 f.
54 KON, S. 71

mer schwerer", Sätze, bei denen es dann schon gleichgültig ist, ob sie von Brentano oder Kleist gesprochen werden. Es handelt sich ja nicht um die Fiktion von Gesprächen, sonderen um monologisches Sprechen und um das Sprechen der Christa Wolf. Wie gesagt, ein schwierige Text. "Er dagegen. . . (Kleist - W.K.) hat nicht in einem wirklichen Gemeinwesen gelebt, sondern in seiner Idee von einem Staat" (. . .) "Nirgends hab ich gefunden, wonach ich suchte."[55]

> Wie aber könne ein einzelner - sagt Merten -, der dem Maß der Menge sich entziehe, seine außergewöhnlichen Zwecke einem Staat aufdringen, seine hochgespannten Forderungen an das Leben einem Gemeinwesen präsentieren, das doch allen - dem Bauern, dem Kaufmann, dem Höfling wie dem Dichter - gerecht zu werden habe?
>
> Als wenn er sich nicht darüber schon die Seele aus dem Leib gegrübelt hätte. Gut! sagt er heftig. Soll der Staat meine Ansprüche an ihn, soll er mich verwerfen. Wenn er mich nur überzeugen könnte, daß er dem Bauern, dem Kaufmann gerecht wird: daß er uns nicht alle zwingt, unsere höheren Zwecke seinem Interesse zu unterwerfen.[56]

Hier - scheint es - wird der Text durchsichtig, aber beweisen läßt sich nichts.Insofern ist das Sujet wirklich glücklich gewählt, daß die Bezugspunkte - wie von selbst - immer da sind, daß aus der Ebene der Erzählung Gegenwärtigkeit herauswächst, ohne daß es der Verdeutlichung bedarf. Es ist die Stimmung, das Licht, das über allem liegt, das trotz der Ferne Nähe erzeugt, wie Christa Wolf sie 1976 empfunden haben mag. "Es ging", sagt sie 1982, "um die ganze Befindlichkeit in einer Zeit und in einer Umwelt, im weitesten Sinne und in jedem Sinne." Und der Ostberliner "Sonntag" berichtet 1979 von einer Lesung Christa Wolfs in der Stadtbibliothek, bei der sie bekannt habe: "Der historische Stoff wurde mir (in "Kein Ort. . ." - W.K.) bald zum Gegenwartsstoff, die historischen Figuren zu Gegenwartsfiguren."[57] "Sie sehe. . . unsere DDR-Literatur in einer neuen Etappe begriffen: 'Wirklichkeit wird stärker zur Kenntnis genommen'. . ., die Menschen würden so gesehen, wie sie sind. 'Man muß als Schriftsteller genau auf dem Boden gehen, nicht zwei Zentimeter darüber.'"

> Für unsere Literatur erfordere das neue Formen, eine neue Sprache, Desillusionierung zu zeigen, dabei Utopie nicht aufzugeben. In einer schonungslosen, nüchternen Analyse dessen,

---

55 KON, S. 83, 85

56 KON, S. 85 f.

57 Sonntag, 49/79, S. 4

> was war, was ist, sehe sie Möglichkeiten der Bewährung. "Im Moment befinden wir uns in einer Zwischenphase."

Und sie fährt fort, als zitiere sie aus der Erzählung: "Vor allem die Utopie müsse vorangetrieben werden, die Idee, Fragen nach dem Sinn unseres Lebens, denn eine Gesellschaft sei ja nicht nur eine Ansammlung von Produzenten." Und der Berichterstatter schließt: "Christa Wolf machte einen festen Eindruck."

Kleist und der Günderrode bleibt der Weg des Sich-frei-Schreibens versagt. Aussichtslos und ausweglos treibt der Text dem dunklen Ende entgegen: Die Protagonisten allein, Spaziergang am Fluß, letzte Gespräche. Nicht ohne daß es vorher Augenblicke gegeben hätte, bei denen sie meinen mochten, die Grenzen vom Ich zum Du überschreiten zu können, zu neuen Formen der Mitmenschlichkeit hin: "Ein Widerschein der Hoffnung, gewisse Träume seiner Jünglingsjahre, deren er (Kleist - W.K.) sich heute schämt, könnten wahr werden. Zutrauen kein Unding, Liebe kein Phantom." Den "Bund der Glücklichen" hat Christa Wolf solche Lebensformen genannt, in "Unter den Linden", 1969!

Manchmal schiebt sich für einen Augenblick ein neues Thema ein: ob nicht die kommende Zeit noch weniger eine Zeit des Glücks oder der Glücklichen sein werde im Vergleich zu heute? Ob nicht der Weg der Wissenschaften nicht nur zur Zerstörung der Kunst, sondern zum Ende der Menschheit führen könne? Ein bißchen Zivilisationskritik, ein bißchen Rousseau. "Wir kennen alle alles.". Wieder: Wer spricht, wer ist das "Wir"?

> Kleist hat die Vision eines Zeitalters, das sich auf Gerede gründet anstatt auf Taten. Die Landschaft versinkt ihm, nüchternes Licht. Und da sitzen wir immer noch und handeln mit den Parolen des vergangenen Jahrhunderts, spitzfindig und gegen unsre stärkere Müdigkeit ankämpfend, und wissen: Das ist es nicht, wofür wir leben und worum wir sterben könnten. Unser Blut wird vergossen werden, und man wird uns nicht mitteilen, wofür.[58]

Nees von Esenbeck, der Naturwissenschaftler in dieser Runde, würde freilich sein "Alles" dafür hergeben, um in einhundert oder zweihundert Jahren an den "paradiesischen Zuständen teilhaben" zu dürfen, die dann dank der Wissenschaften und des durch sie garantierten Fortschritts über die Menschheit gekommen wären, trotz des hypochondrischen Lamentos der Literaten. Im-

58 KON, S. 100

mer wieder: Die Wahrheit der Dichter - und: "Der Autor nämlich ist ein wichtiger Mensch."[59]

Spätere Themen deuten sich an: der "männliche Kopf", das Denken in den Formen des 'Entweder-Oder'; immer deutlicher wird sichtbar, daß hinter den einzelnen Konfessionen der Christa Wolf ein in sich geschlossenes Weltbild zu erkennen ist, "unbezweifelbare Gewißheiten", wie bei Anna Seghers, aus denen sich das Werk und ihre Poetik konstituierten mit einem Zug zur Geschlossenheit, auch der der Form.

So gesehen ist "Kein Ort. Nirgends" das subjektivste, persönlichste Werk der Christa Wolf. Die Figuren, die ihre Werke und Briefe zitieren, treten zurück und sprechen die Sprache der Autorin. Aus ihr sprechen die Verletzten, die Sehnsüchtigen, die Scheiternden, die Dichter. Die, die ein neues Menschenbild suchen und repräsentieren, die Fremden, die in einer Zeit leben, die nicht die ihre ist, die ihnen gemäße. Die leiden und deren Leidenschaft - über alle thematischen Aufgliederungen hinaus - die Tonlage des Werkes bestimmt. Wahlverwandtschaften in einem Dreiergespräch. Monologe als Monolog. "Ja, sagt die Günderrode, das ist wohl verständlich, daß wir dem Zwang, dem wir unterstellt sind, in Gedanken wenigstens zu entfliehen trachten. In der Wirklichkeit ist es uns nicht erlaubt." Und Kleist: ". . . was gab ihr das Recht, sie beide, sich und ihn, in dem Wort 'wir' zusammenzufassen?"[60]

Was gibt Christa Wolf das Recht, Kleist und die Günderrode so zusammenzubinden, als wären sie eine Person oder zumindest einander unendlich nah, da doch die Unterschiede erheblich und die Gegensätze in den Lebensauffassungen nicht zu übersehen sind. In dem kurzen Gespräch über Kleists Verhältnis zu Ulrike erhellt sich für einen Augenblick das Zwielicht, in das auch diese Begegnung eingetaucht ist: daß die Günderrode das Gefühl des Neids in sich erkennt, das ihr ja sonst fremd ist, wenn sie die Hingabe, die Aufopferung sieht, zu der die Halbschwester Kleists in der Lage war, die ihrem Leben einen wirklichen Sinn geben konnte, die die Zweierbeziehung zu einer höheren Ganzheit, die Widersprüche zwischen den Geschlechtern zu einer produktiven Beziehung entwickeln ließ, in der der Mensch zu sich selbst zurückfinden kann.

Hier in diesem Denkmodell, das von einigen Romantikern ja als Lebensmodell versucht wurde, wären die Verstrickungen auflösbar, in die beide, vor allem aber Kleist, eingebunden sind, wären Lebensformen denkbar, die die

59 'Fortgesetzter Versuch', S. 35
60 KON, S. 110

Konflikte der Lebenstragödien lösen, die Fremdheiten (und die Feindschaften) in neue Nähe überführen könnten. "Wir sind auf den ganzen Menschen aus und können ihn nicht finden", konstatiert die Günderrode[61] und: "Sie brächte die Glut auf, die Wand zwischen sich und den anderen einzuschmelzen. Ein Vorgefühl des Lebens, das diesen Namen verdient, ist in ihr."[62]

Nähe und Fremdheit: beide tragen in sich die Sehnsucht nach einem erfüllten und erfüllbaren Leben, fühlen sich fremd und ausgeschlossen aus einer Umgebung, die sich - wie Goethe - mit den Gegebenheiten abzufinden weiß ("Der Geheime Rat, sagt Kleist, doch auch Herr Merten (ihr Gastgeber - W.K.) preisen mir die Vorzüge der neuen Zeit gegenüber der alten. Ich aber, Günderrode, ich und Sie, denk ich, wir leiden unter den Übeln der neuen"[63]), sind Randfiguren mit dem Anspruch, das eigentliche Lebenszentrum zu repräsentieren.

Aber es gibt auch Fremdheit: Kleist, dessen "bizarre Lebensspur" ihn über Frankreich, die Schweiz und Weimar endlich nach Mainz geführt hat, krank, an sich und seinem Werk zweifelnd (und verzweifelnd) mit dem Lebensbild eines Getriebenen: "Ein Geschiebe wie von Eisschollen. Es ist, als stünde ich auf einer Scholle, im Eisgang, in absoluter Finsternis. . ., und ich, von Entsetzen durchdrungen, von Neugier, von Todesfurcht und Verlangen nach Ruhe, ich soll um mein Gleichgewicht kämpfen. Lebenslänglich." Die Günderrode dagegen, lebend in den engen und beengenden Mauern und Formen des Stifts, aber auch in den Halterungen des Glaubens, trägt in sich eine andere Lebensvision: "Ich glaube, wir fragen falsch, wenn wir uns dem Schicksal gegenüberstellen, anstatt zu sehn, daß wir mit ihm eins sind; daß wir, was mit uns geschieht, insgeheim herausfordern."[64] Und früher, ganz am Anfang der Begegnung: "Ja, es sei ihre schwerste Erfahrung, daß zerstörbar in uns nur ist, was zerstört sein will, verführbar nur, was der Verführung entgegenkommt, frei nur, was zur Freiheit fähig ist; daß diese Erkenntnis sich in einer ungeheuren Weise vor dem, den sie betrifft, verbirgt, und daß die Kämpfe, in denen wir uns ermatten, oft Scheingefechte sind."[65]

Wer spricht? "Ich habe diese beiden Figuren genommen", sagt Christa Wolf im Gespräch mit Frauke Meyer-Gosau, "um ihre Problematik für mich durchzuspielen."[66] Ihre Entscheidung - und das entspricht ihrem moralischen

---

61 KON, S. 119
62 KON, S. 135 f.
63 KON, S. 109
64 KON, S. 134
65 KON, S. 112
66 Materialienbuch (1983), S. 68

Duktus - fällt zugunsten des Stiftfräuleins aus, zugunsten der Person, die den Anspruch, das Subjekt des Geschehens, ihrer Lebensgestaltung zu sein, nicht aufgegeben hat, auch wenn die Schattenseiten nicht übersehbar sind und der endliche Ausgang voraussagbar ist. "Auch eine eingeschränkte Existenz läßt sich dehnen bis zu ihren Rändern, die vorher unsichtbar sind."[67] Aber noch schließt der Text nicht; in der Schlußfigur der Utopie ("Jeder sieht den Himmel hinter dem Kopf des andern"),[68] wird das Rollenspiel der "erwünschten Legende" aufgelöst:

> Komm nicht zu nah. Bleib nicht zu fern. Verbirg dich. Enthülle dich. Vergiß, was du weißt. Behalt es. Maskierungen fallen ab, Verkrustungen, Schorf, Polituren. Die blanke Haut. Unverstellte Züge. Mein Gesicht, das wäre es. Dies das deine. . . Die Berührung, nach der es uns so unendlich verlangt, es gibt sie nicht. . . Unkenntlich bleiben wir uns, unnahbar, nach Verkleidungen süchtig. Fremde Namen, die wir uns zulegen. Die Klage in den Hals zurückgestoßen. Trauer verbietet sich, denn wo sind die Verluste?
>
> Ich bin nicht ich. Du bist nicht du. Wer ist wir?
>
> Wir sind sehr einsam.

Letzte Sätze, die in die Dunkelheit führen: "Wenn die Menschen gewisse Exemplare ihrer eignen Gattung aus Bosheit oder aus Unverstand, aus Gleichgültigkeit oder aus Angst vernichten müssen, dann fällt uns, bestimmt, vernichtet zu werden, eine unglaubliche Freiheit zu. Die Freiheit, die Menschen zu lieben und uns selbst nicht zu hassen. Begreifen, daß wir ein Entwurf sind. . ." Günter de Bruyn hat in einer Skizze zu dieser Erzählung das bedrückende Fazit gezogen: ". . . hinter den Bildern, die von Kleist und der Günderrode entworfen werden, wird das der Autorin deutlich. Seine Konturen könnte man darstellen aus Zitaten, zu denen auch der Satz gehören müßte: 'Welch Trost, daß man nicht leben muß.' Es wäre das Bild einer Gefährdeten, um die Angst zu haben nötig wäre, hoffte man nicht, daß Gestaltung Gefahren des Innern bannen kann."[69]

Wer spricht? "Merken wir nicht, wie die Taten derer, die das Handeln an sich reißen, immer unbedenklicher werden? Wie die Poesie der Tatenlosen den Zwecken der Handelnden immer mehr entspricht? Müssen wir, die wir uns in keine praktische Tätigkeit schicken können, nicht fürchten, zum weibischen Geschlecht der Lamentierenden zu werden, unfähig zu dem kleinsten Zuge-

---

67 KON, S. 131
68 KON, S. 137
69 Materialienbuch (1979), S. 23

ständnis. . ., verrannt in einen Anspruch, den auf Erden keiner je erfüllen kann: Tätig zu werden und dabei wir selber zu bleiben? Wer spricht?"[70]

Zitat-Texte, auf die Gegenwart bezogen, auf sie antwortend. Die Radikalität der Fragestellung, die der Titel als Formel bringt, zeigt den Bruch auf, der zwischen "Kindheitsmuster" und "Kein Ort. Nirgends" liegt. Nach diesem Text mußte man sich wirklich fragen, wohin der weitere Weg Christa Wolfs führen würde, welche Entwicklungen oder Steigerungen überhaupt noch möglich sein könnten. ". . . bedenken Sie auch, Günderrode: Sehr weniges schon, was wir für unerläßlich erklären, bringt uns heutzutage in den Verruf, alles oder nichts zu wollen. Dahin ist es gekommen. Schritt für Schritt gehn wir rückwärts." (. . .) Und: "Wir wissen zuviel. Man wird uns für rasend halten. Unser unausrottbarer Glaube, der Mensch sei bestimmt, sich zu vervollkommnen, der dem Geist aller Zeiten strikt zuwiderläuft."[71] Schlußsätze:

> Jetzt wird es dunkel. Auf dem Fluß der letzte Schein.
>
> Einfach weitergehn, denken sie.
>
> Wir wissen, was kommt.

Die Kritik hat sich schwergetan mit diesem Buch, in Ost und in West, das man als mißraten[72], auf ermüdende Weise moralisierend, als epische Selbstabschnürung und in der Form vertan ansah. Sibylle Wirsing[73] verstand es als "seelenvolle Schauerballade in gebundener und dramatisch aufgerauhter Sprache", als "Schicksalsschwitzkur", der sich die beiden Hauptfiguren zu unterziehen hätten. Eine Collage aus Textblasen romantischer Autoren, verbunden mit dem Sprachgestus der Christa Wolf, müßte Anachronismen zur Folge haben, die trotz Verzweiflung und knirschendem Verhängnis oder gerade wegen dieser Zuspitzungen die Autorin in eine "Randzone der Literatur" geraten lasse, "wo sich Fuchs und Hase Gutenacht sagen". Am ehrlichsten bleibt dann noch Jürgen Schreiber in der "Frankfurter (Stadt-) Rundschau"[74], der, da er über das Buch nichts sagen will oder nichts zu sagen weiß, über Caroline von Günderrode berichtet, unter der Überschrift: "Ein Denkmal für eine Empfindsame", mit der Schlußbemerkung, daß sie ". . .173 Jahre nach ihrem Selbstmord auf dem Umweg über Christa Wolf nun als Romanfigur in die 'Spiegel'-Bestsellerliste gefunden hat". Das ist schon schlimm und zeigt, mit welcher Elle gemessen wird, wenn man darauf ver-

---

70 KON, S. 143 f.

71 KON. S. 144, 150

72 Frankfurter Rundschau 7.4.79 (Schoeller)

73 Frankfurter Allgemeine Zeitung 24.3.79 (S. Wirsing)

74 Frankfurter Rundschau 11.6.79 (Schreiber)

zichtet zu berücksichtigen, aus welchen Bedingungen heraus ein Text gestaltet wurde. "Kein Ort. Nirgends" als epischen Bericht über die Begegnung zweier historischer Gestalten anzusehen mußte zu fragwürdigen Aussagen und falschen Schlußfolgerungen führen. Und zu falschen Werturteilen, die - natürlich - weniger das Buch als den Rezensenten (ab)qualifizierten.

Übrigens hat Klaus Jarmatz in einer Sammelbesprechung im "Neuen Deutschland" (14.5.1980) noch am ehesten die wirklichen Problemfelder von "Kein Ort. Nirgends" erkannt und benannt, wenn auch mit der nun wieder gefestigten parteilichen Wertung: daß der Text (natürlich) Probleme der Selbstverwirklichung gestalte, die bei den zerstörerischen Strukturen der bürgerlichen Gesellschaft am Anfang des 19. Jahrhundert nicht auflösbar seien. "Christa Wolf überträgt keinesfalls in billiger Analogie Zeitgenössisches in die Historie. Sie hat sich wiederholt zum historischen Prinzip bekannt. Dieses Prinzip wird jedoch durch eine gewisse Unbestimmtheit nicht strikt durchgehalten.

> So wirkt dann der Kampf zwischen denen, die nach Selbstverwirklichung streben, und der Gesellschaft als ewiger Kampf der Geschichte. Die Autorin betrachtet diesen Kampf allerdings durchaus resignativ. Die eigentlich historisch fixierten Helden, Günderrode und Kleist, werden jedoch nicht kritisch distanziert; sie verwandeln sich eher in Sprachrohre für die Ansichten der Autorin, die die Welt mit Hilfe der Moral verändern will.

Und zu Christa Wolfs Essay "Berührung" (1977), dem Vorwort zu Maxi Wanders Sammlung "Guten Morgen, du Schöne", bemerkt Jarmatz: "Die Autorin sieht, daß bestimmte gesellschaftliche Voraussetzungen gegeben sein müssen, um individuelle 'Selbstverwirklichung' möglich werden zu lassen. Allerdings bleibt bei ihr die materialistische Dialektik dieses Zusammenhanges auf der Strecke. Das Menschliche, das verwirklicht werden soll, gerät ihr zu einem isolierten Bezirk, der seine Werte von Natur her in sich trägt, dem die Gesellschaft wiederum als etwas Abstraktes gegenübertritt. Individuum und Gesellschaft, Humanismus und objektive gesellschaftliche Realität fallen auseinander; die Literatur als Sachwalter der Menschlichkeit entsagt ihrer Bindungen an Politik und Ökonomie." Deutlich: es hat sich nicht viel geändert seit den Diskussionen um den "Geteilten Himmel" (1963), die Kritikpunkte sind die gleichen geblieben und werden es bleiben. "Elemente idealistischen Philosophierens" hatte es Hans Kaufmann 1974 genannt, und Christa Wolf hatte geantwortet:

> Ich kann und will mich nicht einlassen auf einen blanken historischen Determinismus, der in Individuen. . . nur die Objekte einer sich unumstößlich durchsetzenden historischen Gesetz-

mäßigkeit sähe (...) Bobrowskis Frage ("Wie muß die Welt für ein moralisches Wesen beschaffen sein") ist und bleibt stimulierend, weil sie hilft, die Welt einer menschenwürdigen Moral und nicht die Moral der Menschen einer noch wenig menschenwürdigen Welt anzupassen: Das wäre auch der physische Tod der Menschheit...[75]

Und sie fährt fort, als kommentiere sie "Kein Ort. Nirgends": "...auch unsere Irrtümer können 'moralisch' sein, wenn sie uns immer wieder und immer neu auf die produktive Seite unserer Widersprüche bringen. Unmoralisch dagegen alles, was uns, was die Massen hindert, vom Objekt zum Subjekt der Geschichte zu werden. Und, davon ausgehend - warum sollte sich nicht auch der sozialistische Autor als 'Moralist' begreifen?"

"Kein Ort. Nirgends" ist kein Roman, keine Erzählung, kein Text, der Wirklichkeitsabläufe, auch imaginierte, zu beschreiben sucht. Anna Seghers' Erwartung (im Geburtstagsbrief an Christa Wolf[76]), etwas darüber zu erfahren, "warum es schiefging mit der Liebe der Günderrode..., warum sich Kleist in den Wannsee warf" (? - W.K.), muß mit dieser Fragestellung - unbefriedigt bleiben: darüber berichtet der Text wenig. Er spricht - wie in einer "Versuchsanordnung"- von der Problematik des in einer Gesellschaft sich vereinsamt fühlenden Individuums und benutzt als Redefiguren dafür Kleist und Karoline von Günderrode. Es ist ein philosophierender Text über die Möglichkeiten des Individuums und des Schriftstellers, sich seine Form zu geben, heute oder damals oder zu jeder Zeit. Er benutzt dazu Wortmaterial, das überliefert und das in der Lage ist, Zeit- und Lokalkolorit zugleich zu bieten, am Rande mit. Wenn man davon ausgeht, daß Christa Wolf einen Ausschnitt aus der Wirklichkeit geben wollte mit realistischem Gestaltungsverfahren, muß der Text enttäuschen: bringen die Passagen doch wenig Individualität und Originalität, wird Papier geredet[77], bleibt das Ganze kühl und ernüchternd. Wenn man freilich nimmt, was er tatsächlich bietet, so gewinnt er über alle Unwahrscheinlichkeiten hinaus Dichte, Ernsthaftigkeit, Verantwortungsbewußtsein und Tragik, der sich weder die Figuren noch die Leser entziehen können. Dieser Problematik entspricht dann die Form des echolosen Raumes, des monologischen Sprechens, des Sentenzenhaften und der Auflösung der Figuren in gemeinsames Sprechen (Chorus). Selbst das brechende Licht am Ende des Textes ist dann eben nicht Wirklichkeits- oder Landschaftsbeschreibung, sondern (nur noch) Metapher für den Weltanschauungs- oder

75 Auskünfte, a.a.O., S. 516

76 Sinn und Form 2/79, S. 282 f.

77 Wallmann, Deutschland Archiv 8/79, S. 880

Redegestus der Hauptfiguren. Der Text, "collagiert. . . aus Zitat und Bericht, Dialog und innerem Monolog, Traum und Rückerinnerung, wechselt (den) Sprecher immerfort, bisweilen vollzieht sich der Übergang von Ich- zu Er-Erzählung sogar in ein und demselben Satz"[78]: eine solche Bauform ist in der Lage, die Gedankenfracht zu transportieren, ohne den Wahrscheinlichkeitscharakter des Dargestellten zu schmälern, auch wenn dabei vom Leser besondere Aufmerksamkeit verlangt wird. "Alles, was wir aussprechen, muß wahr sein, weil wir es empfinden",[79] formuliert die Günderrode ihr 'poetisches Bekenntnis': "Warum wollen sie mir nicht zugestehn, daß ich in der Poesie wie in einem Spiegel mich zu sammeln, mich selber zu sehen, durch mich hindurch und über mich hinaus zu gehn suche." Ein Spiegel, der ihr Bild wahr wiedergibt: subjektive Authentizität?

Der Text bietet keine historische Analyse, auf die Lebensdetails der Sprechenden kann verzichtet werden; er wird von Stimmung getragen und nähert sich damit lyrischem Sprechen. Die Auflösung der Redefiguren in gemeinsames Sprechen konstituiert den ganzen Text, auch wenn dieses Verfahren am Ende besonders deutlich hervortritt. Dem entspricht die Auflösung der Zeitebenen, der historischen Fixierung; in dieser Form wird "Erbe. . . als gegenwärtige Gestaltungsaufgabe"[80] verstanden. Über Anlaß und Intention haben wir Christa Wolfs Diktum, auch wenn sie 1982 insofern von ihm abrückt, daß sie den Text als Aussage über eine bereits überwundene Phase ihrer Isolierung in einer besonderen kulturpolitischen Krisensituation benennt. "Wenn man weiterlebt, sich bemüht, produktiv zu bleiben, eröffnen sich neue Erfahrungen, damit neue Möglichkeiten, die man vorher, da der Blick nur ein bestimmtes Raster kannte, gar nicht sah. Dazu kommt: Die gesteigerte Bedrohung Europas hat uns verändert, neue Akzente gesetzt."[81]

Andeutungen von neuen Akzenten, die sich von nun ab im Werk Christa Wolfs ausbreiten werden, gibt es bereits hier, 1977/78. Noch stehen im Zentrum die Zerbrechenden, die Scheiternden - die im Gegensatz zu Christa T. wirklich scheitern, weil sie den Möglichkeiten, sich im Leben ihre Form zu geben, keinen Raum bieten können. Denn ihr Leben ist Enge und Versagung, ist Selbstzweifel trotz der Versuche der Rechtfertigung durch neue Zielvorgaben, deren Mut man bewundern, deren Aussichtslosigkeit man freilich auch ohne besondere Sehergabe vorhersagen kann. Überall nur Grenzen -

78 a.a.O.

79 KON, S. 45

80 Wolfgang Heise, Nachbemerkung zu Christa und Gerhard Wolf: Till Eulenspiegel. Erzählung für den Film, Berlin: Aufbau 1972, S. 223

81 Gespräch mit Frauke Meyer-Gosau, Materialienbuch (1983), S. 68 f.

und wären es nur die der Vorurteile, die vor allem Kleist irritieren. Nein, wie sie hier erscheinen, sind die beiden Hauptfiguren keine Romantiker: beiden fehlt der Glaube und der Mut, die Grenzen überschreiten zu können; den wenigstens besaßen diese jungen Literaten um 1800 in Deutschland. Nur ein Hauch bleibt, und der ist beschränkt auf die Günderrode: zu lieben, unbedingt, bis zur Selbstaufgabe, in immer neuen Anläufen - endlich dann auch verzweifelt, sich den Tod gebend. Und doch: "Zwischen den Zeiten, denkt sie, ist zwielichtiges Gelände, in dem verirrt man sich leicht und geht auf geheimnisvolle Weise verloren. Das schreckt mich nicht."[82] Was bleibt? "Gezeichnet zeichnend. Auf ein Werk verwiesen, das offen bleibt, offen wie eine Wunde."

Im Geflecht der Paralleltexte "Gespräch mit Elke Erb" (1977) und "Berührung" (Maxie Wander, 1977) entschlüsselt sich die "erwünschte Legende": Kleist mit seinem Lebensentwurf und schicksal wird zu einem notwendigen Bestandteil des Denkfeldes, um das es Christa Wolf hier geht. Seine Subjektivität, seine Affiziertheit von den Stoffen, die er wählt, seine Verwundungen durch die Zeit und seine Ausweglosigkeit, Hilflosigkeit; das ist Ergänzung und Gegenbild zur Günderrode, die stärker erscheint, stärker als Persönlichkeit in ihrer Einsamkeit, die - denkt man an den Geburtstagsbrief der Anna Seghers - Christa Wolf immer ähnlicher wird, jedenfalls in den Konturen, die von Anna Seghers und Christa Wolf entworfen werden. Noch stehen Dichterschicksale in "Kein Ort. Nirgends" im Zentrum, der "Zusammenhang von gesellschaftlicher Verzweiflung und Scheitern in der Literatur", aber schon kündigt sich ein thematischer Umbruch an: die Suche nach Alternativen, die über Hoffen, Wünschen und Moralisieren hinausgehen, beginnt, die auch bei der Romantik ansetzt, jetzt aber die gesellschaftlich bedeutsame Seite dieser Literaturbewegung aufnimmt, die der Suche nach Lebensformen, nach Mitmenschlichkeit, nach neuer Humanität. "Der Geist, der in diesem Buche herrscht", beschreibt Christa Wolf Maxie Wanders "Guten Morgen, du Schöne", "hat mit Markt-und Herrschaftsverhältnissen nichts zu tun. Es ist der Geist der real existierenden Utopie, ohne den jede Wirklichkeit für Menschen unlebbar wird", mit einem Vorgefühl von einer Gemeinschaft, "deren Gesetze Anteilnahme, Selbstachtung, Vertrauen und Freundlichkeit wären. Merkmale von Schwesterlichkeit, die, so scheint mir, häufiger vorkommt als Brüderlichkeit".[83] Es gehe nicht um Thesen, die bestätigt, um Vorgaben, die erfüllt werden müßten: diese neue Mitmenschlichkeit erfordere einen anderen Umgang miteinander, auch im Bereich der Sprache oder des Sprechens,

82 KON, S. 149, 150

83 'Fortgesetzter Versuch', S. 280

fordere Achtung, Mitgefühl, Offenheit für den anderen und Bereitschaft, sich auf alles einzulassen. Gefühlsoffenheit: man sieht schon, daß hier andere Alternativen aufgebaut werden, nicht die des Kampfes oder der unproduktiven Widersprüche, sondern die der Liebe, der Verständigung, des Ausgleichs, des Wachsens, des An-einander-Wachsens.

Die Zeit, der Mann: beide brauchten "einen neuen Spiegel".[84]

84 a.a.O., S. 283

Ein neuer Spiegel beleuchtet Leben und Schicksal der Karoline von Günderrode in dem Essay "Der Schatten eines Traumes", der mit dem Entstehungsdatum Oktober 1978 versehen, also nach der Erzählung fertiggestellt worden ist. In sieben Kapiteln entwirft Christa Wolf das Bild einer Frau, deren Wesen Liebe und Hingabe, Opferbereitschaft bis zur Selbstverleugnung und Selbstaufgabe war, die in eine Zeit und an Männer geriet, die ihren Ansprüchen nicht genügen konnten, ohne daß es um einfache Schuldzuweisungen ginge oder Schuldumkehrungen, wie es ja auch möglich wäre. Die Geschichte mit den berühmten Männern Brentano, Savigny, Creuzer und der unbekannten und beinahe vergessenen Dichterin Günderrode (mit dem männlichen Pseudonym "Tian") wird mit ihren historischen und persönlichen Bedingungen und Bedingtheiten aufgebaut, aus denen Erwartungen und Enttäuschungen sich gleichsam notwendig ergeben, Schicksalsabläufe wie von selbst sich entfalten mußten, bei denen am Ende nur eines deutlich wurde: daß die Frau wieder einmal als das Objekt, das Opfer, der Mann als der Opfernde erschien, so grotesk falsch und anders die Situation in Wirklichkeit auch war. Aber - wie gesagt - um Schuldzuweisungen geht es Christa Wolf nicht, nicht einmal um die falschen Stilisierungen, die sie in bürgerlichen Literaturgeschichten gesichtet haben will: es geht um ein neues Menschenbild, das sie durch die Frau, jetzt nur noch durch die Frau gelebt sehen kann; in der Christa Wolf - natürlich - besondere Eigenschaften entdecken muß, die sie, die Frau, befähigen, die Doppelaufgabe, 'ein ganzer Mensch' zu sein, zu lösen. Ihren Essay, kompakt in Sprachform und Aussage, beginnt sie mit dem Zitat eines Günderrode-Briefes aus dem Jahre 1801, der diese besondere Frau, die in einem evangelischen Damenstift lebt, kennzeichnet; ein unfaßbares Bild einer Selbstcharakteristik und einer Demaskierung:

> . . .warum ward ich kein Mann! Ich habe keinen Sinn für weibliche Tugenden, für Weiberglückseligkeit. Nur das Wilde, Große, Glänzende gefällt mir. Es ist ein unseliges, aber unverbesserliches Mißverhältnis in meiner Seele; und es wird und muß so bleiben, denn ich bin ein Weib und habe Begierden wie ein Mann, ohne Männerkraft.

Und Christa Wolf faßt zusammen: "Gezeichnet von einem unheilbaren Zwiespalt, begabt, ihr Ungenügen an sich und der Welt auszudrücken, lebt sie ein kurzes, ereignisarmes, an inneren Erschütterungen reiches Leben, verweigert den Kompromiß, gibt sich selbst den Tod, von wenigen Freunden betrauert, kaum gekannt, hinterläßt, zu wichtigen Teilen ungedruckt, ein schmales

Werk: Gedichte, Prosastücke, dramatische Versuche. . ."[1] Entworfen wird das Bild einer außerordentlichen Frau, das wie geschaffen ist, mißdeutet zu werden, damals und heute. Bild der Unstimmigkeit einer Zeit, die für sie fremd war und bleiben mußte, der sie sich aber nicht verweigern konnte. So tritt zu den Zügen der "Männin", der "Jünglingin" die Suchende, die Anspruchsvolle, die sich durch die Welt tastet nach einem tragfähigen Grund, der ihre Wünsche, ihre Sehnsüchte und Hoffnungen aufnehmen könnte. In dem Damenstift, das kann man sich vortellen, wird sie nichts finden; so bleiben denn die Begegnungen mit der Außenwelt, und hier - das kann man sagen - hat sie Glück.

"Fasziniert durch Verwandtschaft und Nähe" -: Christa Wolf durchbricht immer wieder den historischen Raum, auch die Fiktion einer Untersuchung von Vergangenheit, um die wirklichen Bezugspunkte zu verdeutlichen: ". . .wir blicken uns um, getrieben von dem nicht mehr abweisbaren Bedürfnis, uns selbst zu verstehn: unsre Rolle in der Zeitgeschichte, unsre Hoffnung und deren Grenzen, unsre Leistung und unser Versagen. . .", und findet Sätze der Günderrode wie: "Ein pigmäisches Zeitalter, ein pigmäisches Geschlecht spielt jetzt, recht gut nach seiner Art."[2]

Den Hintergrund für diese Zeit bilden die Erfahrungen, die man aus der französischen Revolution und deren Folgen - auch für Deutschland - gewonnen hat, bilden die Versuche einer kleinen Gruppe bürgerlicher Intellektueller, nun auch für Deutschland, dieses Viel-Staaten-Gemisch, neue Lebensformen zu finden, die die Philisterhaftigkeit und Borniertheit des Adels oder des Bürgertums zu überschreiten vermöchten, auch den Erwerbssinn und Gewinntrieb, der sich eben zu entwickeln beginnt, bevor er im 19. Jahrhundert ausufernd alles überschwemmt. Auch diese Versuche und Prozesse erkennt die Günderrode und auch das Ende, auf das sie hinauslaufen werden: "Der Höhe dürfen wir uns rühmen und der Tiefe, aber behagliche Ausdehnung fehlt uns durchaus."[3]

> Die Revolution erleben sie als Fremdherrschaft. Sie, Söhne und Töchter der ersten Generation deutscher Bildungsbürger und verbürgerlichter armer Adelsfamilien, haben die Wahl zwischen den verkrüppelnden Unterdrückungspraktiken deutscher Duodezfürsten und der Überwältigung durch Napoleon; zwischen dem anachronistischen Feudalismus der deutschen Kleinstaaten und der zwangsweisen Einführung überfälliger verwaltungs- und handelstechnischer Formen durch den Usurpator, der den

1 'Fortgesetzter Versuch', S. 293
2 a.a.O., S. 294
3 a.a.O., S. 296, 297

> Geist der Revolution natürlich strikt niederhält: Wenn dies eine Wahl genannt werden kann, so ist es eine, die das Handeln an seiner Wurzel, schon in Gedanken, erstickt. Sie sind die ersten, die es bis auf den Grund erfahren: Man braucht sie nicht.

1982 - nur zur Erinnerung - formuliert Christa Wolf die Bedingungen zu "Kein Ort. Nirgends": "Eine Gruppe von Autoren wurde sich darüber klar, daß ihre direkte Mitarbeit nicht mehr gebraucht wurde." Und: "Mein Hauptinteresse war, zu untersuchen: wo hat sie eigentlich angefangen, diese entsetzliche Gespaltenheit der Menschen und der Gesellschaft." Und: "In den Texten, in den Lebensverhältnissen der Romantiker findet man eine Fülle von Dokumenten darüber; die haben sensibel reagiert, daß sie Außenseiter wurden. . ." Und: ". . .auf die lebenswichtigen Prozesse haben weder Frauen noch Intellektuelle Einfluß. Dieses ins Extrem getriebene Zum-Außenseiter-gemacht-Werden, das, was ich an mir existenziell erfuhr: das wollte ich befragen, natürlich auch, um mich davon etwas distanzieren zu können."[4]

Kein Zweifel, die Nähe ist beabsichtigt, die Parallelität der Fälle soll beim Lesen erkannt und mitvollzogen werden. Die Beschäftigung mit den Romantikern oder Romantikerschicksalen ist keine Flucht, im Gegenteil. Lernen aus der Geschichte, um Sehen-Lernen geht es. Längst ist es nicht mehr das Schicksal einer außergewöhnlichen Frau, sind es nicht biographische oder historische Details zu "Kein Ort. Nirgends", nicht Informationen für ein besseres Verständnis der Begegnung Kleist - Günderrode; Christa Wolf greift weiter und sucht nach den Wurzeln, den Ursachen dieser Krankheiten, die unausrottbar zu sein scheinen, zumindest so lange, wie man sich sie zu benennen scheut:

> Das Instrumentarium, das anzusetzen wir gewohnt sind, faßt es nicht. Literarische, historische, politische, ideologische, ökonomische Begriffe begreifen es nicht ganz. Der vulgäre Materialismus unsrer Zeit kann dem dürren Rationalismus ihrer Zeit nicht auf die Sprünge kommen, der rechthaberischen, alles erklärenden und nichts verstehenden Plattheit, gegen die, von denen wir reden, sich ja grade zur Wehr setzen: Gegen die eiskalte Abstraktion, diese ganze schauerliche Unbeirrbarkeit auf falsche, nicht mehr befragte Ziele hin, gegen die unaufhaltsame Verfestigung der zerstörerischen Strukturen, gegen das erbarmungslose Zweckmäßigkeitsdenken, die sich als Angst, Depression, als Hang zur Selbstzerstörung in ihnen niederschlagen.[5]

---

4 Gespräch mit Frauke Meyer-Gosau, S. 67, 69

5 'Fortgesetzter Versuch', S. 298

Also: eine neue Weltsicht muß her, die die Begriffe 'Seele' und 'Sehnsucht' nicht scheut, eine neue Sprache, die den Geist der Phantasie aufnehmen und mit ihm umgehen kann. Wörter und Sätze, die in der Lage sind, unsere Sinnlichkeit mit aufzunehmen, uns selbst mit hervorzubringen, eine Sprache, "nicht zur Verhinderung von Einsichten, sondern als Instrument der Erkundung zu gebrauchen. Welche Gelegenheit, unsre eigene Lage zu begreifen", fügt Christa Wolf an. In Briefen, in literarischen Zirkeln, in Freundschaften und Teegesellschaften wurde das geübt und vermittelt, denn den Frauen zumindest standen die Universitäten nicht zur Verfügung, sie blieben in den Kreisen ihres Umgangs, verbargen sich hinter Pseudonymen oder traten hinter die Werke, die sie mit ihren Männern geschaffen hatten, namenlos zurück. An die Stelle der eigentlich gewünschten Öffentichkeit tritt um 1800 eine neue Gesellschaftskultur, deren Bedeutung trotz aller Beengungen nicht gering geschätzt werden darf, mit neuen Wertvorstellungen und Verhaltensweisen: mit Natürlichkeit, Wahrhaftigkeit, Intimität, auch mit neuen Ansprüchen, die bürgerliche Etikette zu sprengen, Hierarchien aufzubrechen. Auch die Ehe galt als eine solche Institution, in der man lebt und die man brach - oder an der man zerbrach, wie das Beispiel beweist. Auch Dreiecksbeziehungen wurden erdacht und erprobt, ferner Widerhall der republikanischen Gesittungen der französischen Revolution. Wie nicht anders zu erwarten, sind Irrungen und Wirrungen die Folge, blühen wirkliche oder sprachliche Maskeraden in dieser romantischen Landschaft. Fichtes Philosophie bietet den philosophischen Untergrund ("System der Sittenlehre", 1798), Schleiermacher den gesellschaftstheoretischen ("Versuch einer Theorie des gesellschaftlichen Betragens", ab 1799) in einer Art Ethik geselligen Verhaltens mit dem Einleitungssatz: "Freie, durch keinen äußeren Zweck gebundene und bestimmte Gesellschaft wird von allen gebildeten Menschen als eine ihrer ersten und edelsten Bedürfnisse laut gefordert."[6]

> Hier ist der Mensch ganz in der intellektuellen Welt und kann als ein Mitglied derselben handeln: dem freien Spiel seiner Kräfte überlassen, kann er sie harmonisch weiterbilden, und von keinem Gesetz beherrscht, als welches er sich selbst auflegt, hängt es nur von ihm ab, alle Beschränkungen der häuslichen und bürgerlichen Verhältnisse auf eine Zeitlang, soweit er will, zu verbannen. Dies ist der sittliche Zweck der freien Geselligkeit. . .[7]

Solche und ähnliche Theorien und Denkweisen mußten eine enorme Sprengkraft entfalten, wenn sie mit anderen zusammentrafen, die die sittlichen Ord-

6 Friedrich Daniel Ernst (Hg.), Schleiermacher, Philosophische Schriften, Berlin 1984, S. 41
7 a.a.O.

nungen der Religion auflösen oder in Frage stellen konnten: Schellings Naturphilosophie spielt im Umkreis der frühen Romantiker und im Umkreis dieser Frankfurter Tafelrunde um Brentano und die Günderrode ihre bewegende Rolle; man sieht, alles, was die Figuren in ihre Startpositionen bringen kann und ihre Laufrichtung vorbestimmt, ist angelegt. Determinanten auch hier: ein Lebensschicksal mit seinen Bedingungen. Der 'Fall' Karoline von Günderrode kann sich entwickeln.

Dabei geht es natürlich nicht allein um sie. "Welche der Figuren man berühren, an welchem der Fäden man ziehen mag - immer bewegen die anderen sich mit, immer rührt sich das ganze Gewebe": Hölderlin und Kleist, Bettina, Caroline Schlegel-Schelling; Männer und Frauen, die das Absolute sich und der Zeit abfordern, bei schwachem Selbstgefühl und Kräften, wobei - wie man sieht - den Frauen der stärkere Part zufällt, auch der Günderrode, vor allem aber der Caroline Schlegel und der Bettina von Arnim: Karolinen und Bettinen.

Der universale Glücksanspruch, den sie stellen, gipfelt in Unabhängigkeit und Freiheit, ihren persönlichen Bereich betreffend, wird aber gerade von ihm oder für ihn nicht gewährt. Ob es das Reglement des preußischen Militärdienstes ist oder die Ordnung des Damenstifts: das sind nur die Spielformen, an denen man sich reibt. Caroline Schlegel wird so etwas nicht zu befürchten haben; aber welch weiter und aufregender Weg, durch das französische Abenteuer Mainz (mit den so peinlichen Folgen), durch die Gefühlswirrungen über Friedrich und August Wilhelm Schlegel hin zu Schelling: Gefolgt und gefoltert von Klatsch und Neid - auch das gehört dazu, wenn man die Bedingungen zu beschreiben hat, die ein neues Menschenbild gebären. Die Kernfrage: "Wie muß die Welt für ein moralisches Wesen beschaffen sein?" zieht sich durch das Denken und die Werke von Hölderlin, Hegel, Schelling wie durch das von Bobrowski und Christa Wolf. "Sie haben die Vision von einer 'Mythologie der Vernunft'", die alle Schichten des Volkes verwandeln sollte: "'Dann herrscht ewige Einheit unter uns. Nimmer der verachtende Blick, nimmer das blinde Zittern des Volks vor seinen Weisen und Priestern. Dann erst erwartet uns gleiche Ausbildung aller Kräfte, des Einzelnen sowohl als aller Individuen. Keine Kraft wird mehr unterdrückt werden, dann herrscht allgemeine Freiheit und Gleichheit der Geister'", zitiert Christa Wolf und fährt fort:

> Das ist die Sprache vor dem Verlust der Hoffnungen, und es ist die Illusion von Idealisten, die sich die Umwälzung der Verhältnisse von den Ideen erwarten. Wer aber würde, Geschichte

> und Gegenwart der Deutschen vor Augen, solche Sätze zu belächeln wagen?[8]

Das leidige Kapitel: Karoline und die Männer. Drei Männer werden der Günderrode begegnen, und dreimal wird sich ihr Wunsch hervorwagen: alles zu sein, Ehefrau und Dichterin, Mutter von Kindern, Hausfrau, mit all den Beschränkungen, die dann zu erwarten wären - aber eben auch Dichterin, ganz und gar, mit einem außerordentlichen Werk. Und dreimal wird sie einsehen und meistern müssen, was sie in bezug auf Savigny formuliert: "Es ist ja das einzige, was ich von ihm haben kann: Der Schatten eines Traumes."

Die Leiden der jungen Frau, die alle verliert, da sie keinem ganz geheuer ist, werden in Briefen sichtbar, die die Schmerzen verdecken, zugleich aber auch offenlegen sollen. Sie werden eingebettet in Sprach- und Spielfiguren, die man seit den "Leiden des jungen Werthers" kennt und übt, wobei die Schreibenden wie die Angesprochenen selbst wie Romanfiguren agieren, als bewegten sie sich in einer erdichteten Welt mit erdichteten Gefühlen. Die Problematik, die sich hinter allem verbirgt, wird auf diese Weise ein wenig entschärft, zumindest für denjenigen, der nicht so sehr betroffen sein möchte: für Savigny oder Brentano oder Creuzer.

Der Gefahr, hinter diesem Spiel zu verschwinden, begegnet die Günderrode, indem sie - immer wieder einmal - sich sichtbar macht, deutlich zu sprechen beginnt, ohne Verstellung und ohne Verstecken. "Gekannt werden", kommentiert Christa Wolf an dieser Stelle, "der inständige Wunsch von Frauen, die nicht durch den Mann, sondern durch sich selber leben wollen -, hier scheinen seine Wurzeln zu sein, und er setzt sich fort bis heute, und ist auch heute noch seltener erfüllt als unerfüllt. . ."

> Eine kühne Idee, zwischen Mann und Frau könnten andre Beziehungen walten als die von Herrschaft, Unterordnung, Eifersucht, Besitz: gleichberechtigte, freundschaftliche, hilfreiche. Schwester sein, Freund. . ., unerhörte Angebote. Beweis dafür, daß Not und Bedrängnis zu phantastischen Einfällen führen, die niemals zu verwirklichen, doch auch niemals mehr ganz und gar aus der Welt zu schaffen sind.

Christa Wolfs eigentliches Thema ist angeschlagen. Der Essay, als Einführung für eine Werkausgabe der Günderrode gedacht, verläßt diesen Bereich und wendet sich der neuen Thematik zu, die für Christa Wolf von nun an bestimmend sein wird: die der Selbstentdeckung der Frau, die der Sichtung der Möglichkeiten, die den Frauen in dieser Zeit gegeben sind, die der Feststellung der Defizite, die sie im Vergleich zu den Männern noch immer zu ertra-

---

8 'Fortgesetzter Versuch', S. 306, 308, 310

gen haben und endlich die Benennung des Handlungsspielraumes, der - nach dem Versagen der Männer bei der Gestaltung eines lebbaren Lebens - nun bestimmt und eingefordert werden muß. Diese Problematik klingt, wie gesagt, in "Kein Ort. Nirgends" bereits an, hier, im Essay, wird der Schatten eines Traumes zur bestimmenden Figur, mit deren Hilfe, aus dem Negativen sozusagen, Kräfte gewonnen, Lebensgestaltungsmöglichkeiten entwickelt werden können. Mit dem Essay gewinnt das Werk der Christa Wolf eine neue Aussagedimension, auch neue Aggressivität, neue Radikalität; angesprochen bereits in der Besprechung von Maxie Wanders "Guten Morgen, du Schöne" ("Berührung"), zum eigentlichen Thema erhoben im "Brief über die Bettine". Der Günderrode-Essay nimmt diesen Themenwechsel in der Entwicklung seiner eigenen Problematik auf und richtet die Argumentation auf ihn aus.

Wieder wird man ihnen, den Frauen, - damals und heute - vorwerfen, daß das, was sie wünschen oder fordern, 'unrealistisch' sei, und das ist die schwächste Formulierung, und die Gefahr droht, daß sie, wenn sie dieses Urteil akzeptierten, "einen schrecklichen Realitätsverlust und zugleich ihre eigne Minderwertigkeit" erfahren und nach Auswegen suchen: hinauf zur schönen Seele oder hinab zur bieder-sittsamen Hausfrau. Denn noch immer haben das Recht die, die die Macht haben, im Staat, in der Gesellschaft, in der Partei. Zu dieser Zeit, hier in der Romantik, beginnt die Frauenliteratur, die neuen Wünsche gewinnen Ausdruck und eigene Form, und noch heute fragt man, ob es das überhaupt gebe: weibliches Schreiben.

In diesen Spannungen, vor allem den inneren, entwickelt sich die Günderrode, gewinnt ihre Sprache als Dichterin Klarheit und Festigkeit, Freiheit und Unabhängigkeit, sind selbst Begriffe wie 'Traum' und 'Schmerz' - sonst beliebte Versatzstücke - Ausdruck für gelebten Traum und erlittenen Schmerz. "Als Dichterin ist sie authentisch, das heißt, sie war es auch als Mensch", schreibt Christa Wolf, eine Gleichung, die es einem nicht leicht macht[9], die wohl eine Umschreibung dessen sein soll, was die Günderrode in einem Brief an Brentano so formuliert: ". . .immer rein und lebendig ist die Sehnsucht in mir, mein Leben in einer bleibenden Form auszusprechen, in einer Gestalt, die würdig sei, zu den Vortrefflichsten hinzutreten, sie zu grüßen und Gemeinschaft mit ihnen zu haben."[10]

Auch das tritt hinzu: daß Frauen sich zueinander hingezogen fühlen und diese Neigung akzeptieren, als wär's ein Stück Natur, "eine andre Art Verbundenheit, eine andre Art Liebe. Als könnten sie, allein miteinander, mehr

9 a.a.O., S. 315
10 a.a.O.

sie selbst sein; sich ungestörter finden, freier ihr Leben entwerfen - Entwürfe, die denen der Männer nicht gleichen werden".[11]

Auch hier, in diesen Freundschaftskreisen von Frauen, entwickelt sich eine neue Art Kultur, die in den literarischen Salons später, wenn auch modifiziert, eine Fortsetzung findet: bestimmt durch das weibliche Element, bereichert und der Natur der Dinge nähergebracht. "Frauen", sagt Christa Wolf, "schließen eine Art Bündnis, sie gesund zu machen. Die Zeichen, die sie geben, können erst jetzt wieder bemerkt, aufgenommen und gedeutet werden."[12] Und: "... ich weigere mich, es einen Zufall zu nennen, daß gerade unter Frauen die Übel der Zeit derart kompromißlos zur Sprache gebracht werden: Die Tatsache, daß sie ökonomisch und sozial vollkommen abhängig sind, ... enthebt die geistig Freiesten unter ihnen der Mißlichkeit, um des Broterwerbs willen den Untertanen-Ungeist zu rechtfertigen. Merkwürdige Verdrehung: in totaler Abhängigkeit wächst ein vollkommen freies, utopisches Denken..."[13]

So kann man das nicht sagen, und so kann es nicht gemeint sein. Die wenigen Frauen, denen die hier beschriebene Art der Selbstfindung gelingt, lebten nicht in Abhängigkeit, sondern waren durch vielerlei Tendenzen dieser Jahre freigesetzt, auch durch ihre Männer gefördert worden, mit denen sie z.T. zusammen arbeiteten, wodurch (natürlich) beide Teile profitierten. Und sie gehörten der bürgerlichen Intelligenz an, Gesprächs- und Freundeskreisen, in denen solche Themen aktuell waren, gelebt wurden, vorgelebt, zumindest diskutiert. Diese Frauen waren ungemein beweglich und interessiert, gebildet, und die Wirkung der reichen literarischen Kultur dieser Zeit kann nicht hoch genug eingeschätzt werden. Zum Beleg dürfen Liesette Nees von Esenbeck, aber auch Bettine von Arnim genannt werden, die eine, die im wesentlichen an ihrer Aus- und Weiterbildung arbeitete, die andere, die Haus und Hof und Kinder und materielle Sorgen auf sich nahm - und trotzdem immer wieder von neuem begann, Lebensformen für sich zu entwickeln, die auf sie zugeschnitten waren, die nur sie ausfüllen konnte. Nein, diese Frauen vermochten sich und ihre Ansprüche so zu entwickeln, weil sie die Möglichkeiten dazu hatten - und weil sie diese Möglichkeiten auch genutzt haben. Natürlich mit einem unerhörten Kraftaufwand, den zu entfalten sie eben als eine Art Befreiung, Selbstfindung, verstanden.

Der tragische Abschluß: das Creuzer-Kapitel. Die Problematik: Die Frau, die die unbedingte Liebe sucht und zu geben bereit ist, trifft auf Männer, die an

11 a.a.O., S. 317
12 a.a.O., S. 319
13 a.a.O.

ein bedingtes Leben gefesselt sind, ihr "...steht die verwundende Erfahrung bevor, daß ihre Art Liebe nicht erwidert werden kann - eine Erfahrung zum Tode", ein Verhängnis.[14] Alles, was in den Begegnungen mit Savigny und Brentano vorgebildet worden ist, wird nun weiter und auf die Spitze geführt. Wieder das Modell: am Anfang die Zuneigung zum bewunderten Wissenschaftler, zum Mann, der Außerordentliches repräsentiert, am Ende der Sturz in die Einsamkeit, als die Günderrode erkennen muß, daß er die Bindungen, in denen er lebt, nicht aufgeben kann. Nun bleibt nur noch der Tod, mit dem Gedanken an diesen letzten Ausweg hat sie seit langem gespielt.

Auch hier scheint das Gesetz, das Christa Wolf zu entdecken glaubt und formuliert, nicht zu gelten, nicht in dieser Ausschließlichkeit und nicht bezogen auf diese Personen: "Der gleiche Augenblick, der Frauen befähigt, zu Personen zu werden - was heißt, ihr 'wirkliches Selbst' hervorzubringen, und sei es wenigstens im Gedicht -, dieser gleiche historische Augenblick zwingt die Männer zur Selbstaufgabe, zur Selbstzerstückelung, beschädigt ihre Fähigkeit, zu lieben, zwingt sie, die Ansprüche unabhängiger, zur Liebe fähiger Frauen als 'unrealistisch' abzuweisen. Sachlichkeit wird ihnen abverlangt." (...) "Frauen, auf ausschließliche Liebe, rückhaltlose Liebe angewiesen, erfahren das Grauen, zu zweitrangigen Objekten gemacht zu werden: Hier sind die Wurzeln auswegloser Leidenschaften."[15]

Wenn die Günderrode und Creuzer nicht zusammenkommen konnten, so lag es an den besonderen Bedingungen, in die vor allem er eingebunden war, von denen er sich nicht hätte lösen können, ohne zu töten. Wenn sie die Situation beschreibt, aus dem 'das bürgerliche Trauerspiel' hervorgeht, macht Christa Wolf es sich recht einfach: "Alle Chargen typengerecht besetzt: Der Liebhaber, der vor den Konsequenzen zurückschreckt; die Ehefrau, die ihren Besitz, den Mann, verteidigt; die treue Freundin und Vertraute..., echte und falsche Ratgeber..." usw.[16] Die Wirklichtkeit sieht anders aus, das weiß und beschreibt Christa Wolf auch: Creuzer, Sohn eines Buchbinders und Steuereinnehmers, hat nur mit finanzieller Unterstützung, auch der Savignys, studieren können; nach dem Tode seines Professors heiratet er aus Dankbarkeit dessen Frau, "eine einfache Frau, die mehrere Kinder großgezogen hat, ihren Männern treulich den Haushalt führt und, da Creuzer sie verlassen will, ihre eigne Tragödie der alternden Frau erlebt, die sie mit ihren Mitteln abzuwehren sucht..." Das ist so strukturiert, daß es einen vernünftigen (?), einen erträglichen Ausgang nicht geben kann. Creuzers Zuneigung, seine Liebe zur Gün-

---

14 a.a.O., S. 324

15 a.a.O., S. 325

16 a.a.O., S. 327

derrode ist heftig, fast bis zur religiösen Verehrung, aber die Bindungen an seine Ehefrau, vielleicht gerade weil sie so absonderlich sind, bleiben unauflösbar. Für einen Charakter - wie ihn - ein unlösbarer Konflikt. Wieder gibt es das bekannte Spiel der Maskierungen und der Heimlichkeiten, auch das Anteilnehmen und -haben an den Arbeiten des anderen, auch die Eitelkeit oder das Selbstmitleid des in den Konflikten lebenden Professors: "Ich habe der Ehe mein Wort gegeben und dem Staate. Ich bin darauf angenommen, daß ich gewisse Gedanken haben soll, die dauerhaft sind auf zwanzig Jahre hin, die einen festen bürgerlichen Boden haben. Ich soll ein Exempel sein der Gesetztheit für eine rohe Jugend. . ., soll keine Poesie haben, während ich doch dazu angewiesen bin, öffentlich davon zu reden." Dazu Christa Wolf mit einem Seitenhieb: "Dies bleibt das Los der meisten deutschen Professoren: Poesie nicht haben, doch über sie urteilen, nur empfinden die Späteren es kaum noch als Konflikt wie ihr gewiß bedauernswerter Ahnherr."[17]

Christa Wolf sieht in dem Spiel vor allem Elemente einer Komödie: die falschen Anreden in den Briefen, die Masken, die Vorschläge, die eingebracht werden, und Creuzers einsames Ehelager, auf dem er nachts heimlich die Briefe der Geliebten liest. Die Pläne, eine Ehe zu Dritt zu führen oder nach Moskau zu gehen, der Professor mit seiner Studentin in Männerkleidern, auch das ist ja eher komisch, - die Tragödie der alternden Frau, die zurückbleiben muß, sieht sie nicht. Creuzer: "Ach, wäre doch Sophie recht groß oder recht schlecht - in jedem Falle wäre ich gerettet. Aber bei dieser tötenden Güte!"[18]

Christa Wolf kann gar nicht anders werten: im Bild der Günderrode sieht sie das Bild einer Frauengeneration aufscheinen, die das Ganze will, sich nicht mehr bescheidet, nicht mehr zurücktritt, nicht mehr entsagt. Die nicht mehr genommen oder geheiratet wird, sondern die wählt und beansprucht und fordert. Natürlich bleiben da Reste übrig, Zurückweichen vor dem eigenen Bilde, das so ganz den allgemeinen Erwartungen widerspricht, von dem sich zuletzt sogar die Freundinnen zurückziehen, das sie nicht mehr verstehen können, eben weil es über die Grenzen hinausgeht. Aber für die Günderrode ist diese Gemeinschaft mit dem Geliebten, die angestrebte, kein Handel, bei dem man ein wenig hinzufügen oder ein wenig zurücknehmen könnte. "Die Freundschaft", schreibt sie an Creuzer, "wie ich sie mit Ihnen meinte, war ein Bund auf Leben und Tod. Ist Ihnen das zu ernsthaft? Oder zu unvernünftig? Einst schien Ihnen der Gedanke sehr wert, mit mir zu sterben und mich, wenn Sie früher stürben, zu sich herunterzureißen. Jetzt aber haben Sie viel

17 a.a.O., S. 329

18 a.a.O., S. 331

wichtigere Dinge zu bedenken, ich könnte ja noch irgend nützlich in der Welt werden. Da wäre es doch schade, wenn Sie Ursache meines frühen Todes sein sollten. . . Ich verstehe diese Vernünftigkeit nicht."[19]

Die Fremdheit zwischen beiden wächst, die Briefe treffen sich nicht mehr, die Anreden gehen aneinander vorbei. Christa Wolf: "Nicht ohne Beklommenheit sieht man, über die zwei Jahre hin, dem Dressurakt zu, dem der Professor sich unterwirft. (. . .) Er wird zusehends kleiner. (. . .) So lebte er hin."

Den Schluß kennen wir. Ihre Vertraute, Liesette Nees, analysiert den 'Fall': "Sie fiel, ein Opfer der Zeit, mächtiger in ihr wirkender Ideen, frühzeitig schlaff gewordener sittlicher Grundsätze: eine unglückliche Liebe war nur die Form, unter der dies alles zur Erscheinung kam, die Feuerprobe, die sie verherrlichen oder verzehren mußte." Und die Freundin, Susanne von Heyden, ergänzt: "Sie konnte nicht leben ohne Liebe, ihr ganzes Wesen war aufgelöst in Lebensmüdigkeit. . . Ihr Herz war größer denn diese Welt; nur die innigste Liebe konnte es lebend erhalten; als diese starb, brach auch ihr Herz."[20]

Der zweite Text, der hier zur Untersuchung ansteht, ist als Nachwort gedacht für eine Ausgabe des Briefromans "Die Günderode" von Bettina von Arnim, versehen mit dem Entstehungsdatum Dezember 1979. Der Roman selbst entwirft aus authentischem und fiktivem Material ein Bild der beiden Frauen, der Karoline und der Bettine (Brentano), 1839; Christa Wolfs Nachwort ist eingekleidet in einen Brief an eine Frau D. oder steht anstelle eines Briefes, mit dem -das ist die Fiktion - ein Briefdialog fortgeführt werden soll "mit den in ihm entwickelten Grundthemen". Beide oder alle drei Texte (eben auch "Kein Ort. Nirgends") stehen offensichtlich in einem Zusammenhang von Thematik und Problematik, die zeitliche Zusammenbindung ist offenbar. Mit den Problemstellungen wechseln die literarischen Genres: auf die Erzählung folgte der Essay; jetzt also ein "Brief" über die Bettine, zuerst abgedruckt in "Sinn und Form", 2/1980.

Deutlich verschieben sich die Akzente beim Aufbau der Frauenbilder, die Christa Wolf vorstellt. Im Vergleich zu "Kein Ort. Nirgends" korrigiert oder erweitert sie im Essay das Bild der Günderrode: die Lebensumstände werden aufgenommen, die Zeichnung der Auseinandersetzungen intensiviert, die Tragik verdeutlicht. Durch die Loslösung von der Kleistgestalt gewinnt sie an Größe und Originalität, werden die Ansprüche, die sie an ihr Leben stellt,

---

19 a.a.O., S. 333

20 a.a.O., S. 337

grenzenloser, werden Lebensalternativen freilich auch immer geringer. Unbedingte Lebensform als Glücksanspruch, das wünschte sie sich; auch wenn sie die Uneinlösbarkeit solcher Ansprüche mehr und mehr anerkennen muß. Aber - so scheint es: letztendlich weicht sie keinen Schritt zurück, auch wenn es das Leben kostet. "Die Literatur der Deutschen als ein Schlachtfeld", beschließt Christa Wolf ihren Essay "- auch das wäre eine Weise, sie zu betrachten. Dichter sind, das ist keine Klage, zu Opfern und Selbstopfern prädestiniert."[21]

Mit dem Bild der Bettine haben sich alle Zeiten schwergetan, Gerhard Wolf zitiert ein Beispiel: ". . .halb Hexe, halb Engel; halb Prophetin, halb Lügnerin; halb Sybille, halb Amazone; halb Kind, halb Schauspielerin; halb Diplomat, halb Unschuld vom Lande; halb Jacobiner, halb Katholik; halb schwärmerische Mänade, halb gelehrtes Weib"[22], und kommt zu dem Schluß: "Aber je mehr man sich ihr nähert, scheint mir. . ., desto gewandter entzieht sie sich allen Zugriffen und Einordnungen und gewinnt, mit jedem unbekannten Blatt von ihr, das noch gefunden, mit jedem Zeugnis über sie, das noch hervorgeholt wird, verwandelt wieder Gestalt."[23] Christa Wolfs Entwurf geht von anderen Voraussetzungen aus und hat andere Zielvorstellungen: ". . . die Bettine, hinter all ihren Maskeraden ein tapferer Mensch, hat sich selbst versprochen, daß sie sich niemals für unglücklich halten und, wenn ideale Lebensform nicht zu haben wäre, das Leben, das sich ihr bietet, annehmen und es sich so weit wie möglich anverwandeln würde. Darin unterscheidet sie sich von der Günderrode."[24]

Deutlich wird bei dieser Akzentuierung erkennbar: Wieder wählt sie einen neuen Ansatz, wieder geht sie gegen Stilisierungen vor, die ein Bild beschädigen, einen Lebensentwurf fragwürdig werden lassen könnten, dem sie Größe zuspricht und - möglicherweise - Leitbildfunktion.

Welchen entscheidenden Wandel beim Aufbau von Leitbildern Christa Wolf in dieser Zeit durchmacht, erweist die Reihenfolge: Kleist - Günderrode - Bettine, die ja auch eine Kette von Wertungen ist mit ganz eigenartigen Wertverschiebungen. Für die Bettine-Gestalt muß das bedeuten, daß Abschied genommen wurde von dem Bild einer koboldartigen, exzentrischen Kind-Frau, über die im Umkreis von Frankfurt oder der Jenenser Romantik

21 a.a.O., S. 344

22 Gerhard Wolf, Die Sehnsucht hat allemal Recht. In: Gerhard Wolf/Christa Wolf, Ins Ungebundene gehet eine Sehnsucht. Gesprächsraum Romantik, (Berlin): Aufbau (1985) S. 289

23 a.a.O., S. 290

24 "Nun ja! Das nächste Leben geht aber heute an." Ein Brief über die Bettine, Sinn und Form 2/80, S. 392, 396

oder der Brentanoschen Familie die Gemüter sich nicht beruhigen konnten. Auch im Günderode-Buch, das Christa Wolfs Brief begleiten soll, spielt sie weitgehend diese Rolle, dem Augenblick hingegeben, voll von schwärmerischer Lust und hochfliegenden Ideen oder Träumen, die den Alltag unter sich zu begraben vermögen, in dieser Leichtigkeit eben das ganze Gegenbild der Günderrode. Es ist das Bild, das man aus der Lektüre ihrer Briefe gewinnen kann, aus den Beschreibungen der Bekannten und Berühmten, Literaturgeschichten und Monographien. Christa Wolfs Bildbeschreibung setzt die Schwerpunkte anders, die eben beschriebene Phase nimmt dabei nur einen kleinen, den kleinsten Teil ein; wichtiger ist die zweite Phase dieses Lebens, nun an der Seite Achim von Arnims, die Frau, die einen großen Haushalt zu führen, sieben Kinder großzuziehen und eine Unmenge von Alltagssorgen zu bewältigen hat. Die sich aufgibt bei diesem Riesenberg an Arbeit und Verantwortung, die sich hinter den Mann stellt und dessen Werk, das, wie sie weiß, nur so gedeihen kann. Zwanzig Jahre ihres Lebens verbringt sie in diesem Opfergang, nicht immer ohne Widerspruch, im wesentlichen aber ohne Klage. Sie "... bringt das schwere Kunststück fertig, den eignen Mythos, das trügerisch vollendete Jugendbildnis ihrer selbst zu zerstören und sich dem gewöhnlichen Ablauf eines 'gemeinen' Lebens auszusetzen ... - wir können uns ihre Verstrickung in Altersmühsal kaum zu tief, ihre Entfernung von den Träumen ihrer Jugend nicht weit genug denken", schreibt Christa Wolf. "Dieses Bild der unter Versagung und Alltagslast stöhnenden Frau hat sich nicht erhalten."

Ihr drittes Leben beginnt mit dem frühen Tode von Arnims (1831): Nach der Regelung der Erbangelegenheiten, nach der Vorbereitung der Ausgabe der Werke ihres Mannes beginnt sie ihr eigenes literarisches Werk: fünf Bücher in dreizehn Jahren, Brief-Romane, sozialkritische Studien, ein unveröffentlichtes Manuskript, Entwürfe, Bände von Briefen. "Ausgerechnet in dem versteinertsten Jahrzehnt des vorigen Jahrhunderts beginnt Frau von Arnim aktiv zu werden, macht ihre Wohnung im Herzen der preußischen Hauptstadt, Unter den Linden 21, zum Zentrum für unabhängige Geister, schert sich den Teufel um Bespitzelung, Postzensur und Observation, empfängt Durchreisende und Verehrer, bewältigt kaum ihren taglichen Posteingang, kümmert sich um die Cholerakranken, um die Armen im 'Vorgtland' vor dem Hamburger Tor. Und schreibt."[25]

Das ist die Bettine von Arnim, um die es Christa Wolf geht, die sich den Lebensgegebenheiten stellt und die Rolle annimmt, die ihr nun einmal zugefallen ist. Kein bißchen Anpassung, sondern - nach den langen Jahren des Spiels

25 a.a.O., S. 397

und der Pflichten - nun, da sie ausruhen könnte, wieder die Übernahme von Pflichten, die nicht aufhören; die sie braucht, um ganz sie selbst zu sein. Nun auch nicht mehr der Opfergang, die Alltagsmüh; mit 50 beginnt sie noch einmal von vorn, ihr drittes Leben.[26] "Ein einziger Platz. . . war noch frei, eine Frau mußte ihn einnehmen, in gehobener Stellung, doch kritisch denkend, keines Amtes fähig, keiner der Parteiungen angehörig; gebildet und furchtlos sollte sie sein, engagiert und mitfühlend, hellsichtig und traumtänzerisch. Dies ist ein Phantombild, und es beschreibt die Bettine."[27]

1835 erscheint "Goethes Briefwechsel mit einem Kinde", das sie über Nacht berühmt macht, 1840 "Die Günderode", 1843 "Dies Buch gehört dem König", Texte, deren eigentliche Bedeutung, da sie vollgestopft sind mit Persönlichstem, geschrieben im Tone eigenartiger Ekstase, den Zensurbehörden größte Schwierigkeiten bereiten; wir befinden uns in der Zeit der Restauration, des Vormärz, der Demagogenverfolgungen, des Metternichschen Spitzelsystems, das über alle Staaten Deutschlands, auch über das von den Franzosen besetzte Berlin, ein engmaschiges Netz gezogen hat. Der demokratische Salon der Frau von Arnim, in dem sich die Opposition trifft, steht natürlich unter besonderer Bewachung, sie kennt den Spielraum und seine Grenzen und weiß sich durch Kühnheit, manchmal Tollkühnheit, zu schützen. "War sie naiv?" fragt Christa Wolf. "Stellte sie sich so? War sie vielmehr gerissen? Oder paßte womöglich ihre Art, nach Gutdünken zu handeln, einfach nicht in die Kategorien des sich selbst zensierenden Untertanendenkens?"[28]

Christa Wolf zitiert einen Brief des Ministers des Innern an Friedrich Wilhelm IV:

> Wäre das Buch ("Dies Buch gehört dem König" 1843) nicht in dem für einen kleinen Leserkreis geeigneten Ton prophetischer Ekstase geschrieben, sondern in der dem größeren Publikum zugänglichen Form einfacher Logik und verständiger Reflexion, und trüge nicht der abenteuerliche Charakter der, wenn auch nicht genannten, doch bekannten Verfasserin dazu bei, die praktische Richtigkeit und Anwendbarkeit der darin enthaltenen Doktrinen in Zweifel zu stellen, so würde dasselbe den gesetzlichen Bestimmungen nach vermöge der darin dargelegten und verteidigten Irreligiosität und vermöge des darin gepredigten heillosen Radikalismus für eine der gemeingefährlichsten Schriften erklärt werden müssen.

---

26 Vgl. Krogmann, Das dritte Leben. Bemerkungen zu einem Brief Christa Wolfs über Bettina von Arnim, Deutschland Archiv 4/81, S. 419 ff.

27 Sinn und Form 2/80, S. 399

28 a.a.O., S. 401

Fragen des Umganges mit den Zensurbehörden und der Geheimpolizei beschäftigen Christa Wolf an dieser Stelle immer wieder, auch die der Bedeutung von Literatur in Zeiten mangelnder politischer Öffentlichkeit und unterdrückter politischer Diskussion. Amüsiert zitiert sie die "naive" Kollegin: "Ich meine keinen Staat, wo nur die Zensur meine Ansichten streichen kann, ich meine einen ganz andern Staat hinter dem Himalaja gelegen, der ein Widerschein ist von dem Staat, den ich meinen könnte; sollte aber auch d a s die Zensur streichen wollen, nun, so mein ich den auch nicht. Ich meine nichts, was könnte gestrichen werden."[29] Bettine ist 67! Nur einmal, 1844, hat sie eine Arbeit liegengelassen, als man ihr den Vorwurf machte, sie würde den Aufruhr predigen: Ihr "Armenbuch", "eine Art erste soziologische Untersuchung über die Lebensbedingungen des vierten Standes. . . Dieser Vorfall, sie muß es gewußt haben, markierte ganz genau die Grenze, die sie nicht mehr ungestraft hätte überschreiten dürfen. . ."[30] Einmal (1847) ist sie sogar verurteilt worden wegen "Steuerhinterziehung", eine Strafe, die sie nicht antreten mußte, aber man hatte ihr die Instrumente gezeigt.

Im letzten Teil des Aufsatzes, nach der Beschreibung der Vorgänge um die Göttinger Sieben - über die noch zu reden sein wird -, geht es Christa Wolf um die 'Weltanschauung' der beiden Frauen, Bettine und Günderrode, um ihr Kunstverständnis und um Nähe oder Ferne der Heutigen zu diesen Texten oder Ansichten. Wenn ich mich frage, schreibt Christa Wolf ihrer Briefpartnerin, wie ich diese Texte dem Verlag zur Veröffentlichung vorschlagen soll, "dann denke ich an Sie und Ihre ungestillte Geschichtsgier ebenso wie an Ihre inständigen Versuche, mit Hilfe einer ungefesselten Sprache Schichten ungelebten Lebens abzutragen, die Ihren Geist, Ihr Bewußtsein, Ihre Empfindungen, Ihren Körper von sich selber trennen. Und ich denke darüber nach, wie die unerledigten Einlagerungen in unserer Geschichte, die produktiven Ansätze, über die sie mit 'ehernem' oder bloß geschäftigem Schritt hinweggegangen ist, und unsere Selbstentfremdung miteinander zusammenhängen. Wir müßten unser Leben ändern. Aber das tun wir nicht."[31]

> Soll ich verschweigen, daß sich in mir etwas in Neid und Trauer zusammenzieht, wenn ich lese und mir vorstelle, wie unschuldsvoll - was nicht heißt: leichthin und unbelastet - zwei junge Frauen, Deutsche, miteinander umgehn; denn Poesie, das eigentlich Menschliche, gedeiht nur bei Unschuldigen; jene hatten sie; wir haben Gedichte, doch Poesie als Umgangsform ist uns verwehrt; andre vermissen sie wohl an uns, wir scheinen mit

29 a.a.O., S. 402, 403

30 a.a.O., S. 403

31 a.a.O., S. 411

> dem Verlust fertig zu sein, wenn nicht eine Art Phantomschmerz manche von uns umtriebe und die meisten sich mit auffälligem Eifer in gefühlsferne Redeweisen, Tätigkeiten und Handlungen stürzten. Vielleicht muß ich denken, empfehle ich dieses Buch als ein Mittel, den Phantomschmerz wachzuhalten?[32]

Aber das meint Christa Wolf natürlich nicht nur; sie hat weitere Gründe, weshalb sie das Buch empfehlen wird, die tiefer liegen und bedeutsamer sind. Wir sind beim letzten Abschnitt des Aufsatzes "Nun ja! Das nächste Leben geht aber heute an", in dem es wieder einmal um Leben und Tod geht oder ums Überleben. Über das Sterben der Günderrode wird gehandelt, über die Lebensphilosophie der Bettine und über Christa Wolf: "Die allgemeine Stimme, die ihr ein Maß setzte, das nicht das ihre war, hat die Günderrode getötet . . . Sie wissen, wie und worüber die allgemeine Stimme heute mit uns spricht."[33]

Zuvor geht es um eine "Weiber-Philosophie", die die beiden Frauen zu entwickeln trachteten und die sie als Lebensform anzuwenden suchten: Lebensfreude, Sinnengenuß und Humanität sollten die Schlagworte einer Lebenshaltung sein als Gegensatz zur Männerkultur der Aggressionen, zum Leistungsethos, das in den Bildern des "Faust" und des "Prometheus" geronnen ist. Sie wollten "miteinander denken aus Liebe" und "Liebe, Sehnsucht als Mittel der Erkenntnis brauchen"[34], sie wollten nicht von sich selber absehn müssen beim Denken, sie wollten "einander Namen geben, Rollen spielen, die durch die Alltagswirklichkeit nicht gedeckt sind und sie doch aus sich heraustreten, über sich hinausgehn lassen". Dies alles, wie weit man es noch ausbauen könnte, versteht Christa Wolf nicht als einen neuen Irrationalismus, sondern als "Spielart. . . aufklärerischen Denkens, die geschärfte Ratio und gesteigerte Empfindungsfähigkeit in einer Person zusammenbringen will, die. . . die Einseitigkeit des instrumentalen, sachbezogenen Denkens. . . fürchtet; die eine andre, persönliche Art, der Natur - auch der eignen - nahezukommen, den seelenlosen Mechanismen der 'geisttötenden' Philosophie entgegengesetzt."[35]

Eine Lebensalternative, angeboten in einer Zeit, die "unwiderruflich auf Ausbeutung der Natur, auf die Verkehrung von Mittel und Zweck und auf die Unterdrückung eines jeden 'weiblichen' Elements in der neuen Zivilisation"[36]

---

32 a.a.O.

33 a.a.O., S. 418

34 a.a.O., S. 414

35 a.a.O., S. 414 f.

36 a.a.O., S. 415

ausgerichtet war. Beide Frauen haben nach einem Weg gesucht, ihr Leben in solche Bahnen zu lenken; für die Günderrode war die Entmutigung schon zu groß.

Die Günderrode hat den Kanon geltenden Rechts - auch in der Ästhetik - nicht angezweifelt, sie hat Annäherungen versucht, auch Auswege, aber sie hat sich nicht verweigert. Ihr Freitod war nur der letzte Schritt in einer Welt, in der sie nicht mehr zu leben vermochte. Bettine war in dieser Hinsicht stärker, unabhängiger, auch selbstbewußter, vor allem in ihrer zweiten und ihrer dritten Lebensphase. "Ich selbst werd nicht Lieb erzeugen, so wenig als ein Gedicht, ich fühls, und es liegt auch ein geheimer Widerspruch in mir, daß ich nicht gestört sein will in der inneren Werkstatt meines Geistes durch Gegenliebe."[37] Der Lebensfalle, daß literarische Strukturen und die hierarchischen Strukturen der Gesellschaft irgendwie zusammenhingen, entgeht sie durch Verweigerung. Ihr Kunstbegriff ist naiv, im Sinne der Meister wird sie nichts zuwege bringen; aber er ist lebenerhaltend, mehr: er ist die Form, sich immer wieder neu zu gebären. Er ist der Ausdruck ihrer Haltung dem Leben gegenüber, es in ihre Form zu bringen, ihm ihre Form aufzudrängen, nicht aufzugeben. Der Brief-Schluß, der oben zitiert wurde mit den Beziehungsmöglichkeiten Christa Wolf - Günderrode, bietet denn auch noch eine andere Verknüpfungsmöglichkeit. Im Text heißt es nämlich: "Wie es mit der Bettine weiterging, wissen Sie; wissen, wie sie nicht aufhören konnte, Vorschläge zu machen für eine andere, nichttötende Art, auf der Welt zu sein."[38]

Das ist versehen mit dem Datum "Dezember 1979". Am 14.4.79 bringt die DDR-Zeitung "Der Morgen" das Interview zum Günderrode-Komplex, in dem die für Christa Wolf wesentlichen Fragen sehr deutlich formuliert werden: Dieser Frau war es nicht gegeben, sich Bedingungen anzupassen, die ihre Lebenswerte und ihre Produktivität in Frage gestellt hätten. Für sie gab es - wie für Christa T. - keine lebbare Lösung unter den gegebenen Umständen, ". . .den verkrüppelnden gesellschaftlichen Umständen". In dieser Hinsicht sieht Christa Wolf Parallelen, ihr Günderrode-Buch aber will mehr, anderes: "Mit meiner Darstellung will ich ihre Sensibilität verteidigen und - besonders im Hinblick auf die noch immer um Liebesfähigkeit wie um Selbständigkeit bemühten Frauen - die Leser ermutigen, sich ihre Sehnsüchte zu bewahren." Und: "Es lag mir daran, die Wurzeln für Probleme zu finden, die uns heute noch zu schaffen machen. . ."

Genau das ist das Thema ihres Aufsatzes "Berührung", 1977 zu Maxie Wanders "Guten Morgen, du Schöne" geschrieben, zu Frauenprotokollen, die Le-

---

37 a.a.O., S. 416
38 a.a.O., S. 418

bensentwürfe und -schicksale wiedergeben, in einer denkwürdig unverstellten Art, Lebenswünsche und -erwartungen der Gegenwart, ganz und gar unromantisch und doch so fern den eben geschilderten auch wieder nicht. Die Wiederkehr des gleichen Themenkomplexes signalisiert einen in dieser Zeit (1977/78) sich vollziehenden Wandel bei Christa Wolf, einen Wendepunkt mit neuen Problemstellungen und Akzentsetzungen: von jetzt ab geht es um die Rolle der Frau(en) beim Aufbau einer menschenwürdigen Welt in der Geschichte wie in der Gegenwart, um die kritische Überprüfung der Normen und Leitbilder, auf die das Leben ausgerichtet ist, vielleicht auch um Fragen der Umwelt, in die wir hineingeboren und vor der wir uns zu bewähren haben. Es sind - man sieht es - Fragen sehr allgemeiner Art, Grundfragen, die die Basis unserer Wirklichkeit untersuchen, ob die Welt bewohnbar, das Leben lebbar sei, Fragen, die - so gestellt - über die politischen und geographischen Gegebenheiten und Bedingtheiten hinausgehen, die allgemeinmenschlich sind und allgemein-menschliche Antworten herausfordern. Deutlich ist, welchen Weg Christa Wolf vom "Geteilten Himmel" bis hierher zurückgelegt hat und was die aufgenommene Problematik gewonnen hat an Welthaltigkeit und allgemeiner Bedeutung.

"Der Geist, der in diesem Buche (Maxie Wanders 'Guten Morgen, du Schöne'- W.K.) herrscht - nein: am Werke ist -, hat mit Markt- und Herrschaftsverhältnissen nichts zu tun. Es ist der Geist der real existierenden Utopie, ohne den jede Wirklichkeit für Menschen unlebbar wird." In diesen Texten bilde sich, schreibt Christa Wolf, "ein Vorgefühl von einer Gemeinschaft, deren Gesetze Anteilnahme, Selbstachtung, Vertrauen und Freundlichkeit wären. Merkmale von Schwesterlichkeit, die, so scheint mir, häufiger vorkommt als Brüderlichkeit."[39] Natürlich eine Utopie im real existierenden Sozialismus, wo aber wären diese Lebensformen etwas anderes?

Dabei zeigt sich, wie eng sie die Seh- und Bewertungsraster, die sie für den Romantiker-Komplex erarbeitet hat, an diese Gegenwartsproblematik bindet: es sind durchaus vergleichbare Eigenschaften und Lebensansichten, die die Karolinen und Bettinen kurz nach der französischen Revolution für sich in Anspruch nehmen und die nun, in der sozialistischen Revolution, immer noch ersehnt, herbeigewünscht werden, wenn auch die fast 200 Jahre, die dazwischen liegen, verbunden mit den neuen Verkrüppelungen, die während der Herrschaft der bürgerlichen Gesellschaft sich entwickeln konnten, natürlich berücksichtigt werden müssen.

Nur: der Frageansatz und die Grundforderungen haben sich nicht verändert, wenn auch das Mißtrauen gegen die Ordnungen der Männerwelt sich eher

39 'Fortgesetzter Versuch', S. 280

verstärkt hat; kein Wunder nach den Erfahrungen, die die Menschheit mit 'männlichen' Aggressionen machen durfte, als Ausfluß männlichen Denkens und von Männern beherrschter Institutionen. Ein gesellschaftlicher Neu-Entwurf mußte, wie er durch Christa Wolf entwickelt wird, den Kern treffen und mußte bei einer Kern-Kritik ansetzen: beides können wir an den Texten ablesen.

Hierin gleichen sich die Zeiten mit ihren erträumten Lebensformen: Die "Weiberphilosophie" fragt nicht nach der Erkennbarkeit der Wirklichkeit oder der Existenz Gottes, nicht nach der Dialektik der Weltbewegung oder nach der Klassenstruktur der menschlichen Gesellschaft: diese Frauen, die Karoline, die Bettine, die Maxie und die anderen, die sich in den Protokollen zu erkennen geben, suchen nach Nähe, Berührung, Vertrauen, Offenheit, Sehnsucht und Liebe, nach Menschlichkeit und Wärme, nach Werten also, die im Miteinander sich entfalten können und die nicht oder weniger mit 'Gleichberechtigung' zu tun haben. Denn die haben sie - wenigstens den Paragraphen nach und zumindest in der DDR: was sie fordern, geht über den Krippenplatz, über Kindergeld und Frauenförderungspläne hinaus. "Sie beginnen darüber nachzudenken, was ihr Leben aus ihnen gemacht hat, was sie aus ihrem Leben gemacht haben. 'Wenn man sich lange auf Leistung trimmt, zerstört man Wichtiges in seiner Persönlichkeit.'"[40]

Das, meint Christa Wolf, sei Ausdruck eines radikalen Anspruchs, "als ganzer Mensch zu leben, von allen Sinnen und Fähigkeiten Gebrauch machen zu können", ein enormer Anspruch, wenn man weiß, welchen Zwängen diese Gesellschaft ausgesetzt ist und wie sie sie weitergibt, in Wettbewerben und Besten-Auszeichnungen, in immer neuen Kampagnen, die Leistungen zu steigern, die Pläne überzuerfüllen. Wie von allen guten Geistern verlassen, wünscht Christa Wolf, daß die Frauen den Männern helfen könnten, "jenen Unterordnungs- und Leistungszwang wahrzunehmen, der vielen von ihnen, historisch bedingt, zur zweiten, verbissen verteidigten Natur geworden ist".[41] Das, diese Befreiung von den Zwängen des Alltags, nennt Christa Wolf "gewissenhaft handeln", Lebensformen, getragen von Vernunft, Sinnlichkeit und Glückssehnsucht, und Glück sei wiederum das Miteinanderleben in neuen Sozialformen, nicht in der Betonzelle, die zu neuen Isolierungen führe, sondern in Freundschaften, Gemeinschaften, die keinen Egoismus mehr kennen, keinen Neid und kein Mißtrauen. "Welche Gesellschaft bauen wir eigentlich auf?" fragt Ruth, eine Kellnerin, am Ende der Texte bei Maxie Wander, und sie offenbart ihren Traum: "Ich träume: Die Menschen werden wie Menschen

40 a.a.O., S. 288
41 a.a.O., S. 287

miteinander umgehn", und Margot (36), die jetzt malt, ergänzt: "Ich würde meine Vision malen: die Angst, wie das menschliche Leben entarten kann, wie die Dinge den Menschen aushöhlen." Und Christa Wolf beschließt den Text: "Zwischen solchen Alternativen leben wir. Männer, Frauen, besonders die Kinder. Wie können wir Frauen 'befreit' sein, solange nicht alle Menschen es sind?"[42]

Man kann diese Fragen immer weitertreiben, es sind Fragen, die sich folgerichtig aus den Ermutigungen zur 'Öffentlichkeit' entwickeln mußten, "an öffentlichen Angelegenheiten teilzunehmen"[43]. "Es zeigt sich" - zieht Christa Wolf nun den auch für sie bezeichnenden Schluß -: "Rückhaltlose Subjektivität kann zum Maß werden für das, was wir. . . 'objektive Wirklichkeit' nennen . . . Das Subjekt treibt sich selbst heraus, wenn es dazu beitragen kann, aus den gegebenen Verhältnissen das Äußerste herauszuholen. Es wird in sich zurückgetrieben, wenn es auf entfremdete, destruktive Strukturen, auf unüberwindliche Tabus in entscheidenden Bereichen stößt."[44] Das ist ein Gesetz, könnte sie hinzufügen.

Christa Wolf entwickelt weitere Bilder erfüllten oder nichterfüllten gesellschaftlichen Lebens, nimmt sich gesellschaftliche Institutionen vor und Konventionen, die den Menschen frühzeitig in erwünschte Rollen pressen und ihn dem allgemeinen Verdikt aussetzen, jahrhundertelang geübt und überaltert. In dem Buch der Maxie Wander begegnet sie Haltungen und Denkanstößen, auch von seiten der so früh verstorbenen Autorin, die zu Hoffnungen berechtigten, da sie Widersprüche in dieser Gesellschaft erkennt, die produktiv werden könnten, wenn man sich ihrer bewußt würde und mit dem Mut zur Lösung sich an sie heranwagte. "Unsere Verhältnisse haben es Frauen ermöglicht, ein Selbstbewußtsein zu entwickeln, das nicht zugleich Wille zum Herrschen, zum Dominieren, zum Unterwerfen bedeutet, sondern Fähigkeit zur Kooperation. Zum ersten Mal in ihrer Geschichte definieren sie - ein enormer Fortschritt - ihr Anderssein; zum erstenmal entfalten sie nicht nur schöpferische Phantasie: Sie haben auch jenen nüchternen Blick entwickelt, den Männer für eine typisch männliche Eigenschaft hielten."[45]

Den hatte die Bettine auch, und es hat immer Zeiten und Situationen gegeben, in denen diese Nüchternheit benötigt und auch geleistet wurde. Es wäre auch der falsche Ansatz: in dieser Nüchternheit haben sich die Männer immer bewährt, das konnten sie. Nicht um Nützlichkeitsdenken und Pragmatis-

---

42 a.a.O., S. 290

43 a.a.O., S. 283

44 a.a.O.

45 a.a.O., S. 289 f.

mus geht es ja, sondern um die Komponenten, die man, vielleicht zu Unrecht, typisch weiblich nennt. Die aber - und das ist sicher - dazugehören, wenn man ein neues Bild vom Menschen zeichnen möchte, eine neue Menschlichkeit. Nur ist es eben eine typische Männergesellschaft, in der diese Gedanken formuliert und vorgetragen werden. Wie hieß es im "Brief über die Bettine"? "Wir müßten unser Leben ändern. Aber das tun wir nicht."

Die drei Lebensbilder, die in diesem Kapitel entwickelt wurden - alle aus der Zeit nach der Biermann-Ausweisung - sind, wie gesagt, Ausdruck einer Krise Christa Wolfs und markieren einen Wendepunkt: in ihrem Gesellschaftsverständnis, in ihrem Menschenbild und - wir werden es sehen - in ihrer Ästhetik. "Es sind keine Zeugnisse darüber bekannt", schreibt Gerhard Wolf in seinem Essay über die Bettine (Herbst 1983), "daß Bettine sich ernsthaft mit dem Gedanken geplagt hätte, das Land zu verlassen. . . Sie wußte, hier war ihr Platz, und sie kannte die Grenzen und den Spielraum, die ihr als Schreibende und Handelnde gesetzt waren. . ."[46] Es wäre schon verlockend, auch an dieser Stelle Parallelen zu sehen, wie überhaupt besonders der "Brief über die Bettine" dazu einlädt, Bedeutungsvarianten offenzulegen und nach mehr oder minder verdeckten Aussagen zu suchen. Denn nicht nur diese Frau hatte ihre Schwierigkeiten mit den Presseorganen und der Zensur in ihrer Zeit und nicht nur ihre Person war eine gesuchte Gesprächs- und Briefpartnerin zu allen möglichen Lebensfragen. Daß ein Schriftsteller heutzutage so etwas wie eine moralische Instanz ist, dazu hat sich Christa Wolf bekannt und das als einen Teil ihrer Arbeit und ihres Selbstverständnisses als Schriftstellerin gekennzeichnet in einer Zeit, da die Öffentlichkeit, die sonst durch die Medien hergestellt werden kann, eingeschränkt ist. Und sie hat - auch darüber wurde gehandelt - wiederholt über die Felder Zensur und Selbstzensur gesprochen. Es wird immer ein Problem sein, die Grenzen zu bestimmen, wie weit ein Schriftsteller gehen kann oder zu gehen hat, wenn er sein Gesicht, aber auch seine Aussagemöglichkeiten nicht verlieren darf. Es gibt ganze Literaturen, die auf Formen verdeckten Sprechens zurückgreifen, weil das als die einzige Möglichkeit angesehen wurde, die Botschaft, die vermittelt werden sollte, an den Mann (oder die Frau) zu bringen. Das Ganze ist - wie man sich denken kann - ein schwieriges und problematisches Kapitel, vor allem auch deshalb, weil der Autor sich nicht wehren kann gegen die Unterstellungen, die möglicherweise ihn ganz zu Unrecht treffen. Auf der anderen Seite ist auch eine verdeckte Aussage ein Teil der Gesamtaussage, kann also bei einer Werkanalyse, die mit solchen Darstellungsweisen rechnen muß, nicht

46 Gerhard Wolf, Die Sehnsucht hat allemal Recht, a.a.O., S. 312

ausgespart bleiben. Palimpsest heißen Texte aus dem Mittelalter, die man erst lesen kann, wenn man eine spätere Schreibschicht entfernt hat.

Darum geht es hier nicht: der Text, den wir zu erfassen suchen, ist auch in seiner Oberflächenstruktur lesbar; aber er enthält Zeichen, die den Leser zu einem anderen Verständnis des Textganzen führen können, wenn er in der Lage ist, die Zeichen zu erkennen und zu entziffern. Man kann diese Zwei- und Mehrdeutigkeit natürlich als ein Element von Literatur überhaupt ansehen, wodurch Literatur erst die Ebene des Trivialen übersteige: es ist schon ein weites Feld. In ihrem Text "Beispiele ohne Nutzanwendung", ein Beitrag zum PEN-Kongreß in Stockholm (April 1978), ist Christa Wolf auf diese Problematik eingegangen: 1968 hatte sie ihren großen literaturtheoretischen Essay "Lesen und Schreiben" mit den Worten eröffnet: "Das Bedürfnis, auf eine neue Art zu schreiben, folgt, wenn auch mit Abstand, einer neuen Art, in der Welt zu sein." Jetzt - zehn Jahre später - zitiert sie sich selbst: "... sollte eine neue Realität neue Arten von Verkleidung der Literatur erfordern?"

Die Antwort, die Christa Wolf gibt, folgt nicht unserer Fragerichtung, sondern der, daß in einer weitgehend verfremdeten Welt nur literarische Mittel der Verfremdung die adäquate Gestaltungsform sein könnten. "(Literatur), verkleidet von ihrem Wesen her, trifft auf Verkleidete, auf 'Wirklichkeit in Verkleidung', auf Leser, denen das Verhängnis verborgen bleibt, womöglich als 'Glück' erscheint, ... müßten wir nicht neu nachdenken, mit welcher Art von Schlüssel man Menschen heutzutage ihre tiefverschlüsselte - 'entfremdete' - Realität aufschließen kann? Sollte Literatur der Selbstmaskerade so vieler Menschen ihrerseits zu begegnen suchen, indem sie sich immer weiter maskiert, unkenntlich macht, in Kostüme flüchtet, mit Bildern, Gleichnissen, Mythen arbeitet? Sich 'in Verkleidung' einschleicht hinter die Abwehrpanzerung ihrer Leser?"[47]

Auf ihre selbstgestellte Frage gibt Christa Wolf keine Antwort oder nur eine halbe: daß verhütet werden müsse, daß die Mittel mißbraucht, der Leser manipuliert werden könne. "Alle Mittel, scheint mir, sind erlaubt, alte wie neue, wenn wir sie unter eine strenge Selbstkontrolle stellen..." - und beginnt mit ihrer Arbeit an "Kassandra". Vor allem aber: "Sie (die Literatur - W.K.) darf nicht loslassen", - muß sich einmischen, wenn es um das Leben geht.

47 'Lesen und Schreiben', 1981, Neue Sammlung, S. 111

## IX. Verdecktes Sprechen

Im Umkreis von Zensur und Selbstzensur entwickeln sich Verhaltens- und Sprachformen, die, auf solche Bedingungen reagierend, Widerstand verbergen und zugleich zeigen sollen. Die Formen dieser besonderen Art von Kommunikation machen ein eigenes Sprachfeld aus, obwohl die Grundformen des 'Verdeckten Sprechens' keineswegs über die Alltagssprache hinausgehen. Ihre auffälligsten Erscheinungen zeigen sich in der Sprache der Werbung; immer geht es darum, etwas anzudeuten und etwas anderes zu meinen oder zu bewirken. Auch die Sprach- und Sprechformen der politischen Auseinandersetzung gehören hierher, in Kommentaren oder Parlamentsdebatten, auch Annemarie Auer könnte in diesem Zusammenhang genannt werden, die in ihrem Pamphlet gegen Christa Wolf eine Vielzahl von Urteilen oder Vorurteilen fällt, ohne sie direkt zu benennen; sie deutet an, läßt Assoziationen zu oder provoziert sie. Es ist - wie immer - eine Sprachform, die den Sprechenden ebenso charakterisiert wie die Angesprochenen, vielleicht sogar deutlicher und treffender, die aus Haß, Parteilichkeit, Angst, Vorsicht gewählt werden kann oder aus Feigheit oder auch aus einer durchaus realistischen Einschätzung einer Situation, die bedacht und berücksichtigt wurde bei der Wahl der sprachlichen Mittel. Mit dieser Form des Sprechens ist schon immer umgegangen worden; Günter Kunert bringt als Beispiel die Redeweise Goethes, wenn dieser sein Verdikt über Kleist gibt, in der Manier goetheschen Sprechens: "Auf ein anderes, freilich in anderem Sinne problematisches Theaterstück hatte man gleich ein Auge geworfen", zitiert Kunert den Weimarer (1807), "es war 'Der zerbrochene Krug', der gar mancherlei Bedenken erregte und eine höchst ungünstige Aufnahme zu erleben hatte."[1] Und Kunert fährt fort (nicht ohne selber unterschwellig Urteile zu provozieren): "Welcher archaische Big Brother wurde da als namenloser Argus undeutlich doch drohend provoziert? Klingt jener denunziatorische Satz nicht so, als wolle er die Bedenken, von denen er spricht, nicht überhaupt erst hervorrufen? Wobei der Denunziant, vermutlich aus Mangel an Argumenten, sich gleichzeitig jeder Begründung für seine Unterstellungen ('problematisch', 'Bedenken', 'ungünstige Aufnahme') enthält. . ." Wie gesagt, alles mögliche wird hier sichtbar, und man muß natürlich dabei hinzudenken, daß Goethe hier seine eigene Ästhetik verteidigen will, daß 1807 die große klassische Zeit längst vorbei war und die Konkurrenz nicht eben schlief. Ähnlich ist eine Form der Handhabung der Sprache, die im Redegestus der Ironie täglich begegnet, indem man etwas sagt und eigentlich das Gegenteil meint.

---

1 Sinn und Form 5/75, S. 1092

Wenn es freilich um "Schloß und Riegel" geht, wie in Christa Wolfs "Brief über die Bettine", verliert sich der Spielcharakter der Sprache rasch, der hinter diesen Aussageformen ja noch vermutet werden könnte. Noch 1973 hatte Christa Wolf in ihrem Aufsatz "Über Sinn und Unsinn von Naivität" sogar einen gewissen Reiz für Leser und Schreiber darin gesehen, verdeckte Passagen eines Textes zu entschlüsseln, was das Lesevergnügen durchaus erhöhen könnte, weil man so der Auseinandersetzungen inne würde, die der Text ja auch zeige, wenn er an die Grenzen des Sagbaren gelange:

> . . .wie einfach wäre es doch, wenn nur äußere Umstände einen hindern könnten, 'alles' zu sagen, was man weiß; denn wenn auch wahr ist, daß geschrieben wird, um bisher Unbekanntes auszusprechen, so kann man doch auch in jeglicher Literatur - selbst großer Autoren - nachweisen, daß sie dazu gebraucht wurde, manches zu verdecken. Und gerade diese Auseinandersetzung des Autors mit sich selbst, die zwischen den Zeilen, hinter den Sätzen stattfindet: an die Grenze des ihm Sagbaren zu kommen und sie womöglich an einer unvorhersehbaren Stelle zu überschreiten, und es doch nicht zu können, nicht zu d ü r f e n, weil er ein selbstgesetztes Tabu nicht ungestraft berühren kann, gegen das jedes Verbot eines Zensors belanglos wird: diese Hochspannung macht den Reiz des Schreibens aus und, wenn man sie erst entdeckt hat, den Reiz des Lesens, auch wenn sich der Leser nicht bewußt werden muß, was ihn, über die Schicksale der Romanfiguren hinaus, so mitgenommen hat.[2]

In diesem Aufsatz, der während der Arbeit an "Kindheitsmuster" entsteht, spricht Christa Wolf über Mängel und Fehler, die sich bei der "Moskauer Novelle" (1959) nachweisen ließen, die zu begründen seien und die erklärt werden könnten aus den Lebensumständen, die ihre Biographie ausgemacht hätten: Faschismus, Krieg und Nachkrieg - Ereignisse, die eine Fülle von Brüchen und Umbrüchen zur Folge gehabt hätten, die sich im Schreiben dann wieder auffinden ließen: im Aufbau einer Fabel zum Beispiel, in der Auswahl der Konflikte und in deren Lösung. Hier seien natürlich auch Ergebnisse eines Germanistik-Studiums ablesbar, vor allem aber wohl Beschädigungen des Charakters, der sich in einer Zeit zu bilden hatte, gespannt "zwischen private(r) Trivialität und öffentliche(m) Fanatismus". Beschädigungen, die als 'Art zu denken' weiterlebten, in der "Gewohnheit der Gläubigkeit gegen übergeordnete Instanzen, (im) Zwang, Personen anzubeten oder sich doch ihrer Autorität zu unterwerfen, (im) Hang zu Realitätsverleugnung und eifervoller Intoleranz".[3]

---

2 Eröffnungen, a.a.O., S. 170 f.

3 a.a.O., S. 165, 172

Die Beschreibung dieser Bedingungen ihrer Schriftsteller-Existenz sei kein Lamento, sondern der Versuch einer 'Selbstverständigung', einer Positionsbeschreibung, die Fehler erklären, die weiteren Zielvorstellungen aber erkennen lassen könnte. Die Wahrheit, um die der Schriftsteller sich zu bemühen habe, die er fassen und darstellen müsse, könne nun einmal nicht durch die Aufnahme überholter oder 'neuer' Fertigteile gewonnen werden - er brauche dazu die Möglichkeiten eines "spontanen, direkten, rücksichtslosen Reagierens, Denkens, Fühlens, Handelns, ein unbefangenes (eben doch 'naives'), ungebrochenes Verhältnis zu sich selbst. . . genau das, was wir eingebüßt haben".[4]

Und dieses könne - so meint sie noch zu dieser Zeit - nur durch "eine andauernde unerschrockene Arbeit gerade an jenen Vergangenheitskomplexen stattfinden, deren Berührung schmerzt".[5]

Während der Arbeit an "Kindheitsmuster" geht ihr die "Gutgläubigkeit unserer heutigen (1973 - W.K.) Äußerungen" verloren, wir sahen es: das "freie schöpferische Verhältnis zu unserer Zeit", wie sie es in diesem Aufsatz noch erhofft, wird abgelöst vom "Zeitalter des Argwohns". "Vielleicht können wir nichts anderes tun, als den nach uns Kommenden unsere Behinderungen zu vermelden. Davon reden, was einem geschieht, wenn alle Wege, die einem offenstehen, in falsche Richtungen führen."[6] Und im "Kindheitsmuster" heißt es: "Wie würdest du schreiben in der Gewißheit, daß du in zwei Jahren stirbst?": Aufrichtigkeit als Ziel.[7] Schon 1973, in "Über Sinn und Unsinn von Naivität", formuliert Christa Wolf den einzigen für sie gangbaren Weg:

> Schon im Enstehen zerstörte Hoffnungen brächten jede Produktion. . . zum Erliegen, während heute, da jedes Wort komplizierteren und strengeren Tests unterworfen wird als früher, die Arbeit zwar mühevoller und langwieriger, aber doch keineswegs unmöglich geworden ist. Neue Arten von Nachrichten erfordern neue Entschlüsse und Techniken, sich wirksam einzumischen.[8]

Techniken des Schreibens, die die Wahrheit zu benennen vermöchten, auch wenn das Wort-Material nicht mehr auszureichen scheint, den 'Wahnsinn', der in den Nachrichten versteckt ist, wieder sichtbar zu machen; aber auch Techniken, die die Kraft haben, die Macht des Zensors und vor allem die der

---

4 a.a.O., S. 173

5 a.a.O.

6 'Kindheitsmuster', S. 305

7 a.a.O., S. 487

8 Eröffnungen, a.a.O., S. 173

Selbstzensur zu übersteigen, in der Weise, daß hinter der Verhüllung die Wahrheit sichtbar wird. Sklavensprache? - Keineswegs! Vielmehr und viel eher eine Gestaltungsweise, die die Möglichkeiten berücksichtigt, die nun einmal gegeben sind. "Zeitgenossenschaft", auch Verständnis für die vielfältigen Zwänge, in die jeder eingebunden ist, der am Literaturbetrieb, am sozialistischen, teilnimmt. Das heißt, daß der Autor aus der Vielfalt der Widersprüche, die die Spannung einer Zeit ausmachen, diejenigen herauszustellen hat, die - nach seiner Meinung - Hauptkettenglieder gesellschaftlicher Bewegung oder Verstörung sind, eingebunden in das Geflecht anderer Widersprüche, die zu diesem Komplex gehören und ihm dadurch erst Wahrheit erteilen. Wissend, daß er mit dieser Akzentsetzung Wertungen bringt, die vielleicht gegen Wertungen offizieller Stellen verstoßen, sie sogar widerlegen und daß er dadurch zwischen Mühlsteine geraten kann, die ihn zerreiben könnten. Eine Aufgabe also, die Mut, Verantwortungsgefühl und einen hohen Grad an Bewußtheit verlangt und Gefährdungen mit sich bringt, die er auf sich nimmt und denen er zugleich auszuweichen sucht: verdecktes Sprechen.

In einem Diskussionsbeitrag zum VI. Deutschen Schriftstellerkongreß vom Mai 1969 hatte Rosemarie Schuder, Autorin von 'historischen Romanen', unter dem Frageansatz 'Verfremdung' oder 'Sklavensprache' eine Beschreibung 'großer' Literatur gegeben, auf die das o.g. Zitat von Christa Wolf wie eine Entgegnung klingt: "Bei meinen Vorbereitungen für meine Arbeiten mit der Geschichte" - sagte Schuder - "fand ich, daß große Kunst, die für den Fortschritt der Menschheit eintritt, immer zeigen, die Zeitgeschichte widerspiegeln, erklären will. Also verständlich sein bis zum äußersten."[9] Christa Wolf stellt diesem naiven Literaturbegriff, der sich mit dem Fortschritts-Begriff schmückt, - wir wissen es - eine andere Literaturkonzeption entgegen: an die Stelle der Weisheiten der Geschichtswissenschaft (Schuder: "Das, was von der Geschichtswissenschaft erarbeitet und gesichert ist, darf nicht verbogen werden zugunsten einer billigen Parallele"[10]) tritt die Wahrheit des 'moralischen Gewissens' des Autors, gegen die "anmaßende Behauptung, ein für allemal im Mitbesitz der einzig richtigen, einzig funktionierenden Wahrheit zu sein"[11], tritt 'subjektive Authentizität'. Was aber bedeutet das bei der Bearbeitung eines historischen Stoffes zum Beispiel?

Zum Beispiel "Kein Ort. Nirgends", 1977: Personen, Konflikte und die angedeuteten Konfliktlösungen sind - wir sahen es - Spiegel der historischen Erfahrungen der Autorin, wie immer bei ihr. Für Erfahrungen von Wirklichkeit

---

9 VI. Deutscher Schriftstellerkongreß, Protokoll, a.a.O., S. 195

10 a.a.O., S. 197

11 Eröffnungen, a.a.O., S. 172

werden Bilder gesucht, die 'passen', die zugleich die Wurzeln solcher Erfahrungen freilegen in der Geschichte oder in historischen Gegebenheiten, die die Lebensläufe bedingen, Lebensmuster verdeutlichen und erklären; eben mit kritischem Blick auf die Gegenwart oder von ihr her. Nicht um Geschichte geht es, sondern um Geschichten, die sich z.T. der Geschichte bedienen; nicht um historische Vorgänge besser verstehen zu können (Schuder: "...das Umsetzen eines historischen Geschehens in die Vortellungswelt des Lesers von heute"[12]), sondern die der Gegenwart. Auch und gerade, wenn man sie eigentlich nicht benennen kann, weil bestimmte Ereignisse ein gesellschaftliches Tabu sind oder von Teilen der Gesellschaft tabuisiert oder gar kriminalisiert werden.

Unter solchen Bedingungen müssen Texte zugleich offenlegen und verdekken, das ist ihre Funktion. "Kein Ort. Nirgends" war eigentlich deutlich genug, trotzdem hat die Rezeption in Ost und West die Aussage dieses Textes weitgehend verfehlt. Wie deutlich müßte man dann schreiben und in welcher Weise? Schreiben in Masken, auch in der Geburtstagsrede für ihren früheren Lehrer Hans Mayer vom März 1987 geht sie auf diese Problematik ein:

> Von nun an akzeptierten Sie die Bestimmung, ein Schriftsteller zu sein, mit Neigung zur Dramatik, übrigens: "Warum wurde ich kein Dramatiker?" Gestatten Sie mir, eine Vermutung zu wagen: Weil Ihrem Ich die Rollen, die das Theater geboten hätte, in gewisser Weise nicht genügten, es brauchte die der Dichter: noch tiefere Verstecke, noch zuverlässigere Masken, noch geheimere Möglichkeiten der Identifizierung.
>
> Ich weiß nicht, ob Ihnen bewußt ist, wie häufig Wörter wie "geheim", "insgeheim" in Ihren Erinnerungen vorkommen, verständnisinnig (! - W.K.) habe ich Sie wichtigste Bekenntnisse in beiläufige Nebensätze, auch sonst an "entlegener Stelle" ...unterbringen sehen - da mag sie finden, wer will, was heißt: Wer genau und mit Sympathie und Einfühlung liest. (zitiert nach dem Manuskript - W.K.)

Camouflierte (verdeckende) Schreibformen und Redeweisen sind lebensnotwendige Äußerungsformen in Diktaturen[13], lebensnotwendig für die Schriftsteller wie für die Leser, auch wenn man nicht weiß, welche Leserschichten davon überhaupt erreicht werden oder welche Wirkungen eine solche 'Untergrundliteratur' hat; zu Zeiten ist sogar darüber gestritten worden, ob sie nicht letztlich affirmativ sei, auch weil sie Widersprüche auf eine sehr stille Art löse oder zumindest abschwäche. Geht man von den Umständen aus, wie

12 VI. Deutscher Schriftstellerkongreß..., S. 196

13 Eberhard Lämmert, Neue Rundschau 3/75: "Beherrschte Prosa", S. 404 ff.

sie nun einmal in der DDR sind, gibt es für Schreibende, die von anderen Grundvorstellungen ausgehen als den gewünschten, nur drei Möglichkeiten: das Land zu verlassen, um an anderer Stelle nach neuen Wirkungsformen zu suchen, zu schweigen oder eben 'verdeckt' zu schreiben. Wie gesagt, die Beweisführung in diesen Bereichen ist schwierig; schwierig auch deshalb, weil es sich hier ja nicht um Dissidenten handelt, sondern um Schriftsteller, die sich als Marxisten verstehen und nach Formen 'eingreifenden' Denkens und Schreibens suchen. Ein weites Feld.

Christa Wolfs "Brief über die Bettine" trägt das Entstehungdatum Dezember 1979. Er entwickelt -das wurde gezeigt - Lebensbilder von Romantiker-Frauen mit einer neuen Zielsetzung: Liebe, Sehnsucht usw. gegen die 'Tugenden' einer Zeit, die auf Ausbeutung der Natur aus ist und auf Leistungsethos. "Wir müßten unser Leben ändern", paraphrasiert Christa Wolf Rilke. "Aber das tun wir nicht."[14] Diese - offene - Aussageschicht macht den Vordergrund des Textes aus; ist sie auch sein Zentrum?

In der Form eines Briefes anstelle eines Nachwortes, das der Text ja eigentlich sein soll, Nachwort zum Günderode-Roman der Bettina von Arnim, der 1981 als Wiederauflage im Insel-Verlag Leipzig erscheint, sollen hier - wie es zu Anfang heißt - Briefgespräche mit der Adressatin, einer Frau D., weitergeführt werden, "Grundthemen unseres Briefdialogs" anhand eines Brief-Romans aus dem Jahre 1839. Kein Wort darüber, um welche Themen es sich gehandelt hat und welche Positionen "erarbeitet" worden sind, auch gibt es keine Gewißheit, ob der Briefwechsel vielleicht nur eine Fiktion ist, einen Text aufbauen zu können, der nicht an die Regeln und Vorgaben einer bestimmten Aussageform gebunden ist. Denn die Intimität eines Briefes bietet vielerlei Möglichkeiten für verdeckte Aussagen durch Andeutungen, durch gesteuerte Assoziationen, durch Abbrüche, gekennzeichnete oder nicht gekennzeichnete Zitate, durch Übertreibungen, ironische Zurücknahmen, satirische Überspitzungen usw. usf. Das ganze Arsenal steuernder Sprachgestaltung wäre hier anführbar, es ist nicht nur d i e Äußerungsform von Subjektivität, sondern auch die der Camouflage.

"In der itzigen Welt", zitiert Christa Wolf Clemens Brentano, "kann man nur unter zwei Dingen wählen, man kann entweder ein Mensch oder ein Bürger werden, und man sieht nur, was man vermeiden, nicht aber, was man umarmen soll. Die Bürger haben die ganze Zeitlichkeit besetzt, und die Menschen haben nichts für sich selbst als sich selbst."[15] Dieser Befund einer kritischen Wirklichkeitsanalyse entspricht in Sichtweise und Bewertung dem Ab-

---

14 Sinn und Form 2/80, S. 411

15 a.a.O., S. 394

schiedsbrief des Lehrers M. im "Kindheitsmuster": "Man hat nur die Wahl, diese niederträchtige Zeit mitzumachen (mit den Wölfen zu heulen) oder Neurotiker zu werden. Ulrich (aus Musils "Der Mann ohne Eigenschaften" - W.K.) geht den zweiten Weg."[16] Auch der Lehrer M. geht diesen zweiten Weg, so jedenfalls beurteilt und kritisiert Christa Wolf ihn. Die Bettine aber ist eine Frau, "- und das ist ja der Grund, warum ich sie Ihnen nahelege -, (die) die falschen Alternativen, in die ihrer aller Leben gepreßt ist, nicht annimmt, sich nicht damit abfindet, ein wirkungsloser Außenseiter oder ein angepaßter Philister zu sein. . ."

Die Parallelstellen beweisen oder legen zumindest den Schluß nahe, daß die 'Grundthemen' des 'Briefwechsels' Gegenwartsthemen gewesen sind, die nun weitergeführt werden sollen. Am Ende des Textes verzichtet Christa Wolf denn ja auch auf jede Einkleidung, wenn es um die "Männerkultur der Aggressionen" geht, die uns an den "Rand der Selbstvernichtung" getrieben habe, wenn gegen die Vernichtung der Natur die Leitbilder der "Lebensfreude, des Sinnengenusses und der Humanität"[17] gestellt werden. Und wenn es um den Selbstmord der Günderrode geht: "Die allgemeine Stimme, die ihr ein Maß setzte, das nicht das ihre war, hat die Günderrode getötet", und wenn sie den Brief beschließt: "Sie wissen, wie und worüber die allgemeine Stimme heute mit uns spricht."[18] Dezember 1979: noch immer geht es um die Biermann-Ausweisung und um deren Folgen.

Die Übertragungen sind leicht und zweifelsfrei zu ziehen, weil die Parallelen vorgegeben sind: "Manche sterben früh. . ., andre begehen Selbstmord. . .: wieder andre durchstreifen ganz Europa auf der Suche nach einem ihnen gemäßen Platz. . ." Oder: "Bettine sieht Freundschaftsbünde unter dem Druck restaurativer Verhältnisse auseinanderbrechen, erlebt schmerzliche Trennungen und Entfremdungen. . ."[19] - Passagen, die 1978 in der Dankrede bei der Entgegennahme des Bremer Literaturpreises - wieder verdeckt - schon einmal so ähnlich vorgetragen worden waren.[20] Oder: "Das Land Utopia, in dem es frei, gleich und brüderlich zugehn sollte, weicht in den deutschen Kleinstaaten, besonders in Preußen, der Realität der Heiligen Allianz und der Karlsbader Beschlüsse; zerbricht in öffentliche Reaktion und privates Biedermeier; geht unter in Demagogenverfolgung, Zensur und Bespitze-

16 'Kindheitsmuster', S. 144

17 Sinn und Form 2/80, S. 394, 414

18 a.a.O., S. 418

19 a.a.O., S. 395

20 Vgl. Krogmann, Christa Wolfs Deutschstunde in Bremen, Deutschland Archiv 4/78

lung. . ."[21] Natürlich werden hier historische Vorbilder aus der Mitte des 19. Jahrhunderts beschrieben, Art und Weise, wie ausgewählt und charakterisiert wird, schließt jedoch alle Zweifel aus, wer oder was eigentlich gemeint ist. Besonders deutlich wird das, wenn Christa Wolf die Geschichte der Brüder Grimm nachzeichnet oder die der 'Göttinger Sieben', jener Professoren, die es 1837 gewagt hatten, Entscheidungen ihres Landesvaters für bedenklich, zumindest für bedenkbar zu halten, die eine Denkschrift aufsetzten und deshalb aus Amt und Würden und z.T. auch außer Landes verwiesen wurden. Die Engführung zu Ereignissen der Gegenwart, die Christa Wolf herstellt, ist gar nicht zur verkennen: wieder sind es die Auswahl und die Charakteristik der Bauelemente der Geschichte, die zu dieser Parallelsetzung herausfordern: "'Ich hab eben eine Epistel an Savigny über die Grimm pp - und alles mögliche geschrieben. . ., es würde mir so interessant sein, daß Du sie lesen mögest - ja, es wäre Dir gewiß für Dein ganzes Leben lang nützlich', schreibt die Bettine an Döring am 1.11.1839, 'damit Du sähest, wie weit man mit der Wahrheit herausgehen kann und soll.'"[22]

Die bekannte Thematik und wieder der Versuch, eine Tabugrenze zu überschreiten. Denn die Biermann-Geschichte ist in der DDR tief im Schacht des Vergessens versunken, und eine Fehlerdiskussion hat es nie gegeben. Im Exil, dem ungeliebten, und nach den Gefängnisaufenthalten schreiben die Exilanten ihre Gedächtnis- und Vernehmungsprotokolle, die ihnen noch einmal verdeutlichen, wie sehr sich der Staat gefährdet sah und welche Bedeutung er der Biermann-Geschichte zuwies: Auf Jürgen Fuchs' Frage, ob sie sich wirklich bedroht fühlten, antwortet der Vernehmer:

> 'Bedroht' ist nicht das richtige Wort, aber Sie wissen selbst, daß etwas in Bewegung geraten ist. Noch seid ihr nicht ganz durch. In der CSSR hat es geklappt 68. Wie es ausgegangen ist, wissen Sie. Natürlich sind Panzer kein Argument, aber Argumente kommen gegen Panzer nicht an. Wir sind gewarnt. Wir wissen jetzt, wie es losgeht.[23]

So oder so ähnlich mag dort gesprochen worden sein. Denn natürlich handelt es sich um Gedächtnisprotokolle, bei der Staatssicherheit hat der Untersuchungshäftling keine Möglichkeit, sich seiner Erfahrungen anders zu versichern. Es ist auch DDR-Literatur, nur daß sie eben in der DDR nicht erscheinen und dorthin auch nicht eingeführt werden darf. Christa Wolfs Aufsatz erscheint 1980 in "Sinn und Form": Grenzüberschreitungen ganz deutli-

21 Sinn und Form 2/80, S. 395

22 a.a.O., S. 407

23 Jürgen Fuchs, Vernehmungsprotokolle, Nov. 76 - Sept. 77, Rowohlt 1978, S. 84

cher Art. "Ich wäre dafür", heißt es im "Brief über die Bettine", "Jakobs (Grimm - W.K.) Schrift in die Lehrpläne der Oberschulen aufzunehmen, als ein hinreißendes Beispiel für die stilbildende Kraft von Charakterfestigkeit und Überzeugungstreue."[24]

Jakob Grimms Schrift über seine Entlassung (Basel 1838) wird von ihr nur z.T. zitiert, aber dem Leser wird doch nahegelegt, sie zum Vergleich heranzuziehen, auch wenn man nicht mit Sicherheit weiß, welche Passagen von Christa Wolf gemeint sind. Mit allen Einschränkungen seien deshalb daraus nur einige Zeilen angeführt:

> Richtet der König sein Wort an seine Untertanen, so steht auch ihnen, offen zu antworten und sich zu verteidigen, frei. Was für ein Verbrechen wäre das Recht dieser Verteidigung, die nichts verrät, nichts verdeckt, keinen Gehorsam aufkündigt, sondern nur gegen eine Gewaltmaßregel der Regierung Einsprache tut? Ihr einziges Ziel, die Beruhigung des Gewissens, war der Anerkennung würdig (. . .) Die Geschichte zeigt uns edle und freie Männer, welche es wagten, vor dem Angesichte der Könige die volle Wahrheit zu sagen; das Befugtsein gehört denen, die den Mut dazu haben. Oft hat ihr Bekenntnis gefruchtet, zuweilen hat es sie verderbt, nicht ihren Namen. Auch die Poesie, der Geschichte Widerschein, unterläßt es nicht, Handlungen der Fürsten nach der Gerechtigkeit zu wägen. Solche Beispiele lösen dem Untertan seine Zunge da, wo die Not drängt, und tröstet über jeden Ausgang.

Und:

> Solange ich aber den Atem ziehe, will ich froh sein, getan zu haben, was ich tat, und das fühle ich getrost, was von meinen Arbeiten mich überdauern kann, daß es dadurch nicht verlieren, sondern gewinnen werde.

Die Vorgänge, die zu dieser Schrift führten, zeigen in ihren wesentlichen Punkten markante Vergleichsstellen: gegen eine Verletzung des Grundgesetzes durch den König Ernst August von Hannover hatten sieben Professoren der Göttinger Universität eine Petition an den König gerichtet. Christa Wolf beschreibt es so: "Dagegen nun hatten, nachdem sie lange geduldig abgewartet, einige Mitglieder der Landes-Universität in einer 'Untertänigsten Vorstellung' am 18. November geltend gemacht, daß sie, ohne ihr Gewissen zu verletzen, es nicht stillschweigend geschehen lassen könnten, daß das alte. . .

---

24 Sinn und Form 2/80, S. 408

Staatsgrundgesetz 'allein auf dem Wege der Macht zugrunde gehe' (...) Ein Lehr- und Musterstück, vom ersten bis zum letzten Satz."[25]

Denn einige der Petenten wurden des Landes verwiesen, und zwar nicht, weil sie eine Eingabe gewagt hatten, sondern weil diese vorschnell in eine englische Zeitung gekommen war, viele der mit der Entscheidung des Königs Unzufriedenen wagten nicht, eine Unterschrift unter eine solche Petition zu setzen, Charaktere entblätterten sich, wie der ihres Schwagers Savigny, an den Bettine schreibt, mit der Bitte um eine Intervention beim preußischen König: "'Aber nein, Du wirst mich steckenlassen und mir nicht helfen: denn seit Du Dein langes Haar abgeschnitten, ist Deine Stärke von Dir gewichen, und es heißt nicht wie beim Simson: Philister über Dir, sondern: Du unter den Philistern.'"[26]

Am 18. November wird diese Petition an den König gerichtet, am 18. November richteten die Schriftsteller ihre Petition an Honecker. Die Kommentare, die Anmerkungen und Zwischenbemerkungen, die Christa Wolf in diese Beschreibungen einschiebt, die Bewertungen sind eindeutig und verstärken die Parallelfunktion dieser Texte. "...ich versichere Sie", schreibt sie an ihre Briefpartnerin, "daß ich an mich halten muß, nicht aus dieser Schrift (der von Jakob Grimm - W.K.) und der Bettine Epistel längere Passagen zu meinem und Ihrem ingrimmigen Vergnügen zu zitieren."[27]

Und: "Wie nun dieser Loyalitätskonflikt durch den Starrsinn der Macht, die nicht Einwände überprüfen, sondern Schuldbekenntnis und Unterwerfung erzwingen will, zu unglaublichen Dimensionen anschwillt, in eines jeden persönliches und staatsbürgerliches Leben eingreift..., all dies schildert... Jakob Grimm." Lehrstoff für den Deutschunterricht. "Mit dem Günderrode-Buch will sie (die Bettine - W.K.) das Vermächtnis ihrer eigenen Jugend an die übernächste Generation weiterreichen", schreibt Christa Wolf. Gibt sie nicht auch ihr Vermächtnis weiter, indem sie dieses Buch neu herausgibt und kommentiert? Und an wen?

Die 'Verkleidung' hat ausgereicht: das Buch konnte in der DDR erscheinen, der Aufsatz auch, gesondert und relativ früh. Die Markierungen zur Steuerung des Lesens sind deutlich gesetzt, die 'Grundthemen' des Briefdialogs also relativ leicht erkennbar - und doch ist die Kritik bei der Bewertung oder Deutung der Aussage sehr zurückhaltend gewesen; in der Form etwa: "Mit dem Fall der Göttinger Professoren, zu denen auch die Brüder Grimm gehö-

25 a.a.O., S. 409

26 a.a.O., S. 410

27 a.a.O., S. 408

ren, erwähnt Christa Wolf einen der Biermann-Ausbürgerung und ihren Folgen nicht unähnlichen Konflikt."[28]

Anhand der Zeitdokumente kann man belegen oder sich vorstellen, welchem Druck offizieller Stellen und staatlicher Einrichtungen die doch relativ große Zahl der Petenten ausgesetzt worden ist und in welche Gewissensnot die geraten mußten, die sozusagen als 'Vorredner' gewirkt hatten und die nun erleben mußten, wie rigide die staatlichen Maßnahmen die Sympathisanten trafen. Auch das kommentiert Christa Wolf:

> Auf welche verschiedene Weisen die anderen, die gleich oder ähnlich dachten wie die sieben, sich zurückhielten oder zurückzogen, wie manche das falscheste, doch überzeugendste aller 'Argumente' - nämlich daß sie die Universität retteten, indem sie das Grundgesetz widerstandlos preisgaben - als letzten Anker, i h r e F e i g h e i t (gesperrt von mir - W.K.) dran festzumachen, auswarfen. "Die Charaktere", bemerkt Jakob lakonisch, "fingen an, sich zu entblättern gleich den Bäumen des Herbstes in einem Nachtfrost." Das Übliche.[29]

Diese Brüche im Text - wir sahen sie zuletzt im "Kindheitsmuster" -, mit denen Zeitebenen überbrückt werden und Zeitabstände aufgelöst, lösen auch die Einkleidung, die 'Deckung' auf. Die Bedeutung des Textes tritt klar hervor, hier die Forderung, daß sich ein Charakter zu beweisen habe, daß er in Krisenzeiten herausgetrieben werde und daß das eine einzigartige Chance sei, sich zu finden, zu sich selbst zu finden. Und daß am Beispiel Jakob Grimms (und der Bettine von Arnim) sichtbar werde, wozu Menschen in der Lage sind, wenn sie sich als moralische Instanz erkennen. Christa Wolf zitiert Jakob Grimm: "'Es gibt noch Männer, die auch der Gewalt gegenüber ein Gewissen haben'"[30], und die Bettine: "'. . . einem Fürsten die Fehler mitteilen, die in seiner Regierung vorfallen, oder ihm einen höheren Standpunkt zuweisen, das wäre wider die Politik der Ehrfurcht, mit der Ihr die Fürsten behandelt wie die Automaten (. . .) Ihr haltet den Fürsten nur die Reden, auf die sie eingerichtet sind, zu antworten ohne aufzuwachen.'"[31]

Eine solche Rede schien auch die vor dem 11. Plenum (veröffentlicht im "Neuen Deutschland", 19.12.65) zu sein, in der die Kandidatin des ZK der SED und Nationalpreisträgerin Christa Wolf sich für einen Roman einsetzte (Werner Bräunigs "Rummelplatz"), der von offizieller Seite gerügt worden

---

28 Sonja Hilzinger, Christa Wolf, a.a.O., S. 109

29 Sinn und Form 2/80, S. 408 f.

30 a.a.O., S. 409

31 a.a.O., S. 410

war. Wir kennen das Ergebnis: Christa Wolf verlor ihren Kandidatenstatus, das 11. Plenum wurde zu einem Wendepunkt der DDR-Kulturpolitik[32], der wie ein Schatten die nächste Zeit überlagerte. Brigitte Reimann schreibt am 13.1.66: "Ihr werdet ja aus der Zeitung wissen, was wir für Schwierigkeiten haben. Ich will Euch Schilderungen ersparen. Es war furchtbar, und ich bin so unglücklich wie seit langem nicht (...) Wenn ich Euch sage, daß erwachsene Männer in Tränen ausgebrochen sind, dann könnt Ihr Euch vorstellen, was für Auseinandersetzungen es gegeben hat."[33]

Im "Brief über die Bettine" sinniert Christa Wolf darüber, wie es der Bettine gelungen sein mag, in Berlin, dem besetzten Berlin, sich einen Freiraum für ihren demokratischen Salon zu verschaffen: "War sie naiv? Stellte sie sich so? War sie vielmehr gerissen?"[34], und auch bei ihrem Buch, dem sie den Titel "Dies Buch gehört dem König" gegeben hatte, stellt Christa Wolf fest, daß die Zensurbehörde einem raffinierten Trick unterlegen war, da man ein dem König gewidmetes Buch ja schließlich nicht konfiszieren konnte, von dem dieser so angetan war. Daß es sich dabei um Techniken zur Umgehung von Zensurbehörden handelte, ist nachgewiesen und wird hier belegt: Christa Wolf weiß schließlich, wovon sie spricht.

Mit Erstaunen war in Kapitel III dieser Arbeit festgestellt worden, zu welchen Formen verbaler Unterwerfung sie bei jener Rede vor dem 11. Plenum sich verstiegen hatte, als sie begann: "Ich bin an und für sich gar nicht für große Worte, aber ich möchte sagen, daß es mir heute angebracht erscheint, zu sagen, daß ich sehr froh bin, daß ich hier lebe und schreibe..." Und daß sie "wir" sage, wenn sie die DDR oder die Partei meine und daß sie sich hier zu Hause fühle; - und dann führt sie die schrecklichen Beispiele an, die ihr in Hamburg widerfahren seien, mit welch törichten Fragen westliche Korrespondenten die DDR-Schriftsteller zu überfahren suchten. Und plötzlich - das ND gab dem Abschnitt die Überschrift "Mit offenem Visier" - kommt diese eigenartige Wendung:

> In diesem Sinne sollten wir weiter offensiv bleiben und uns die Möglichkeiten, das zu sein, soweit wie möglich halten. Die Erfahrung zeigt: Welche Bücher, Stücke und Filme haben in den letzten Jahren im Westen... gewirkt? Die Bücher, die Filme und die Stücke, die unser Gesicht zeigen (...)

32 Vgl. Kap. II dieser Arbeit

33 Brigitte Reimann, Die geliebte, die verfluchte Hoffnung. Tagebücher und Briefe, Luchterhand 1983, S. 246

34 Sinn und Form 2/80, S. 401

Und nach einem kurzen Zwischentext, der sich mit Jugendfragen beschäftigt, kommt sie zu ihrem Hauptpunkt, zu Bräunig, und daß sie sich der Kritik an seinem Roman und den mit ihr verbundenen Unterstellungen nicht anschließen könne. Und sie argumentiert:

> Natürlich ist es richtig, was gesagt wurde, daß die Kompliziertheit des Schreibens heute immer stärker wird. Es ist wirklich kompliziert zu schreiben. Man darf nicht zulassen, daß das freie Verhältnis zum Stoff, das wir uns in den letzten Jahren durch einige Bücher, durch Diskussionen und durch bestimmte Fortschritte unserer Ästhetik erworben haben, wieder verloren geht.

Christa Wolf ist einen weiten Weg gegangen und hat einen großen Bogen schlagen müssen, um ihr eigentliches Thema angehen zu können: was moderne sozialistische Literatur sein könnte, daß neue Wege beschritten werden müßten, mit Hilfe neuer wissenschaftlicher Techniken auf den Gebieten der Soziologie und Psychologie, die hier nicht zur Verfügung stünden. Und daß Kunst sowieso von Sonderfällen ausgehe und nicht darauf verzichten könne, subjektiv zu sein, "...d.h., die Handschrift, die Sprache, die Gedankenwelt des Künstlers wiederzugeben".[35]

Und hier ist sie bei ihren Problemen angelangt, die - wie wir wissen - Stück für Stück die marxistische Ästhetik durch ihre Autorenpoetik ersetzen, jedenfalls soweit es ihre Art zu schreiben betrifft.

Wir wissen auch, daß ihre Gesprächsbemühungen - trotz aller Sprachfiguren, die sie benutzte - nichts erbracht haben; zu weit war zu dieser Zeit bereits der Abstand von der Partei nicht nur in ästhetischen Fragen. Es sollte nur nachgewiesen werden, daß Christa Wolf schon hier - 1965 - Formen verdeckten Sprechen versuchte, um zum Ziel, zu ihren Zielen zu gelangen. Und daß man nicht sagen kann: "Christa Wolf hatte in zehn Minuten, in denen sie mit ihrem Temperament nicht fertig wurde, ihre Parteikarriere beendet."[36] Ihr Temperament hat sie noch immer zu zügeln gewußt, aber nicht ihren moralischen Anspruch.

Kehren wir nach diesem Exkurs über Kulturpolitik und Strategien des Sprechens zum Bettine-Brief zurück, an dessen Ende die Beschwörung einer möglichen Apokalypse steht, Anzeichen für ein drohendes Weltenende, wenn der Hybris des 'faustischen' Menschen nicht Grenzen gesetzt würden in einer "in die Irre gehenden Kultur".[37] Als Gegenentwurf werden die Lebenshaltung

35 Vgl. Schubbe, a.a.O., S. 1099, ND 19.12.65: "Gute Bücher - und was weiter?"

36 Joachim Nawrocki, Christa Wolf, Die Frösche und die Grundsatzfrage. In: Das geplante Wunder, (Hamburg): Wegner (1967), S. 270

37 Sinn und Form 2/80, S. 415

und das Weltverständnis der Romantiker gesetzt: "Miteinander denken aus Liebe und um der Liebe willen. Liebe, Sehnsucht als Mittel der Erkenntnis brauchen; denkend, erkennend nicht von sich selber absehn müssen. . ."[38] Das schreibt sie Dezember 1979; der kaum noch verhüllten Kritik an den gesellschaftlichen Zielvorstellungen ihrer Umgebung tritt im gleichen Heft dieser Zeitschrift (Sinn und Form 2/80) Wilhelm Girnus, der Herausgeber, entgegen: "Christa Wolfs Behauptung", heißt es in den Anmerkungen, "Faust (sie meint offenbar Goethes Gestalt) sei zugrunde gegangen, ist nicht haltbar. Sie widerspricht Goethes Darstellung."[39] Und er schließt mit dem Diktum: "Gerade diese radikale Umkehrung der alten Faust-Sage in ihr Gegenteil, in den letztendlichen Sieg Fausts in der Wette mit dem Teufel ist die größte literarische Tat Goethes nicht nur innerhalb seines Werkes, sondern für die gesamte deutsche Literatur, ja die Weltliteratur."[40]

Es geht Schlag auf Schlag. Christa Wolf antwortet auf diese Widerrede Girnus' in ihrer Büchner-Preis-Rede, deren Entstehungszeit sie mit September 1980 angibt:

> Die Metapher vom Zauberbesen, heute ein harmloses Märchen, schien an seinem Beginn Mahnung genug zu sein. Später, da nach der Verschmelzung von Profitstreben und technischem Fortschritt jede Gewalttat von der Devise "Alles ist erlaubt" gedeckt wurde, entwarf die schwer irritierte bürgerliche Literatur das Bild des alten, blinden Faust, der das Geräusch der Spaten, die ihm sein Grab schaufeln, in grotesker Selbsttäuschung seiner glückhaften Zukunftsvision einpaßt: Eine Metapher, die uns durch Mark und Bein geht.
>
> (. . .)
>
> Welchem Mißbrauch von Literatur werden wir noch beiwohnen müssen?[41]

Kein Wort davon, auf wen sich diese Passage bezieht in diesem Text leicht verdeckten Sprechens, kein Wort der Erklärung, wen oder was dieser letzte Satz eigentlich meint. Offenbar hat Girnus sich sehr getroffen gefühlt: wir werden es an seiner Antwort erkennen, an dem rüden Ton, mit dem er gegen die 'Geschichtsverfälschungen' Christa Wolfs angehen wird, in "Kassandra" und in den Poetik-Vorlesungen. Wieder einmal hat sie gleich mehrere Tabus

---

38 a.a.O., S. 414

39 a.a.O., S. 498

40 a.a.O., S. 499

41 'Von Büchner sprechen'. Darmstädter Rede. In: 'Die Dimension des Autors', Bd. 2, a.a.O., S. 156

der DDR verletzt: denn natürlich ist es Girnus und sind es die Prinzipien der Leistungsgesellschaft DDR, die sie hier meint, und natürlich war es der Weimarer Goethe, den sie in den Romantiker-Gesprächen in "Kein Ort. Nirgends" mit ihrer Kritik an Person, Dichtung und Weltanschauung angriff. Um eine neue Klassik-Interpretation geht es Christa Wolf also auch, um ein neues Goethebild, Fragen des Erbes und des Erbens. September 1980: was bedeutet Büchner heute hier. "Aus Sätzen Büchners wollte ich eine Rede halten, die klingen sollte, als wäre sie heute geschrieben."[42]

Die Büchner-Preis-Rede. Büchner als Gegenstück also zu einer affirmativen Deutung der Klassiker, die, wenn sie - wie Goethe in "Faust" II - schon einmal das letzte aus ihren Figuren-Schicksalen herausholen, wenn sie eben z.B. den scheiternden Faust zeigen, umgebogen werden zu Dichtern, die den Sieg des 'Menschlichen' vorführen: Edel sei der Mensch, hilfreich und gut - und damit eigentlich im Kern der Aussage getroffen werden, indem ihre Werke zu 'Traktätchen' werden wie die Geschichte zu Erbauungsmustern. "Ihm (Büchner - W.K.) begegnete früh jener Meinungs- und Gewißheitsschwund, von dem wir nun betroffen sind und der einen Sprachekel nach sich zieht.[43]

> Eine Menge von Wörtern, auf die wir angewiesen zu sein glaubten, aus der Klasse "Freiheit", "Gleichheit", "Brüderlichkeit", "Menschlichkeit", "Gerechtigkeit" sind uns entzogen und vom Zeitungswesen übernommen worden, da ihnen nichts, auch kein Glaube mehr, entspricht.[44]

Die Sprache als Mitteilungs- und Ausdrucksorgan taugt also nicht mehr; ganz anders müßte geschrieben und gesprochen werden. "Der Zustand der Welt ist verkehrt", probiert Christa Wolf und merkt: es stimmt. In Büchner sieht sie ihren Vorgänger, mit seinen Schachfiguren oder Marionetten, die in vorgegebenen Bahnen sich bewegen und meinen, daß sie lebten. Deren Sätze noch den Ordnungen der Grammatik entsprechen und die doch das Gefühl haben, sie gingen auf dem Kopf: Lenz, Woyzeck, Danton, Lena und Leonce. Kleist und die Günderrode und die Teegesellschaft:

> Putzige Idee: Ein zweiter Maler, falls er anwesend wäre, könnte sich hinstellen und aus diesem. . . Motiv - dem Bild des ersten, der Couchette und den sehr verschiedenen jungen Frauen darauf - ein weiteres Gemälde anfertigen, geeignet, über der sanft geschwungenen Kommode an der jenseitigen Schmalseite des

42 a.a.O.

43 a.a.O., S. 158

44 a.a.O.

> Raumes zu hängen und wieder ein Gruppe zu bilden, die ihrerseits ein malerisches Sujet hergäbe. Dies ginge so weiter. . .[45]

Christa Wolfs Ordnungssystem erscheint als gestört; das der Dinge, das der Sprache, das der Werte. Die Bremer Rede bei der Entgegennahme des Rudolf-Alexander-Schröder-Preises hatte sie in diesem Sinne begonnen: "Das greift um sich: Sprünge in den Wörtern, Risse durch die Sätze, Brüche über die Seiten, und die Satzzeichen - Punkte, Kommas - wie Klüfte und Gräben. . .": "Eine Sprache, die anfängt, die üblichen Dienstleistungen zu verweigern."[46] Sehnsucht nach einer neuen, anderen Sprache, deren Suche freilich an einem Nullpunkt vorbeiführen müßte; "ein beinah vollkommenes Schwinden ihres Selbst-Gefühls, ihres Selbstbewußtseins"[47] müßten die, die nach einer solchen Sprache fahnden, ertragen, da die alten Muster nicht mehr brauchbar seien. Freilich: "Wir sind die ersten nicht. An den Bruchstellen zwischen den Zeiten wird gebrochen: der Mut, das Rückgrat, die Hoffnung, die Unmittelbarkeit: vieles, was zum Sprechenkönnen nötig ist."[48]

Auch nötig ist, müßte es wohl heißen. Es wäre ein Neubeginn in vielen Bereichen, begleitet von der Angst vor der Leere. Immer noch am Rande des Sagbaren: "Meine Füße gingen lieber aus der Zeit." Ein Satz - sagt sie -, der einen besessen machen kann.

Auch das ist ein weites Feld, aus welchen Gründen Sprache nicht mehr funktionieren, Kommunikation nicht mehr stattfinden kann. Trotzdem ist es ihr Bekenntnis: Auch wenn man an den Rand des Sagbaren kommt, wenn es keinen Weg mehr zu geben scheint, kein offenes, kein verdecktes Sprechen, wenn Verzweiflung und Selbstekel den Mund verstopfen: auch wenn das alles so ist: die Literatur muß bleiben.

> Wenn sie nicht ausfällt, indem ihre Autoren weggehn: in ein anderes Land, in einen anderen Beruf, einen andern Namen, in eine Krankheit, den Wahnsinn, den Tod - alles Metaphern für Schweigen, wenn es Schriftstellern widerfährt: zum Schweigen gebracht werden. Schweigen wollen. Schweigen müssen. Endlich schweigen dürfen.

Literatur muß trotzdem bleiben, fährt sie in diesem Bekenntnis fort, weil sie noch am ehesten in der Lage sei, die Wirklichkeit von heute zu beschreiben, weil sie den Menschen besser kenne als alle Statistiken, vor allem, weil sie immer das Bild des Autors zeige: seinen "moralischen Mut". Und weil sie

---

45 KON, S. 22

46 Januar 1978; 'Fortgesetzter Versuch', S. 137

47 'Von Büchner sprechen', a.a.O., S. 159

48 a.a.O.

"Gesittung" überliefere, weil sie letztlich Friedensforschung sei. Weil sie Grenzen überschreite und den Sinn für das Wichtige, Entscheidende, Lebensnotwendige schärfen oder zumindest wecken könne. "Kassandra, denke ich mir, muß Troja mehr geliebt haben als sich selbst, als sie es wagte, ihren Landsleuten den Untergang ihrer Stadt zu prophezeien." Weil sie an die Stelle kalkulierender Vernunft Lebenswerte setzen könne, die diese übersteigen: Liebe und Sehnsucht und Hoffnung und Glaube. "Heller Wahnsinn, sagen Sie - . . .ich gebe mich diesem hellen Wahnsinn hin, um nicht der finsteren Seite der Vernunft anheimzufallen."[49] Das Gespräch "über Bäume, über Wasser Erde Himmel Mensch" müsse bleiben, müsse weitergeführt werden, wenn auch vielleicht mit leiser Stimme - es sei eine Alternative zu den 'wahnwitzigen Spekulationen' über den Weltuntergang, es sei die einzig mögliche, heute, hier und überall.

'Verdecktes Sprechen' wird man das kaum noch nennen können, wenn die Aussagen, der Kern, so klar herausgehoben werden, und doch handelt es sich hier um eine zweite Bedeutungsebene, die über die erste, die des Textes, den Büchner gibt, gelegt wird. Denn es geht hier Christa Wolf ja nicht um eine Interpretation Büchnerscher Werke - jedenfalls nicht in erster Linie, sondern um die Entwicklung eigener Gedanken, zu deren Veranschaulichung oder Konkretisierung Büchner herangezogen wird, als Beispiel, als Modell, als Vorläufer oder Parallelfall. Der Unterschied liegt wohl darin, daß bei diesem Verfahren der Büchnertext (die 'Tatsachen') in den Hintergrund gerät, der Strom der Gedanken aber nach vorn drängt. Wir kennen dieses Verfahren, mit dem Christa Wolf immer gearbeitet hat, und insofern wäre es schon berechtigt, auch bei den anderen Werken nach weiteren Formen oder Elementen verdeckten Sprechens zu suchen. Jede Metapher - wenn man so will - verdeckt und enthüllt eine Aussage, ist eine Form der Verkleidung, des poetischen Sprechens. Hier sind die Übergänge deutlich und Abgrenzungen eben schwierig. Dagegen stehen dann Texte, bei denen es nachweisbar mehrere Bedeutungsebenen gibt: der Bettinen-Brief wurde als Beispiel gebracht, die Rede Christa Wolfs vor dem 11.Plenum zeigte ein anderes Verfahren verdeckten Sprechens, grobschlächtiger, wenn man so will, von einer fast peinlichen Deutlichkeit.

Stärker verdeckt und versteckt sind die Bedeutungsebenen dagegen in ihrer Schiller-Rede, die sie - wieder als eine Preis-Rede - im November 1983 in Stuttgart gehalten hat, "Über Frieder Schlotterbeck und Friedrich Schiller".[50]

---

49 a.a.O., S. 168

50 "Die Besten müssen springen in den Riß der Zeit", Frankfurter Rundschau 28.11.1983 (Christa Wolfs Rede anläßlich der Verleihung des Schiller-Preises), auch SF 4/84

> Schiller? dachte ich, als ich erfuhr, für dieses Jahr sei mir der Schiller-Gedächtnis-Preis zuerkannt. Wie kam ich zu Schiller? Wie kam Schiller zu mir?

Mit Erinnerungen an ihre Schulzeit und mit der Darstellung der ersten Schillerbegegnungen eröffnet sie ihre Rede, zögernd, als bildeten sich ihre Gedanken beim Schreiben oder ihr Schreiben beim Denken, als wäre er ihr fremd und sie müßte sich erst sammeln, um einen brauchbaren Ansatz zu finden. Als hätte sie nicht schon immer über diesen Dichter gesprochen, direkt und indirekt: "Sire, geben Sie Gedankenfreiheit." Über das Zu-sich-selber-Kommen des Menschen, über Willensfreiheit, über Zensur und Selbstzensur und über Fragen der moralischen Bestimmung des Menschen. "Elemente idealistischen Denkens" waren gesichtet worden, zu Recht sicherlich. So fremd konnte ihr dieser Dichter nicht sein, und eigentlich hätte sie guten Grund gehabt, über die ästhetische Erziehung des Menschen zu sprechen oder über Menschenwürde oder über die der Dichter. Eine Schiller-Gedächtnis-Rede: nichts hätte sie sich mehr wünschen können. Aber: Keines dieser so naheliegenden Themen nimmt sie wirklich auf: sie spricht über Frieder Schlotterbeck, über Formen von Widerstand und über die Friedensbewegung, eigenartige Verbindungen oder Koppelungen oder Schachtelungen, und sie spricht über Formen verdeckten Sprechens.

Denn das ist ihr erstes Thema: Über Versuche in indirekter Kritik, mit deren Hilfe damals die Schülerin Christa Wolf gegen eine Lehrerin angehen wollte. "Ich hatte das Kunststück versucht, sie auf dem Umweg über Schiller zu kritisieren; Ähnliches hatten schon andere probiert, die auch nicht offen sprechen wollten und konnten, unter ihnen Friedrich Schiller. . ." Und sie rekapituliert: ". . .ich wußte nicht, daß die Methode der indirekten Kritik einen geschliffenen, schneidenden, auch raffinierten Stil hervorbringen kann, aber eben auch einen umständlichen, dunklen und gestelzten."

"Gestelzten"? Christa Wolf übernimmt die Beurteilungsformel ihrer Lehrerin und assoziiert damit Vorstellungsbilder, die sie durch den Besuch des Schillerhauses in Weimar empfangen hat oder durch einen Ferdinand-Darsteller in ihrer Heimatstadt: Schiller hager, überfleißig, krank, sehr groß; zumindest zu groß für die niedrigen Stuben, in denen er in Weimar lebte. Assoziationen werden so gleichsam willkürlich zusammengebunden und ergeben ein Bild: gestelzt - und eine Wertung und ein Urteil, fast eine Verurteilung. Indirekte Kritik also bei diesem Beispiel durch die Spielformen einer kaum gesteuerten Assoziation, durch Verschachtelungen von Teilen, die nicht oder so nicht zusammengehören müssen; aber auch möglich durch Vergleiche, Metaphern, Verfremdungen, Übertreibungen aller Art, durch ironisches Sprechen usw. Das Sprachfeld, das sich hier auftut, ist umfangreich und ohne erkennbare

Ordnungen; es mag dunkel erscheinen und ist manchmal raffiniert: 'gestelzt' ist diese Sprache sicherlich nicht. Sie ist die Kunstform einer Sprache: eine Sprache in einer Sprache, eine Meta-Sprache, 'unnatürlich', wenn man so will oder wiederum dic natürliche Ausdrucksform in oder unter 'unnatürlichen' Bedingungen[51]. Mit diesem Teilthema - wie gesagt - eröffnet Christa Wolf ihre Rede über Friedrich Schiller und Frieder Schlotterbeck. Man soll sich nicht genug wundern über die Kombination dieser beiden Namen oder Menschen.

Ein Unbekannter neben dem Gefeierten: "Auf die Frage, wen ich zu dieser Feierstunde am liebsten eingeladen sähe, hätte ich zu gerne seinen Namen genannt, den eines langjährigen guten Freundes, des Stuttgarters, der außer Schiller, Hölderlin und ihresgleichen in mir das Bild des Schwaben prägte; und wie gut, dachte ich, kommen die Schwaben dabei weg!"

Meyers Taschenlexikon "Schriftsteller der DDR" (Leipzig 1974) bietet über Frieder Schlotterbeck die folgenden Informationen an (leicht gekürzt):

> Geb. 6.1.1909 Reutlingen; Hörspielautor und Dramatiker, auch Erzähler. S., Sohn eines Metallarbeiters, wurde Tischler; später arbeitslos; studierte 1929/30 in Moskau Gesellschaftswissenschaften, dann Redakteur des Organs des KJVD (Kommunistischer Jugendverband Deutschland - W.K.) "Junge Garde", lebte zeitweilig im Ausland; ab 1933 illegale antifaschistische Tätigkeit in Deutschland; nach Verhaftung 1934/37 im Zuchthaus Waldheim. . . und 1937/43 im Konzentrationslager Welzheim. . .; 1944 Flucht in die Schweiz, wo 1945 der 'Erlebnisbericht eines Arbeiters' "Je dunkler die Nacht, desto heller die Sterne". . . erschien: eines der wesentlichen literarischen Dokumente über Naziherrschaft, ein Bericht über furchtbares Erleben, geschrieben aus der Gewißheit des endlichen Sieges; S. war nach der Rückkehr (Juni 1945) zunächst Vorsitzender der VVN und Präsident des Roten Kreuzes in Baden Württemberg; 1948 Übersiedlung in die damalige sowj. Besatzungszone; zunächst Stadtrat für Volksbildung in Dresden, später Bergarbeiter bei der Wismut SDAG; lebt seit 1956 als freischaffender Schriftsteller in der Nähe von Potsdam.

Diesem Lebensabriß wäre eigentlich wenig hinzuzufügen; Christa Wolf meint denn auch, daß Schiller ". . .vielleicht nach einem Mann wie ihm, wären sie

51 Aus der Vielzahl der Formen verdeckten Sprechens sei hier nur auf jene verwiesen, mit denen Hermann Kant, damals Vizepräsident des Schriftstellerverbands, auf die Biermannausweisung reagiert hat, charakterisiert von Dieter Hildebrandt in der "Zeit" vom 3.12.76; zit. Peter Roos (Hg.), Exil. Die Ausbürgerung Wolf Biermanns aus der DDR. Eine Dokumentation, (Köln): Kiepenheuer & Witsch (1977), S. 62

Zeigenossen gewesen, gierig gegriffen hätte: als Protagonist." Und sie spielt die Möglichkeiten durch, die sich daraus ergeben würden, wenn man sie zusammenbrächte, wie Schlotterbeck Schiller kritisiert hätte, wie er "seinem Landsmann brüderlich-kollegial die ökonomischen, politischen, ideengeschichtlichen Grundlagen für seine respektlosen Träume unter die Füße geschoben" hätte. Und daß er, wäre er rechtzeitig geboren worden, der deutschen Geschichte einen anderen Verlauf gegeben hätte.

"Hätte geben können", korrigiert sie sich, eingedenk der Vorliebe Schlotterbecks für genaue grammatische Strukturen, aber auch eingedenk der zahlreichen möglichen Hemmnisse, die ein Leben beeinflussen könnten und beeinflußt haben. Mit leichter Hand hebt sie die Gewißheiten auf, die die Logik von Geschichts- oder Lebensabläufen zu vermitteln scheint, verstärkt durch die Logik von Sprachformen, die eine kausale Reihung von Ursache und Wirkung nahelegen. Frieder Schlotterbeck, Kommunist und antifaschistischer Widerstandskämpfer, leidet unter Hitler in Zuchthäusern und Konzentrationslagern, verliert Vater, Mutter, Bruder, Braut, arbeitet nach seiner Flucht weiter in der Illegalität (nun in der Schweiz), kehrt nach dem Krieg nach Deutschland zurück und findet in der sowjetischen Besatzungszone und dann in der DDR seine politische Heimat. Diese Logik der Geschichte und des Lebensentwurfs der Schlotterbecks (denn immer ist auch zugleich von seiner Frau Aenne die Rede) findet sich in dem oben angeführten biographischen Abriß des Schriftstellerlexikons aus der DDR (1974) wieder: eine Ordnung, die gewünschte, wird vorgeführt, eingekleidet in Sätze deutscher Sprache.

"Hätte geben können. . .": Mit dieser Korrektur schränkt Christa Wolf ihre Aussage ein, begründet, denn im Text ihrer Gedenkrede heißt es - ein wenig später -:

> Er hat sich auch keinen der Götzen geschaffen, von denen die Bewegung (der kommunistischen Internationale - W.K.) nicht frei blieb, der er angehörte: auch sie gezeichnet durch die Geschichte der Deutschen, deren Produkt sie ja ist, anfällig zu Zeiten für irrationale Handlungen, deren eine Frieder Schlotterbeck wiederum, diesmal durch die eigenen Genossen, unter falschen Anschuldigungen ins Gefängnis brachte.

Im "Kindheitsmuster" war es eine der vielen offenen Fragen gewesen, unter denen Christa Wolf litt, wann die Zeit kommen würde, daß man über die unbewältigten Teile der eigenen Vergangenheit schreiben, daß man Stalin und die mit diesem Namen verbundenen Ungeheuerlichkeiten hinter sich lassen könnte: hier nimmt sie ein Stück Vergangenheitsbewältigung vor. Denn Frieder Schlotterbeck und seine Frau Aenne sind im Zusammenhang mit den Prozessen um Laszlo Rajk in Ungarn, um Kostoff in Bulgarien und Slansky in der Tschechoslowakei verhaftet worden, unter dem Verdacht, Agenten eines amerikanischen Geheimdienstes (Noel Field) zu sein, in einer Phase der stalinistischen Schau- und Geheimprozesse, die eine Fülle von Todesurteilen und hohen Zuchthausstrafen zur Folge hatten. "Auch das, besonders das, hat er (Schlotterbeck - W.K.) bis in seine letzten Tage hinein zu analysieren versucht. . . Heute weiß ich, woher er diese uns Jüngeren oft unglaubliche Freiheit nahm: Er hatte keine Angst mehr, auch nicht vor möglichen Überraschungen durch sich selbst; er kannte sich. Und: Nicht eine Spur von dem, was er bekämpfte, war in ihm; an diesem Mann hatte der deutsche Faschismus keinen Anteil."

Kein Wort davon in der offiziellen DDR-Biographie, nur bei genauerem Lesen bemerkt man die Lücken und Brüche; aber auch nur ein paar Zeilen darüber in der Schiller-Gedächtnis-Rede von Christa Wolf: noch immer 'Verdecktes Sprechen'. Wenn man freilich diese wenigen Zeilen einmal wahrgenommen und die Hintergründe recherchiert hat: dann öffnet sich dieser Text, wird faßbar, was es bedeutet, wenn dieser unbekannte Frieder Schlotterbeck der jungen Friedensbewegung als Vorbild beigegeben wird: "Nichts, was er in sich selbst niederhielt, war er gezwungen, als Teufel aus sich herauszustellen." Er benötigte keine Dämonen, weder westliche noch östliche, um den immer noch latent vorhandenen eigenen, inneren Faschismus auf andere zu übertragen; er war friedensfähig, bereit, die eigenen Widersprüche auszuhalten und nach Lösungen zu suchen, - ein Idol für beide Teile Deutschlands, besonders für die Friedensbewegungen, die sich in dieser Zeit in Ost und in West herausbildeten.

> Wenn jemals, liegt der "Riß der Zeit" jetzt für jedermann offen, und er geht, nicht zufällig, wie ich anzudeuten versuchte, durch das ehemalige Deutschland. Müssen "die Besten" wieder einmal "springen"? (zitiert Christa Wolf den Jugendweihespruch, den Frieder Schlotterbeck auf dem Weg ins Leben mitbekommen hatte: "Die Besten müssen springen in den Riß der Zeit" - W.K.) Oder sollten sie versuchen - vorsichtig, behutsam, in kleinen Schritten -, ihre Landsleute vom Abgrund zurückzuführen? Wobei darauf zu achten wäre, daß der Entzug der Droge "Verteuflung des Feindes", womit ja zu beginnen wäre und wozu, wie Sie bemerkt haben, diese Rede einen kleinen Beitrag liefern möchte - daß dieser gewiß anstrengende und beunruhigende Entwöhnungsvorgang nicht zu anstrengend, zu beunruhigend würde. . .

Christa Wolf beendet ihre Rede - nach dieser sicherlich berechtigten Mahnung - mit dem Preis neuer Lebensformen, die sie sich entwickeln sieht in jenen Friedensgruppen, die "zwischen den zum Zerreißen gespannten feindlichen Polen unbefangen... ihren Lebenswillen demonstrieren"; bespöttelt, verdächtigt, verfolgt und eingesperrt, und die, indem sie Widerstand leisten, eine neue Lebensform vorführen, die des Miteinanderseins, und so etwas wie Hoffnung brächten "...in die eiserne Logik, (in) die festgefahrenen Strukturen des Dilemmas 'Geschichte'... Ich hätte Lust, mich auf die Dramaturgien einzulassen, die sie uns vorschlagen".

Nicht mehr die Stücke also des guten Karl gegen den bösen Franz, nicht mehr die Logik tragischer Widersprüche, die unauflösbar bleiben müssen, weil sie antagonistischer Natur sind, nicht mehr das Entweder-Oder, nicht mehr das Ich oder Du. Lebensformen des Miteinander, die nicht ausgehen vom Anspruch, das Bessere, das Größere, das einzig Gültige zu sein; Formen des Zusammenlebens, die den Kompromiß suchen und in ihm nicht die Niederlage, sondern die Weisheit des Überlebens erkennen. Frieder Schlotterbeck anstatt Friedrich Schiller? Gewiß nicht; beide sind durch die Fegefeuer des Lebens gegangen, und beide haben nach Wegen gesucht, die für sie akzeptierbar waren - wenn sich Christa Wolf trotzdem eher für ihren Freund entscheiden würde, so weil er andere historische Erfahrungen zu bewältigen hatte, keine leichteren, und auch die Kraft besaß, dieses zu leisten. Und weil er trotz der Wunden, die der Riß der Zeiten hinterlassen, lebensfähig geblieben war, begabt mit der Kraft und der Fähigkeit, den Widersprüchen ihre Produktivität abzugewinnen. Hoffnung als Lebenskraft, Christa Wolf in Stuttgart, November 1983.

Frieder Schlotterbeck wird zu einem Beispiel dieses neuen Lebensbildes, das Christa Wolf zuerst und vor allem bei den Frauen entdeckt hatte: Schwesterlichkeit, Brüderlichkeit, getragen von Liebe, Verständnis und Offenheit, das selbst bei dieser Vielfalt von Leiden, die er zu überstehen hatte, nichts einbüßt an Bereitschaft, Vorgänge und Haltungen zu erklären durch deren historische Genese, Verständnis bei sich selbst und dann auch bei anderen dafür zu suchen, weil dies der einzige Weg sei, aus der Kette von Schuld und neuer Schuld auszubrechen, das Atriden-Schicksal endlich einmal aufzulösen durch neue Formen von Verzeihen und Mitmenschlichkeit.

# X. VORAUSSETZUNGEN DES ERZÄHLENS: INGEBORG BACHMANN UND "KASSANDRA"

Nun also "Kassandra". Als markierten diese Erzählung und die mit ihr verbundene Ästhetik einen vorläufigen Abschluß, zumindest eine Wende, so jedenfalls stellen sich die auf die Spitze geführten Positionsbeschreibungen der Christa Wolf jetzt dar. Von hier an ist Neuland: eine andere Art der Weltsicht und eine neue Art des Schreibens, auch wenn es Ansätze dazu schon früher, deutlicher seit 1976, gegeben hatte. Wir kennen die Gründe für die Veränderungen ihrer Schreibintentionen; jetzt aber - so scheint es - wagt sie einen weiteren Schritt, eine Radikalität neuer Art: "Mit der Erzählung geh ich in den Tod."[1]

Die Entwicklung der Sujetlinien vom "Geteilten Himmel" bis zur "Kassandra", von der einem neuen Leben entgegengehenden Rita bis hin zur todesbereiten Seherin vor dem Löwentor von Mykene scheint Abstieg zu markieren, Verlust an Lebensgläubigkeit und -mut, scheint auch die Möglichkeiten zurückzunehmen, die mit dem Beruf einer Schriftstellerin für Christa Wolf immer verbunden gewesen waren: nach Wahrheit zu suchen und sie auszusprechen, Unerkanntes zu benennen und Lebenshilfe zu bieten, 'moralische Instanz' zu sein. "Mit der Erzählung geh ich in den Tod" - Wer spricht? Wer ist das 'Ich'?

Die Literaturlandschaft zu Beginn der achtziger Jahre habe sich verändert, stellt Hans Kaufmann 1981 fest, zumindest seien seit der Mitte der siebziger Jahre Tendenzen deutlicher hervorgetreten, die er bei seinen früheren Bilanzierungsversuchen so nicht habe erkennen können: daß sich das Wirklichkeitsverständnis von Schriftstellern der DDR - und er nennt als für ihn repräsentative Autoren Hermlin, Heiner Müller und Plenzdorf (! - W.K.) - grundsätzlich gewandelt habe: man rechne nunmehr mit längeren Zeiten bei gesellschaftlichen Veränderungen, man reaktiviere geschichtlichen Sinn bei dem Versuch der Selbstverständigung und Standortbeschreibung, man verzichte auf die großen Aufrisse, ". . .die Gesellschaft der DDR als ein durchschaubares und durchschautes Ganzes in seiner Bewegung erscheinen zu lassen und als eine Welt, die im Ergebnis der Tätigkeit der geschilderten Personen. . . entsteht."[2] Fragen nach dem 'Sinn des Lebens' würden neu gestellt, das Recht des einzelnen "auf einen unverwechselbaren individuellen Beitrag zur ge-

---

1 'Kassandra. Vier Vorlesungen. Eine Erzählung', (Berlin): Aufbau (1983), S. 201

2 Weimarer Beiträge 3/81, S. 33

meinsamen Sache"[3] gefordert und das der Literatur, der Kunst, Erkenntnisse zu vermitteln, die anderswo so nicht gewonnen werden könnten, Fragen zu stellen, ohne zugleich Antworten bieten zu müssen.

Deutlich wird hier vor allem das: nicht nur die Literaturwerke, sondern vor allem die Gesichtspunkte, von denen aus Kaufmann wertet, haben sich verändert. Vergleichsmöglichkeiten findet er jetzt bei der modernen sowjetischen Literatur, die nun freilich Maßstäbe ganz anderer Art zuläßt: die des Individuums, das seinen Glücksanspruch gegen die allgemein anerkannten Normen geltend macht, die nach dem Lebenssinn, worauf ". . .keine allgemeinen Antworten, keine oder nur unzulängliche verallgemeinerbare Formeln, sondern nur die immer erneute Suche nach der je besonderen, nicht vorgegebenen Antwort"[4] möglich seien. Und in vergangenheitsgeschichtlichen Stoffen sehe er die Chance, "Vorgänge von . . . großer Reichweite in der Gesamtheit ihrer wirkenden Faktoren und ihren Folgen vorstellbar zu machen, Hypothesen, Vorschläge, Warnungen an wirklichem, überblickbarem Material durchzuspielen und so ein beziehungsreiches Verhältnis zu den Kämpfen von heute darzustellen, ohne doch der Gegenwart das Maß der Vergangenheit anzulegen".[5] Anstelle theoretischer Deduktionen bietet Kaufmann zwar nur eine Bestandsaufnahme, er beschreibt, was da ist, und sucht - auch zur Rechtfertigung - Verbindungslinien zu anderen Literaturen: "Manches deutet darauf hin, daß die situationsbestimmenden Merkmale in der literarischen Landschaft eines Landes besser eingesehen werden können, wenn die Betrachtung nicht auf dieses beschränkt bleibt und daß umgekehrt die so über ein Land gewonnene Einsicht auch darüber hinausreichende Bedeutung hat."[6] Verzicht auf Kritik? Abschied von Provinzialismus?

Man sieht: viele dieser Beschreibungen hören sich an, als wären sie Kommentare zu Werken von Christa Wolf. Ihre Poetik, die er noch 1974 mit bissigen Bemerkungen versehen hatte, wird ebenso anerkannt wie "Christa T.". "Das umstrittene Buch", formuliert er jetzt - sieben Jahre später - "ging darauf aus, den Sinn zu erwecken für die Substanz eines Menschen, der, ohne durch glänzende Leistungen aufzufallen, die rechte Art zu leben sucht."[7] Christa Wolfs Arbeiten werden nun auch für Kaufmann zum Vorbild für sozialistisches Schreiben, das Elemente vorwegnimmt, die dann von Kant oder Maxie

---

3 a.a.O., S. 41

4 a.a.O., S. 42 f.

5 a.a.O., S. 50

6 a.a.O., S. 27 f.

7 a.a.O., S. 36

Wander weitergeführt worden seien. Gerade in Anbetracht der von anderer Seite z.T. sehr heftigen Angriffe gegen ihre "Kassandra" sollte man nicht übersehen, daß Kaufmann hier - 1981 - Formulierungen findet, die eine günstige Aufnahme dieser Erzählung hätten vorbereiten können: daß an vergangenheitsgeschichtlichen Werken Hypothesen und Warnungen gleichsam durchgespielt werden könnten, um Vorgänge von großer Reichweite in ihren wirkenden Faktoren und ihren Folgen vorstellbar zu machen - das ist fast wörtlich die oben genannte Formulierung und trifft Wort für Wort auf Christa Wolfs "Kassandra" zu.

1980/81: Das ist der zeitliche Raum, in dem "Kassandra" entsteht. Seit zwei bis drei Jahren habe sie diese Gestalt vor Augen gehabt, erklärt Christa Wolf 1982 nach einer Lesung in Hannover, und sie zuerst eigentlich in einer ganz anderen Umgebung gesehen und auch mit anderen Absichten verbunden. Im März 1980 habe sie dann eine Griechenlandreise unternommen, mit der Folge, daß sie sich mit der möglichen Kassandra-Figur intensiver beschäftigte.

> Das hat mich sehr lange in Anspruch genommen und hat diese Figur für mich immer deutlicher gemacht und immer zeitnäher gleichzeitig. Das ist sehr eigenartig, daß ich - je mehr ich mich über die Vorgeschichte Griechenlands orientierte - d.h. also über diese Umbruchzeit, in der nach meiner Vorstellung - und ich glaube auch nach der Vorstellung der Vorgeschichtler - Kassandra gelebt haben muß, um so ähnlicher wurden die Zeiten sich und um so mehr konnte ich - wie ich finde - also ohne diese Figur zu vergewaltigen, die als eine ganz heutige Gestalt sehen.[8]

Der Zeitraum, in dem sie sich dieser Figur nähert, markiert zugleich den Abschluß ihrer Auseinandersetzungen mit den Romantiker-Frauen und der in diesem Themenkomplex eingebundenen Grundfragen, wie sie oben dargestellt worden sind: nach dem Sinn des Lebens, nach einer möglichen Neuorientierung der Lebensziele, nach der Ablösung der aggressiven Männerkultur durch eine Frauenkultur der Liebe, Sehnsucht, Offenheit usw. Zugleich ist es der Alltagsraum der atomaren Bedrohung und der allseitigen Hochrüstung, der Konstituierung von Frauen- und Friedensbewegungen. Auch wenn sie nicht daran glauben kann, daß Literatur auf wichtige politische Entscheidungen einen Einfluß haben könnte: trotzdem müsse sie schreiben, sagt sie im November 1983: "...es gibt ja den merkwürdigen psychologischen Mecha-

8 NDR, 55. Öffentliche Lesung. Hannover 8.6.82 - Mitschnitt

nismus der Verdrängung und Milderung von Einsichten, die sehr bedrohlich sind, es gibt die Zähigkeit von Hoffnung. Auf diese Hoffnung hin schreibe ich, versuche ich, den Wurzeln der Widersprüche nachzugehen, in denen unsere Zivilisation jetzt steckt. Dies tat ich mit dem Kassandra-Buch, das ja schon völlig unter dem Eindruck der Zeitumstände entstanden ist."[9]

Das Arbeitstagebuch, das in den "Voraussetzungen einer Erzählung: Kassandra" zitiert wird, beschreibt den Zeitraum vom 16. Mai 1980 bis zum 23. August 1981, die Vorlesungen an der Universität Frankfurt, in deren Rahmen der Text vorgestellt wird, beginnen im Mai 1982 - zu dieser Zeit dürfte auch die Erzählung vorgelegen haben, deren Anfang die 5. Vorlesung ja ausmacht. Deutlich: Lebensraum (Erfahrungsraum), Begleittext ("Voraussetzungen. . .") und Erzählung sind als Einheit/Ganzheit gedacht, sind einander ergänzende Bereiche und dann auch Texte, die aufeinander bezogen sind und sich gegenseitig erklären. Christa Wolf wird für ein solches Verfahren Namen wie "Gewebe" oder "Geflecht" wählen, um anzudeuten, wie eng die Verbindung der Teile ist und wie sehr sie der gegenseitigen Ergänzung bedürfen. Die Texte in einem Band herauszugeben - wie in Ost-Berlin - war sicherlich die richtigere Entscheidung, wenn man von der geradezu grotesken Tatsache einmal absieht, daß die DDR-Ausgabe Streichungen zeigt, die als Eingriffe der Zensur markiert und somit in besonderer Weise herausgehoben wurden: Zensur durch Behörden also diesmal, bei 'Abweichungen', und nicht nur der 'innere Zensor'.

Als Vorlagen benennt Christa Wolf Homers "Ilias" und Aischylos' "Orestie", außerdem eine recht breite Palette von Sekundärliteratur, mit deren Hilfe sie sich über eine immer weiter ausufernde Problematik informiert hat. Andere, für sie fremde Wissenschaftszweige werden berührt und Teil ihrer Argumentation, was - wir wissen es - Gegenstimmen und Kritik von Fachvertretern zur Folge gehabt hat. In solchen Bereichen der Vorgeschichte und der Mythen mit Wertungen wie 'wahr' und 'richtig' umzugehen, ist sicherlich ein fragwürdiges Unterfangen; hier wurde sie verschiedentlich auf Ebenen abgedrängt, die sie weder gesucht noch angestrebt hatte: ging es ihr doch darum - in erster Linie darum -, einen Mythos neu zu lesen, eine Haltung zu finden, eine verfremdete, die zu solchem Neuansatz befähigt; um Bögen schlagen zu können auf andere Zeiten und auf die Gegenwart, unabhängig davon, wieviel historische Wahrheit hinter ihren Vermutungen oder Schlußfolgerungen sich verbergen oder enthüllen möchte. Die "Voraussetzungen" waren zu lesen als

9 Interview Wochenpost 10.2.84, S. 14; Zum Erscheinen des Buches 'Kassandra'. In: 'Die Dimension. . .' Bd. 2, S. 473 f.

i h r e Voraussetzungen und Ergänzungen und Erweiterungen für eine Kassandra-Erzählung; sie waren kein Colleg oder Seminar zu historischen oder vorgeschichtlichen Fragen - auch wenn sie vielleicht gelegentlich den Anschein erweckten und Christa Wolf - vom Ehrgeiz gepackt und ihrer Vorbereitungen sicher - nicht frühzeitig genug wieder einmal auf die Besonderheiten von Dichtung hingewiesen hatte. Den Streit mit Girnus u.a. hat sie nicht gewollt, ihm ist sie aber auch nicht ausgewichen. Und manchmal hat sie ihn provoziert: wir werden sehen.

Der Weg der Annäherung an die Erzählung "Kassandra" kann - wenn man dieser Argumentation folgt - nur über diese Stufen gehen: über eine Rückbesinnung auf die Position, die Christa Wolf um 1980 für sich gewonnen hatte, über eine Analyse der "Voraussetzungen", deren Themen, Positionen und Erörterungen mit in den Text der Erzählung hinübergenommen werden, mit dem Versuch, diese beiden Texte ("Voraussetzungen" und Erzählung) parallel zu rezipieren. Wobei es eine Frage bleibt, wie man ein Gewebe lesen soll und ob man es kann; Christa Wolf jedenfalls hat dies, ein Gewebe zu 'schreiben', hier nicht geleistet: am Ende zieht sie eben doch nur e i n e n Faden, und zwar einen blutgetränkten, aus dem Teppich heraus.

Als Grundlagen für die Positionsbeschreibungen des Jahres 1980 könnten der "Brief über die Bettine" (Dez. 1979), ein Briefkommentar vom Dezember 1981, Gespräche mit Frauke Meyer-Gosau (1982), Jacqueline Grenz (1983) und das "Wochenpost"-Interview vom August 1984 herangezogen werden: alle Texte bestätigen den Wendepunkt, eine neue Weltsicht, eine andere Haltung dem Schreiben und dem Leben gegenüber.

In einem Kommentar zu einem Brief an einen Herrn D. vom Oktober 1981 beschreibt sie ein Urerlebnis vom April dieses Jahres: "Der Sprecher von Fernsehnachrichten meldete, eine in London tagende Expertenkonferenz sei zu dem Ergebnis gekommen, Europa habe noch eine Überlebenszeit von drei, vier Jahren für den Fall, daß die jetzige Politik weitergeführt werde."[10] In den "Voraussetzungen" wird diese "Nachricht" leicht variiert:

> Meteln, Sonntag, 26. April 1981 Meldung: In der niederländischen Stadt Groningen habe eine Konferenz von Friedensforschern, Wissenschaftlern verschiedener Disziplinen, Ärzten, ehemaligen hohen Militärs der NATO stattgefunden: Alle diese Teilnehmer hätten das Schicksal Europas sehr skeptisch beurteilt, weil, nach Ansicht der Versammelten, die USA, in der

10 Antwort an einen Leser. 'Die Dimension des Autors', Bd. 1, S. 447, = Materialienbuch (1983), S. 62

> Vorstellung befangen, durch die Entwicklung der Waffentechnik sei der nächste Krieg auch als Atomkrieg 'gewinnbar' geworden, darauf aus seien, Europa zum Schauplatz dieses nächsten Krieges zu machen. Die Vernichtung von Hunderttausenden von Europäern und Russen sei eingerechnet: eine Schwächung der Sowjetunion, ohne selbst Verluste befürchten zu müssen. Europa habe, wenn es nicht damit beginnne, eine vollkommen andere Politik zu betreiben, noch eine Gnadenfrist von drei, vier Jahren.[11]

Es ist derselbe Bezug, auch die Reaktion des Autors wird in beiden Texten vergleichbar beschrieben. Im Brief: "Da erlebte ich eine Minute, in der das geschah, was in drei, vier Jahren geschehen soll," in den "Voraussetzungen": "Eine Meldung, die meinen Blick verändert. Das Einschmelzen aller Gegenstände um mich herum innerhalb einer Sekunde. . ."[12]. Brief und Vorlesungstext suchen nach Antworten; die für die Entwicklungsphase der Arbeit an "Kassandra" gültige bringt der Brief: "Wenn sie es wagen, die Vernichtung dieses Europa ins militärische Kalkül zu ziehn, dann dürfen wir. . . uns ja wohl noch einiges herausnehmen; dann ist ja wohl auch unsere Unterordnung unter die Logik, deren letzte Erscheinungsform die Rakete ist, sinnlos geworden, was heißt, daß wir nicht radikal genug sein können in unseren Fragen nach den Ursachen dieser radikalen Bedrohung. . ."[13]

Die radikale Bedrohung führt zur Radikalisierung der Problematik: Literatur müsse in einer solchen Zeit und Situation - wolle sie überhaupt noch einen Sinn behalten - die Grundfragen des Lebens neu stellen: Lebenssicherung, Friedenssicherung - Fragen, die weiter reichen müßten als die von Christa Wolf noch in den siebziger Jahren gewählten, die ja auch schon - wie in "Kein Ort. Nirgends" - Ausdruck von Existenzbedrohung und -angst gewesen waren. Jetzt geht es nicht mehr um Schriftsteller-Schicksale, nicht mehr um Vereinsamung und Entfremdung; jetzt - in den achtziger Jahren - ist für Christa Wolf Literatur Friedenskampf - und Kampf der Frau um den Frieden, um das Leben, um die Erhaltung der Gattung Mensch. Und um die Ursachen geht es, die in einen solchen Weltzustand hineingeführt haben, und um die Möglichkeiten, trotz der Ausweglosigkeit der Situation und trotz der rasch ablaufenden Zeit einzugreifen, wirksam zu werden mit dem Wort: um die Menschheit zum Bewußtsein zu führen, die bekannten Denkmuster und geübten Handlungs- und Haltungsformen übersteigend.

11 'Voraussetzungen einer Erzählung: Kassandra'. Frankfurter Poetik-Vorlesungen (V), Darmstadt: Luchterhand (1983), S. 105 f., vgl. a.a.O., Bd. 1, S. 438

12 a.a.O., S. 106

13 Materialienbuch (1983), S. 62 f.

Nicht um eine Beschreibung oder Beschwörung von Endzeit, von Untergang, von Absterben mit den Gesten der Verzweiflung oder Resignation geht es, sondern um Widerstand im Denken und im Handeln, auch unter Aufopferung persönlichen Glücks. Natürlich lassen sich hier leicht die bekannten literarischen Sujetlinien der sich für die Gesamtheit aufopfernden einzelnen, der moralischen Sieger trotz ihres persönlichen Unterganges, anführen; die Geschichte der internationalen Literatur ist voll von Bildern solchen Kampfes einzelner oder von Gruppen oder Klassen - aber: konnte es wirklich das sein? Für diese und für lange Zeit dürfte es für Christa Wolf und andere diese Problematik mit gleichem Ernst und gleicher Betroffenheit angehenden Schriftsteller die entscheidende, nun wirklich entscheidende Frage sein: Wie müßte eine Literatur aussehen, die eine solche Aufgabe auf sich nehmen und bewältigen kann? Ist dies überhaupt mit den Mitteln der Literatur leistbar? Wäre "Kassandra" eine Antwort, die für sie mögliche Antwort, jetzt, in diesem Augenblick: die warnende Seherin, der man nicht glaubt? Und wie müßte man einen Stoff gestalten, damit er das Literarische verliert, es enthält und zugleich verliert? Vergleiche sind nicht möglich: am Beginn der achtziger Jahre muß eine neue Art Literatur gefunden werden, für die es noch keine Muster gibt, keine Vorläufer.

"Kassandra" mit ihrem Umfeld kann nur erfaßt werden, wenn man sich dieser Prämissen bewußt ist, kann nur beurteilt werden, wenn man die Riesenaufgabe erkennt, der sich Christa Wolf gestellt hat. "Da der 'Boden der Tatsachen', auf den uns zu stellen wir immer wieder aufgefordert werden, potentiell verseucht ist; ist es da so abwegig, wenn wir uns nach einem andern Grund umsehen? Wo selbst die Wortpaare, deren gegensätzliche Bedeutung die Geschichte festgeschrieben zu haben schien - 'Angriff' und 'Verteidigung', ihre innere Spannung verloren haben und in das Kraterwort 'Vernichtung' abgestürzt sind: sollten wir nicht mit Wörtern zu sprechen versuchen, die noch etwas bedeuten?"[14]

"So denke ich heute", fügt sie noch an und schreibt weiter an den Paralleltexten "Kassandra" und "Voraussetzungen". Das Webmuster von "Juninachmittag" scheint durch: alles ist immer gegenwärtig. Die Idylle des Gartens, die Spur der Schnecke, die nah und fern niedergehenden Gewitter und die ständige Bedrohung. Vor allem aber 'Tyche', der Zufall, der den Menschen in sein Schicksal einbindet: ein großartiges Muster aus dem Jahre 1965. Erstaunlich ist doch immer wieder, mit welcher Stetigkeit und Konsequenz Christa Wolf ihre Denk- und Gestaltungsmuster entwickelt hat.

---

14 a.a.O., S. 63

*"Voraussetzungen einer Erzählung"*

Vier Vorlesungen als Voraussetzungen: Abflug und Ankunft in Griechenland, Kreta, das Arbeitstagebuch und das Kapitel Ingeborg Bachmann, die hier also auch wieder zitiert wird, wieder verbunden mit Fragen nach dem Lebensbild, das sie für Christa Wolf verkörpert hat, und nach ihrer Autorenpoetik - Ordnungen des Nacheinander also auch hier, die künstliche Form für das Nebeneinander, das Miteinander der Dinge. Nicht anders zu leisten, solange man schreibt, bekennt Christa Wolf im Bewußtsein der damit verbundenen Problematik. Collagen oder ähnliches wären keine Lösung. Und doch: sie collagiert! "Ich bin", heißt es zu Beginn der ersten Vorlesung, "in den letzten ein, zwei Jahren einem Stichwort nachgegangen, das hieß KASSANDRA (. . .) - will Sie bitten, mir auf eine Reise zu folgen, im wörtlichen wie im übertragenen Sinn (. . .) - das Gewebe. . . ist nicht ganz ordentlich geworden, nicht mit einem Blick überschaubar. . . Es gibt Einschüsse, die wie Fremdkörper wirken, Wiederholungen, nicht bis zu Ende bearbeitetes Material. Dies ist nicht immer Absicht. . ."[15]

Es wird wirklich alles gesagt; nur die Leichtigkeit des Einsatzes verführt den Leser dazu, es so genau nicht zu nehmen, so bemüht nicht zu lesen. Die "Voraussetzungen" aber sind kein Satyrspiel (so wie die Erzählung keine Tragödie ist); die unterschiedliche Tonlage darf nicht die Gleichrangigkeit der Texte überdecken, nicht verschleiern, daß die Erzählung mit diesem Text beginnt. Und mit der Voraussetzung, daß jeder Satz gilt und seine Bedeutung erhält durch das Sinngefüge des Ganzen.

*1. Vorlesung*: Wie immer findet Christa Wolf den Einsatz mit leichter Hand. Das gibt es ja nun wirklich, daß der Aufbruch in ein fremdes Land einer Reise ins Unbekannte gleicht - nur wird hier alles ins Groteske gesteigert: Nachts im Warteraum eines Flughafens (von Schönefeld), den zweiten Tag ohne Gepäck, da die Maschine, die man erreichen sollte, bereits abgeflogen war, die andere, auf die man wartet, offenbar noch am Boden ist, aber eben in einem anderen Land. Den zweiten Tag sind sie nun schon außerhalb aller Ordnungen, Vorausberechnungen, Wahrscheinlichkeiten; ausgesetzt dem Zufall, unsicher, wie es kommen mag und weitergehen wird: "Wir sind uns selber überlassen und unserm Zweifel, ob es außerhalb dieses kahlen hellen Transitraumes noch etwas anderes gibt: einen Flughafen, eine Stadt, zu der er gehört, ein Land, andere Länder, den Kontinent."[16] Der Lebensraum wird

15 Voraussetzungen, S. 7

16 V., S. 14

frei für die Beschäftigung mit der Kassandra-Gestalt, jetzt noch in der historischen Formung durch Aischylos, aber die Gedanken laufen weiter, über alle Zeiten hinaus.

Zurück bleibt die schon nicht mehr ganz wirkliche Welt Berlins, der 'Friedrichstraße' oder 'Unter den Linden' mit Opernbesuch und heimlicher Heimkehr in die nun schon fremde eigene Wohnung, jetzt - beim Warten nachts - fallen die letzten Ordnungs-Koordinaten in sich zusammen: der Transitraum wird von den Kindern umfunktioniert zur Sporthalle und zu einem Übungsplatz für Kriegsspiele, das Telefon wird als Möglichkeit entdeckt, kostenlos rund um die Welt mit Freunden und Bekannten zu sprechen - die Welt entwirklicht sich immer mehr. Die Zeit ist reif für den Abstieg in den Mythos. Die Arbeit am Kassandra-Komplex beginnt.

Nebeneinander schichtet Christa Wolf die Erlebnisse des Aischylos-Textes, des Fluges und die der Ankunft in Griechenland, wobei es ihr offensichtlich leichter wird, das Sehraster des Aischylos zu entziffern, als in Athen die Stadt der Antike zu erkennen. Kassandra sucht sie in den Gesichtern, denen sie begegnet, deren Weissagung freilich sieht sie bestätigt in der zerstörten Stadt. "Der Zufall, Tyche, hat mich in den Bannkreis eines Blicks gebracht (. . .) Ich scheine mehr von ihr zu wissen, als ich beweisen kann. Sie scheint mich schärfer anzusehen, schärfer anzugehen, als ich wollen kann,"[17] so beginnt sie.

Im Kreis der Freunde, die sie erwartet hatten, überwindet sie die erste Enttäuschung über Stadt und Burg. Keine Berührung und kein Echo: "Natürlich, auf der Akropolis sind wir auch gewesen. Und? Mächtige Geröllhalde."[18] Nur das Licht bleibt in der Erinnerung, die Blendung jetzt schon, im April.

Früh kommt es zu der entscheidenden Begegnung: die Koren vom Erechtheion im Museum auf der Akropolis. "Der Stein weint, halten Sie das nicht für eine Metapher. Über die Gesichter der steineren Mädchen sind Tränen geströmt, die sie zerfressen haben. . .: saurer Regen, vergiftete Luft." Ein Sinnbild, das sie nicht mehr verlassen wird, das ihre Zeit und ihr Zeitverständnis charakterisiert: Die Barbarei der Neuzeit. "Zorn, Angst, Grauen, Schuld, Scham. Ich bin angekommen."[19]

Die unendliche Geschichte von Krieg, Mord und Tod, die sie bei Aischylos findet, sieht sie zu Ende geführt in dieser Stadt, die sich frißt. "Ich verstehe die überfüllte, hastige, mordlüsterne, Rauch und Abgase ausstoßende, dem Geld nachstürzende Stadt, die in Jahren einholen will, was einige ihrer west-

17 V., S. 12, 13

18 V., S. 22

19 V., S. 22 f.

lichen Schwestern mehr als ein Jahrhundert gekostet hat. Ich verstehe. . ."[20]
Aus der Begegnung mit Literatur und Wirklichkeit entsteht in Christa Wolf der Grund der Erzählung von der Seherin Kassandra, die mit der Geschichte, die sie erlebte, Weltgeschichte formuliert, weissagt. Der Weg in die Barbarei ist prophezeit; es bleiben die Fragen nach den Gründen, nach den Ursachen für diesen Weg und ob es wirklich ein Schicksalsweg, vorbestimmt war, ausweglos?

"Erzählen ist human", "Erzählen ist Sinngeben"[21], beschwört sie sich, wenn sie in einer Taverne die griechischen Männer hört, Männergeschichten vom Bau und Verlust des Hauses: Orestien. Was taten die Frauen in dieser Männergesellschaft, wie lebten Kassandra und Hekabe, wie leben sie heute, die Nachfahren, noch immer ohne Stimme und Recht? Die Sätze im Text werden eigenartig durchlässig an dieser Stelle, Grundmuster von Erfahrungen, die wiederholbar sind: "Unstillbar, das weiß man doch, ist der Schmerz, den die Eignen einem antun, es sei denn, man verwandle sie oder sich selbst in Fremde." "Ihre ernsteste Gefährdung", kommentiert die Erzählerin,

> Ihre ernsteste Gefährdung erlebt Kassandra nicht, als der Zorn der Troer sie in Lebensgefahr bringt, sondern als alle Fäden, auch die des Zorns, zwischen ihr und ihnen gerissen sind und ein neues Netz durch ihre eigne Schuld noch nicht geknüpft ist.
>
> Gab es Selbstmorde bei den frühen Völkern?[22]

Das Spiel der Assoziationen, mit denen sie großzügig umgeht, erweist sich als gesteuert durch die Erfahrungen, die die Autorin mitbringt, die sie hier bestätigt sieht, sich wiedererkennend: Politik in Griechenland, der schmale Weg zwischen dem Land der Unschuldigen und der Verdächtigen, das Schweigen in den Familien, die Büros der Mächtigen. Sie - Christa Wolf und ihr Mann - kennen sich aus in dem Film, in dem sie offenbar mitspielen, dessen Szenen sie "schon hundertmal" geprobt haben, "ohne den Regisseur, der uns mit den uns fremden Rollen besetzt hat, je kennenzulernen".[23] So erkennen sie sich: zusammen mit ihrem Freund bilden sie eine Dreierformation, eine Gang, in einer Kafka-Welt: bei der Fremdenpolizei verdächtigt und mit der Verdächtigung sich verwandelnd, anverwandelnd.

Asylprobleme: Könnte man sich in solchen Städten zu Hause fühlen, könnten sie Heimat werden, jetzt, da Heimatlosigkeit oder die Bedrohung des Hei-

---

20 V., S. 23
21 V., S. 36, 37
22 V., S. 37
23 V., S. 34

matverlustes, des Verlustes an Geborgenheit zu den charakteristischen Stigmen auch dieser Zeit gehörten: "...dann geht man hin und baut eben das Haus wieder auf." Schicksale des Odysseus, daß man nichts mehr hat, wenn man ankommt, daß mit dem Verlust der Lebensordnungen auch Gedanken an Selbstzerstörung aufkommen können. Deutsche Dichterschicksale auch, wenn es keine annehmbaren Alternativen mehr gibt. Eben war es noch die Thematik - eine Thematik - des Bettine-Briefes; Tragik, tragische Schicksale, die der Literatur "so günstig" sind.[24].

Und Klytaimnestra? Sie führt aus, was sie für Recht hält, sie tötet Agamemnon, der gegen das Verbot des Menschenopfers verstoßen hat, indem er ihrer beider Tochter Iphigenie opferte, hinschlachten ließ. Schon bei Aischylos gibt es die Voreingenommenheiten, die sich einstellen müssen, wenn Männer Geschichte schreiben: die tapferen Helden werden hinterlistig im Bade erschlagen, der Purpurteppich, der zu ihrem Empfang ausgerollt wird, trägt die Signalfarbe des Mordes. "So will der männliche Dichter diese Frauen sehen: haßvoll, eifersüchtig, kleinlich gegeneinander - wie Frauen werden können, wenn sie aus der Öffentlichkeit vertrieben, an Haus und Herd zurückgejagt werden; genau dies geschah in den Jahrhunderten, deren Summe des Aischylos großes Drama zieht."[25]

Geschichte als eine Form von Vergewaltigung: Moral verfällt zur Doppelmoral, mit der auch noch in der Gegenwart im Namen der Humanität Kriege angezettelt und Menschen vertrieben, des Hauses oder der Heimat beraubt, in die Selbstzerstörung getrieben werden. Themenauswahl und Themenverbindungen weisen die Grundzüge des Gewebes aus; authentische Subjektivität auch hier: Christa Wolf beim Eintritt in die Welt der Antike.

E i n e n freundlichen und zufriedenen Menschen findet sie, am Eingang zum Amphiareion, einem Ort der Ruhe und der Hingabe an die Stille der Natur: den Wächter, der vielleicht stundenlang auf einen Besucher warten muß, ohne Ungeduld, ohne die Frage nach dem Sinn solcher Tätigkeit zu stellen, selbst ein Bild dieses heiligen Ortes, in sich ruhend, Ruhe ausstrahlend. Vor ihren Augen entwirft sich das Bild eines Griechen, der diesen Ort besucht: "Froh, endlich aller eignen Entscheidung enthoben zu sein (...) wird (er) sich, in Tücher gewickelt, auf einer der Lagerstätten niederlegen, auf deren Marmorsockel wir sitzen, die würzige Luft einatmen... wird schlafen und - träumen. Denn dazu ist er hier."[26]

---

24 V., S. 38

25 V., S. 41

26 V., S. 31

> Ganz deutlich spüre ich, wir sitzen innerhalb eines Zirkels, in den man Einblick hat, von einer sehr frühen Vergangenheit her, wie auch wir imstande sind zu erfahren, was vor Zeiten hier geschah. Fühle, wie ein inneres Auge aufgeht, eine Berührung stattfindet, sehr leicht, beiläufig, unpathetisch, eher spöttisch. Unser Gespräch versickert, es wird still. Wie sollte Schlaf hier nicht heilsam sein.[27]

Die Stille und das Licht bilden die Brücke in die Vergangenheit, eher und intensiver als die Begegnung mit der Akropolis. Auf der Suche nach der Wiege der Menschheit ist Athen nur ein schnell vergessener Ort. "Es war die siebte Abendstunde. Die Sonne, sehr tief, stand hinter uns und beleuchtete den Hafenbogen von Piräus. . . So, in diesem Schein, mögen. . . die gefangenen Troerinnen die Trümmer ihrer Stadt und ihr heimatliches Ufer zum letztenmal gesehen haben."[28] Abfahrt nach Kreta.

2. *Vorlesung*: "Kreta ist eine Insel, die in einem besonderen Wasser schwimmt."[29] Noch immer wird über eine Reise berichtet und über Reisebegegnungen, bei denen Tyche, der Zufall, Ellen und Sue, zwei Feministinnen aus San Franzisco, für eine Zeit an sie bindet. Was suchen diese Frauen hier, was fehlt uns, "worauf deutet denn die Hingabe, die wir bereit sind, an eine vor zweitausend Jahren versunkene Kultur zu wenden, die Toleranz, die sich schon als Vorrat in uns gesammelt hat, ehe wir noch ihren ersten materiellen Zeugnissen gegenübertreten".[30] Auch später - beim nächtlichen Osterfest in einem thessalischen Dorf - wiederholt sich hinter den Beschreibungen Christa Wolfs die Frage: Was haben wir gewonnen in der Geschichte der Zivilisation, was verloren? Und: "Wir geben uns unsere Beklemmung zu. Aus einer Welt, die nur ökonomisch, nur diesseitig wäre, müßte der Mensch auf die eine oder andre Weise verschwinden."[31]

Kreta, das ist das Erlebnis des Palastes von Knossos, zeige - in der sog. minoischen Kultur - Spuren eines frühen Matriarchats, einer Mutter-Gottheit, die sich in Wandmalereien, in Terrakottafiguren oder im Zeichen der Doppelaxt erhalten hätten: die amerikanischen Feministinnen suchen nach Zeugnissen für zerschlagene Kulturformen, die ihnen ihr Recht bestätigen sollen, eigene Weltvorstellungen zu haben als Weiterführung eben dieser verschollenen Frauenkultur. Kreta wird gesucht als eine 'Insel der Vollkommenheit':

27 V., S. 32
28 V., S. 43
29 V., S. 51
30 V., S. 50
31 V., S. 51

"Alles, was wir nicht leisten können, sollte ihnen (den 'Minoern'- W.K.) möglich gewesen sein, Sinn in der Arbeit finden, eingebunden sein in eine soziale und religiöse Gemeinschaft, ohne sich selbst dabei auf automatisches Funktionieren reduzieren zu müssen, gewaltfrei nach innen, gewaltfrei nach außen zu leben (. . .) (eine) friedliche Kultur, in die der Code unvermeidlichen Untergangs durch eigenes Verschulden nicht eingegeben war. . ."[32]

Menschheitsgeschichte, Kulturgeschichte und Archäologie sind natürlich eigene Wissenschaftsbereiche, denen sich Christa Wolf nur dilettantisch, als laienhaft Liebende, nähern kann; eine Verfahrensweise, die sie freilich wiederholt mit Verve verteidigt, auch durch das Argument, daß von Männern betriebene Forschung zu anderen, vielleicht falschen Ergebnissen kommen mußte, eben weil die Sehraster männlich, die Traditionslinien festgelegt und als Kanon weitervererbt wurden. Sie nimmt es auf sich, daß sie irren kann, aber sie weiß auch, "daß es kaum Dauerhafteres als die Rituale" (gibt) - z.B. die des österlichen Lämmer-Opfers -, "die der Erzähler nach Bedarf umzudeuten hat. Hinter der säkularisierten Erzählung die Heiligenlegende, vor dieser das Heroenepos, vor diesem der Mythos. Die Erfahrung von Zeittiefe an einem Ort, der fremder kaum sein könnte".[33] Und weiß, daß man die Kulturschichten, die sich gegenseitig durchdringen, nicht voneinander abheben kann.

Das Erlebnis von gegenwärtiger Vergangenheit, das sie vor allem beim Osterfest am Rande der Berge hat, läßt sie - ihr Erkenntnisinteresse - die willkürlichen Bögen schlagen und Verbindungen ziehen, die sie auch in der etablierten Forschung als Grundlage von Theorien erkennt oder zu erkennen meint. "So, in sanften Vorstellungen befangen, von denen wir nicht ahnen, daß sie höchstwahrscheinlich Irrtümer sind - eingegeben von Archäologen, die diese Irrtümer genauso stark brauchten wie ihr Publikum; sehend, was wir sehen *wollen*, streifen wir durch die Trümmer von Knossos und Phaistos; sitzen am Südsaum der Insel, an der Bucht von Matalla, wo wir endlich mit eignen Augen das Blau von Himmel und Meer ineinander übergehn sehen und anfangen, die Farbe nördlicher Himmel zu vergessen."[34]

Diese Übergänge sollten nicht überlesen werden: wir hören von einem Reisebericht und von der Entstehung einer Dichtung, die die Visionen einer Autorin des zwanzigsten Jahrhunderts vor dem Hintergrund antiker Kultur gestalten will, die - durchaus als subjektives Bild - Zusammenhänge sieht und deren Fakten, was sie als Fakten wahrgenommen hat, uns vorstellt. Wie sie es

32 V., S. 59
33 V., S. 67
34 V., S. 61

im "Selbstinterview" von 1966 beschrieben hatte: "In dem Strom meiner Gedanken schwimmen wie Inselchen die konkreten Episoden." Das ist das Zentrum: um den Gedankenstrom geht es, der an Konkretem festgemacht wird; auch hier, in diesem Reisebericht, in ihren archäologischen Studien.

Ihren Traum von einem lebbaren Leben sieht sie - für einen Augenblick - wie die Feministinnen in der minoischen Kultur verwirklicht: "Es *gab es* doch einmal, das Land, in dem die Frauen frei und den Männern gleichgestellt waren. In dem sie die Göttinnen stellten. . ., in dem sie bei allen öffentlichen Vorführungen auf den bevorzugten Plätzen sitzen. . ., in dem sie bei den rituellen Übungen mitwirken, sogar die Masse der Priesterinnen stellen. Ein Land, in dem sie. . . Kunstausübende und Kunstanregende sind. . ., in dem offenbar die matrilineare Erbfolge nachwirkt, die Erbschaft eines männlichen Könignachfolgers also nur über die Töchter des Königs möglich ist."[35] So denkt sie - nicht nur für einen Augenblick und in "sanften Vorstellungen befangen". Nachdenken über "Kassandra".

Und dem Traum gegenüber sieht sie die griechischen Frauen heute; das Übermaß an Arbeit, ihre Bedeutungs- und Rechtlosigkeit im öffentlichen Leben wie in der Familie, ihre Angepaßtheit, ihre Widerstandslosigkeit in dieser ausgeprägt südländischen Männergesellschaft. Sieht zusammengedrängt Ursprung und Ende einer Entwicklung, die sie - in anderen Formen und mit anderen Vorzeichen - wiedererkennt als Strukturen gesellschaftlichen Zusammenlebens auch in Mitteleuropa. Aus diesem Spannungsverhältnis von Erkennen und Wiederkennen wird sich das Werk entwickeln, das zur "Kassandra" führt: dazu ist sie schließlich hier. Nur: Soweit ist sie noch nicht.

Athen oder Mykene oder Aulis oder Eleusis und selbst Kreta werden nicht die Orte sein können, die einen tragfähigen Grund bieten könnten für die Entwicklungslinien ihres Konfliktes, der ja Auflösungen, utopische Elemente und glaubhafte Alternativen bringen soll. Ein Ort müßte es sein, der noch nicht die Belastungen der von Männern weitergegebenen Traditionen des Mythos zu tragen hat, der noch den Träumen offensteht, über den man noch dichten könnte. "Das Troia", beschließt Christa Wolf ihre zweite Vorlesung, "das mir vor Augen steht, ist - viel eher als eine rückgewandte Beschreibung - ein Modell für eine Art von Utopie."[36]

*3. Vorlesung*: Troja wird sie nicht besuchen; aber die Geschichte, die sie schreiben will, bedarf dieser Stadt, der Vorstellung oder des Traumes von

---

35 a.a.O.

36 V., S. 83

ihr. Schon auf Kreta hatte sie wiederholt gewünschte Verbindungslinien zwischen dieser Kultur der Friedfertigen und Kassandra gezogen, die sie als eine "Nichtmordende" benennen möchte[37], wie sie in Priamos, dem Vater Kassandras, eher Züge eines kretisch-minoischen als eines achaischen Heerführers und Fürsten zu erkennen glaubt. "Die Minoer hatten mit ihren 'Palästen' unsere Phantasie und, in noch tieferen Schichten, die verschüttete Hoffnung auf ein 'gelobtes Land' erweckt."[38]

Alles ist vorbereitet für die "Kassandra"-Erzählung: die Themen, die Akzente, die Beleuchtung (die Tonlage) und der elegisch-utopische Ausgang. Mitten in der Fülle der gegenwärtigen Reise-Erfahrungen blitzt einmal für einen Augenblick die Vision eines Gartens auf: Meteln, die mecklenburgische Idylle, der Rhododendronstrauch. Auch dieser Raum gehört dazu: aus den sich überlagernden Schichten wird Christa Wolf ihre Kassandra entfalten: im Augenblick des Todes entwirft sie das Gegenbild vom Leben, das Opfer einer mordenden Männerwelt wird zum Vor-Bild für eine Fesseln brechende, Grenzen übersteigende, Bedingungen auflösende Vision vom Menschen. Das soll es sein: im Augenblick der höchsten Gefährdung befreit sich das Objekt, das Opfer, und wird durch diesen Akt der Selbstgestaltung wieder zum handelnden Subjekt: "Mit der Erzählung geh ich in den Tod." "Erzählen ist human und bewirkt Humanes, Gedächtnis, Anteilnahme, Verständnis - auch dann, wenn die Erzählung teilweise eine Klage ist über die Zerstörung des Vaterhauses, den Verlust des Gedächtnisses, das Abreißen von Anteilnahme, das Fehlen von Verständnis."[39]

*3. Vorlesung*: Meteln, das Arbeitstagebuch. Hier schreibt sie. Die Dimension der Gegenwart. Am Anfang ein Gedicht von Sarah Kirsch: "In diesem Herbst wurden die Atompilze in den Journalen ein solch gewöhnlicher Anblick, daß ich beim Betrachten der Fotografien ästhetische Kategorien herzustellen begann (. . .) Das Kind geht zur Schule wir pflanzen Bäume hören den Probealarm die ABC-Waffen-Warnung kennen die Reden der Militärs aller Länder" ("Ende des Jahres").

Meteln, 16. Mai 1980. "Die Literatur des Abendlandes, lese ich, sei eine Reflexion des weißen Mannes auf sich selbst. Soll nun die Reflexion der weißen Frau auf sich selbst dazukommen? Und weiter nichts?"[40] Ansätze zur dritten Vorlesung.

---

37 V., S. 42

38 V., S. 65

39 V., S. 36

40 V., S. 84

Die Themen, die zu erwarten waren, werden aufgenommen: Wir kennen die Reden der Militärs a l l e r Länder. Das Nachdenken über Kassandras Schicksal, jetzt an diesem Ort, in dieser Umgebung - bringt dem Text eine Fülle weiterer Bedeutungsbereiche.

Die mecklenburgische Idylle: das Haus, der Garten, die Freunde, Felder und die Weite des Blicks, auch der Wind vom Meer; vor diesem Hintergrund der Stille und Geborgenheit entfaltet sich die Kassandra-Geschichte von Mord und Totschlag und Krieg als Teil der Menschheitsgeschichte. Wie in "Juninachmittag" ist die Stille trügerisch; wie Klopfzeichen dringen durch das Fernsehen oder den Rundfunk die Nachrichten von draußen hierher: 60.000 Atomsprengkörper seien in der Welt gelagert, zweimal habe in der vergangenen Woche ein Computer in den USA irrtümlich den Anflug sowjetischer Raketen gemeldet, auf jeden Erdbewohner kämen drei Tonnen TNT: "Die Großmächte könnten sich gegenseitig mehr als ein dutzendmal vernichten. Und so weiter. Wir lachen, ein wenig verlegen."[41] Christa Wolf kommentiert: "In den letzten Jahren, der Zeit der Entspannung, hätten die beiden Großmächte (! - W.K.) ihre Rüstungen ungeheuer aneinander hochgeschaukelt!"[42] Von "Wahndenken" spricht sie, von der Vorstellung, mit Hilfe des Gleichgewichts des Schreckens könne Frieden gewonnen oder gesichert werden. Das sei das Ende unserer hochzivilisierten Entwicklung, dessen Anfang sie mit dem Kassandra-Mythos auszuleuchten versucht und mit einer Darstellung möglicher Verbindungslinien zwischen damals und heute.

Vielleicht gehört hierhin der Traum, von dem sie am 7. März 1980 berichtet: Wilde Tiere in ihrer Küche, ein Puma und dahinter ein zweites wildes Tier von merkwürdiger und ekelerregender Gestalt. Es gibt keine Möglichkeit - in dieser Traumwelt -, diese Tiere loszuwerden: "Wir stehn da, Auge in Auge mit den stummen wilden Tieren, und wissen: Es ist eine ausweglose Situation."[43]

Diese Irrsinnsnachrichten bedrohten ihre Schreibfähigkeit, heißt es in einem der von der Zensur gestrichenen Texte:

> Die Nachrichten beider Seiten bombardieren uns mit der Notwendigkeit von Kriegsvorbereitungen, die auf beiden Seiten Verteidigungsvorbereitungen heißen. Sich den wirklichen Zustand der Welt vor Augen zu halten, ist psychisch unerträglich. In rasender Eile, die etwa der Geschwindigkeit der Raketenproduktion beider Seiten entspricht, verfällt die Schreibmotiva-

41 V., S. 94

42 V., S. 87

43 V., S. 95

> tion, jede Hoffnung, 'etwas zu bewirken'. Wem soll man sagen, daß es dic moderne Industriegesellschaft, Götze und Fetisch aller Regierungen, in ihrer absurden Ausprägung selbst ist, die sich gegen ihre Erbauer, Nutzer und Verteidiger richtet: Wer könnte das ändern. Der Wahnsinn geht mir nachts an die Kehle.[44]

Das sind neue Töne, neu vor allem für die Augen und Ohren der DDR-Kritiker bei der Besprechung der "Voraussetzungen", die ihre Parteilichkeit jedermann dadurch nachwiesen, daß sie alle Bedenken Christa Wolfs gegen die Macher in Ministerien oder Behörden allein auf den amerikanischen aggressiven Imperialismus bezogen, in der Weise Verhaltensmuster (zum wievielten Male) vorführten, die gerade in "Kassandra" und in den "Voraussetzungen" von ihr angegangen werden. "Gibt es für uns eine Chance?" fragt sie in einem weiteren von der Zensur gestrichenen Text. Und antwortet: "Wie kann ich mich auf die Experten verlassen, die uns an diesen verzweifelten Punkt geführt haben?"[45] Und sie macht den Vorschlag, einseitig abzurüsten, wenn es denn keine andere Möglichkeit zur Erhaltung des Friedens gebe. "Dies sei Wunschdenken? So wäre der Wunsch, über Leben und Tod vieler, vielleicht aller künftigen Generationen mitzudenken, mitzureden, ganz abwegig?" Wie vernünftig ihre Ansichten und Argumentationen zu dieser Thematik waren, haben die Entwicklungen erwiesen, die in der Zwischenzeit auf diesen Gebieten eingetreten sind: Keine Sehergabe, wohl aber die Fähigkeit zu logischem Denken und Mut zum öffentlichen Bekenntnis.

Hierhin, in diesen Bereich der Zusatzaussagen zu "Kassandra", gehören auch die 'Freundesgespräche', die als eine Vorform demokratischer Kommunikation beschrieben werden, zugleich natürlich mit ihren Aussagen Formen von Widerstand sind: "Er, sagt A., sei *eine* Art Mensch während der Arbeit, in seinem Institut; eine andre Art Mensch in der Versammlung; und eine dritte Art Mensch 'privat', abends (. . .) Das aber, wirft E. ein, betreffe doch auch uns, 'frei Schaffende': anders denken als reden, anders reden als schreiben." Und wieder streicht der Stift des Zensors die folgenden Zeilen: "Sie (Christa Wolf - W.K.) für ihren Teil, da sie erkannt habe, daß Zensur und Selbstzensur kriegsfördernd seien. . . - sie habe aufgehört mit dem Reden und Schreiben mit gespaltener Zunge. . ."[46] Die drei Punkte hat diesmal Christa Wolf gesetzt, andeutend, daß hier noch mehr gesagt wurde. Im Text heißt es weiter: "Wir reden bis in die Nacht. Eine utopische Versammlung. Ich stelle mir vor: Hunderte, Tausende, Millionen solcher Versammlungen, über unseren

---

44 V., S. 97

45 V., S. 88

46 V., S. 109

Kontinent verteilt. . ." Übrigens: die letzten Sätze sind vom Zensor nicht gestrichen worden. Warum nicht?

Auf die Widerstandslinie, die den Frauen zugewiesen wird, auf die umfangreichen historischen Kommentare zu ihren Vorstellungen von der Frühgeschichte der Menschheit, auf die Untersuchung des Verhältnisses von Troja und Athen usw. kann hier verzichtet werden: auch das sind Ergänzungen zum "Kassandra"-Text, wenn auch nicht die wesentlichen. Die wirklichen Fragen sind ausgerichtet auf die Aussage, die einer jungen Frau in den Mund gelegt wird: "Ich möchte mich später einmal nicht von meinen Kindern fragen lassen müssen - so wie wir unsere Eltern und Großeltern fragen - : Warum habt ihr damals nichts gesagt." Wir erinnern uns: Es ist die eine Frage aus dem "Kindheitsmuster" neben der anderen: "Wie sind wir so geworden, wie wir heute sind?"

Christa Wolf sieht in dieser Frau, die sich wehrt, wieder einmal als Objekt gesehen und behandelt zu werden, einen neuen Menschen-Typ, der sich in Ost und in West herausgebildet habe und der zu Hoffnungen Anlaß gebe. Formen von Widerstand gibt es also, in den Friedensgruppen, in Frauenverbindungen, in der Jugend. Und sie selbst gibt - in der offenen Art ihres Schreibens (neben dem Bild der Kassandra) - weitere Hinweise auf Formen von Widerstand, zitiert z.B. Lewis Mumford:

> Die materielle Struktur des Machtsystems (gegen das man angehen müsse - W.K.) war noch nie so klar erkennbar; doch seine menschlichen Stützpfeiler waren noch nie so schwach, so indifferent, so verwundbar (. . .) Jeder von uns kann, solange das Leben sich in ihm regt, in der Befreiung vom Machtsystem eine Rolle spielen, indem er in stillen Akten geistiger und physischer Lossagung - in Gesten der Nichtübereinstimmung, der Enthaltung, der Selbsteinschränkung und -hemmung, die ihn der Herrschaft des Macht-Pentagons entziehen - seinen Primat als Person geltend macht (. . .). Nichts könnte dem Mythos der Maschine und der enthumanisierten Gesellschaftsordnung, die er hervorgebracht hat, gefährlicher werden als ein stetiger Entzug des Interesses, eine stetige Verlangsamung des Tempos, eine Beendigung der sinnlosen Gewohnheiten und gedankenlosen Handlungen. Und hat nicht all dies faktisch schon begonnen?[47]

Das steht am Ende der Arbeitsphase, die hier mit dem Arbeitstagebuch dokumentiert wird. Die Hauptprobleme sind nicht zu übersehen, die sich für Christa Wolf auch daraus ergeben haben - neben allen 'Welt-Problemen'-,

47 aus: Mythos der Maschine, V., S. 120

daß es bedrückende Entfremdungen zwischen ihr und der sozialistischen Gesellschaft, in der sie lebt, gegeben hat, die sie in allen möglichen Spielformen ihres Alltags erkennt: im Umgang mit der Sprache, der öffentlichen, mit den Menschen, die durch sie betroffen, aber nicht eigentlich gemeint werden, die sie zu Objekten macht - Sprache als Hauptquelle der staatlichen Gewalt. Auch in der Weise, daß die Menschen offenbar in einer Welt von Tabus leben müssen, durch die jeder normale Lebensvorgang unerträglich eingeschränkt wird. Meteln, 1. Mai 1981: "Um Kriege zu verhindern, müssen auch Menschen in ihrem jeweils eignen Land Kritik an den Mißständen ihres eignen Landes üben. Rolle der Tabus bei der Kriegsvorbereitung: Unaufhörlich, unermeßlich wächst die Zahl der unwürdigen Geheimnisse. Wie unbedeutend alle Zensur-Tabus und die Folgen ihrer Übertretung durch die Bedrohung des Lebens werden."[48]

Wir kennen die Formen bürgerlichen Ungehorsams, wenn Bürger sich zur Wehr setzen gegen die Bedrohung ihres Lebens und ihres Lebensraumes. Wir haben mühsam lernen müssen: es gibt ein Recht auf Widerstand. Längst ist der Text über die Landes- und Denkgrenzen, für die er bestimmt war, hinausgewachsen. Oder anders: Hier sieht Christa Wolf übrigens Kassandras Schuld, daß sie das Unheil herbeiredete: "Man *darf* ihr nicht glauben, das ist ein Gesetz, solange man nichts, vor allem nicht sich selbst, verändern kann."[49]

Mit der Entwicklung der Erzählung "Kassandra" verändert Christa Wolf das Bild der Kassandra in der letzten Arbeitsphase immer stärker: die Tragik, der tierische Ernst, das Heroische werden aus der Erzählung herausgenommen, der Abstand der Autorin zum Text und zu der Zentralfigur wird immer größer: "Ich sehe sie nüchterner, sogar mit Ironie und Humor. Duchschaue sie."[50] Das ist die Phase, in der Christa Wolf Lewis Mumford zitiert und in der sie Kassandras Geschichte als 'Ringen um Autonomie' versteht, die sie ja am Ende schießlich erreicht, indem sie sich von Aeneias löst und - gelassen - in den Tod geht. Christa Wolf sieht hierin keine Tragik, sondern - wie in "Christa T." - trotz des Sterbens die Erfüllung eines Lebens, die Übereinstimmung mit einem Lebensziel. Eine Form von Glück also? Ist das "Literatur", nur Literatur? So sehr dieser Schluß als konstruiert erscheinen möchte, er entspricht ihren Lebensmaximen: Das zu geben, wozu sie in der Lage ist - und das ganz.

Wir erinnern uns: Am Ende des Gespräches mit Joachim Walther hatte sie 1972 auf seine Frage, ob sie eine Vision von dem hätte, was sie erreichen

48 Poetik-Vorlesungen, S. 114
49 V., S. 110
50 V., S. 119

möchte, geantwortet: "Im Grunde ist mein Wunsch, daß die Literatur oder das, was ich in der Literatur sagen könnte, mich ohne Rest aufzehrt."

Jetzt ergänzt sie, unter dem Eindruck dieses Werkes, das sie zuende gebracht hat in dieser (gefährdeten) mecklenburgischen Idylle:

> Das Bild, das ich in dieser Minute aus meinem Dachfenster sehe, möchte ich in der Minute meines Todes sehn. Der Himmel, der die Landschaft beherrscht, blau grundiert. Kumuluswolken. Wolkenstreifen darüber, in einer anderen Höhenschicht. Der tiefe Horizont, unterbrochen von Baumwipfeln... Die unendlich vielen Nuancen von Grün (...)
>
> Beherrschend ist aber der Kirschbaum mitten auf der Wiese, ich kenne keinen wie ihn. Er blüht über und über, trotz der bitteren Kälte der letzten Wochen... Unbeschreiblich das sanfte, heitere Licht.[51]

*4. Vorlesung*

Ins Geflecht der Beziehungsschichten zur "Kassandra" - neben Griechenland, Mythos und Meteln - webt Christa Wolf ein Kapitel Ästhetik, Fragen, die vorher verschiedentlich angeklungen waren, aufnehmend und verdichtend. "Ein Brief über Eindeutigkeit und Mehrdeutigkeit. Bestimmtheit und Unbestimmtheit, über sehr alte Zustände und neue Seh-Raster: über Objektivität." Ein Brief an eine Frau A. und eine Interpretation, ein Kapitel über Ingeborg Bachmann.

Die Einbindung könnte überraschen, wären da nicht Hinweise genug, daß die Problematik literarischen Schreibens nicht nur neue Themen, neue Aspekte, sondern eben auch anderer oder neuer literarischer Techniken bedürfe. Paradigmawechsel: An die Stelle einer Sichtung und Wertung der Welt mit den Augen des Mannes tritt die von seiten der Frau: weibliches Schreiben, Beispiel: Ingeborg Bachmann.

Das Bild dieser Autorin - auch als Vorbild - begleitete Christa Wolf von Anfang an; aber jetzt erst findet sie den Kern ihrer Verwandtschaft: Lyrik und Prosa und ästhetische Positionen der Ingeborg Bachmann werden für Christa Wolf zu einem Modell weiblichen Schreibens überhaupt, in dem alles ganz einmalig versammelt ist. Die andere Weltsicht, ein neuer Wertungsanspruch, eine grundsätzliche Verschiebung der Blickpunkte: "Denn die Tatsachen, die Welt ausmachen, brauchen das Nichttatsächliche, um von ihm aus erkannt zu werden." Dieses Zitat aus dem "Fall Franza", das Christa Wolf als Vorspruch

51 V., S. 110 f.

wählt, bezeugt eine neue Qualität rigoroser Umkehrung der auch für sie bisher gültigen Norm. Eine neue Art des Schreibens wird gesucht - als einzig mögliche Antwort der Literatur auf die lebenbedrohenden Herausforderungen der Gegenwart. Ein Paradigmawechsel entscheidender Art sei eingetreten, nur vergleichbar jenem ersten, den sie - vor mehr als dreißig Jahren - durch die Bekanntschaft mit der marxistischen Theorie und Sehweise erfahren habe. Deutlich markiert Christa Wolf die Position hier am Anfang der achtziger Jahre als Wendepunkt. Keine Abwendung von der marxistischen Theorie, wohl aber eine Hinwendung zu weitergespannten, den Marxismus überschreitenden Problemstellungen. "Wenn ich mir klarzumachen versuche, was da geschieht und geschah, so ist es, auf den allgemeinsten Nenner gebracht, eine Erweiterung dessen, was für mich 'wirklich' ist. . ."[52]; wobei sie sich eingesteht, was ihr zugleich Freude bereite: daß Struktur, Wesen und Bewegung dieser Wirklichkeit eigentlich nicht zu beschreiben, nicht beschreibbar seien.

Was sie meint, sucht sie am Beispiel des Bachmann-Gedichts "Erklär mir Liebe" zu verdeutlichen: Es ist Preis und Klage eines Menschen, der zugleich unendlich gebraucht und mißbraucht wird, der den Sinn des Lebens sucht und verfehlt, der als Preis für Unversehrbarkeit, Lebensziel des modernen Menschen, mit Fühllosigkeit zahlt:

> Ich seh den Salamander durch jedes Feuer gehen.
> Kein Schauer jagt ihn, und es schmerzt ihn nichts.

Gewinn und Verlust halten sich die Waage, 'ausgesetzt auf den Bergen des Herzens' sucht er, der Mann, der Mensch, nach Wärme, Geborgenheit, Liebe. "Die Brüderlichkeit, Natürlichkeit, Arglosigkeit, die er sich weggedacht, sie fehlen ihm nun doch. . . Dies bedenkend, bedauernd, beklagend auch, gibt das Gedicht selbst ein Beispiel von genauester Unbestimmtheit, klarster Vieldeutigkeit."

> So und nicht anders, sagt es, und zugleich - was logisch nicht zu denken ist -: So. Anders. Du bist ich, ich bin er, es ist nicht zu erklären. Grammatik der vielfachen gleichzeitigen Bezüge.[53]

Die Geschichte des Abendlandes, des abendländischen Denkens, sei - entwickelt Christa Wolf (zum wievielten Male?) ihren Grundgedanken - die Zerstörung und Vernichtung einer im Ursprung von Frauen getragenen Kultur und deren Okkupation und Ersetzung durch eine Kultur des Mannes. Aus verschiedensten Zeitepochen bringt sie Zeugnisse und Belege, die diese

---

52 V., S. 131
53 V., S. 129

These stützen sollen: aus Mythos, Geschichte und Gegenwart, mit dem bedenklichen Fazit: "Ich behaupte, daß jede Frau, die sich in diesem Jahrhundert und in unserem Kulturkreis in die vom männlichen Selbstverständnis geprägten Institutionen gewagt hat - 'die Literatur', 'die Ästhetik' sind solche Institutionen -, den Selbstvernichtungswunsch kennenlernen mußte." Beispiel oder Beleg findet sie wiederum bei Ingeborg Bachmann, in deren Roman "Malina" die namenlose Frau am Ende in der Wand verschwindet. "Es war Mord, heißt der letzte Satz. Es war auch Selbstmord."[54]

Wenn man diesem Grund-Satz in seiner Ausschließlichkeit auch nicht zu folgen vermag (noch dazu von der Position des männlichen Kritikers her), so bleiben eben doch Grundlinien in diesem Denk-Modell, die ihre Fruchtbarkeit bereits erwiesen haben: die Forderung des Verzichts auf 'Fortschritt' um jeden Preis (eingebunden ihr Vorschlag, auch für die Naturwissenschaften allgemein einen hippokratischen Eid einzuführen, wenn die Forschungen militärischen Zwecken dienen sollten), die Überwindung eines einseitig rational logischen Denkens zugunsten einer ganzheitlichen, die Widersprüche mit in sich tragenden Weltsicht, die Ablösung von Denk- und Gestaltungskategorien der aristotelischen Poetik, auch wenn alternative Muster nicht erkennbar seien. "Liebe A. . . Sage Dir alle großen Namen der abendländischen Literatur auf, vergiß weder Homer noch Brecht, und frage Dich, bei welchen dieser Geistesriesen Du, als Schreibende, anknüpfen könntest. Wir haben keine authentischen Muster, das kostet uns Zeit, Umwege, Irrtümer; aber es muß ja nicht nur ein Nachteil sein."[55]

Vielleicht sind Christa Wolf an einigen Stellen die Ableitungen etwas zu kurz geraten, bleiben die Schlußfolgerungen - wie in der frühen marxistischen Ästhetik - hier bei ihrer Darstellung der Beziehungen zwischen gesellschaftlichen und literarischen Strukturen konstruiert und daher wenig überzeugend: "Erst als Besitz, Hierarchie, Patriarchat entstehn, wird aus dem Gewebe des menschlichen Lebens, das die drei Uralt-Frauen, die Moiren, in der Hand hatten, jener eine blutrote Faden herausgerissen, wird er auf Kosten der Gleichmäßigkeit des Gewebes verstärkt: die Erzählung von der Heroen Kampf und Sieg oder Untergang. Die Fabel wird geboren." Und: "Das Epos, aus den Kämpfen um das Patriarchat entstanden, wird *durch seine Struktur* auch ein Instrument zu seiner Herausbildung und Befestigung, Vorbildwirkung wird dem Helden auferlegt, bis heute."[56]

---

54 V., S. 149

55 V., S. 146

56 V., S. 147

Christa Wolf mußte wissen, daß sich so etwas nicht behaupten läßt; wenn sie es trotzdem so formuliert, dann eben mit deutlichem Bezug auf einige Theoretiker und Rezensenten im eigenen Hause. An anderer Stelle ist sie vorsichtiger, wenn sie Gedanken der 1. Vorlesung wiederholt: daß sie es nicht beweisen könne, was sie trotzdem behaupten möchte; daß Ästhetik wie Philosophie und Wissenschaft mindestens im gleichen Maße zu dem Zwecke erfunden seien, "sich die Wirklichkeit vom Leibe zu halten, sich vor ihr zu schützen, wie zu dem Ziel, der Wirklichkeit näherzukommen".[57] Alle Wege oder besser: die von ihr in dieser Darstellung angelegten und durch provozierende Äußerungen vorbereiteten Wege führen zu Ingeborg Bachmann und zu ihrer Art des Schreibens, deren 'Gebilde', "was sie als 'Roman' unter die Leute brachte, an allen irgend dafür zuständigen ästhetischen Regeln und Kategorien. . . vorbeirauschen mußte(n). . ."[58]

Die letzte der Vorlesungen vor der eigentlichen "Kassandra"-Erzählung - Paralleltexte, wie wir sahen, - schließt, bevor Christa Wolf *ihr* Beispiel weiblichen Schreibens vorlegt, mit einer Skizzierung des Bachmannschen Modells, wohl wissend, daß es sich um Versuche in Prosa handelt, die nicht unbedingt Vorbild sein müßten, aber eben um Versuche über Goethe, Stendhal, Tolstoi, Fontane, Proust und Joyce hinaus. Über das hinausgehend also, was - mit diesen Repräsentanten - als eine bedeutsame Traditionslinie innerhalb des bürgerlichen Romans angesehen werden kann, von seinen Anfängen hin bis zur Gegenwart. Ingeborg Bachmann habe - so sieht es Christa Wolf - hier keine Anbindungsmöglichkeiten gefunden, weder hier noch anderswo, auch sie habe - wie Christa Wolf - nirgendwo 'authentische Muster' gefunden.[59]

Um Todesarten geht es in der späten Prosa Ingeborg Bachmanns: in "Malina" (1967?), veröffentlicht 1971, und in "Der Fall Franza", ein Roman, der unvollendet bleibt, dessen Textgrundlagen, auf die Christa Wolf sich hier stützt, auf das Jahr 1966 (!) zurückgehen. Beispiele weiblichen Schreibens aus sehr früher Zeit.

"Malina" ist der Versuch einer Selbstbeschreibung, einer Ich-Analyse, in Form einer Ich-Erzählung monologischer Struktur, verbunden mit kürzeren Dialogpartien, die im wesentlichen zwei Gegenspieler, Malina und Ivan, ins Spiel bringen, Männergestalten, die zwei Pole des erzählenden Ich entwickeln

---

57 V., S. 150

58 a.a.O.

59 V., S. 146

helfen, einen schwächer entwickelten, eher rational bestimmten, und jenen, der vor allem *ihr* Ich auszumachen scheint: Hingabe, Liebe, Zärtlichkeit, Vorbehaltlosigkeit bis zur Selbstaufgabe. 'Handlung' wird kaum sichtbar, als Handlung bietet Ingeborg Bachmann dieses Spannungsgefüge, das nicht zu einer Einheit zusammengebunden werden kann, das sich auseinanderentwikkelt bis zur Katastrophe, ohne daß es sichtbare Gründe für diese Zuspitzung zu geben scheint: plötzlich ist das Ende erreicht; das nur noch leidende Ich, das eine immer größer werdende Entfremdung oder Entfernung der Ivan-Gestalt empfindet, nimmt sich zurück. Ihre Hoffnung, daß sie lernen könne, daß sich ein glücklicher Ausgang andeute, geht verloren.

> Ich denke zu gern an die Zeit, in der ich alles gehabt habe, in der die Heiterkeit die richtige Heiterkeit war, in der ich ernst war von der guten Art des Ernstes. . . Dann ist alles lädiert, beschädigt, gebraucht, benutzt und schließlich zerstört worden. Langsam habe ich mich gebessert, ich habe ergänzt, was immer mehr fehlte, und ich komme mir geheilt vor.[60]

Krankheit und Heilung sieht sie in sich entwickeln, hier noch; am Ende wird es heißen: Es war Mord. Um Verbrechen geht es also in diesen Romanen, um solche freilich, die selten geahndet, aber fast täglich begangen werden, gezeichnet aus der Sicht der Opfer, deren Opfergang in jenen alltäglichen Riten vorgestellt wird, die so gar nichts Besonderes zu sein scheinen, in denen ein Mensch, eine Frau, zum Objekt gemacht, als Objekt behandelt wird.

"Der Fall Franza" ist die Weiterführung dieser Problematik, dargestellt am Scheitern einer Ehe, in der Franza, die Frau eines Professors, erfahren muß, daß sie - nachdem sie alle möglichen Formen geglückter Anpassung durchlaufen hat - benutzt wird, von ihrem Mann als 'Fall' behandelt, als Objekt, als Beweisführung dafür, daß es möglich ist, daß ein Mensch sich ganz und gar aufgibt, sich gleichsam vertilgt, auslöscht. Die Spitze der Versuchsanordnung, daß dieser Prozeß vom Objekt erkannt, daß er ihm bewußt gemacht wird hin bis zur Billigung, bis zum Einverständnis, führt zum Zusammenbruch des Opfers, zur Flucht - in die "Wüste", ohne daß es wirkliche Fluchtmöglichkeiten gäbe; Wüste, das ist die Metapher für die Verwüstung des Innern eines Menschen, eines empfindsamen, liebesbereiten und lebensbereiten Menschen. Selbstbildnisse der Autorin.

In beiden Romanen geht es bei diesen "Todesarten" um Verbrechen an zerbrechbaren Menschen, die an sich zerbrechen, an ihrer psychischen Konsti-

---

60 Ingeborg Bachmann, Werke, a.a.O., Bd. 3, S. 308

tution, weniger an Außenwirkungen. Die Außenwelt bleibt deshalb auch schemenhaft, nicht von wirklicher Bedeutung für den vorgeführten Fall; gezeigt werden Empfindungen, Ängste, Träume, Verdrängungen und Projektionen, die natürlich auch 'Widerspiegelungen' sind. In der Prosa der Ingeborg Bachmann also die gleichen Themen wie in ihren Gedichten und Hörspielen, der gleiche Tenor und vergleichbare Metaphern: ein Mensch am Abgrund, die Not- und Hilfeschreie einer Verlorenen, Menschen auf Inseln, Schiffbrüchige, dunkle Wasser, Verzweiflung; Hilferufe ohne Antwort, eine menschenleere, vom Menschlichen entblößte Welt, ohne Glaube, ohne Hoffnung. Ihre Liebe zu Ivan, ihr Glücklichsein, ihre Hoffnung auf Glück: nichts wird bleiben im letzten "Malina"-Kapitel von den erwartungsfrohen Ansätzen des Beginns; alles entgleitet ihr, sie wird versteinern, selbst ein Stück Mauer werden, sie gibt auf, sie gibt sich auf.

Im Verhältnis zu dieser Dichtung der Dunkelheit bleiben die Licht-Metaphern, die in Ingeborg Bachmanns Werk selten eingestreut sind, Marginalien:

> Einmal werden alle Frauen goldene Augen haben, sie werden goldene Schuh und goldene Kleider tragen. . .
>
> Ein Tag wird kommen, an dem die Frauen rotgoldene Augen haben, rotgoldenes Haar, und die Poesie ihres Geschlechts wird wieder erschaffen werden.[61]

Denn auch sie verwandeln sich in Angstträume, mit denen die Erzählerin sich abquält, unverstanden von Ivan und ungehört von Malina:

> Ein Tag wird kommen, an dem die Menschen rotgoldene Augen und siderische Stimmen haben, an dem ihre Hände begabt sein werden für die Liebe. . .[62]
>
> Ein Tag wird kommen, an dem unsere Häuser fallen, die Autos werden zu Schrott geworden sein, von den Flugzeugen und von den Raketen werden wir befreit sein. . ., wir werden tot sein und atmen. . .
>
> wir werden aufhören, zu denken und zu leiden, es wird die Erlösung sein.[63]

Texte des Jahres 1967 - doch schon 1952 veröffentlichte Ingeborg Bachmann, innerhalb des Zyklus "Ausfahrt", die Verse "Dunkles zu sagen", die - so früh - wie ein Programm klingen und sie festlegen auf Thematik und Tonart:

---

61 a.a.O., S. 136

62 a.a.O., S. 138

63 a.a.O., S. 140 f.

Wie Orpheus spiel ich
auf den Saiten des Lebens den Tod
und in die Schönheit der Erde
und deiner Augen, die den Himmel verwalten,
weiß ich nur Dunkles zu sagen. . .

Und

. . .verwandelt ward deine Locke
ins Schattenhaar der Nacht,
der Finsternis schwarze Locken
beschneiten dein Antlitz.[64]

Unvollendete Geschichte und unbewältigte Vergangenheit bedrängen sie in ihren Lebens- und Traumerfahrungen, Abstürze, denen sie nichts mehr entgegenzusetzen weiß. In ihren "Malina"-Text schieben sich die schrecklichen Traumvisionen des zweiten Kapitels vom Friedhof der ermordeten Töchter und vom Vater, der die Tochter blendet, ihr die Zunge ausreißt, dann das Herz und Gedärme: "Ist denn kein Mensch mehr, ist hier kein Mensch mehr, auf dieser ganzen Welt, ist da kein Mensch und unter Brüdern. . .

Was von mir da ist, erstarrt im Eis, ist ein Klumpen, und ich sehe hinauf, wo sie, die anderen, in der warmen Welt wohnen. . ."[65]

Am Ende zieht Ingeborg Bachmann die erschreckende Summe dieser Traum-Erfahrungen: "Mein Vater. . . wechselt in einem fort die Kostüme, er trägt den blutbefleckten weißen Schlächterschurz. . ., er trägt den roten Henkersmantel. . ., er trägt Silber und Schwarz mit schwarzen Stiefeln vor einem elektrisch geladenen Stacheldraht, vor einer Verladerampe, auf einem Wachturm, er trägt seine Kostüme zu den Reitpeitschen, zu den Gewehren, zu den Genickschußpistolen, die Kostüme werden in der untersten Nacht getragen, blutbefleckt und zum Grauen."

. . .

Ich: Es ist nicht mein Vater. Es ist mein Mörder. . .

Malina: Warum hat du immer gesagt: mein Vater?

Ich: Habe ich das wirklich gesagt? Wie konnte ich das
nur sagen? Ich habe es doch nicht sagen wollen,
aber man kann doch nur erzählen, was man sieht,
und ich habe dir genau erzählt, wie es mir gezeigt
worden ist. Ich habe ihm auch noch sagen wollen, was

64 a.a.O., Bd. 1, S. 32
65 a.a.O., Bd. 3, S. 177

ich längst begriffen habe - daß man hier eben nicht
stirbt, hier wird man ermordet. . .

Malina: Du wirst also nie mehr sagen: Krieg und Frieden.

Ich: Nie mehr.
Es ist immer Krieg.
Hier ist immer Gewalt.
Hier ist immer Kampf.
Es ist der ewige Krieg.[66]

Der Abstand zu Christa Wolf kann nicht größer sein. Hier ein Werk - und eine Autorin, die vor einer von Greueln zerfressenen Welt versagt, auf Widerstand verzichtet, ein Leben - oder das Leben - zum Tode hin beschreiben, gestalten will, dort das der Christa Wolf, deren Leiden an der Wirklichkeit, das ja auch diese Person und ihr Werk konstituiert, die Frage des Widerstandes, der Notwendigkeit zum Widerstand, heraustreibt, des Widerstandes in Krisenzeiten, von dem schon früh bei ihr die Rede ist; ein Anspruch an den Menschen, auch und vor allem den heutigen, den sie nie aufgeben wird. Hier eine Welt des Opfers oder der Opfer, die als Objekt, mit denen gehandelt wird, sich erkennen und daran zugrunde gehen, bei Christa Wolf der Anspruch, sich als Subjekt zu behaupten, Subjektivität zu beanspruchen, auch wenn die gesellschaftlichen Normen anderes erwarten: das Sich-Einfügen oder An-Passen und erhebliche Repressalien, auch zerstörerische, androhen, wenn den allgemeinen Erwartungen nicht entsprochen wird. Von der Weltsicht, von der Gestaltung der Lebensproblematik her dürfte es zwischen den beiden Autorinnen also kaum Verbindungslinien gegeben haben, die optimistische Welthaltung, die trotz allem hinter dem Werk Christa Wolfs steht, widerspricht grundsätzlich dem Pessimismus und der Resignation im Weltverständnis der Ingeborg Bachmann.

Was also findet Christa Wolf in diesem für sie so befremdlichen Werk? Zuerst das: Die Erzählerfiguren in "Malina" und "Der Fall Franza" seien mit der Autorin identisch; keine Distanz zwischen dem Erzähler-Ich und der Bach mann, ein Verfahren, das es ermögliche, wirkliche Authentizität zu erreichen, subjektive Authentizität, die nichts anderes sei als unmittelbarer Ausdruck eines liebenden oder leidenden Ich. Ohne daß Form dazwischentreten könnte, was bei einem Kunstwerk ja fast notwendig von der Wirklichkeit ent-

66 a.a.O., S. 234 f., 236

ferne. "Eine Besessenheit muß Worte finden, die sich an das Ritual, das bändigt, nicht halten kann. . ."[67]

Diese Unmittelbarkeit des Ausdrucks führe zu einem der Grundzüge "weiblichen Schreibens": die andere - alternative - Art, die Welt zu sehen (ein neues Sehraster) und zu bewerten: Paradigmawechsel. Ingeborg Bachmann stelle eine andere Art Fragen dar (nicht mehr das mörderische männliche wer - wen) und eine andere Art Logik, "eine andere Art Stärke und eine andere Art Schwäche."

> Andre Freundschaft, andre Gegnerschaft; da stürzen, wohin man blickt. . . die Alternativen, die unsre Welt, die auch die Lehre vom Schönen und die von der Kunst, bisher gehalten und zerrissen haben, in sich zusammen, eine neue Art Spannung scheint da um Ausdruck zu ringen, in Entsetzen und Angst und in schlotternder Verstörtheit. Nicht einmal der Trost, daß dies noch formbar wäre; nicht im herkömmlichen Sinn.[68]

Die Motivketten, die wir aufzubauen und aufzusuchen gewöhnt sind, sind nicht auffindbar. Die Menschen, das erzählende Ich vor allem, verhalten sich ungewohnt, widersinnig, a-logisch. Aus den Erfahrungen, den immer wieder angebotenen, werden keine Lehren gezogen, dem Verletzenden wird nicht ausgewichen, das Zerstörende wird zwar benannt, aber eben manchmal falsch oder zumindest fragwürdig. Aussagen werden aufgebaut und zurückgenommen, die Bilder, die die Träumende beunruhigen, sie an den Rand des Wahnsinns bringen, sind und bleiben eindeutig und verschwommen, ausdeutbar und dunkel. Nirgendwo ein Fazit, nirgendwo ein 'fabula docet'. Wodurch konnte Franza so zerstört werden, fragt Christa Wolf:

> . . .es ist, soweit ich sehen kann, die den Stoff organisierende Frage, die aber leider. . . nicht objektiv, nicht auf alte oder neue, auch auf die allermodernste Romanweise nicht, zu beantworten ist. Keiner von beiden, nicht die zum Tode kranke Schwester, nicht der Bruder, der soviel begreift, daß er an ihrer Seite bleiben muß - keiner von beiden wird bis zum Ende klipp und klar Bescheid geben können - nicht in den Worten jedenfalls, die uns zur Verfügung stehen.[69]

So bleibt im Roman als Zentrum die Angst des Opfers, die der Opfer, der Frauen-Opfer, die hier gebracht werden, ohne daß sich eine Möglichkeit

---

67 Poetik-Vorlesungen, S. 151

68 a.a.O.

69 V., S. 151 f.

zeigte, diesem Schicksal zu entgehen, auch über das Wissen des Menschen, der Frau nicht, die da geopfert wird. Nur Zusammenbrüche bleiben, Angst und Entsetzen, und die Unfähigkeit - auch die der Erzählerin -, zu einem der beliebten glatten Schlüsse zu finden. Die Frau, um die es hier ja vor allem geht, fühlt sich kolonisiert: "Ich war, von der Gesellschaft separiert, mit einem Mann, in einem Dschungel, inmitten der Zivilisation, und ich sah, daß er gut bewaffnet war und daß ich keine Waffen hatte." Und Christa Wolf fügt an: "Welchen Stellenwert hat diese Angst, die andauert, in den Lehrbüchern der Werke-Ästhetik, in denen es ja um Selbst- und Stoffbeherrschung geht?"[70]

"Die Weißen, sie sollen verflucht sein", sind Franzas letzte Worte, eine magische Formel, mit deren Hilfe eine weitere Schicht Wirklichkeit in diesem Roman sichtbar gemacht wird: daß es möglich ist, durch Sprache, Sprachformeln, zu verfluchen, zu verdammen, zu Tode zu erschrecken, wie es ja der Franza ergeht am Ende dieses unvollendeten Romans. "Liebe A.", schließt Christa Wolf ihre Erörterungen über eine neue Art des Erzählens.

> . . .ich. . .und Du wohl auch, wir glauben an die Wirkung solchen Fluchs und müssen alles tun, daß er aufgehoben werde. Schreibend, ja, aber wie denn unter dieser glühenden Vernunft-Sonne, in diesem rigoros bewirtschafteten, vermessenen und enträtselten Gelände, unsrer Güter beraubt, darunter unsrer Worte, die bannen könnten.
>
> Auch dies eine Frage, der sich nur weiter fragend näherkommen läßt. Wenn wir nur Zeit gewönnen.[71]

Hier sind sich beide ganz nah: Christa Wolf und Ingeborg Bachmann. Nicht durch eine Anverwandlung der Weltsicht, sondern durch das Sich-bewußt-Machen vergleichbarer seelischer Disposition werden die Abstände überbrückbar, wird die Weltsicht der Ingeborg Bachmann auch für Christa Wolf zu einem bedrückenden Erlebnis von Gegenwärtigkeit. Die Männerwelt der Macht ist allgegenwärtig und - so scheint es - unaufhaltsam. Für beide sind das (wohl) die Schlüsselsätze des Romans: "Er hat mir meine Güter genommen. Mein Lachen, meine Zärtlichkeit, mein Freuenkönnen, mein Mitleiden, Helfenkönnen, meine Animalität, mein Strahlen, er hat jedes einzelne Aufkommen von all dem ausgetreten, bis es nicht mehr aufgekommen ist. Aber warum tut das jemand, das versteh ich nicht."[72]

---

70 V., S. 153

71 V., S. 154

72 a.a.O.

Das ist die Stimme Franzas, einer Verzweifelten - und Christa Wolf antwortet mit dem gleichen Ansatz: "Wir. .. unsrer Güter beraubt, darunter unsrer Worte. . . Wenn wir nur Zeit gewönnen."[73]

"*Kassandra*"

Nach dieser Fülle von 'Voraussetzungen', die als Informationen Teile oder Begleittexte der Erzählung sind, wird der Text anders zu lesen sein, als die Fülle von Interpretationen, die seit dem Erscheinen das Werk begleitet haben, erwarten lassen: nicht als ein Text über die Emanzipation der Frau, der ersten Berufstätigen, die hier als Seherin innerhalb einer Männergesellschaft Funktionen zu übernehmen und auszuüben hat, nicht als ein Text über ein Stück Kulturgeschichte, das korrigiert und als ein Kapitel fragwürdiger Geschichtsschreibung entlarvt wird, nicht als ein Text über den Trojanischen Krieg, auch nicht als einen über Opfer und Unterlegene, ganz zu schweigen von den Geschichten der Griechen, der Sieger, von Achill, sondern als ein Text, in dem eine Frau, die Autorin, eine durch Geschichte und Wissenschaft interpretierte Welt vorstellt mit ihren Erfahrungen, Erlebnissen und Erkenntnissen, mit ihrem Seh-Raster, mit dem nun wirklich ein neues Paradigma 'Troja' aufgebaut wird, mit einem unerwartbaren Ideal vom Menschsein, vom Humanen, mit neuen Idolen, zu denen Kassandra, eine Frau mit außerordentlichen Möglichkeiten, sich entwickeln soll. Wir erwarten einen Text zu den Fragen Krieg und Frieden, bezogen auf einen Mythos von Krieg und Männlichkeit aus einer vorhistorischen Zeit, und eine Lektion über Widerstand und Selbstbefreiung, über Tod und Überleben, über die Konstituierung des Menschlichen im Angesicht des Todes. Und über die humanisierende Bedeutung von Dichtung: "Mit der Erzählung geh ich in den Tod." Und wir erwarten - auch wenn es Christa Wolf nicht beabsichtigt haben sollte - ein Modell weiblichen Schreibens.

Christa Wolf erzählt vom Ende her. Wenn die Erzählung beginnt, ist die Geschichte vollendet, die Geschichte, die hier erzählt werden soll. Die Autorin bedarf mit diesem Ansatz keiner Seherin, sie gewinnt die Möglichkeit, Vorgänge auf ihre Bedeutung hin zu befragen und den Abstand sichtbar zu machen, der sich auftut zwischen angenommener, überlieferter und behaupteter Bedeutung und der Wirklichkeit, die sich als Wahrheit entpuppt. Und während die erzählte Geschichte ihrem Ende zueilt, wiederholt die Weltgeschichte die hier vorgeführten Mechanismen des individuellen und gesell-

73 a.a.O.

schaftlichen Verhaltens, immer wieder. Der Untergang Trojas ist eine der weltgeschichtlichen Tragödien, mit denen die abendländische Dichtung anhebt. Die Plazierung der Kassandra-Gestalt in das Zentrum des Erzählens hebt die Tragik auf. Trotz der Anspannung, mit der der Text ansetzt und die er nahezu durchhält, kommt nicht einmal Trauer auf: Kassandra gewinnt mit der hier vorgeführten letzten Phase ihrer Entwicklung Größe, alle Affekte, deren auch sie fähig war, hat sie hinter sich gelassen; da sie um ihr Lebens-Ziel weiß und sich mit ihm eins fühlen kann, sich in ihm erfüllend, kann sie sich nicht einmal als Opfer verstehen. "Mit der Erzählung geh ich in den Tod" - mit dem Tod hat sie ihr Ziel erreicht. Ihr Ende ist zugleich ihr Höhepunkt. An Schiller erinnert diese Konstellation: neben Anmut und Würde tritt bei ihm der Begriff der Erhabenheit.[74]

Die Position, die Kassandra am Ende einnimmt, verhilft dieser Gestalt zu einem kaum kritisierbaren Wahrheitsanspruch. Ihre Urteile und Wertungen tragen den Charakter des Unabweisbaren. Hans-Georg Werner hat in einer der in den "Weimarer Beiträgen" 1984 zusammengetragenen Kritiken mit Recht auf die Problematik hingewiesen, die damit gegeben ist: Die Erzählung sei "das strenge Buch eines bis zur Ungerechtigkeit irritablen und bis zur Selbstzerstörung ehrlichen Menschen. Es ist zugleich auf eine schwer zu definierende Weise ein autoritäres Buch und weist Einwände, die von einem anderen Standpunkt her geltend gemacht werden, von vornherein ab, geschweige denn, daß es die Grundlagen seiner Argumentation der Frage oder gar dem Zweifel aussetzte".[75] Die monologische Struktur und die Reduzierung der Aussagen auf einen überhöhten Aussageträger lassen eine Relativierung seiner Position nicht zu; die fehlende Offenheit wird von der Autorin zwar beklagt, ist aber beabsichtigt. Hinter dem Bild Kassandras ist das der Christa Wolf sichtbar; auf Verhüllungen hat sie - wie immer - verzichtet. Nicht nur in den Vorlesungen, sondern auch im Text der Erzählung offenbart sich hinter den Bildern - wie Werner formuliert,

> daß hier ein wichtiger Mensch das Möglichste getan hat, sich auszudrücken. Wer will, kann einem Gegenüber von sehr persönlichem Gepräge und unzweifelhaftem geistigem Rang zuhören, und er begegnet dann einer sehr unsicheren, aber auch sehr hart urteilenden, nicht selten sich arrogant aufrichtenden Frau, die darauf aus ist, die Wahrheit i h r e s Lebens (gesperrt von

74 Vgl. Theo Mechtenberg, Kassandra - Die Gegenwartsnähe eines Mythos. In: deutsche studien, H. 94, Juni 1986, S. 111

75 Weimarer Beiträge 8/84, S. 1377

mir - W.K.), das sie als individuelles Element einer geschichtlichen Totalität begreift, in Worte zu fassen.[76]

Abgesehen von den Wertungen, die Werner - woher auch immer - dem Text entnehmen zu können glaubt, verdeutlicht dieser Ansatz Entscheidendes: daß hinter der Geschichte um Kassandra Gegenwärtiges sichtbar werde, Ausdruck einer "inneren Not" der Autorin in einem "Psychogramm eines besonderen Menschen". Christa Wolf fürchte "das Erdrücktwerden durch eine Wahnwelt, die derart auf einem vereinseitigten Kausalzusammenhang aufgebaut ist, daß sie eine Fülle an Lebenswirklichkeit zur quantité négligeable degradiert. . ."[77] Von diesem Ansatz her, dessen Beschreibungen sich bei Werner vor allem auf die "Voraussetzungen" beziehen, müßte auch die Erzählung gelesen werden, in vielfältiger Weise mit den "Voraussetzungen" verknüpft, alles Teile eines gemeinsamen Gewebes.

Werner: "Christa Wolf glaubt, in den menschlichen Möglichkeiten, die der Frau eignen, jene Kraft entdeckt zu haben, die der Instrumentalisierung des Menschen erfolgreich entgegenwirken kann."[78] Genau hier liegt m.E. das Zentrum der Erzählung, ihre zentrale Aussage, in einem Credo, bei dem eine gewisse gesellschaftliche Isolierung nicht zu überhören ist. Das führe - urteilt Siegfried Rönisch - zu einer "tief empfundenen inneren Verwandtschaft zu Charakter und Schicksal Kassandras",[79] hier wurzele schließlich auch die Nähe dieser Erzählung zu "Kein Ort. Nirgends", in dessen Problematik - bezogen auf die Günderrode - "zugleich die Dokumentaton einer gegenwärtigen künstlerischen Existenz" auszumachen sei.

> Wie schon in "Kein Ort. Nirgends" besteht das diffizile Problem einer adäquaten Interpretation von "Kassandra" besonders darin, zu einem möglichst angemessenen und genauen Verständnis für das Verhältnis der beiden so dicht und unauflösbar miteinander verzahnten zeitlichen Ebenen der Erzählung zu gelangen; denn natürlich sind in der Selbstdeutung Kassandras wiederum auch Momente der Selbstdeutung Christa Wolfs angelegt wie in der kritischen Analyse Trojas und der Auffassung über die Gründe seines Unterganges ebenso eine kritische Auseinandersetzung mit gravierenden Problemen der Zeitgeschichte.[80]

---

76 a.a.O., S. 1376

77 a.a.O., S. 1377

78 a.a.O.

79 Siegfried Rönisch, Weimarer Beiträge 8/84, S. 1373

80 a.a.O., S. 1374

Das ist ein anderes Niveau, auch ein anderes Maß an Offenheit, das hier, 1984, diese "Kassandra"-Kritiken in den "Weimarer Beiträgen" auszeichnet. Die besserwissenden, den Autor rüffelnden Töne gibt es zwar immer noch, aber sie treten zurück. Rönisch, aber auch Werner und Heukenkamp vertreten einen Typus Kritik eines ernstgemeinten, bemühten Versuchs der Annäherung an ein Kunstwerk, ohne Vorbehalte und fast ohne ideologische Vorurteile.[81] Mit dem Mut auch zu provozierenden Vorhalten: "Kritik und Wissenschaft" - bilanziert Rönisch - "...vermochten bislang noch nicht, eine überzeugende Analyse dieses vielgestaltigen Werkes vorzulegen."[82].

Die Geschichte beginnt mit ihrem Ende. Kassandra, gereift durch eine radikale Selbstbefragung, führt in der Form eines inneren Monologs Stufen dieses Reifungsprozesses vor; jetzt - am Ende ihres Lebens - ist sie die Wissende; sie durchschaut sich und die anderen, die Zustände in Palast und Königshaus, die Mechanismen der Macht und des Mythos. Es ist der Punkt der Wahrheit, den sie endlich erreicht hat; schonungslos auch sich selbst gegenüber. Keine Zensur und keine Selbstzensur kann sie mehr schrecken: die Situation des Am-Ende-Angekommenen verbietet alle Ausflüchte - Kassandras und Christa Wolfs.[83] Beide setzen ihre Akzente und Schwerpunkte. Im Gespräch mit Jacqueline Grenz charakterisiert Christa Wolf diese Problematik:

> Wie in jeder Erzählung haben die Figuren ihre Hierarchie, von den genau ausgeführten bis zu denen, die, zum Rand hin, immer mehr im Halbdunkel verschwinden, ja möglicherweise nur einmal auftreten. Es ist dies eine notwendige Ökonomie des Erzählens. Wenn man so erzählen könnte, wie ein Maler malt, daß man mit e i n e m Blick ein Tableau erfaßt, dann hätte man alle Figuren gleichzeitig. Allerdings hätte man dann nicht ihre Bewegung, ihre Entwicklung.[84]

Und um die geht es Christa Wolf. Um Entwicklungen von Figuren, von gesellschaftlichen Verhaltensweisen, von Konstellationen, die Kriege herbeiführen oder ermöglichen. Es geht um die Darstellung widersprüchlicher Bewegungen, in die der einzelne hineingestellt wird, mit den Möglichkeiten der Bewährung oder des Versagens. Freilich bleibt dann noch immer ein Rest, der das Verhältnis der Autorin oder der Ich-Erzählerin zu bestimmten Figuren erkennen läßt. Christa Wolf: "Panthoos bleibt Kassandra ein Rätsel. Sie

81 'Die Dimension des Autors', Bd. 2, S. 445

82 Weimarer Beiträge, a.a.O., S. 1372

83 Siegfried Streller, Selbstbildnis im Angesicht des Todes. In: DDR-Literatur im Gespräch, 1983, Berlin: Aufbau 1984, S. 192

84 'Die Dimension des Autors', a.a.O., S. 461

kann ihn nicht vollständig durchschauen. . . Die Beziehung zwischen Kassandra und Panthoos ist eine ambivalente, nichts wird hier restlos aufgeklärt. Dies ist Absicht, in sich ausgeführt. Was Aineias angeht, so ist er mehr ein Umriß, ein Entwurf. Bei Aineias habe ich viel mehr vorausgesetzt, daher offengelassen."[85] Hier gibt es also Leerstellen, die beabsichtigt sind und dem Leser Deutungsmöglichkeiten innerhalb dieses sonst so sehr geschlossenen Erzählfeldes einräumen. Christa Wolfs Begründung: "Wo utopische Elemente einsetzen, ist nichts geschlossen, nichts zu Ende geführt. Hinter den Sätzen schimmert eine andere Möglichkeit des Daseins."[86]

Ursula Püschel hat auf die Defizite verwiesen, die Christa Wolfs Adaption eines Mythos mit sich bringe; auf die Vereinseitigungen und Ungerechtigkeiten, die den tragenden 'Helden' widerfahren: "Mein größtes Bedauern, daß Achill auf 'das Vieh' reduziert ist. . ., daß also in dieser Gestalt kondensierte Elemente einer staunenswerten Dialektik des frühen, des griechischen Weltbegreifens aufgegeben sind."[87] Wie bei Wilhelm Girnus' heftigen Angriffen gegen die vierte Vorlesung der "Voraussetzungen" - dessen Ansprüche sie zugleich zurückweist -, polemisiert sie gegen ein Verfahren, bei dem wesentliche Bauelemente des Mythos zurückgenommen und dafür eine eigene, sehr subjektive Version erdachten Geschehens geboten wird, das Sichtweisen und Wertungen Christa Wolfs biete, die ihren sehr eigenwilligen und begrenzten moralischen Vorstellungen entsprächen: "Kassandra spricht darüber (über die Homoerotik Achills - W.K.) so verächtlich wie brave Bürger zur Zeit des Paragraphen 175." Und: "Die Nähe zwischen der Autorin und ihrer Figur ist zu groß, als daß es hier nicht fatal nach der letzten Enzyklika von Papst Johannes Paul II. klänge."[88] Wenn sie auch das Recht der Autorin auf Subjektives nicht bestreitet, sie vermengt mit diesem Anspruch doch sehr ärgerliche Schlußfolgerungen, die an die berühmt-berüchtigten "Gegenerinnerungen" der Annemarie Auer anklingen:

> Kassandra sagt von sich selber, daß sie die Ausnahme sein wollte, im Mittelpunkt stehen, Vorrechte besitzen, Macht haben, die Überlegenheit, dabeizusein und nicht betroffen. Wie Kassandra von sich redet, könnte das auch auf die Autorin zutreffen? Hat sie sich in dieser Form eine Steigerung subjektiver Authentizität auferlegt? Die Frage nach der Identität von Auto-

85 a.a.O.
86 a.a.O., S. 460
87 Rez. 'Kassandra'. In: NDL 8/84, S. 136
88 a.a.O., S. 137

rin und literarischer Figur könnte Bereiche des Takts berühren, eine Schlüsselerzählung. . .[89]

Richtig. Es wird darauf ankommen, welchen Schlüssel man ansetzt und ob er paßt. Christa Wolf hat im Umkreis der Erzählung in Gesprächen, Diskussionsbeiträgen und Interviews wiederholt Interpretationshilfen angeboten (und sich dabei immer wieder zurückgenommen); mit solchen kaum verdeckten Gehässigkeiten - die natürlich auch interessante Spannungen im Kulturbetrieb der DDR offenlegen - ist weder dem Werk noch dem Leser gedient. Wem sonst? Ursula Püschel schließt ihre Invektive mit einem Zitat Gerhart Pickerodts: "Die Kassandra-Figur ist kein Identifikationsangebot an den Leser, dem die Resignation der gescheiterten Erzählfigur nahegelegt werden sollte."[90]

Christa Wolf im Gespräch mit Jacqueline Grenz: "Am Ende ihres Lebens kann sie ihre Erfahrung wie eine reife Frucht abpflücken (deshalb übrigens sehe ich sie auch nicht als gescheitert),"[91] und im Brief an Ursula Titgemeier: "Ich sehe den Tod der Kassandra anders als Sie. D a ß sie stirbt, konnte ich nicht ändern, der Mythos gibt es vor."

> Und so ist nun mal der Krieg: Man stirbt, ob man will oder nicht. Diese Härte wollte ich nicht mildern. Mich wundert aber, daß Sie nicht gerade des intensive Lebensgefühl, nach dem Sie fragen, bei Kassandra vor ihrem Tod finden. Ihr Leben mit den Frauen in den Höhlen i s t ganz intensiv, sie gibt keineswegs auf, sie läßt sich ihren Tod nicht machen.[92]

Und aus einer Diskussion anläßlich einer öffentlichen Lesung im Norddeutschen Rundfunk am 8.6.1982 (!):

Frage: Es hat mich beschäftigt dieser Grad von ungewollter Bewußtheit, der ja hier dieser Frau auferlegt ist. . . Die ungeheure Schwierigkeit, diese Art von Selbstkenntnis auszuhalten, und welche Leistung Kassandra damit vollbringt, fast noch mehr als damit, daß die dem Schicksal ihres Volkes ins Auge sieht, und ob das überwunden werden kann zugunsten einer neuen Stufe von allgemeiner Anerkennung des Wertes von Bewußtsein. . .

Ch.W.: Ja, ich kann eigentlich kaum besser sagen, was ich wollte, als wie es in Ihrer Frage steckt. Was ich so nach und nach wollte - ich wußte das nicht am Anfang gleich, aber im Laufe der Arbeit ist es mir ei-

---

89 a.a.O., S. 138

90 a.a.O., S. 151

91 'Die Dimension des Autors', Bd. 2, S. 459

92 Brief an U.T. 18.8.86, unveröffentlicht

gentlich klar geworden, (daß es sich dabei handelt) um ein Instrument zur Selbsterforschung. (...)

Aber ich glaube auch etwas anderes, daß nämlich diese Bewußtheit nicht selbstzerstörerisch ist, sondern aufbauend eigentlich, daß es sich um eine aufbauende Bewußtheit handelt, die eben dadurch, daß sie mit anderen geteilt wird, besonders dadurch, eine ungeheure integrierende Kraft haben könnte; meine Hoffnung, denn ich sehe diese Geschichte als eine utopische Erzählung an. (Mitschnitt)

Immer wieder umkreisen in der Zeit, in der sie an "Kassandra" arbeitet, ihre Argumente diese Problematik. Dezember 1981 bei der Berliner Schriftsteller-Begegnung zur Friedensförderung beschreibt sie die Rolle der Literatur in dieser Zeit höchster Lebensgefährdung so:

> Ich kann mir nichts anderes vorstellen, als daß die Literatur heute schon das machen müßte, was phantastisch und utopisch erscheint. Das zu schaffen, was in der Definition von Wissenschaft und Politik überhaupt nicht 'wahr' ist oder nicht einmal vorhanden, jedenfalls nicht effektiv; also all das, dessen Abwesenheit genau die Todesverzweiflung hervorgebracht hat, an der die 'zivilisierte' Menschheit leidet, die sie dazu treiben könnte, sich in den Untergang zu stürzen. Was fehlt uns?... Uns fehlen Freundlichkeit, Anmut, Luft, Klang, Würde und Poesie; Vertrauen, auch Spontaneität. Uns fehlt all das, was zuerst verfliegt, wenn sich eine derartige Atmosphäre breitmacht, wie sie uns alle in dieser Vorkriegszeit jetzt so bedrückt.[93]

Mit Hilfe des inneren Monologs wird ein Psychogramm der erzählenden Figur, Kassandras, erstellt. Christa Wolf wählt diese literarische Form, obwohl sie am wenigsten geeignet ist, Wirklichkeit, objektive Realität zu erfassen. Sie bietet vor allem die Gedanken, Wünsche, Träume, Assoziationen des bewußten und unbewußten Lebens der Erzählfigur ohne Bezug auf Gegenspie-

93 Berliner Begegnung zur Friedensförderung. Protokoll des Schriftstellertreffens am 13./14.12.81, Darmstadt 1982, S. 119; vgl. überarbeitete Fassung in 'Die Dimension des Autors', Bd. 1, S. 438-442. Die überarbeitete Fassung strafft den Text und retuschiert die Spitzen. "Ich denke, für diese Zeit muß die Literatur heute schon arbeiten, so phantastisch und utopisch das erscheint: Das mit schaffen helfen, was, nach den Definitionen von Wissenschaft und Politik, überhaupt nicht 'wahr' ist oder nicht einmal vorhanden, nämlich nicht 'effektiv': all das, dessen andauernde Abwesenheit eben jene Todesverzweiflung hervorgebracht hat, an der die 'zivilisierte' Menschheit leidet und die sie dazu treiben könnte, sich in den Tod zu stürzen: Freundlichkeit, Anmut, Duft, Klang, Würde, Poesie; Vertrauen, auch Spontaneität - das eigentlich Menschliche. Das, was am ehesten verfliegt, wenn eine Vorkriegsatmosphäre sich breit macht." (a.a.O., S. 442). Vielleicht sind das wirklich nur redaktionelle Korrekturen; die inhaltlichen Unterschiede beider Fassungen sind aber auch nicht zu übersehen.

ler oder Lebenstatsachen, die als Korrektur ins Spiel gebracht werden könnten. Gerade wenn - wie in diesem Text - diese Form als die ausschließliche Darstellungsweise benutzt wird, müssen ihre Leistungsmöglichkeiten und -grenzen bedacht werden: gezeigt wird die Seelenlandschaft des Helden; die Folge der Bilder und deren Anschlüsse, ihre Logik und deren Beziehung zur Wirklichkeit lassen - zumindest in Ansätzen - eine Diagnose zu. Zu untersuchen gilt: Was stellt Kassandras dem Leser als Wirklichkeit vor, in welcher Verfassung stellt sie sich den Erfahrungen, die - in ihrer Sicht - ihr Leben ausmachen. Vor dem Löwentor von Mykene steht eine Frau, die den Tod zu erwarten hat, ohne Hoffnung auf Rettung, von Göttern und Menschen verlassen. "Tiefer als von jeder andren Regung, tiefer selbst als von meiner Angst, bin ich durchtränkt, geätzt, vergiftet von der Gleichgültigkeit der Außerirdischen gegenüber uns Irdischen. Gescheitert der Versuch, ihrer Eiseskälte unsre kleine Wärme entgegenzusetzen. Vergeblich versuchen wir, uns ihren Gewalttaten zu entziehen."[94]

Mit dem Einsetzen des Monologs beginnt die Klage: "Hier ende ich ohnmächtig. . ." Aber der Text schließt damit, daß Kassandra sich dem Wunsch, dem Befehl Aineias' widersetzt, zusammen mit ihm und den Kindern Troja zu verlassen. "Ein Trupp von Troern habe sich dazu bereitgefunden, und nicht die schlechtesten. Mit Vorräten versehen und bewaffnet. Und entschlossen, sich durchzuschlagen. Ein neues Troja irgendwo zu gründen". Kassandra widersteht dem Wunsch und der Verlockung. "Nicht Troias wegen muß ich bleiben, Troia braucht mich nicht. Sondern um unsretwillen. Um deinet- und um meinetwillen."[95]

Zwischen diesen beiden Polen verläuft die Entwicklung Kassandras. Der innere Monolog hat zu zeigen, über welche Erkenntnisstufen diese Entscheidung errungen oder erzwungen wurde. Zwei Erklärungen stehen am Ende des Textes: "Gegen eine Zeit, die Helden braucht, richten wir nichts aus. . ." und "Einen Helden kann ich nicht lieben. Deine Verwandlung in ein Standbild will ich nicht erleben." Warum eigentlich nicht? Warum kein "neues Troia irgendwo"? Und bezogen auf den Anfang: Ist der Versuch, der Eiseskälte der Götter "unsre kleine Wärme", Menschliches, entgegenzusetzen, wirklich gescheitert? Sind die Botschaften, die die Frauen in den Höhlen am Skamander den Nachfahren übermitteln wollen - trotz ihres Wissens um den sicheren Untergang und obwohl sie "der Schrift nicht mächtig" sind -, sind diese Botschaften von einem lebenswerten Leben nicht doch schon Beweise für die Stärke, für die Kraft des Menschen, nach neuen Wegen, nach Alter-

94 'Kassandra', a.a.O., S. 201 f.

95 a.a.O., S. 342

nativen zum bisher gelebten Leben zu suchen; sind sie nicht auch Beweise für den Glauben der Autorin, der Schrift mächtig und "glaubensfähig", daß Botschaften, solche Botschaften einen Sinn haben? Fabula docet: was lehrt die Fabel eigentlich?

Mit den Augen einer Frau wird von einem Krieg berichtet und ein Mythos, eine Geschichte, neu erzählt. Christa Wolfs Wertungen und Maßstäbe prägen die Elemente des Mythos; Kassandra, ihre Vermittlergestalt, erzählt, was sie in ihrem kurzen Leben gesehen und empfunden hat. Diese Vermittlungsinstanzen nehmen den Mythos vom Trojanischen Krieg zurück, ein Gegenbild führt vor, wie Geschichten oder Geschichte anders gelesen werden könnten und müßten; zum besseren Verständnis dessen - wie gesagt - dienen die "Voraussetzungen" mit den Grundierungen Altertumsforschung, Zeitgenossenschaft (Gegenwartsnähe) und alternatives (weibliches) Schreiben.

> Berlin, 2. Februar 1981
>
> Die meisten Kräfte werden verbraucht zur Abwehr der Irrsinnsnachrichten, besonders aus den USA, zum Beispiel dem Ausbruch kollektiven Wahnsinns bei der Rückkehr der Geiseln aus dem Iran. Bei uns wächst die Liste derer, die weggehn. Täglich Kampf um Arbeitsfähigkeit, von "Lust" nicht zu reden. - Jetzt muß man nicht mehr "Kassandra" sein: Die meisten beginnen zu spüren, was kommen wird. Ein Unbehagen, das viele als Leere registrieren, als Sinn-Verlust, der Angst macht. Eine neue Sinngebung durch die verbrauchten Institutionen - woran viele gewöhnt waren - ist nicht zu erhoffen. Zickzacklaufen. Aber ein Fluchtweg ist nicht in Sicht. Man fühlt sich gestellt. Australien ist kein Ausweg.[96]

"Warum wollte ich die Sehergabe unbedingt?" fragt sich Kassandra beim Anblick des Löwentores von Mykene, als gelte es, eins ihrer Lebensrätel zu lösen, jetzt im Augenblick des Todes, da sie sich lebendiger weiß als je. "Was ich lebendig nenne?... Das Schwierigste nicht scheuen, das Bild von sich selbst ändern."[97] Im Rückblick tastet sie die Schritte ab, die sie gegangen ist: vom Mädchen zur Priesterin, zur Seherin. Träume halfen dabei, auch Geschichten, von ihrer Mutter, Hekabe, zur rechten Zeit in Umlauf gebracht; aber eigentlich fühlt sie sich von dem Seheramt überfordert. "Ich sah nichts... Sah nur, was da war, so gut wie nichts."[98] Keine besondere Gabe, keine Veranlagung, keine Vererbung scheint sie zur Seherin zu prädestinie-

96 a.a.O., S. 124

97 a.a.O., S. 220

98 a.a.O., S. 227

ren, es ist eher ein Ziel, das einem intensiven Wunsch entspringt: ein Akt des Wollens. Immer wieder sucht sie nach Antworten auf ihre Frage, die ihr Selbstverständnis untergräbt, auch weil sie dieses Amt vor der Schwester beanspruchte, die das gleiche, vielleicht ein größeres Anrecht haben mochte: "Wie hätte ich dir sagen solln, was ich kaum denken konnte: Laß mir das Amt. Du brauchst es nicht. . ."[99] Panthoos, der griechische Priester, formuliert vorsichtig: "Zweifellos. . . - mein Wunsch, auf Menschen Einfluß auszuüben; wie anders sollte eine Frau sonst herrschen können? Ferner: Mein inbrünstiges Verlangen, mich mit der Gottheit auf vertrauten Fuß zu stellen. Und, natürlich, meine Abneigung gegen die Annäherung irdischer Männer."[100]

Das ist 'lange' her, und ihre Erinnerung an diese Zeit bleibt blaß. Es war die Zeit, da Priamos den Krieg vorbereitete, die Zeit, in der Polyxena kein Wort mit ihr sprach: da 'spielte' sie die Priesterin. "Ich dachte, Erwachsensein bestehe aus diesem Spiel: sich selbst verlieren." Sie beachtet streng die formalen Gesetze des Gottesdienstes, kann aber nicht verhindern, daß fragwürdige Traumbilder ihre Andacht hintertreiben, und nimmt mit Erstaunen wahr, daß nichts geschah, wenn sie sich lustvoll ihren Erscheinungen überließ. "Getragen von der Achtung der Troer, lebte ich scheinhaft wie nie."[101] Dabei hat sie das deutliche Gefühl, daß ihr Leben ihr entweicht, daß sie es nicht schafft. Warum wollte sie die Sehergabe unbedingt?

War es Eigenliebe, wie Panthoos glaubt, war es die Überheblichkeit der Königstochter, der alles zustand, dem Lieblingskind des Königs? Waren es die Eigenschaften, die sie in sich wahrzunehmen glaubte: umgänglich, bescheiden, anspruchslos - aufrecht, stolz, wahrheitsliebend? War es Gefallsucht, der Wunsch, im Zentrum zu stehen, die Aufmerksamkeit der anderen auf sich zu ziehen; das, was sie nun wirklich erreicht hat, als sie als Gefangene über Argos nach Mykene gebracht wird. Vom Ende her antwortet sie selbst: "Mit meiner Stimme sprechen: das Äußerste."[102] Oder Zeugnis ablegen müssen, Zeugin sein, bis zuletzt - oder, nun in ihrer Beziehung zu ihrem Geliebten, Aineias: ". . .daß ich (ihn) erkannte. Als sei ich er. Als kauerte ich in ihm, speiste mit meinen Gedanken seine verräterischen Entschlüsse."[103] Von einer Priesterin oder einer besonderen Sehergabe ist nicht mehr die Rede: obwohl sie 'weiß', natürlich, wie die Geschehnisse sich entwickeln werden: daß sie

99 a.a.O., S. 225
100 a.a.O., S. 226
101 a.a.O., S. 227
102 a.a.O., S. 202
103 a.a.O., S. 203

sterben wird. Vielleicht ist es überhaupt das: daß sie mit der Sehergabe in die Lage kam, das Ganze zu überschauen, Schlußfolgerungen zu ziehen, die Funktion der Teile zu bestimmen, Kausalketten aufzubauen. So beginnt ihre 'Seherei' ja auch: "Mit der Sehergabe überfordert, war ich blind. . . Lebte von Ereignis zu Ereignis, die, angeblich, die Geschichte des Königshauses ausmachten. Ereignisse, die süchtig machen, auf immer neue Ereignisse, zuletzt auf Krieg. Ich glaube, das war das erste, was ich durchschaute."[104]

> Wohin ich blicke oder denke, kein Gott, kein Urteil, nur ich selbst.
> Wer macht mein Urteil über mich bis in den Tod, bis über ihn hinaus, so streng.[105]

Die Erzählung bringt die Geschichte einer Frau, die sich zu einem moralischen Wesen entwickelt, lernend, sie zeigt den Handlungsspielraum von Individuen "in extremen Terrorzeiten", wie Christa Wolf es 1974 im Gespräch mit Hans Kaufmann formuliert hatte[106], ausgehend von Bobrowskis Frage: "Wie muß die Welt für ein moralisches Wesen beschaffen sein".[107] Themen und Fragestellungen, die hier, 1972, so formuliert werden:

> Diese Aufgabe würde ich für sozialistische Autoren sehen. . . als einen Beitrag zu den Grundbedingungen, die nötig sind, damit die Menschheit sich nicht selber in die Luft sprengt. . . Der Autor müßte also ohne Rücksicht auf augenblickliche Schwierigkeiten, die ihm dabei entgegentreten mögen, diese Bedingungen untersuchen und seine Figuren, die er gefunden hat oder erfindet, in solche Bedingungen bringen und mit ihnen experimentieren. Was er da sieht und findet, müßte er ohne Scheu sagen, aufschreiben und nicht fürchten müssen, daß das der Gesellschaft, in der er lebt, schadet, sondern davon ausgehen, daß alles, was wahrheitsgemäß gesagt ist, ihr nutzt. . .[108]

Als wär's ein Gespräch von gestern. Wieder einmal zeigt Christa Wolf den Prozeß einer Selbstfindung, eingebunden in eine Gesellschaftsanalyse, bei dem die Heldin mit diesen Versuchen, zu sich selber zu kommen, sich aus der Gesellschaft ausgliedern muß, oder besser: aus einem Teil der Gesell-

104 a.a.O., S. 227
105 a.a.O., S. 222
106 Auskünfte. . ., S. 496
107 Walther, S. 128
108 a.a.O.

schaft ("Nichts haben sie mir später mehr übelgenommen als meine Weigerung, mich ihrem fatalen Wunschentzücken hinzugeben. Durch diese Weigerung. . . verlor ich Vater, Mutter, Geschwister, Freunde, mein Volk"[109]), denn diesmal gibt es eine Gegenwelt, eine Gemeinschaft außerhalb der Zitadelle, in der sie neue Freunde, neue 'Eltern' und eine neue Heimat findet.

Natürlich ist es wiederum ein Rückzug in die (gefährdete) Idylle der Natur ("die, anders als die steinerne Palast- und Stadtwelt, pflanzenhaft wuchs und wucherte, üppig, unbekümmert, so als brauche sie den Palast nicht. . ."[110]), aber es ist eben doch eine Neben- und Gegenwelt, die ungleich neue, utopische Formen gesellschaftlichen Lebens und des gesellschaftlichen Umgangs der Menschen miteinander vorführt: "Wer würde uns glauben, . . .daß wir mitten im Krieg regelmäßig zusammenkamen, außerhalb der Festung,. . . daß wir, weit besser unterrichtet als irgendeine andre Gruppe in Troia, die Lage besprachen, Maßnahmen berieten (auch durchführten), aber auch kochten, aßen, tranken, miteinander lachten, sangen, spielten, lernten."[111]

Insofern ist die Erzählung "Kassandra" eine beachtliche Weiterführung früherer Ansätze, auch in bezug auf die Gesellschaftskritik, die, unbeschadet durch das verfremdende künstlerische Bild vom trojanischen Krieg, mit dem Thema "Wann beginnt der Vorkrieg" Formen und Verhaltensweisen gesellschaftlicher Öffentlichkeit angeht, Verhaltensweisen der Herrschenden und deren Medien, wie sie bisher weder von ihr noch sonstwo gewagt worden ist. "Die neue Zeit hat weder Lebende noch Tote respektiert. Ich brauchte eine Weile, bis ich sie begriff. Sie war schon in der Festung, eh der Gegner kam. Sie drang, ich weiß nicht wie, durch jede Ritze. Bei uns trug sie den Namen Eumelos."[112]

"Was wahr ist, wahr zu nennen, und was unwahr falsch: das mindeste, so dachte ich, und hätte unsern Kampf weit besser unterstützt als jede Lüge oder Halbwahrheit."[113] Das ist - wir erinnern uns - eines der Themen des "Geteilten Himmel": "Sie haben mir heute bestätigt", sagt Schwarzenbach im Schlußgespräch zu Rita, "die reine Wahrheit, und nur sie, ist auf die Dauer der Schlüssel zum Menschen. Warum sollen wir unseren entscheidenden Vorteil freiwillig aus der Hand legen?"[114] Es ist die Problematik der Kassandra-Figur, sich zur Wahrheit durchzuringen, auch wenn sie alles aufgeben

109 'Kassandra', S. 237

110 a.a.O., S. 249

111 a.a.O., S. 253

112 a.a.O., S. 278

113 a.a.O., S. 287

114 'Der geteilte Himmel', S. 220

muß: die Privilegien des Hofes, die, eine Königstochter und der Liebling ihres Vaters zu sein, die, als Priesterin und Seherin herausgehoben zu werden, geschätzt, beachtet, auch geliebt. Die vom Hof verstoßen, ins Gefängnis gebracht, von den Ihren verlacht, vom Griechen-Priester Panthoos belächelt wird, die weiß, daß sie alles verlieren wird, auch ihr Leben und die trotzdem dem Rat des 'klugen' Panthoos nicht folgen kann: "Es sind doch alles Bestien, Kassandra. Halb Bestien, halb Kinder. Sie werden ihren Begierden folgen, auch ohne uns. Muß man sich denen in den Weg stelln? Daß sie uns niedertrampeln? Nein. Ich habe mich entschieden."[115]

Kassandra wird sich anders entscheiden. So beginnt die Erzählung mit der todesbereiten Seherin, deren Lebensrückblick eine Rechtfertigung ist, mit dem sie die einzelnen Stufen einer Entwicklung bedenkt, die sie getroffen, die sie aber auch beeinflußt hat. Die, Objekt von Konstellationen und Kräften, aber eben auch Subjekt geworden ist, indem sie das Ihre eingebracht hat, was sie, unter dem ganzen Einsatz ihrer Person, zu leisten fähig war. Deshalb ihr unbedingter Wunsch, Priesterin und Seherin zu werden: im Rückblick bestätigt sie sich die Notwendigkeit und die Richtigkeit ihrer Entschlüsse. "Um sie (die Ihren - W.K.) zu strafen, mußte ich in Zukunft mehr wissen als sie. Priesterin werden, um Macht zu gewinnen? Götter. Bis an diesen äußersten Punkt habt ihr mich treiben müssen, um diesen schlichten Satz aus mir herauszupressen."[116]

Denn der Weg zur Selbsterkenntnis führt über die Hürden der Selbsttäuschungen. Es sind die menschlichsten Eigenschaften, die ihr zu schaffen machen: Neid, (auf die schöne Schwester), Ehrgeiz, Orakelsprecher zu werden (was dem tumben Zwillingsbruder Helenos zufällt). Mit den Zusammenbrüchen, die ihren Weissagungen folgen, erlebt sie ihre Wiedergeburten, Erkenntnisstufen größerer Klarheit: "Meine Wiedergeburt gab mir nicht nur die Gegenwart zurück, das, was man Leben nennt, sie erschloß mir auch die Vergangenheit neu, unverzerrt durch Kränkung, Zu- und Abneigung und alle die Luxus-Empfindungen der Priamostochter."[117] Sie lernt. Sie lernt, daß sie die Wahrheit der Dinge nicht von den Ihren erfahren kann, daß sie den Umkreis des Hofes und seiner Beamten, der Schreiber und Sänger, verlassen muß, wenn sie wissen will, wie es wirklich war: daß sie in die Berge gehen muß, zum Volk, zu den Sklaven, zu den Menschen außerhalb der Festung, dort - wie innerhalb der Zitadelle in den Höfen bei den Mägden und Dienern

---

115 'Kassandra', S. 268

116 a.a.O., S. 252

117 a.a.O.

- findet sie neben Wärme und Geborgenheit auch Wahrheit, jedenfalls andere Wahrheiten als die offiziell verlautbarten. Und lernt, daß es mehrere Wahrheiten zu geben scheint, wie auch mehrere Wirklichkeiten. "Was ging vor. Wo lebe ich denn. Wie viele Wirklichkeiten gab es in Troia noch außer der meinen, die ich doch für die einzige gehalten hatte. Wer setzte die Grenze fest zwischen Sichtbarem und Unsichtbarem."[118]

Als Paris auftaucht, ein schöner Jüngling, der sich bei den Wettkämpfen vor ihren Brüdern hervortut, als sie das Geraune vernimmt, es könne sich um einen Sohn des Königs handeln, begibt sie sich auf die Suche nach der Wahrheit; geht sie in die Berge, befragt die Hebammen, findet sie endlich dessen Mutter Arisbe: und erfährt Schritt für Schritt die schreckliche Geschichte, daß ihre Eltern ihn hatten aussetzen lassen, weil ein Orakel ihn mit dem Untergang der Stadt in Verbindung gebracht hatte. "Palast des Schweigens": die Mutter schweigt, die Amme schweigt. "Ich lernte, indem ich die Arten zu schweigen beobachtete."[119] Diese Wahrheits-Sucht hat sich wie ein fremdes Wesen in sie hineingefressen. Endlich erfährt sie, daß ihr Halbbruder Aisakos, ein "gottbegnadeter Seher", verkündet hatte, daß ein Fluch auf Paris liegen würde, und Kalchas, auch ein Seher, hatte einen Traum Hekabes gedeutet: das Kind, das sie gebären sollte, werde ganz Troia in Brand stecken. Mühsam begreift sie: diese Opferung des Paris, um Troia zu retten, glich dem Opfer der Iphigenie, das gebracht werden mußte, damit die griechischen Schiffe nach Troia gelangen konnten; Priamos, ihr Vater, hatte wie Agamemnon gehandelt, so groß waren die Unterschiede nicht zwischen Griechen und Troern. Schon vor dem Krieg waren sie sich ähnlich, sie werden sich immer ähnlicher während des Krieges.

Der kritische Abstand zum Elternhaus wächst, ihre Sehergabe reduziert sich jetzt darauf, daß sie 'sieht', was wirklich ist, die "nackte bedeutungslose Gestalt der Ereignisse"[120], nicht die Bilder, die man aus den Ereignissen zu entwickeln pflegt. Als in der Vorbereitungsphase des Krieges, beim sog. "Zweiten Schiff", Losungen an die Stelle von Wirklichkeit treten: "Die Königsschwester oder der Tod", als Fähnchen, Winken, Jubel, blinkendes Wasser und blitzende Ruder den Sieg 'vorwegnehmen', als die "unheimliche Wirklichkeit - hinter einer glanzvollen Fassade" verschwindet, als sie in eine "verzweifelte Selbstfremdheit" gerät, da heißt es zum ersten Male: "Ich wollte Priesterin werden. Ich wollte die Sehergabe, unbedingt."[121] Die einfache

---

118 a.a.O., S. 219

119 a.a.O., S. 248

120 a.a.O., S. 242 f.

121 a.a.O., S. 237

Wirklichkeit, die sie erkennt, ist, daß Kalchas nicht zurückkehrt, daß er zum Feind übergelaufen ist, während die 'Nachricht' lautete, er werde von den Griechen als Geisel zurückbehalten. Naiv, auf ihre Wahrheit pochend, hält sie ihrer Mutter das vor, was sie von Marpessa gehört habe, daß "unser hochverehrter Seher, der in die innersten Staatsgeheimnisse eingeweiht war, ein Abtrünniger (sei)"[122]; Marpessa verschwindet aus ihrem Gesichtskreis, ein Ring des Schweigens legt sich um sie, sie ist mit ihrem Recht allein. In diesem Augenblick seelischer Belastung bricht zum ersten Male die Sehergabe durch:

> Und ich hatte von Anfang an gewußt, daß Marpessa die Wahrheit sprach. Und ich, hörte ich mich zu Aineias sagen, ich habe es von Anfang an gewußt. Die Stimme, die das sagte, war mir fremd... Willentlich ließ ich sie frei, damit sie mich nicht zerrisse; was dann kam, hatte ich nicht in der Hand. Ich hab es gewußt, ich hab es gewußt, immer mit dieser fremden hohen wimmernden Stimme, vor der ich mich in Sicherheit bringen mußte... Schlotternd, gliederschüttelnd hing ich an ihm... (Aineias - W.K.); mein Mund, außer daß er den Schrei hervorstieß, erzeugte diese Art von Schaum..., und meine Beine... zuckten und tanzten in einer anrüchigen unpassenden Lust.[123]

Von diesem Augenblick an teilt sich ihr Leben in die Zeit vor und die nach dem Anfall. Ein Wendepunkt, eine erste Wiedergeburt, der Ohnmacht (Umnachtung) und Krankheit (wochenlange) vorausgehen. Sie beobachtet und reguliert diese Phasen schwindenden und wiederkehrenden Bewußtseins, erpreßt die Rückkehr Marpessas, die man (Hekabe) zur Strafe für Illoyalität den Pferdeknechten ausgeliefert hatte, gesundet langsam. "Wie ein Schiffbrüchiger das rettende Festland ersehnte ich das Priesteramt. Ich wollte die Welt nicht, wie sie war, aber hingebungsvoll wollte ich den Göttern dienen, die sie beherrschten: Es war ein Widerspruch..."[124]

Die Anfälle, in denen die Stimme aus ihr spricht, wiederholen sich: am Abschiedsabend, kurz vor der Ausfahrt des "Dritten Schiffes", als Menelaos, der König der Spartaner, bei den Troern ist und Paris, betrunken, den Raub der Helena, Menelaos' Frau, ankündigt, bricht es aus Kassandra hervor: "Wehe, schrie sie. Wehe, wehe. Laßt das Schiff nicht fort!"[125] Der Text erklärt: "So (wie Paris - W.K.) hatte nie ein Mitglied unserer Familie sprechen dürfen. Ich aber. Ich allein sah. Oder 'sah' ich denn? Wie war das doch. Ich fühlte.

---

122 a.a.O., S. 238

123 a.a.O., S. 239

124 a.a.O., S. 240

125 a.a.O., S. 261

Erfuhr - ja, das ist das Wort; denn eine Erfahrung war es, ist es, wenn ich 'sehe', 'sah': Was in dieser Stunde seinen Ausgang nahm, war unser Untergang."[126]

Die Phasen, die zum Krieg hintreiben, werden immer kürzer und ihre eigentliche Bedeutung immer einsichtiger. Schon das "Erste Schiff", als es noch um Verhandlungen ging, um die Zufahrt zu den Dardanellen, war eigentlich "Vorkrieg"; noch nicht Krieg, aber eben auch keine Verhandlung. Der Frieden fordernden Kassandra erklärt Priamos: "Wieso überhaupt Krieg. Gleich immer diese großen Worte. Wir, denk ich, werden angegriffen werden, und wir, denk ich, setzen uns zur Wehr. Die Griechen rennen sich den Schädel ein und ziehen sich alsbald zurück. Sie werden sich doch nicht um eine Frau, und sei sie noch so schön, was ich nicht glaub, verbluten.

Und warum denn nicht! Das rief nun ich... Red keinen Unsinn, sagte Priamos. Die wollen unser Gold. Und freien Zugang zu den Dardanellen. - So verhandle drum! schlug ich ihm vor. - Das hätte noch gefehlt. Verhandeln um unser unveräußerliches Eigentum und Recht!"[127]

An die Stelle vernünftiger Argumente ist längst die Formel getreten. An Frieden und Ausgleich war nie gedacht. Alle Seiten waren auf Sieg aus und benutzten die kleinen Plänkeleien ("Schiffe nach Delphi"), den Krieg vorzubereiten, nach innen und außen. "...was ihn blind und taub gemacht, das war der Satz der Truppenführer: Wir gewinnen." Dabei geht es längst nicht mehr um 'die schönste Frau der Welt', denn Helena ist Paris in Ägypten ja 'abhanden gekommen', sie ist ein Vorwand, wie die drei Schiffsreisen Vorwände waren, das Volk einzustimmen und das 'Recht' auf die eigene Seite zu bringen. Hier ist eines der Zentren der Erzählung: "Wann Krieg beginnt, das kann man wissen, aber wann beginnt der Vorkrieg. Falls es da Regeln gäbe, müßte man sie weitersagen. In Ton, in Stein eingraben, überliefern. Was stünde da. Da stünde, unter andern Sätzen: Laßt euch nicht von den Eignen täuschen.."[128]

Da stünde auch: Achtet auf die Anfänge des Eumelos. Achtet auf den Eumelos in euch. Achtet auf die Verkleidungen, in denen Eumelos sich euch zeigen oder vor euch verbergen kann. Und wahrscheinlich auch: achtet auf die Dichter, die Schreiber und deren Nachrichten vom Hof.

Vorkrieg ist ohne das Prinzip Eumelos nicht machbar. Es ist die Grundfarbe, auf die die Tönungen jeweils aufgetragen werden. Es zeigt sich in den For-

---

126 a.a.O., S. 260

127 a.a.O., S. 272

128 a.a.O., S. 268

men von Parteiorganisationen, Polizei und anderen Sicherheitsorganen, in dem Umgang von Oben und Unten, in den Arbeitsweisen der Medien, in der Zensur, die das öffentliche Leben weitgehend regelt, in den drakonischen Strafen, in der Überhandnahme von 'Staatsverbrechen', in der Geheimniskrämerei, in der Arbeit der Ausbildungsorgane, der Schulen, in den Erziehungszielen und den Lehrplänen. Es umfaßt das Ganze des gesellschaftlichen Lebens: in "Kassandra" bezieht es sich vor allem auf die Sicherheitspolizei, auf die Sprachregelungen der öffentlichen Sprache, auf die Verhaltensweisen der Dichter, Schriftsteller, wie wir heute sagen würden. Und auf die Reaktionen der Öffentlichkeit, wenn das öffentliche Leben zusammenbricht und an dessen Stelle ein 'Scheinleben' entsteht, während das eigentliche Leben sich in kleinen Kreisen, außerhalb der normalen Öffentlichkeit, hier in der offenen Gesellschaft um den Berg Ida, vollzieht.

Christa Wolf hat die Entwicklung des Eumelos-Prinzips breit aufgebaut, obwohl es - von der Thematik her oder unter dem Aspekt der Friedens-Problematik - innerhalb des Kassandra-Komplexes eher einen Nebenbereich ausmacht, Indiz dafür, wie wichtig ihr die Darstellung des unvermeidbaren 'Aufstiegs' des Eumelos-Prinzips gewesen ist. "Hinter meinem Rücken hatte Troia sich verändert"[129]: Lange wird Kassandra glauben, daß Eumelos nur eine Fehlentwicklung sei, ein Unfall[130], ein Versehen der Götter, bis sie Anchises' Deutung zu akzeptieren lernt: daß Eumelos ebenso ein Produkt dieser Stadt sei wie Priamos, daß es nicht charakterliche Fehlentwicklungen seien, sondern gesellschaftliche, die sich dann in solchen Entartungen äußerten. Für einen Augenblick glaubt sie, daß die Ordnung im Palast zusammenstürzen müsse, als man der Königin die Teilnahme an den Ratssitzungen verwehrt, bis sie - als nichts geschieht, überhaupt nichts - auch dies nun versteht: 'hinter ihrem Rücken' hat sich alles verändert, Eumelos ist der Mann der Stunde[131]. "Also hätte man früh dem Übel wehren müssen, als es noch nicht 'Krieg' hieß. Hätte Eumelos nicht aufkommen lassen dürfen. Hätte - wer denn. Der König. Priamos, der Vater?"[132] Für Kassandra führt diese Frage in einen unlösbaren Widerspruch: König - Vater, aus dem Angst erwächst, da sie nicht die Fähigkeiten zur Analyse besitzt: hier der gesellschaftlichen Hintergründe der Erscheinungen. Fakten verlieren für sie sofort ihre Bedeutung, ihr Gedächtnis nimmt sie nicht auf, "nicht ernst genug", sondern verwandelt sie in

129 a.a.O., S. 257
130 a.a.O., S. 294
131 a.a.O., S. 306
132 a.a.O., S. 308 f.

Gefühle: "Ich hab ein Angst-Gedächtnis. Ein Gefühls-Gedächtnis"[133], mit dem sie freilich auch Dinge erfassen kann, die mit den fünf Sinnen der Vernunft-Erkenntnis nicht wahrgenommen werden können. Das Eumelos-Prinzip bleibt für sie eine dunkle Wolke, eine Bedrückung und Bedrängung, die Angst hervorruft, dem sie - eben weil sie es nicht durchschaut - verzweifelt ihr "Ich will doch das gleiche wie ihr!" entgegenhält. "Ausgezeichnet, antwortet Eumelos. So wirst du unsre Maßnahmen unterstützen."[134]

Christa Wolfs Einsichten reichen weiter als die ihrer Erzählerfigur. Kassandras Bekenntnis - das doch sehr an eine entsprechende Stelle in "Nachdenken über Christa T." erinnert ("Das alles ändert nichts, unlösbarer Widerspruch, an meiner tiefen Übereinstimmung mit dieser Zeit"[135]) - wird weder von ihr selbst noch von Eumelos geglaubt, obwohl der Textzusammenhang keine eindeutige Antwort mehr geben wird, geben können wird: "War es nicht wichtiger, . . .nach unserem Gesetz zu leben, als überhaupt zu leben?"

> Aber wem wollte ich das weismachen. Und stimmte es denn überhaupt. War nicht Überleben wichtiger. Das allerwichtigste von allem. Das einzige, worauf es ankam. So wäre Eumelos der Mann der Stunde?
>
> Wenn aber längst die Frage anders lautete, nämlich: Das Gesicht des Feindes annehmen, aber trotzdem untergehn?[136]

Längst ist Krieg. Anchises' Argument, Eumelos sei ein Produkt von Troja, zeigt sich in allen Stufen der Entwicklung des Konflikts. Jetzt ist die Stadt überzogen mit einem Sicherheitssystem, das alle Bürger umfaßt, vor allem die, denen eine Beziehung zum Feind nachgesagt wird, die Kontakte haben wie Panthoos oder Kassandra selbst. "Die Zitadelle nach Einbruch der Dunkelheit gesperrt. Strenge Kontrollen alles dessen, was einer bei sich führte. . . Sonderbefugnisse für die Kontrollorgane."[137] "Neue Sänger waren nachgewachsen, oder die alten, wenn sie noch geduldet wurden, änderten den Text. Die neuen Texte waren ruhmredig, marktschreierisch und speichelleckerisch."[138] Mit den typischen Sprachregelungen werden die Leitbegriffe verändert: an die Stelle von "Krieg" tritt "Überfall", wie vorher - in der Zeit des Vorkriegs - an die Stellen von "Gastfreund"- beim Besuch des Königs

---

133 a.a.O., S. 309

134 a.a.O., S. 305

135 'Nachdenken über Christa T.', S. 91

136 'Kassandra', S. 306

137 a.a.O., S. 305

138 a.a.O., S. 304

Menelaos - "Kundschafter" oder "Provokateur" getreten war.[139] Wer diese Sprache nicht spricht, gliedert sich aus. "Der Himmel verdunkelte sich. Fatal der leere Raum, der sich um mich gebildet hatte."[140]

Neue Gruppierungen am Hofe. Hekabe löst sich von Priamos, der wie Paris die Unterstützung durch Eumelos benötigt. Anchises, Aineias' Vater, führt die Gegenpartei an. Kassandra - natürlich - wird zur Schützerin der Bedrängten und kann sich zugleich nicht vom Vater lösen. Je schwächer der König, desto hochtrabender seine Titel: "Unser mächtiger König", "Unser allermächtigster König", je erfolgloser die Aktionen der Troer, desto erhabener die Sprache der Nachrichten: "Paris der Troerheld habe auf Geheiß unsrer lieben Göttin Aphrodite Helena, die schönste Frau Griechenlands, den großmäuligen Griechen entführt und so die Demütigung gelöscht, die unserm mächtigen König Priamos einst durch den Raub seiner Schwester angetan worden war."[141] Nichts stimmt an dieser 'Nachricht'. Und doch: "Ich sah eine Nachricht zur Wahrheit werden!" ". . .Was man lange genug gesagt hat, glaubt man am Ende."

Zehn Jahre Krieg werden um ein Phantom geführt, um einen Popanz, denn Helena ist dem Paris 'abhanden gekommen'; als Paris - nach Monaten - Troja erreicht, wird eine tiefverschleierte Person von Bord geführt. Natürlich ist es nicht Helena, aber "in jedem einzelnen (der atemlos verstummten Zuschauer - W.K.) erschien das Bild der schönsten Frau, so strahlend, daß sie ihn, wenn er sie sehen könnte, blenden würde".[142] Niemand wird sie zu Gesicht bekommen, und auch Kassandra weigert sich lange, das Undenkbare zu denken. Wie sich zeigt: ein Phantom wurde gebraucht, um das Volk für den Krieg vorzubereiten. Vorkrieg wird Krieg: "Sie ließen von Helena ab und wehrten sich ihrer Haut! Um aber dem Krieg zujubeln zu können, hatten sie diesen Namen gebraucht."[143]

"Beachtet", sagt Anchises, "daß sie eine Frau genommen haben. Ruhm und Reichtum hätte auch ein Mannsbild hergegeben. Aber Schönheit? Ein Volk, das um die Schönheit kämpft." "Da riß es mir die Arme hoch. . . Seit langem war mir so zumute, angstverzehrt. . . wehe wehe wehe. . . Wir sind verloren. Weh, wir sind verloren."

Anchises, Vater des Aineias, ist der Gegenspieler des Eumelos-Prinzips, der

139 a.a.O., S. 256

140 a.a.O., S. 257

141 a.a.O., S. 266

142 a.a.O., S. 268

143 a.a.O., S. 270

Zitadelle, Achills und Priamos'; gemeinsam mit seinem Sohn wird er die Stadt verlassen und sich in die Berge zurückziehen, bevor die Griechen Troja erobern, gemeinsam mit einer Gruppe von Frauen und Kriegern, die, eines fernen Tages an einem anderen Ort, ein neues Troja gründen werden. So will es die Geschichte, so will es Kassandra. Mit ihnen wird ein Gegenbild geboten, eine Alternative zu der trojanischen Entgleisung, die Griechen und Trojaner einander immer ähnlicher werden läßt. Es sind die Menschen aus den Höhlen des Berges Ida, die Lichtgestalten der Erzählung, deren Lebensprinzip weitergetragen werden soll: Lebensfreude, Freundlichkeit, Natürlichkeit, Aufrichtigkeit, Vertrauen, Liebenswürdigkeit und Liebe.

Es ist das Gegenbild zum griechischen: "O daß sie nicht zu leben verstehn. Daß dies das wirkliche Unglück, die eigentlich tödliche Gefahr ist - nur ganz allmählich hab ich es verstanden. Ich Seherin!"[144] Es ist die allgemeine Formel für das 'griechische Prinzip':

> Für die Griechen gibt es nur entweder Wahrheit oder Lüge, richtig oder falsch, Sieg oder Niederlage, Freund oder Feind, Leben oder Tod. Sie denken anders. Was nicht sichtbar, riechbar, hörbar, tastbar ist, ist nicht vorhanden. Es ist das andere, das sie zwischen ihren scharfen Unterscheidungen zerquetschen, das Dritte, das es nach ihrer Meinung überhaupt nicht gibt, das lächelnde Lebendige, das imstande ist, sich immer wieder aus sich selbst hervorzubringen, das Ungetrennte, Geist im Leben, Leben im Geist. Anchises meinte einmal, wichtiger als die Erfindung des verdammten Eisens hätte die Gabe der Einfühlung für sie sein können. Daß sie die eisernen Begriffe Gut und Böse nicht nur auf sich bezögen. Sondern zum Beispiel auch auf uns.[145]

Das sind zugleich die Prinzipien des Eumelos-Systems: Vorkrieg und Krieg lassen die Völker einander ähnlich werden, bis sie gleichermaßen zum Krieg bereit sind: Strategien der Kriegsvorbereitung. So wird es beschrieben: nur das Anchises-Prinzip, nur die Prinzipien einer anderen Lebensform könnten Kriege verhindern: Lachen, Tanzen, Gespräche, gemeinsam getragene Entschlüsse und Taten. Aber Kassandra fährt fort: "Nichts davon werden ihre Sänger überliefern. Und wenn sie - oder wir - es überlieferten? Was folgt daraus? Nichts. Leider oder glücklicherweise nicht. Nicht der Gesang, nur der Befehl bewegt mehr als die Luft."[146]

---

144 a.a.O., S. 209

145 a.a.O., S. 310, vergleiche S. . . .. dieser Arbeit!

146 a.a.O.

Das ist deutlich ein Satz eines anderen Prinzips: das der Penthesilea. "Deine Träume gegen ihre Wurfspeere... Sie hat recht behalten, könnte man wohl sagen, wenn es auf der Seite der Wurfspeere überhaupt ein Recht gäbe."

Alles müßte parallel gelesen werden: Meteln, 26. April 1981. Eine Gesprächsrunde am Rande des Abgrunds. Gnadenfrist von drei, vier Jahren, wenn die Politik so wie bisher weitergeführt werde. Gespräch bei Essen und Wein: "...das Essen hat uns geschmeckt, und wir reden gemütlich." Anstatt vor Verzweiflung laut schreiend auf die Straße zu laufen bei solchen Aussichten, treten Versuche der Erklärung und die Suche nach Auswegen:

> Wie soll man Jüngere die Technik lehren, ohne Alternative zu leben und doch zu leben? - Wann hat es angefangen? fragen wir uns. War dieser Verlauf unausweichlich? Gab es Kreuz- und Wendepunkte, an denen die Menschheit, will sagen: die europäische und nordamerikanische Menschheit, Erfinder und Träger der technischen Zivilisation, andere Entscheidungen hätten treffen können, deren Verlauf nicht selbstzerstörerisch gewesen wäre? War denn, fragen wir uns, mit der Erfindung der ersten Waffen... mit ihrer Anwendung gegen um Nahrung rivalisierende Gruppen, mit dem Übergang matriarchalisch strukturierter, wenig effektiver Gruppen zu patriarchalischen, effektiveren, der Grund für die weitere Entwicklung gelegt?... Liegt in der Jagd nach Produkten, immer mehr Produkten, die Wurzel der Destruktivität?[147]

"Wir reden bis in die Nacht." Christa Wolf stellt sich vor: "Hunderte, Tausende, Millionen solcher Versammlungen, über unsern Kontinent verteilt."

Man muß die Texte parallel lesen. Meteln, 1. Mai 1981: Um die Notwendigkeit der Kritik geht es ("in ihrem jeweils eignen Land"), um die Rolle der Tabus bei der Kriegsvorbereitung: "Unaufhörlich, unermeßlich wächst die Zahl der unwürdigen Geheimnisse. Wie unbedeutend alle Zensur-Tabus und die Folgen ihrer Übertretung durch die Bedrohung des Lebens werden"[148] - das Eumelos-Prinzip heute! Und: Meteln, 23. August 1981: "'Die Erkenntnis, die nicht durch die Sinne gegangen ist, kann keine andere Wahrheit erzeugen als die schädliche'. Leonardo da Vinci. Wenn diese Einsicht - nach dem langen gefährlichen Experiment mit der abstrakten Rationalität, das im instrumentalen Denken endete - wieder fruchtbar würde: Dies wäre wirklich eine neue Renaissance des Bewußtseins."[149]

---

147 a.a.O., S. 135, 137 f.

148 a.a.O., S. 145

149 a.a.O., S. 157

Das braucht nicht weiter bewiesen zu werden: die Texte korrespondieren miteinander, sie müssen/sollen aufeinander bezogen werden, offenbaren so die Bedeutung der Kassandra-Erzählung: hier handelt es sich um einen Gegenwartstext, bezogen in erster Linie auf Verhältnisse in der DDR, wie sie zur Zeit der Entstehung des Textes bestanden oder von der Verfasserin gesehen wurden, beziehbar auf die allgemeine politische Situation, auf die Welt-Lage, wie sie sich in den letzten Jahren herausgebildet hatte. Alle anderen Fragen sind dann zweitrangig: ob die These haltbar ist, daß sich das instrumentale Denken mit der patriarchalischen Struktur einer Gesellschaft herausbilden mußte, ob man tatsächlich eine Linie ziehen kann vom Gebrauch der Jagdwaffe in der Urgemeinschaft hin zur totalen Bedrohung der Menschheit durch die Atomkraft oder die Bombe. Christa Wolf zieht diese Linien, und die Rezeption dieser Erzählung in Ost und West hat ihr nachträglich Recht gegeben: Diskussionen sind aufgenommen, intensiviert und zu Ergebnissen geführt worden, die Abrüstung wenigstens in Aussicht stellen. Natürlich nicht durch dieses Werk allein; aber wer vermag heute wirklich abzuschätzen, was die Friedensbewegungen in aller Welt - auch getragen von solcher Literatur - nicht doch erreicht haben. Auch wenn Penthesilea recht behielte: der Versuch solchen Schreibens und des Einwirkens durch Schreiben müßte weitergeführt werden, über alle Logik instrumentellen Denkens hinaus. Das ist der Hoffnungs-Grund, der hinter der "Kassandra" steht - ein utopisches Buch der Christa Wolf, wieder einmal.

Kassandra weiß, daß sie nicht überleben wird, aber sie weiß auch, daß sie eine, vor allem anderen diese Aufgabe zu erfüllen hat: Zeugnis abzulegen, Zeuge zu sein. So sagt sie, aber sie weiß natürlich auch, daß das neue Troja, das vielleicht von Aineias und den Seinen gegründet werden könnte, nicht die Lebensformen der Bewohner der Höhle vom Berge Ida aufnehmen könnte. In dieser Welt, die Helden nötig hat, gibt es keine Hoffnung, kann sie deshalb auch nicht dem Geliebten folgen. Sie wollte die Sehergabe unbedingt: zum Sehen ist sie bestimmt; es ist ihre Bestimmung, die sie erfüllt. Keine Flucht, kein Gedanke an Flucht. "Nicht Troias wegen muß ich bleiben. . . Sondern um unsretwillen. Um deinet- und um meinetwillen."[150]

Wer oder was verkörpert sich in Anchises, im Anchises-Prinzip? Während der Handlung, die ja um die Problematik Vorkrieg und Eumelos sich zentriert, bleibt die Figur dieses alten Mannes, des Vaters von Aineias, relativ blaß. Er tritt nicht auf; sein Äußeres wird beschrieben, vor allem aber seine Wirkungen: sein Umkreis, den er formt, die Atmosphäre, die sich um ihn bildet. "Nicht nur mit dem beweglichen Gesicht, mit seinem ganzen hohen kah-

150 a.a.O., S. 342

len Schädel drückte er aus, was er empfand."[151] Oinone über ihn: "Sein Mund lacht, aber seine Stirn ist traurig." Ein besonderes Verhältnis verbindet ihn mit der Natur: "Nie ließ er einen Baum fällen, ohne sich vorher ausführlich mit ihm zu besprechen, nie ihm vorher mit einem Samen oder Reis, das er von ihm gewann und in die Erde senkte, sein Weiterleben zuzusichern." Er schnitzt Holzfiguren, die er seinen Vertrauten schenkt, die bald zu Erkennungszeichen werden für Zugehörigkeit, Vertrauenswürdigkeit, Erkennungszeichen für die, die sich seinem Prinzip anverwandeln. Und er glaubt an den Menschen: "Eh er tot ist, soll man keinen Menschen für verloren geben." "Bei ihm, unter dem wechselnden Laub des mächtigen Feigenbaums, hat unser ungezwungenes Leben angefangen. . ." Der Feigenbaum wird zum Symbol für Leben, Lebensmöglichkeit, auch Kassandra empfindet die sie überschreitende Kraft: "Alles wurde leichter mit Anchises. Denn wie ich aus dem Bereich des Feigenbaumes mich entfernte, hatte ichs schwer, jedenfalls kam es mir so vor."[152]

Die stille Größe des Anchises wird sie nie erreichen, das In-sich-Ruhen, diese Übereinstimmung mit sich selbst - aber es ist eben auch die Ruhe des Alters, der wachsenden Abgeschiedenheit.

Kassandra bleibt die Zentralfigur, die kämpfende, leidende, liebende und hassende, in den Kämpfen ihrer Zeit stehende, Partei nehmende, zweifelnde, fast verzweifelnde Mittelpunktsfigur, die zerbrechen könnte an dem über sie hereinbrechenden Schicksal. Die nicht zerbricht. Die den schweren Weg gehen muß, alles aufzugeben: Familie, Besitzstand, 'ihr' Volk. "Du brauchst viel Zeit, meine Liebe", sagt Arisbe zu ihr. Und später, als sie wieder einmal in den Wahnsinn untertaucht: "So strafst du diese nicht."[153] Und endlich: "Wieso hast du sie stark werden lassen." Noch gibt sie vor, diese Frage nicht zu verstehen, die die Frage der Verantwortung berührt. Hat eine Seherin Verantwortung für das, was geschieht? Genügten nicht die aus der Angst geborenen Kassandra-Rufe, nicht die Warnungen, die Prophezeihungen heraufziehenden Unheils? Mit der Rückentwicklung zum Subjekt verändert sie ihre Rolle: sie greift ein. Sie verlangt, als Zeugin für den Tod des Bruders Troilos im Rat gehört zu werden, fordert, daß der Krieg beendigt werde, sofort. Verlangt, daß man die Wahrheit über Helena verbreite und über die Verletzung des Gastrechts durch Paris. "Sie ist verrückt", ist die typische Reaktion.[154] Sie mischt sich ein: der Penthesilea wirft sie den Todesdrang vor, dem sie auch

---

151 a.a.O., S. 295
152 a.a.O., S. 296, 297
153 a.a.O., S. 263, 264
154 a.a.O., S. 277

ihre Mitkämpferinnen unterwerfe, dem Rat und ihrem Vater, daß sie Polyxena, die Schwester, 'benutzen' wollten, Achill zu töten.

> Dies also war. . . der Augenblick, den ich gefürchtet hatte. Unvorbereitet war ich nicht, warum war es so schwer. Hastig, unheimlich schnell erwog ich, daß sie im Recht sein könnten. Was heißt im Recht. Daß das Recht - Polyxenas Recht, mein Recht - gar nicht zur Sprache stand, weil eine Pflicht, die, unsern schlimmsten Feind zu töten, das Recht verschlang.[155]

Das ist die entscheidende Szene. Die Vernunft gebietet, daß die Pflicht erkannt und danach gehandelt wird. Das Rechtsgefühl gebietet, daß sie sich den Ansprüchen ihrer Gesellschaft, ihres Hofes und ihres Vaters verweigert. "Feindbegünstigung" heißt die moderne Formel, eine eigenartige Formulierung im Munde Priamos', die Modernität des Konflikts freilich offenlegend. "Nicht wahr, du bist vernünftig. Ich sagte: Nein. Du stimmst nicht zu? Nein. Aber du wirst schweigen. Nein, sagte ich. . . .Nehmt sie fest." Der Text: "Im Weggehn drehte ich mich um, mein Blick traf Bruder Paris. Er wollte nicht schuld sein, aber was sollte er denn machen. . . Schwach, Bruder, schwach. Ein Schwächling. Übereinstimmungssüchtig."[156]

Christa Wolfs, nein, Kassandras Sehnsucht nach Übereinstimmung wird hier zurückgenommen. "Sieh dich bloß im Spiegel an". Jetzt, in dieser späten Phase der Kassandra-Handlung beschreibt sich die Autorin: "Sie hatten recht, und mein Teil war, nein zu sagen."[157]

"Alles, was man erleben muß, habe ich erlebt."[158] Der Schluß, über die Idylle am Skamander:

> Mich erstaunte, daß eine jede von den Frauen am Skamander, so sehr verschieden wir auch voneinander waren, fühlte, daß wir etwas ausprobierten. Und daß es nicht darauf ankam, wieviel Zeit wir hatten. Und ob wir die Mehrzahl unserer Troer, die selbstverständlich in der düstren Stadt verblieben, überzeugten. Wir sahn uns nicht als Beispiel. Wir waren dankbar, daß gerade wir das höchste Vorrecht, das es gibt, genießen durften, in die finstere Gegenwart, die alle Zeit besetzt hält, einen schmalen Streifen Zukunft vorzuschieben.

Und: "Anchises war es, glaube ich, der von ganzem Herzen unser Leben in den Höhlen liebte, ohne Vorbehalt, ohne Trauer und Bedenken. Der sich

155 a.a.O., S. 331
156 a.a.O.
157 a.a.O., S. 335
158 a.a.O., S. 338

einen Traum erfüllte und uns Jüngre lehrte, wie man mit beiden Beinen auf der Erde träumt."[159] Immer wieder das "Wir" an diesen entscheidenden Stellen. Am Anfang stand die Frage: "Warum wollte ich die Sehergabe unbedingt." Dort gab Christa Wolf auch ihre Antwort: "Mit meiner Stimme sprechen: das Äußerste. Mehr, andres habe ich nicht gewollt."[160]

---

159 a.a.O., S. 339

160 a.a.O., S. 202

## XI. Weibliches Schreiben und "Störfall"

Meteln, 1. Mai 1981

Inwieweit gibt es wirklich "weibliches" Schreiben? Insoweit Frauen aus historischen und biologischen Gründen eine andre Wirklichkeit erleben als Männer. Wirklichkeit anders erleben als Männer und dies ausdrücken. Insoweit Frauen nicht zu den Herrschenden, sondern zu den Beherrschten gehören, jahrhundertelang, zu den Objekten der Objekte

. . .Insoweit sie aufhören, sich an dem Versuch abzuarbeiten, sich in die herrschenden Wahnsysteme zu integrieren. . .[1]

"Kassandra" bietet sich unter solchen Aspekten als Muster an, ein anderes Muster als die der Ingeborg Bachmann. Es sind offensichtlich nicht formale Kriterien, die die Schreibweisen der Frauen von denen der Männer unterscheiden, nicht in erster Linie, sondern solche der Weltsicht, der Rolle, die sie einzunehmen gewöhnt sind, aus der sie sich entfernen, auch unter Schmerzen und Irrtümern. Für Christa Wolf gibt es da keinen Zweifel: es gehe nicht darum, die Rollen der Männer zu übernehmen - Penthesileas grundsätzlicher Irrtum -, ihre Positionen zu besetzen und nun die Männer zu unterdrücken, sie in Objekte zu verwandeln. Ihr geht es um die Wiederbelebung von Eigenschaften und Verhaltensweisen, die mit der Geschichte der Menschheit verlorengegangen sind, eben um Freundlichkeit, Liebe, Zärtlichkeit usw., um Lebensmöglichkeiten in einer immer lebensfremder gewordenen Welt - und das ist ein weites Feld.

Kassandra, die Königstochter und Seherin, geht diesen schweren Weg; sich der Privilegien zu entledigen ist die Vorstufe ihrer Menschwerdung. Es gilt, eine ganze Reihe von Formen scheinhaften Lebens zu überwinden, Rollen, die sie zuerst ersehnt, die sie dann ablehnt, wenn sie deren Scheincharakter erkannt hat: die Priesterinnnen-Rolle gehört ebenso dazu wie die Tochter-Rolle; Rollen gehören also dazu, die mit Männlichkeits-Wahn überhaupt nichts zu tun haben, die den Beruf oder die Familie betreffen, die sie trotzdem ablehnen muß. Sie gewinnt so, wir sahen es, neue Elemente einer Geschichte, die hier erzählt wird.

Menschenwürde durch Verweigerung und unbedingte Wahrheitsliebe, Suche nach dem unverletzten, unverletzbaren Kern; diese Spielart des Kassandra-Mythos führt - so scheint es - in die Nähe der "Iphigenie" Goethes. Die Reinheit des innersten Innern: von hier aus wird berichtet und gewertet, hier soll diese neue Ethik der Liebe und des Friedens - neben dem Lernen aus Erfah-

1 'Kassandra', S. 146

rungen - ihre Wurzeln haben. Weibliches Denken und Schreiben auch das, nur: Kann man heute wirklich noch so argumentieren? Und: Wenn die Lebensformen am Ida-Berg lediglich eine Utopie sind, an keinem Ort, nirgends zu realisieren, wenn Aineias' Suche nach einem neuen Troja abgelehnt wird, was bleibt dann noch? Was überhaupt?

Den Herrschaftsformen einer Männergesellschaft lernt Kassandra sich zu entziehen, der Unterwerfung unter Lebensformen, die zuerst wie ein Schicksal anmuten. Zusammen mit den anderen Jungfrauen erwartet sie im Tempelbezirk der Athene den 'lockern Zug' der Männer: eine Welt von Männerbeinen sieht sie, und bis in den Schlaf verfolgt sie das Fingerschnipsen und das eine Wort: Komm. "Die Männer hatten uns auszusuchen und zu entjungfern", eine Welle grauenvoller Scham überkommt sie, wenn sie sich daran erinnert. Von der Seherin erwartet der Hof günstige Prognosen für den Kriegsfall: Seherschicksal, das auch Kalchas betrifft, der nach seiner ihm abgenötigten Fehlprognose lieber im Ausland, bei den Griechen, bleibt: ein Fall von Landesverrat. Und zum krönenden Schluß wird sie gegen Hilfstruppen verhökert; da wehrt sie sich kaum noch, zu stark sind die Pressionen des Eumelos-Prinzips zweite Natur geworden, obwohl es das noch nie gegeben hatte: sie wird benutzt. Wie Polyxena benutzt wurde, um den Griechenheld Achill zu fassen, ihn im Tempel zu ermorden: "Niemals vorher hat Troia einen Gegner zum Verrat an seinen Leuten aufgefordert. Nie eine seiner Töchter an den Feind um diesen Preis verkauft."[2] Denn für Polyxena soll der Plan des Griechenlagers erschachert werden. In den Augen der Männer sind die Frauen Objekte, und sie nehmen ihre Rolle an. Kassandra zu Polyxena: "Kriegst du auch das noch fertig!"[3] Wie aber kann dieser Teufelskreis des Objekt-Seins und der Opferung durchbrochen werden? Penthesilea sieht nur einen Weg, den der Gewalt:

| | |
|---|---|
| Penthesilea: | Sie sind Schlächter... |
| Arisbe: | Und wir? Wenn wir auch Schlächterinnen würden? |
| Penthesilea: | So tun wir, was wir müssen. Doch es macht uns keinen Spaß. |
| Arisbe: | Wir sollen tun, was sie tun, um unser Anderssein zu zeigen! |
| Penthesilea: | Ja.[4] |

Kassandra kann und will diesen Weg, diese Entscheidung hin zum Tode nicht verstehen. Weil sie die Todessucht bei einer Frau nicht gelten lassen will.

2 a.a.O., S. 312

3 a.a.O.

4 a.a.O, S. 322

"Und weil ihr Sterben alles, was man vorher über sie gewußt hat, unter sich begrub."[5] Zuletzt, in Mykene, wenn ihr nichts mehr an Hoffnung bleibt, wird sie Klytaimnestra bitten: "...sperr mich ein, auf ewig, in dein finsterstes Verließ. Gib mir knapp zum Leben... Schick mir einen Schreiber, oder besser noch, eine junge Sklavin mit scharfem Gedächtnis und kraftvoller Stimme. Verfüge, daß sie, was sie von mir hört, ihrer Tochter weitersagen darf. Die wieder ihrer Tochter, und so fort. So daß neben dem Strom der Heldenlieder dies winzge Rinnsal, mühsam, jene fernen, vielleicht glücklicheren Menschen, die einst leben werden, auch erreichte."[6]

"Und daran könnte ich glauben, auch nur einen Tag?" fährt sie fort. Eine Illusion, natürlich. Aber eine Illusion, ein Glaube, eine Hoffnung, die Bestand hat, durch diesen Text, durch Kassandra, durch seine Autorin. Nichts geht verloren: weibliches Schreiben. Trotz des Krieges: hier sprechen Mütter und Frauen, die sich nicht unter dessen Gesetze stellen, stellen lassen, die die Zwangsläufigkeit der Geschehnisse vorzeigen, ihre Mechanismen benennen und dadurch Widerstand leisten. Weil sie als Frauen und Mütter anders denken müssen, weil für sie Leben ein Lebensprinzip ist, Humanität. Die wiederholt gestellte Frage, ob Überleben alles sei, beantwortet Christa Wolf damit, daß sie Kassandra nicht mit Aineias gehen läßt. "Siehst du, Aineias, das hab ich gemeint: die Wiederholung. Die ich nicht mehr will."[7] Vor dem Löwentor, zu den Griechen, den Siegern, gibt sie ihre letzte Prophezeiung: "Wenn ihr aufhörn könnt zu siegen, wird diese eure Stadt bestehn." - "So ist", fragt der Wagenlenker, "wenn Sieg auf Sieg am Ende Untergang bedeutet, der Untergang in unsere Natur gelegt?" - Darauf als Antwort:

> Ich glaube, daß wir unsere Natur nicht kennen. Daß ich nicht alles weiß. So mag es, in der Zukunft, Menschen geben, die ihren Sieg in Leben umzuwandeln wissen.[8]

Letzte Worte, wieder Illusionen - aber sie markieren den eigentlichen Ausgangspunkt, von dem aus Christa Wolf geschrieben hat, den Kernpunkt weiblichen Schreibens. Paradigmawechsel: Geschichten aus einem berühmten Krieg, erzählt mit der Stimme einer Frau. Ein anderes Sehraster. Alle Wertungen 'verkehrt'. Die Geschichte einer Seherin, der man nicht glaubte, die man einsperrte und tötete, die die Wahrheit wußte und aussprach.

Weibliches Schreiben ist keine Frage der Form, obwohl Christa Wolf ihm durchaus Formelemente zurechnet. Die Auflösung der Fabel zum Beispiel

5 a.a.O., S. 323
6 a.a.O., S. 284
7 a.a.O., S. 320
8 a.a.O.

oder die "Besessenheit" des Ausdrucks, die ein Kunstwerk, wenn es eine Inhalt-Form-Relation zeigen soll, auflösen muß.

> Die Bachmann aber *ist* jene namenlose Frau aus "Malina", sie ist jene Franza aus dem Romanfragment, die ihre Geschichte einfach nicht in den Griff, nicht in die Form kriegt. Die es einfach nicht fertigbringt, aus ihrer Erfahrung eine präsentable Geschichte zu machen, sie als Kunstgebilde aus sich herauszustellen. (. . .) Eine Besessenheit muß Worte finden, die sich an das Ritual, das bändigt, nicht halten kann, die sich an nichts halten kann, ungebändigt ist, wild. Eine wilde Frau. . . eine andre Art Logik. . . eine andre Art, Fragen zu stellen. . . eine andre Art Stärke, eine andre Art Schwäche. . .[9]

Mit diesen Beschreibungen trifft Christa Wolf - natürlich mit Abstrichen - exakt ihre "Kassandra", auch in dem Hin- und Herspringen der Zeitebenen, in den wilden Assoziationen, was das Lesen des Textes nicht eben erleichtert. ". . .da stürzen, wohin man blickt. . . die Alternativen, die unsre Welt, die auch die Lehre vom Schönen und die von der Kunst, bisher gehalten und zerrissen haben, in sich zusammen, eine neue Art Spannung scheint da um Ausdruck zu ringen, in Entsetzen und Angst und in schlotternder Verstörtheit. Nicht einmal der Trost, daß dies noch formbar wäre; nicht im herkömmlichen Sinn."[10]
Spielt Christa Wolf hier wirklich die klassische Ästhetik gegen Ingeborg Bachmann aus? Denn in der modernen (bürgerlichen) Ästhetik gelten die hier angedeuteten Normen nichts, das weiß sie auch. Vielmehr richtet sich ihr Angriff wieder einmal gegen Rezensenten und Kunsttheoretiker im eigenen Hause, die (noch immer) die Prinzipien realistischen Schreibens im Sinne von "Widerspiegelung" vertreten, vergleichbar dem spätbürgerlichen Kritischen Realismus. Den eigentlichen Zugewinn beschreibt sie an anderer Stelle, im letzten Abschnitt ihrer "Poetik-Vorlesung". Dort heißt es über Ingeborg Bachmann - und das ist für sie nun ein wirklich neuer Gesichtspunkt:

> Die magischen Zutaten ihrer Welt, das sind zugleich die wirklichsten. Und indem sie diese Zutaten hereinholt in ihr Erzählen, in jenen Kapiteln, die magische, urgeschichtliche Welten heraufbeschwören, in Ägypten, in den der Magie durch die Weißen beraubten Grabkammern, ja, selbst bei ihrem fast magischen Tod durch Erschrecken (. . .) - indem sie. . . ihre unvernünftige, tödliche Trauer mit Worten umkreist, deren magische

---

9 a.a.O., S. 193
10 a.a.O.

Bedeutung unverkennbar ist, nähert sie sich einer anderen Art zu erzählen.[11]

Die magischen Zutaten in "Kassandra" bleiben noch am Rande, obwohl die Strenge der Sprache, die manchmal - wie Kritiker feststellten - an klassische Versmaße erinnert, vor allem zu Beginn und am Ende einem magischen Sprechen sich annähert. Und obwohl - im Bereich des Seher-Kultes - mit magischen Zutaten nicht gespart wird. Aber noch bleibt dies Außenwerk: Der aufklärerischen Intention steht die bei Bachmann beschriebene Magie des poetischen Sprechens entgegen, wenn auch die Struktur des inneren Monologs diesem entgegenkäme. Deutlich ist, daß eine neue, andere Sprechweise angestrebt wird, die ein anderes Kunstverständnis voraussetzt: Kunst als Beschwörung, die - verbunden mit rationalen Elementen - durchaus eine Verstärkung, eine Intensivierung ihrer Wirkung mit sich bringen könnte.

Was bleibt dann überhaupt, stellte sich am Anfang dieses letzten Kapitels die Frage, wenn die offene Gesellschaft des Ida-Berges eine Utopie, der Aufbau eines neuen Troja allenfalls eine 'Wiederholung' sein kann? Vielleicht ist dies die Antwort: die beschwörende Funktion der Kunst zu bestärken, die Ansprache des Gegenüber, des Lesers, zu intensivieren, - immer wieder: nach Möglichkeiten zu suchen, ihre Wirkung zu erhöhen, in einer Zeit, die dem Schriftsteller das Wort beinahe verschlägt.

**"Störfall" - Nachrichten eines Tages**[12]

Dies ist das persönlichste Buch in der langen Reihe der bekennenden Texte der Christa Wolf, geschrieben Mai bis Juni 1986, also im unmittelbaren Anschluß an die erschreckenden Ereignisse vom April: Tschernobyl. Am 26.4.1986 bricht in einem Reaktorblock Feuer aus, was in ganz neuen Dimensionen die Bedrohung der Menschheit durch Kernspaltung und die mit ihr verbundenen Gefahren offenlegt. Von nun an könnte man mit einer neuen Zählung beginnen, wieder einmal, meditiert die Autorin: die Zeit vor und die Zeit nach dem Unglück in diesem sowjetischen Atomkraftwerk, die Zeit vor und nach Tschernobyl.

"Störfall" ist die Beschreibung einer Bedrohung, der sich die Autorin - wie in ihren Werken seit dem "Brief an die Bettine" immer wieder angedeutet - ausgesetzt sieht, nun nicht mehr in der Rolle einer Kassandra, die zwar Unglück herannahen sieht und es mit ihren Wehe-Wehe-Rufen aus sich herausschreibt, der man aber nicht glaubt, sondern als Betroffene, als Mutter,

11 a.a.O., S. 198

12 'Störfall, Nachrichten eines Tages', Berlin: Aufbau 1987

Großmutter nun schon, die sich sorgt, um die Familie, um die Zukunft der Menschheit. Ein aktueller Stoff und ein aktuelles Thema fürwahr, noch nie ist Christa Wolf der Problematik dieser Zeit so nahe gewesen und noch nie hat sie so direkt und unmittelbar geantwortet: wie immer - mit den Mitteln einer Schreibenden.

Ein 'Störfall' ist aber auch eine kaum wahrnehmbare Mißbildung im Gehirn ihres Bruders, der an diesem Tage, an dem die 'Nachricht' von Tschernobyl die Menschen erreicht, operiert wird, dessen Leben auch durch diesen Störfall bedroht ist, dessen Schicksal sie während der langen Operationszeit zu verfolgen sucht, auch die Gefährdungen bedenkend, die durch die Operation eintreten könnten: die Verminderungen seiner Lebensqualität, die Restschäden, die - vielleicht unvermeidbar - zum Operationsrisiko gehören, das nun einmal gegeben sei bei einem solchen Eingriff. Ein Tumor muß aus einem Gehirn entfernt werden, ein Störfall, der dem Leben - hier ihres Bruders - eine ganz neue Richtung oder Ausrichtung geben kann, dem die Hoffnung der Autorin entgegenzuarbeiten sucht, ihr Glaube, daß es gut gehen möge, gut gehen wird; was sich am Ende bestätigt: für den Augenblick jedenfalls und soweit man so etwas absehen kann.

Ein Störfall ist freilich auch ein mit der Entwicklung von Naturwissenschaft offenbar untrennbar gegebenes Risiko; daß sie zum Forschen angetreten ist, die Grenzen des Erkenn- und Machbaren immer weiter nach vorn zu treiben, unbeschadet der schrecklichen Möglichkeiten, die mit solchen Forschungen gegeben sind. Eben noch hatte Christa Wolf einen hippokratischen Eid für Naturwissenschaftler gefordert, wenn deren Forschungsergebnisse der militärischen Rüstung zugute kommen könnten, nun müßte sie ihre Forderungen erweitern: auf die Atomtechnik überhaupt, die der Menschheit ja dienen sollte, die Energieprobleme zu lösen, auch auf andere Wissenschaftsgebiete, die, längst nicht mehr überschaubar, die Menschheit mit nicht mehr beschreibbaren Gefahren überziehen. Der 'Störfall' scheint in den Wissenschaftlern angelegt zu sein oder in der Methodik der Wissenschaft, die von Erkenntnis zu Erkenntnis fortschreiten kann und muß, unter welchen Zwängen auch immer. Kein Ende ist abzusehen und kein Weg zur Umkehr denkbar.

Ein Störfall also letztlich in der Entwicklung der Menschheit, in der Menschheitsgeschichte, die an irgendeinem Punkt eine falsche Richtung eingeschlagen haben muß, zu irgendeinem sehr frühen Zeitpunkt, vielleicht - und wieder ist man bei "Kassandra" - als man dazu übergehen mußte, einen begrenzten Lebensraum aufzuteilen, sich mit anderen an den Ertragsmöglichkeiten zu beteiligen, sich mit ihnen auseinanderzusetzen, sich zu nehmen, was man mit Recht beanspruchen zu dürfen glaubte, von damals bis zur Gegenwart.

Diesen vier Schichten des Störfall-Problems geht Christa Wolf nach. Es sind deutlich Gedanken des Denk-Feldes, das sie in den letzten Jahren bearbeitet hat. Auch die literarische Struktur dieses Textes hat Vorläufer: das Nachdenken über einen Tag mit den dabei möglichen Assoziationen bringt sie 1974 in "Dienstag, den 27. September (1960)", das gedankliche Kreisen um Familie und Gegenwart ist in "Juninachmittag" (1967) vorbereitet, die monologische Struktur, identisch oder fast identisch mit der Erzählerin, finden wir in "Kassandra" vorgebildet. Insofern nimmt der Text "Störfall" eine ganze Reihe von Vorformen auf, wieder ein Beleg dafür, wie intensiv das Gesamtwerk Christa Wolfs in sich verzahnt ist, wie man wirklich von Aussagen und von Gestaltungsweisen sprechen kann, die wie Leitelemente ihr Werk letztlich konstituieren.

So gewinnt der Text, der auf den ersten Blick wie ein Tagebuch-Mosaik erscheint, für das Werk und für die Autorin als Möglichkeit der Selbstaussage und -deutung grundsätzlichen Wert; er faßt Bekanntes zusammen und sucht nach neuen Anbindungen, nach Verallgemeinerungen, die immer mehr auf philosophische Denkfelder hinzielen; vielleicht ein Anzeichen dafür, daß hier - man mag es kaum aussprechen - das Alterswerk Christa Wolfs beginnt oder - vielleicht eher, daß hier ein Abschnitt vorliegt, ein Abschluß, ein vorläufiger.

Und natürlich ist dieser Text ein weiteres Beispiel für weibliches Schreiben, Denken, Werten und Sprechen. Wie seit den Beispielen im "Brief über die Bettine" ist es kein geschlossener Text: es gibt zwar Organisationspunkte, Tschernobyl und die Operation des Bruders, aber sonst werden die unterschiedlichsten Themen aufgenommen, dargestellt in den Formen des 'Nachdenkens', in Nachbargesprächen, in Telefonaten, Selbstgesprächen und kritischen Selbstbefragungen. Der Blick ist nach innen gerichtet: Rückblicke werden geboten, da ein Blick in die Zukunft kaum gewagt werden kann - bei den Bedrohungen, die von allen Seiten auf die Autorin, auf die Sprecher-Figur zielen. Wie im Feuer fühlt sie sich, die Farbe der Zukunft, das strahlende Blau, hat sich verwandelt, wie all die schönen täglichen Verrichtungen, die Zubereitung des Essens, das Arbeiten im Garten, die Stunde mit den Freunden abends beim Wein, fragwürdig geworden sind. Eine neue Zeitrechnung hat begonnen, jetzt, obwohl die Gefahren bekannt waren und die Warnungen vor ihnen nicht überhörbar.

Nur: die herausgetriebene Technik, die Entwicklung der Wissenschaften, die Hochentwicklung instrumentellen Denkens hat eben - das zeigt sie hier - zumindest zwei Seiten: auf der einen Seite ist sie eine ständig wachsende Bedrohung, aber auf der anderen bietet sie auch ganz neue Möglichkeiten, die Störfälle im Lebensbereich, die Krankheiten zum Beispiel, anzugehen, hier im innersten Innern des Menschen bei einer Gehirnoperation. "Zu denken, daß ein metallenes Instrument gerade jetzt an deiner Hirnhaut entlangfährt, vermutlich die Hirnmasse beseiteschiebt, um Platz zu schaffen für ein anderes Instrument, an dessen Ende sich ein Mikroskop befindet. . . Computer speziell für Operationen am menschlichen Gehirn entwickelt, auf eine Genauigkeit von hundertstel Millimeterschnitten programmiert, unfehlbarer als die menschliche Hand. . ."[13]

Dabei kommt es zu jenen Vertauschungen oder Identifikationen, die für Christa Wolfs Denken so typisch sind: wenn Kassandra sich in Aineias verwandelt ("Als kauerte ich in ihm, speiste mit meinen Gedanken seine verräterischen Entschlüsse")[14], wenn sich die Grenzen zwischen Erzählerin, Ich-Erzählerin und Christa T. verwischen ("Später merkte ich, daß das Objekt meiner Erzählung gar nicht so eindeutig sie, Christa T., war oder blieb. Ich stand auf einmal mir selbst gegenüber")[15], dann ist dieser Ansatz längst zu einem Grundbestandteil ihrer Darstellungsmethode geworden: hier in "Störfall" ist es der Bruder, dem sie sich anverwandelt, dessen Operationsphasen sie nachzuvollziehen versucht, dem sie Mut zuspricht in eigenartigen Formen magischen Sprechens: "Alles geht gut. Dies ist die Botschaft, die ich dir. . . als einen gebündelten Energiestrahl übermittle. Nimmst du ihn wahr? Alles geht gut. . . Alles geht gut."[16] Die äußerste Ferne - sie kann weder helfen noch in seiner Nähe sein - verwandelt sie in äußerste Nähe durch diesen Versuch intensivsten eindringenden Sprechens ("Da ist etwas passiert, was mich veranlaßt hat, stehenzubleiben. He, Bruder. Was ist los? Läßt du dich gehen? Jetzt hör mir mal gut zu. . . Du bist dreiundfünfzig Jahre alt. Das, was wir Leben nennen, ist da noch lange nicht zu Ende. . .").[17] Alles, was jetzt mit dem Bruder geschieht, geht über die Vorstellungskraft wie über das Wissen eines wie sehr auch immer interessierten Laien so weit hinaus, daß ihr nichts anderes übrig bleibt, als in diesen uralten Formen des magischen Sprechens, des Besprechens zu reden: "Ich bin stehengeblieben. . . und habe mehrmals hintereinander so stark ich konnte gedacht: Du kannst dich auf die Erfahrung. . . deines Chirurgen verlassen."[18]

---

13 a.a.O., S. 16

14 'Kassandra', S. 203

15 'Fortgesetzter Versuch', S. 45

16 'Störfall', S. 10

17 a.a.O., S. 19

18 a.a.O., S. 16

"Nachrichten eines Tages" heißt der Untertitel von "Störfall", "DIE NACHRICHT" war es 1963 gewesen, die im "Geteilten Himmel" von der ersten Raumfahrt eines Menschen berichtete:

> Ich sah die Wolken und ihre leichten Schatten auf der fernen, lieben Erde. Für einen Moment erwachte in mir der Bauernsohn. Der vollkommen schwarze Himmel sah wie ein frischgepflügtes Feld aus, und die Sterne waren die Saatkörner.[19]

Gagarins emphatische Bekundungen und Christa Wolfs Kommentar werden - wieder einmal - zurückgenommen. 1963: "Dadurch bekam alles, was bisher geschehen ist, seinen Sinn: daß ein Bauernsohn den Himmel pflügt und Sterne als Saatkörner über ihn verstreut" und ". . . (jeder lauschte) auf den neuen Ton, den man da also, in diesen Minuten, dem alten wohlbekannten Erdenkonzert zugefügt hatte." Jetzt, 1986, ist eine andere Saat aufgegangen, deren Ursprung in vergleichbaren Bereichen zu suchen ist. Christa Wolf macht es ganz deutlich. Im "Geteilten Himmel" schreibt sie:

> Fuhr nicht der Schatten der blitzenden Kapsel da oben wie ein Skalpell quer über alle Meridiane und schlitzte die Erdkruste auf bis auf ihren kochenden rotglühenden Kern?[20]

Und in "Störfall": "In einer mir unbekannten Weise durchdringen sie (die Bewußtseinsstrahlen, mit deren Hilfe Christa Wolf ihren Bruder zu erreichen sucht - W.K.) die verseuchten Luftschichten, ohne sich anzustecken. . . .Steril, garantiert steril erreichen sie den Operationssaal. . . Mühelos durchdringen sie die dichte Abwehr deiner Bewußtlosigkeit, auf der Suche nach dem glühenden pulsierenden Kern."[21]

Der rotglühende Kern pulsiert natürlich auch in Tschernobyl; an Bild- und Wortwahl wird deutlich, worauf sich die Metaphern beziehen. "Ich könnte mein Leben beschreiben. . . als eine Folge solcher Einschnitte, als eine Folge von Eintrübungen durch immer dichtere Schatten. Oder. . . als fortlaufende Gewöhnung an härtere Beleuchtungen, schärfere Einsichten, größere Nüchternheit."[22]

"Der Schmelz ist weg vom Planeten", meint eine 'Freundin' am Telefon, für Christa Wolf ist der Schmelz vor allem von ihrer Schriftstellerei weg: die Urteile über das, was sie hätte leisten können und müssen, verhärten sich, und es ist für sie eine ernste Frage, ob in diesem schärferen Licht der Gegenwart

---

19 'Der Geteilte Himmel', S. 169

20 a.a.O., S. 169, vgl. 'Störfall', S. 16

21 'Störfall', S. 10

22 a.a.O., S. 43

ihr Werk Bestand haben kann. "Nicht zuviel - zuwenig haben wir gesagt, und das Wenige zu zaghaft und zu spät. Und warum? Aus banalen Gründen. Aus Unsicherheit. Aus Angst. Aus Mangel an Hoffnung. . . Trügerische Hoffnung, welche das gleiche Ergebnis zeitigt wie lähmende Verzweiflung."[23]

Die "Hoffnungen" des "Geteilten Himmel" sehen vor der Wirklichkeit der achtziger Jahre - aber natürlich auch vor der der sechziger - tatsächlich aus wie Blütenträume:

> Sie (Rita - W.K.) sieht, wie jeden Abend eine unendliche Menge an Freundlichkeit, die tagsüber verbraucht wurde, immer neu hervorgebracht wird. Sie hat keine Angst, daß sie leer ausgehen könnte beim Verteilen der Freundlichkeit. Sie weiß, daß sie manchmal müde sein wird, manchmal zornig und böse.
>
> Aber sie hat keine Angst.[24]

Natürlich, im Vergleich zum Störfall des "Geteilten Himmel" sind die heutigen Störfälle von ganz anderer Dimension, die Problematik von Wissenschaft und Wissenschaftlern gleichsam in die Unendlichkeit verlängert. Was bedeutet schon Manfreds Versagen mit und an seiner "Spinn-Jenny" im Vergleich zu den modernen Faust-Monstern, die in abgeschotteten Laboratorien - abgeschottet von allen natürlichen Lebensformen - die lebenbedrohenden Ungetüme an Waffen entwerfen: "Treiben die Utopien unserer Zeit notwendig Monster heraus?"[25] Und als Frau, als Mutter sieht sie die Wissenschaftler so vor sich: Sie können nicht oder werden als "Zeitvergeudung" ansehen: Einen Säugling trockenlegen, kochen, einkaufen gehen, Wäsche waschen, Fußböden fegen usw. Es sind die Fragen nach den Ursachen einer Fehlentwicklung, deren Opfer wir oder die Menschheit sein könnten, wenn sich nicht Grundsätzliches ändert: im Denken, in der Verbundenheit der Forscher mit der Lebenswirklichkeit, in der Ausrichtung der Arbeit, jeder Arbeit, auf das Leben selbst. Dieser Ansatz weiblichen Denkens ist der einzige Ausweg, den Christa Wolf im Augenblick zu sehen scheint, denn einen gangbaren Ausweg aus dem unlösbaren Widerspruch - dem nun auch für sie unlösbar erscheinenden Konflikt - sieht sie darüber hinaus nicht.

> Es soll dir also zugestanden werden - später; nicht heute; heute nicht -, daß jene Männer, die dem friedlichen Atom nachjagten, von einer Utopie geleitet wurden: genug Energie für alle und auf ewig. Hätten sie es rechtzeitig anders wissen können? (. . .) Waren wir Monster, als wir um einer Utopie willen - Gerechtig-

23 a.a.O., S. 68

24 'Der geteilte Himmel', S. 235

25 'Störfall', S. 37

keit, Gleichheit, Menschlichkeit für alle -, die wir nicht aufschieben wollten, diejenigen bekämpften, in deren Interesse diese Utopie nicht lag (nicht liegt), und, mit unseren eigenen Zweifeln, diejenigen, die zu bezweifeln wagten, daß der Zweck die Mittel heiligt? Daß die Wissenschaft, der neue Gott, uns alle Lösungen liefern werde, um die wir ihn angehen würden?

Ist die Frage falsch gestellt?[26]

Die Zweifel, einen Ausweg aus diesem Dilemma zu finden, in das sie sich immer einbezieht, führen zur Schreibhemmung, zu einem Gefühl des Zerrissenwerdens: "Gesucht und zugleich geflohen wird der Punkt des stärksten Schmerzes."[27] Die Utopie einer Gesellschaftsform, deren Kainszeichen Raumfahrt und Atomwissenschaft sind, wird immer fragwürdiger, bezweifelbarer, zweifelhafter. Hinzu treten ihre weltweiten 'Erfahrungen'; in Berkeley, Kalifornien, erlebt sie anläßlich eines Films über "Star War" die Reaktionen des Publikums und erkennt: "Nicht das Phantom 'Sicherheit' - nein: der Sog des Todes ist es, die Machbarkeit des Nichts, die einige der besten Gehirne Amerikas da zusammentreibt."[28]

Ein in die Irre gehender Faust, der nicht Wissen, sondern Ruhm gewinnen will; Kälte breitet sich in ihr aus: "Ich weiß kein Mittel gegen Leute, die insgeheim todessüchtig sind. . . An welchem Kreuzweg ist womöglich die Evolution bei uns Menschen fehlgelaufen, daß wir Lustbefriedigung an Zerstörungsdrang gekoppelt haben."[29] Gibt es hier eine Verantwortung des Schreibenden, ist der Teufelskreis aufbrechbar, der Erkenntnisdrang oder -zwang und Todeslust zusammenbindet? "Mein Schlaf hat unruhig an der Frage weitergearbeitet, wo meine eigene Verantwortlichkeit liege, den blinden Fleck umkreisend, den meine Wörter, so sehr sie sich anstrengen mögen, nicht kennen wollen. Nicht kennen dürfen - ".[30]

Der blinde Fleck. Am Ende des Buches geht es um diesen blinden Fleck, der im Sehfeld eines jeden Menschen eingebettet ist, der aber offenbar auch weitere Bereiche ausfüllen kann; blinde Flecken im Wahrnehmungsfeld eines einzelnen, einer Generation. "Was hältst du eigentlich für unseren blinden Fleck", fragt die Erzählerin ihre ältere Tochter, die Ärztin ist.[31] Es sei ein Bereich in unserer Seele, unserer Wahrnehmung, ". . .der für uns dunkel bleibe,

26 a.a.O., S. 36 f.

27 a.a.O., S. 37

28 a.a.O., S. 71

29 a.a.O., S. 72 f.

30 a.a.O.

31 a.a.O., S. 102

weil es zu schmerzhaft wäre, ihn anzusehen". Ob man versuchen solle, in ihn einzudringen, fragt die Erzählerin? "In deinem Beruf?" hat sie gesagt. Unbedingt. Aber alleine schaffe man das nicht."[32]

Ein Störfall im Wahrnehmungsfeld einer Gesellschaft: auch das könnte als "blinder Fleck" beschrieben werden. Er würde sich in den Tabu-Bereichen zu erkennen geben, in den Bereichen der inneren oder äußeren Zensur, in jenen Bereichen, die in der öffentlichen Sprache ungenannt blieben, die in der Literatur fehlten, für deren Bewältigung, Benennung den Schriftstellern die Sprache, die Worte - wie Christa Wolf sagt - nicht zur Verfügung stünden.

Wieder handelt es sich um einen Bereich, der Ängste berührt: Liebes- oder Sympathieverlust, Befürchtungen, isoliert zu werden, an den Rand gedrängt zu sein. Wenn die richtigen Worte fehlen, kann es da nicht auch eine Art Selbstschutz sein, nicht verstanden werden zu wollen, fragt eine Kollegin am Telefon?[33] Im Text ist hier die Stelle, bei der Christa Wolf von gewissen Dokumenten spricht,

> auf denen erst unter einer chemischen Behandlung die wahre, die geheime Schrift hervortritt, während der ursprüngliche, absichtlich belanglose Text sich als Vorwand entpuppt. Unter der Bestrahlung habe ich die Schrift auf meinen Seiten verblassen, womöglich schwinden sehen, und ob einst ein dauerhafter Untertext zwischen den Zeilen hervortreten würde, ist noch ungewiß gewesen.

So wie es formuliert ist, wird hier über 'Verdecktes Sprechen' gehandelt, nicht nur über Wert oder Tiefe eines Textes. Verdecktes Sprechen als Berücksichtigung der "blinden Flecken" einer Gesellschaft. Unter solchen Bedingungen schreiben zu müssen, kann existenzgefährdend sein, verbunden mit Depressionen und Selbstmordgefahr. "Aber", sagt die Tochter am Telefon,

> warum solle es nicht eine Chance für eine ganze Kultur sein, wenn es möglichst viele ihrer Mitglieder wagen können, der eigenen Wahrheit ohne Angst ins Gesicht zu sehen? Was ja heiße, die Bedrohung nicht dem äußeren Feind aufzubürden, sondern sie da zu lassen, wo sie hingehöre, im eigenen Innern. -

"Ob dies nicht die allerutopischste von allen Utopien ist, habe ich mich, nicht sie, gefragt."[34]

---

32 a.a.O.

33 a.a.O., S. 29

34 a.a.O., S. 103

Resignation am Ende? - Wort-Ekel drängt sich auf, wenn nichts mehr gesagt werden kann, was nicht schon so oder besser formuliert worden ist."Älterwerden heißt: alles geschieht, was du niemals für möglich gehalten hättest."[35] Schreiblust und Zerstörung aneinander gekoppelt, die den Schreibenden genauso trifft wie den Beschriebenen: alles Formeln für Resignation. Was bleibt in dieser Zeit der Unsicherheit und der Wehrlosigkeit? Schweigen? An den Rand treten? Flüchten? Den klugen Ratschlägen aus dem Radio antwortet Christa Wolf: "...wenn wir es schon (fertigbrächten), uns von dem Zwang der Götteranbetung loszumachen, dem Zwang der Unterwerfung unter Menschen, Ideen, Idole (aber) ausgesetzt sind - wo ist dann, Bruderherz, eigentlich der Fluchtweg...? Der Notausgang -"[36]

Was bleibt? Für eine "sehr kurze Zeit" vielleicht die "einfachen Wahrheiten" der Groß-Eltern: daß wir alle sterben müssen und daß wir es annehmen können, es bleibt vielleicht die Arbeit im Garten, der sich die Erzählerin an diesem Tage besonders hingibt, ein kurzer Ausflug ins Dorf oder das Gespräch mit dem Nachbarn, es bleibt die Hoffnung, daß dem Bruder Schlimmes erspart bleiben möge, unter geringen Restschäden, an die man sich gewöhnen, denen man sich anpassen kann, es bleibt aber vor allem die Angst vor der Leere:

> Ich habe eine neue Erfahrung mit einer bösen Art von Freiheit gemacht. Ich habe erlebt, daß es auch die Freiheit gibt, jeglichen Gehorsam aufzukündigen, sogar den, den ich den selbstauferlegten Pflichten schulde. Ich habe es zum erstenmal für möglich gehalten, daß auch diese Art Pflichten sich zersetzen können, und mir ist klar geworden, daß keine Gewohnheit stark genug sein würde, an ihre Stelle zu treten. Ach. Wie freudig würde ich mich weiter auf ein Ziel zubewegen, zu dem der Abstand sich nie verringern würde.[37]

Ein seltsamer Text, da er von gleichbleibender Ferne, von einem fern bleibenden Ziel ausgeht. Der nur stimmt, wenn man einbeschließt, daß die Annäherung an das Ziel das Ziel auflöst. Daß das Ziel unerreichbar sein muß oder daß es in Desillusionierung, in Ent-Täuschung mündet, wenn man ihm so intensiv angehangen hat. "Wie aber könnte ich gehen ohne Ziel?"[38]

An dieser Stelle, schreibt sie, nehme sie sich Urlaub. Sie geht in den Garten, Unkraut zu jäten, mit den Sicherheiten, daß man säen, pflanzen und vielleicht

---

35 a.a.O., S. 107

36 a.a.O., S. 57

37 a.a.O., S. 30

38 a.a.O.

ernten kann, wobei es eben unsicher bleibt, ob man die Ernte auch wird genießen können. Tschernobyl überall. Die Metapher von einem gestörten Lebensprozeß liegt über allem. "Störfall" - Nachrichten eines Tages.

Am Ende des Textes bringt Christa Wolf einen Traum, einen Traum vom Mond und von der Mutter, von Grundbildern, die mit der Kindheit übernommen werden mit ihrem Versprechen von Sicherheit und Geborgenheit:

> Soeben war mir in meinem Traum ein riesengroßer, naher, ekelhaft in Zersetzung übergegangener Mond sehr schnell hinter dem Horizont versunken. Am nachtdunklen Himmel war ein großes Foto meiner toten Mutter befestigt gewesen.
>
> Ich schrie.
>
> Wie schwer, Bruder, würde es sein, von dieser Erde Abschied zu nehmen.[39]

Aber: auch dieser Text hat - wie z.B. "Der geteilte Himmel" - mehrere Schlüsse. Am Abend dieses Tages sucht Christa Wolf nach einer Lektüre, die standhalten könnte, nach einer Bettlektüre, die ihm gewachsen wäre. "Nun beginnen die privaten und öffentlichen Zeremonien des Abends", heißt es im "Geteilten Himmel", hier im "Störfall": "Ich habe den Fernseher ausgeschaltet, die Vorder-, dann die Hintertür abgeschlossen, das Geschirr vom Abendbrot abgewaschen. . ."[40] Alltägliche Verrichtungen. Als wäre das ein Tag wie jeder andere gewesen. Und doch: "Gingen mir mehr Haare aus als sonst?" - Sie greift zu einem Buch: Joseph Conrads "Herz der Finsternis". "Da habe ich endlich einmal wieder jenen Schlag gegen mein Herz gespürt, den ich nur dann spüre, wenn ein Schreiber aus der Tiefe seiner Selbsterfahrung zu mir spricht."[41]

Fasziniert, betroffen, "aufstöhnend" liest sie einen Text, der mitten in die eigene Betroffenheit führt, auch in das Geheimnis dieses Tages, das in den Bildern des Conrad-Textes widerscheint:

> Ich erinnere mich, einmal trafen wir auf ein Kriegsschiff, das vor der Küste vor Anker lag. Der Busch wurde beschossen, obwohl dort keine Hütte, gar nichts war. . .; in der glatten, schlammigen Dünung hob und senkte sich das Schiff, während seine dünnen Masten schwankten. In der leeren Weite von Erde, Himmel und Wasser lag das Schiff da und schoß in einen Kontinent hinein, es war unbegreiflich. . . Der Vorgang hatte einen Anstrich von Irrsinn, der Anblick etwas von einem trauri-

39 a.a.O., S. 118
40 a.a.O., S. 114
41 a.a.O., S. 115

gen Schmerz, und daran änderte sich auch nichts, als mir jemand an Bord ernsthaft versicherte, irgendwo außer Sicht hätten sich Eingeborene - er nannte sie Feinde! - zusammengezogen.[42]

Morgen, sagt sie sich, möchte sie weiterlesen, möchte sie erfahren, mit welchen Mitteln er seine Wirkung erzielt.

"Der da, dieser Autor, hat gewußt, was Trauer ist. Er hat sich, nicht nur in Gedanken, mitten hineinbegeben in den blinden Fleck jener Kultur, der auch er angehörte. Unerschrocken ins Herz der Finsternis."

Und das Licht, das ja auch ihn geleitet haben muß, hat er gesehen als einen "wandernden Sonnenfleck auf einer Ebene, wie ein Blitz in Wolken".

"Wir leben in diesem Aufblitzen" - schließt Christa Wolf an dieser Stelle - "mag es währen, solange die Erde rollt."[43]

42 Joseph Conrad, Erzählungen, Bd. 1, Kiepenheuer: Leipzig 1982, S. 271
43 'Störfall', S. 117

Roberta T. Hye

**Uwe Johnsons *Jahrestage:***
Die Gegenwart als variierende Wiederholung der Vergangenheit

Bern, Frankfurt/M., Las Vegas, 1978. 128 S.
Europäische Hochschulschriften: Reihe 1, Deutsche Sprache und Literatur. Bd. 225
ISBN 3-261-03052-6 br. sFr. 26,40

In dieser Arbeit wird zum erstenmal der Begriff Wiederholung als Hauptthema von Uwe Johnsons *Jahrestage* (Bde. I-III) erkannt und eingehend besprochen. Die Wiederholung erweist sich sowohl als struktureller wie auch inhaltlicher Schlüssel zum Verständnis dieses außerordentlich schwierigen Romans.

---

Sigrun Storz-Sahl

**Erinnerung und Erfahrung**
Geschichtsphilosophie und ästhetische Erfahrung in Uwe Johnsons *Jahrestagen*

Frankfurt/M., Bern, New York, Paris, 1988. V (I), 327 S.
Europäische Hochschulschriften: Reihe 1, Deutsche Sprache und Literatur. Bd. 1094
ISBN 3-631-40618-5 br./ lam. sFr. 65,--

Gegenwart und Erinnerung sind die zentralen Themen der "Jahrestage". Mit Benjamins Theorie der Erfahrung und Prousts Begriff der "unwillkürlichen Erinnerung" wird gezeigt, daß sich für Johnson geschichtliche Erkenntnis nur in der Auseinandersetzung von sinnlicher Erfahrung und Reflexion vollzieht. In der erzählerischen Aneignung der Vergangenheit gelingt es Johnsons Protagonistin, die sich selbst in einer instrumentalisierten Gegenwart fremd zu werden droht, den Anspruch der Vergangenheit gegenüber der Gegenwart offenzuhalten. Dabei bedeutet die Konstituierung des Subjekts eben auch den Entwurf einer politischen Utopie, selbst wenn sie nur im Vergangenen zu finden ist.